Formalized Music:
Thought and Mathematics
in Composition

Iannis Xenakis

形式化された音楽

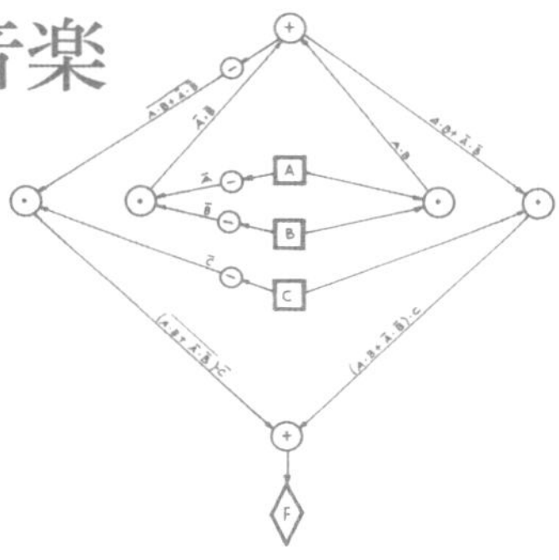

ヤニス・クセナキス

野々村禎彦 監訳　**冨永星** 訳

筑摩書房

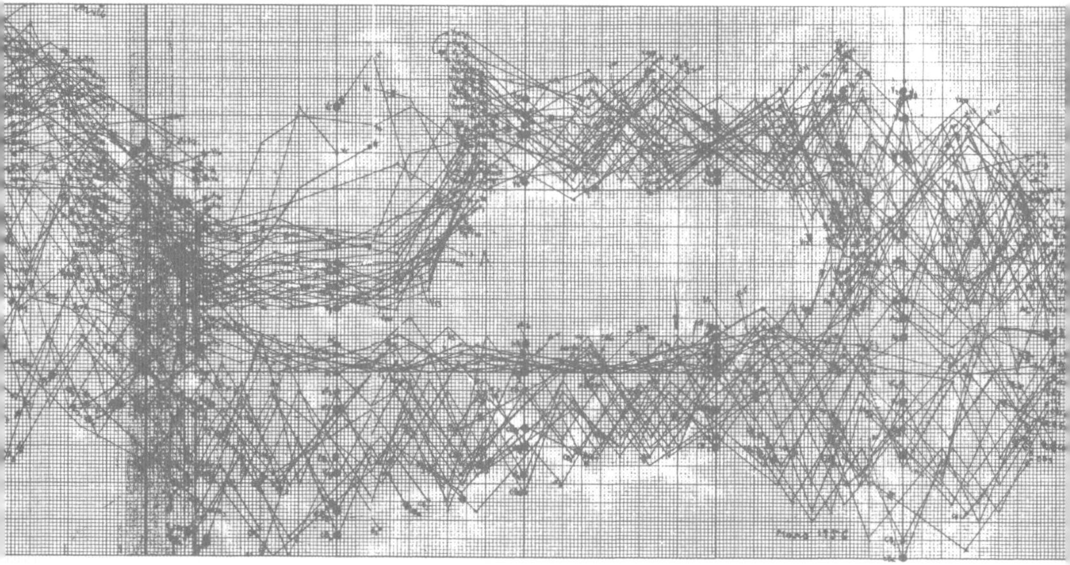

目　　次

序　　文　iii
フランス語原版の序文　vi
英語版（ペンドラゴン版）の序文　viii

第１章　拘束のない推計学的音楽全般について …… 5
第２章　マルコフ連鎖を用いた推計学的音楽——その理論 …… 55
第３章　マルコフ連鎖を用いた推計学的音楽——その応用 …… 97
第４章　音楽における戦略——戦略，線型計画法，そして作曲 …… 132
第５章　計算機を用いた拘束のない推計学的音楽 …… 156
第６章　記号論的音楽 …… 183
　　　　第１章から第６章までの結論と拡張 …… 211
第７章　メタ音楽に向けて …… 213
第８章　音楽の哲学に向けて …… 243
第９章　微細音響構造に関する新たな提案 …… 293
第10章　時間と空間と音楽について …… 309
第11章　ふるい …… 325
第12章　「ふるい」のユーザーズガイド …… 336
第13章　ダイナミックな推計学的合成 …… 354
第14章　さらに徹底した推計学的音楽 …… 359
補遺Ⅰ　連続確率の二つの法則 …… 388
補遺Ⅱ …… 392
補遺Ⅲ　新しいUPICシステム …… 394

参考文献　402
監訳者解説　405
訳者あとがき　418
索　　引　421

序　文

筆者はこれまで，音楽体系の一部を「無から（エクス・ニヒロ）」再構築しようと試みてきた．そしてそのなかで音楽を形式化しようとしてきたわけだが，時間が足りず，筆者自身の力量も不足していたことから，科学思想や哲学思想のもっとも進んだ側面には手を伸ばせずにいた．だが，すでに戦いは始まっており，やがて必ずやこの新たな主張を押し広げ，展開する人物が現れるはずだ．この著作は，広くさまざまな背景を持つ人々に向けてまとめられたものであるが，実は，学問の枠を超えた学際的な交流は，往々にして見事な実例を生みだす．

20年にわたる筆者の営みは，以下に示す統一性（コヒーレンス）の表をじわじわと埋める努力であったといえる．筆者が生み出してきた音楽作品や建築作品や視覚芸術は，すべてこのモザイクの断片なのである．この表はいわば網のようなもので，その変化に富む編み目ははかない仮想性を捉え，さまざまな形で絡み合わせている．この表には，実は筆者の創作史に沿って関連するトピックを並べて構成された本書の真の統一性がまとめられているのだ．どの章も，一度は独立した論文として発表されたものではあるが，一冊にまとめるにあたって，内容の重複はできる限り避けたつもりだ．

この統一性の表は，ある深遠な事実を教えてくれる．すなわち，あるレベルで理論や解法が与えられれば，それらすべてを別のレベルにおける問題の解として捉えることができるのだ．このため，マクロな作曲[1]における「族（ファミリー）」レベルでの解（＝プログラムされた推計学的（ストカステイック）なメカニズム）から，微細音響を生成する[2]うえでの新たな展望――通常の（周期的な）三角関数より単純で強力な展望――が生まれる可能性がある．そしてその結果，音圧－時間平面における点のクラウドやその分布を考える場合にも，計算負荷が高い調和解析や加算合成を回避しながら，未だかつて存在したことのない音を作ることができるようになるのだ．かくしてコンピュータやデジタル／アナログ変換器を用いた音の合成は，ここにはじめて電子音楽や具体音楽や器楽音楽に今なお深く根を張った無駄な伝統――すでに破綻しているフーリエ級数による合成理論[3]に基づいて合成を行おうとする伝統――から解き放たれ，その真の地位を見いだすことが可能になる．したがってこの著作では，主としてオーケストラの楽音（のほうが多様で処理しやすい）に関わる問題を（音圧－時間）空間の微細音響レベルに移したとたんに，直接的で豊かな応用が見つかる．こうしてあらゆる音楽が自動的に均質化され，統合されるのだ．「すべてがどこにでもある」〔生物学のバース＝ベッキングの仮説の前半．「環境要因が選択しなければ」と続く〕というのがこの著作の――そしてこの統一性の表の――標語なのだ．ヘラクレイトス流にいえば「登り道も下り道も一にして同じ」なのである．

フランス語版の著作 *Musiques Formelles* は，『音楽レビュー』誌（*La Revue Musicale*）の編集者アルベール・リシャールの尽力により刊行された．修正を施した完全な英語版の刊行は，クリストファー・ブッチャーズの決断に負うている．ブッチャーズ氏は，第１章から第６章までを英語に訳してくれた．さらに，第７章を訳してくれた G.W. ホプキンス氏と第８章を訳してくれたジョン・チャリフォー夫妻にも感謝したい．また，この本を刊行することに決めたインディアナ大学出版のマイケル・アロンソン氏とバーナード・ペリー氏に，そして最後に無限の忍耐を持ってこの難しい本を校閲し，たくさんの曖昧な表現を明確にして編集してくれたナタリー・ルーベル氏にも謝意を表したい．

1970 年

I. X.

訳　注

〔1〕与えられた大量の音をいかに配置するか，という通常の意味の「作曲」を指す．

〔2〕個々の音をいかに生成するか，という電子音楽における音響合成を指す．

〔3〕アナログ発振器では正弦波の位相を揃えることは困難なため，加算合成には限界があったが，デジタル音響合成の時代に入って可能になった．

統一性の表（モザイク状の）

（言葉本来の意味での）フィロソフィー〔通常「哲学」と訳されるが原義は「知への愛」〕

真理や啓示に向かって突き進む．あらゆる事柄の探求，質疑，厳しい批判，創造行為に結びついた活きた知識．

（方法という意味での）章立て（以下を参照）

一部推論および実験を用いて	全面的に推論および実験を用いて	未知の新たな方法？ を用いて
芸術 （視覚，聴覚，混合……）	科学（人，自然についての） 物理学，数学，論理学	？

だからこそ芸術のほうが自由であって，このため芸術は，推論あるいは実験のみを頼りとする科学を導くことができる．

問いのカテゴリー（創造的な知，すなわち哲学へと向かう方向の細分化）

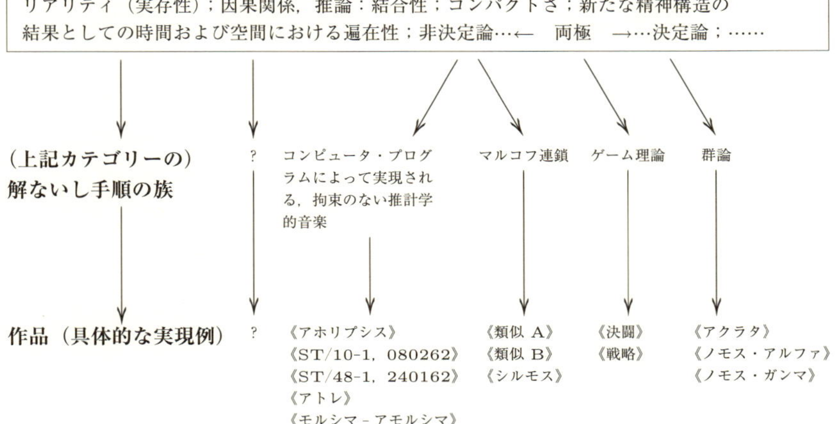

音響要素の類（丸ごと一つのものとして耳で認識され，その源に応じて分類される音）

オーケストラによる音，（アナログ装置で作られた）電子音，（マイクで集められた）具体音，（コンピュータやデジタル／アナログ変換器によって作られた）デジタル音，……

微細音響

（音圧－時間）空間における形や構造，微細音響が属す類や微細構造が作り出す類の認識．

微細音響の種類は，カテゴリー，族，作品のレベルで選ばれた問いとその解によって定まる．

フランス語原版の序文

本書は，筆者がこれまでに作曲活動のなかで追求してきた複数の方向性についての研究をまとめたものである．音にまつわるある種の「感覚」作用を取り去って，音の原因を論理的に理解し，音を統御して望ましい構造物を作り上げる試み，音を通して思考の活動に形を与え，それらを作曲行為のなかで検証する試み，現代の科学的思考に相通じる構成単位を見つけることで，過去の音楽作品をよりよく理解しようという試み，「幾何学的な方法で処理」して「芸術(アート)」を作る試み（「幾何学的に処理する」ことで，瞬間的な衝動で終わることのない支え——結果的に人間の知性がほかのすべての分野で繰り広げている苛烈な戦いに見合うことになるいちだんと真剣な支え——を得ることができる)，これらすべての試みを続けるなかで，音楽を作るという行為が一種抽象化され，形式化されることとなった．そしてほかのさまざまな科学と同じように，これらの抽象化や形式化は，数学のいくつかの分野に思いがけない，そして（筆者にいわせれば）肥沃な支えを見いだすこととなった．これらの実験の特徴はといえば，常に数学がついて回るということではなく，あくまでも音や音楽を巨大な可能性の貯水池とみなすことを最優先とする姿勢である．そしてその貯水池を探ることで，思考の法則に関する知識と思考の組織的な想像とのまったく新たな具体化——コミュニケーション——の方法が見つかるのだ．

このような目標を設定したとたんに，音——あるいは音で構成された音楽——の美醜はまったく意味をなさなくなる．それらの音が運ぶ知性の量こそが，その音楽が実際に有効か否かを判断するための真の基準なのだ．

そうはいっても，一時の流行に照らして「心地よい」とか「美しい」とされる音を使ったり，それらの音自体の研究を禁じるつもりはない．ひょっとするとそのような研究によって，記号化や代数化がさらに豊かなものになるかもしれないのだから．「有効性」そのものが，知性の印なのである．このような段階が歴史の必然であると確信すればこそ，視覚芸術がこれと似た経路を辿る姿をぜひこの目で見たいと思う．もっとも，実は新たなタイプの「芸術家」たちが騒々しい宣伝とは無縁な実験室のなかで，すでにそのような試みを行っているのかもしれないが…….

筆者はこれらの研究のさまざまな段階で，その都度作品を作ってきた．つまり筆者の作品はすべて，この企ての実験に基づく調査書類なのだ．これらの作品と研究は，まずヘルマン・シェルヘン教授の友情と倫理的な支援，さらには物質的な支援〔1〕によって世に認められ，公になった．この著書のいくつかの章には，音楽でいえばヘルマン・シェルヘンやオリヴィエ・メシアン〔1908-92，フランスの作曲家・音楽教師〕，数学でいえば G. Th. ギルボー〔1912-2008，経済社会科学への数学の普及で有名なフランスの数学者〕といった巨匠の教えが反映されている．自由で卓越した思索者ギルボーのおかげで，筆者の代数学への展望はいちだんと明確になった．それを土台として生まれたのが，「記号論的音楽」の章なのである．

1962 年

I. X.

訳　注

〔1〕クセナキス初期の作品表は，管弦楽曲ないし大編成室内楽曲で占められている．音楽学校の課題曲や作曲コンクール応募作を除けば，仲間内で演奏でき金銭的負担の少ない小編成作品から始めるのが普通で，極めて異例である．シェルヘンは彼が新作を書き上げるたびに演奏機会を作り，大半の曲は自ら指揮して初演していた．

英語版（ペンドラゴン版）の序文

これは，*Formalized Music* の新たな増補版である．新たな版が出るという事実から，二つの疑問が生じる．

筆者が過去35年にわたって提示してきた理論上のさまざまな提案は，

（1）はたして筆者自身の音楽のなかに生き残っているのか．

（2）美学的観点から見て有効だったのか．

第一の問いに対しては，おおむね「生き残っている」と答えたい．古い版のさまざまな章で提示した理論は常にわが音楽のなかに存在し，ときには複数の理論が一つの作品のなかで融け合うこともあった．そしてさらに，筆者自身が関わってきた音や概念の世界を説明するために，かつて主張したことを，互いに調和する形で，あるいは対立を超える形で統合する必要が生じた．つまり，さまざまな手順をただ対峙させて比べるだけでなく，より広く構成的な観点に立つ必要が出てきたのだ．しかしそれでも，実証——すなわち結果として得られた音楽が美学的観点から見て有効か否か——こそが再考の評価基準であるという事実は変わらなかった．

そのような美学的基準をどう定めるかは，むろん筆者——筆者ひとり——にかかっていた．というのも，意識するか否かは別にして，そこには避けて通ることのできない第一の原理が存在するからだ．芸術家（人間）には，自らの選択とその結果得られたものの価値をただ一人で定める義務と特権があり，世俗的な権力や社会的な栄誉や金銭的な利得といった方法を選ぶことは絶対に許されない．

芸術家は自（みずか）らと自身が選んだ基準を毎回疑って，ゼロからはじめようと奮起しながらも，その疑いを決して忘れまいとする．たとえ人間に「おうむ返し」という特技があって易々と習慣を身につけることができたとしても，自らの猿まねは断じてなすべきでない．むしろ一回ごとに——もっといえば一瞬ごとに——事物を「独立した」新たな観点で見ることができる子供として生まれ直さねばならないのだ．

これらすべてが，第二の原理の一部となっている．つまり，人はなんとしても，ありとあらゆる偶然からできる限り自己を解き放たねばならぬのだ．

この話を，具体的な人間の運命と考えてもよいし，もっと広く宇宙の運命と考えてもよい．むろん，「存在——在るということ」のたゆみない転位は，連続的であろうとなかろうと，決定論的であろうとカオス的であろうと（はたまた同時にこの二つの性質を持っていようと），自由へ，そして変化へと向かう一方通行の活気に満ちた絶え間ない運動の表れなのである．

芸術家は，形式とその変化が作り出す広大な海原のなかで，ただ孤立しているわけにはいかない．その関心は，先ほど示した二つの原理に沿う形で，知と不確かさの広大な水平をできる限り取り込むことにある．そしてそこから生まれたのが，この版で新たに設けられた「時間と空間と音楽について」の章なのだ．

最後に申し添えれば，筆者は第一の問いにけりをつけるべく，これまでずっといくつかの主張を展開し，あるいは新たな主張を提示してきた．この版で新たに付け加えられた「ふるい」に関する章はその一例であって，巻末の補遺IIIに収められたコンピュータ・プログラムもまた，長年にわたる美と理論の探求の証左である．この研究とその応用は，UPIC（ユーピック）による音の合成を用いて展開された(1)．

これとは別の音の謎へのアプローチとして，セルラー・オートマトンを用いた手法がある．筆者はここ数年，この手法を用いていくつかの器楽曲を作ってきたが，ここでこの手法を説明するために，筆者が観察したある事実を紹介しておきたい．音高のスケール（ふるいによって作られた音列）は，音楽のある種の大局的なスタイル——量子力学における「周波数ないし反復のスペクトル」によく似た楽曲のある種マクロな「統合」——を自動的に確立する．このようなことが起きるのは，その内部に対称性（シンメトリー）があったりなかったりするからだ．このため論理的美学的観点から「非オクターブ周期音階」を選択することによって，調性音楽や旋法的音楽やセリー音楽におけるさまざまな見方に新たに息を吹き込み，さらに一般化する，きわめて豊かな同時生成性の音響（和音）やひと連なりの線型連続性の音響を得ることができる．このような「ふるい」に基づきセルラー・オートマトンを用いた和声進行を行うことで，オーケストラの楽器との未だかつてない豊かな合成音響を生み出すことができるのだ．その格好の例が，《アタ》，《ホロス》〔1〕といった筆者の作品である．

今やまったく新たな「実験数学」という研究分野が出現し，数学やコンピュータ・グラフィックスを援用することによって，特に自動力学系を巡るすばらしい考察を得ることができるようになった．こうして，すでに述べたセルラー・オートマトンや自己相似性を持つジュリア集合やマンデルブロ集合といったさまざまな構造が研究の対象となり，視覚化されるようになったのだ．これらの研究はヒトを決定論と非決定論の最前線へと導く．カオスから対称性(シンメトリー)へ，あるいはこの逆方向の研究が再び行われるようになり，今や大流行のテーマになっている！ これらの研究によって確かに新たな地平が切り開かれてきた．しかし私見によれば，その結果得られたのは作曲における類似の問題——筆者がすでに約35年にわたって取り上げてきた問題——の新たな側面でしかない．旧版で提示した主張はその何よりの証拠だが，そうはいっても，音楽作品のダイナミズムは計算の側面のみによって決まるわけではなく，常にいくつかのレベルで決められるものなのだ．

CEMAMuにおける研究プログラムの重要な使命として，定量化された音を通じた音の合成の展開がある．ただしそれは，アインシュタインが1910年代にすでに思い描いていたような〔2〕各音の量子，すなわち「音量子（フォノン）」が各ピクセル（画素）に対応する最新のツール——振幅－周波数面内の動的発展に自己相似性や対称性や決定論的カオスや確率論を取り込むことができるツール——を用いて行われる．筆者自身がすでに1958年に始めていたにもかかわらずガボールの成果と誤解されているこの研究を，今こそはるかに強力な現代的手法を用いて追求することができる．そこからはきっと，なにか驚くべき結果が得られるに違いない！

この新版の補遺IV〔3〕では，旧版の最終章（新版の第9章に相当）に追加する形で，新たな——そしてより正確な——推計学的音響合成の形式化を取り上げた．この手法はすでに検証済みで，7トラックのテープのための《エルの伝説》〔4〕という作品に用いられている．ちなみにこれはパリのCEMAMuで開発され，ケルンにある西ドイツ州立放送局（WDR）スタジオで完成したアプローチで，作品そのものは，パリのボーブール地区に作られたポンピドゥー・センターの落成を記念して設置されたディアトープに組み込まれた．完璧なレーザー装置と1600個のストロボを用いて完全に自動化され，実際に上映されたのである．この音の合成は，CEMAMuの恒久的な研究プログラムの一部となっている．

筆者はこれと同じ発想で，ランダム・ウォークやブラウン運動に基づく作品も作っている．たとえば，二人の女声と二本のフレンチホルンと二本のトロンボーンと一挺のチェロのための《ネシマ》〔ヘブライ語で「息」あるいは「精神」の意〕がそのいい例で，「アリヤ〔イェルサレムにあがること＝移民〕運動」の創始者レカ・フライエル〔1892-1984，22000 人のユダヤ人の子供たちをナチスドイツからパレスチナに逃がして命を助けた女性〕の委嘱を受けて作られたこの作品は，イェルサレムのテスティモニウム・フェスティバルで初演された．

筆者は，この序文の冒頭で示した二つ目の問いに答える立場にはない．職人としての（創造者とはいうまい）音楽家は，なんとしても己の決定に疑いを持ち続け，たとえどんなにわずかであってもその結果に疑いを持ち続けなくてはならない．その疑いは，先ほど述べた原則に向けられるべきものではない．しかしその作品がどれほどのものかを判断できるのは，相対的に見れば（同時代の，あるいは時代を超えた）素人と玄人だけなのだ．そうはいってもおよそ文化の正統性というものは「時節ごとの」法則に従って判断されるのであって，しかもその法則は数年から数百年，時には何千年という時間をかけて変わっていく．エジプトの芸術が，あるいはメソアメリカの芸術が 2000 年以上にわたってほぼ完璧に無視されてきたという事実を，決して忘れてはならないのである．

芸術作品――あるいは単に作品といってもよい――を，紙に書き付けて瓶に入れ，封をして大海原のまっただ中に投げ込んだ情報にたとえることもできるだろう．そうやって投げ込まれた作品は，やがていつの日か，発見されるものなのか．いったい何時，誰によってどう読まれ，解釈されるのか．

この『形式化された音楽』の増補版の新たな部分を翻訳し監督してくれたシャロン・カナッハと，勇気ある出版人ロバート・ケスラーに心から感謝する．

原　注

(1) UPIC：Unite Polygogique Informatique du CEMAMu の略．図形入力をデジタル音響化することで，年齢を問わずに楽曲を作ったり，音響学を教えたり，音楽教育を行うことを可能にする一種の音楽作成用ボード．パリの CEMAMu〔数理自動音楽研究センター〕で開発された．

訳　注

〔1〕《ホロス》（1986）はサントリーホール国際作曲委嘱シリーズ開始時の委嘱作のひ

とつ．この序文で挙げられているのは，英語版増補版刊行時点の近作である．

〔2〕光量子（フォトン）仮説を指すものと思われる．すなわち，クセナキスがここで言う「音量子」は光量子との混同に由来するアナロジーであり，実際の音量子（結晶の格子振動を量子化したもの）とは関係がない．

〔3〕原文ママ．実際は第 13 章である．

〔4〕現在は，5.1 チャンネル版の録音が DVD オーディオで発売されている（mode, 148）．

形式化された音楽

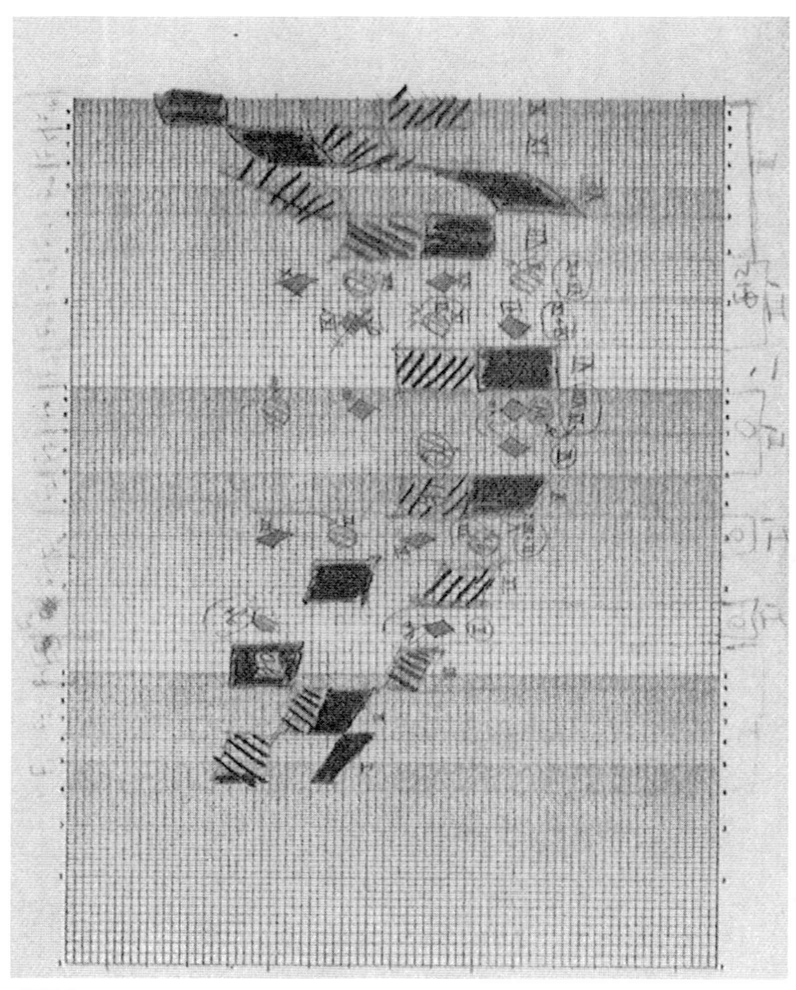

《類似（アナロジーク）B》（1959）の予備スケッチ．第 3 章（124～131 ページ）参照．

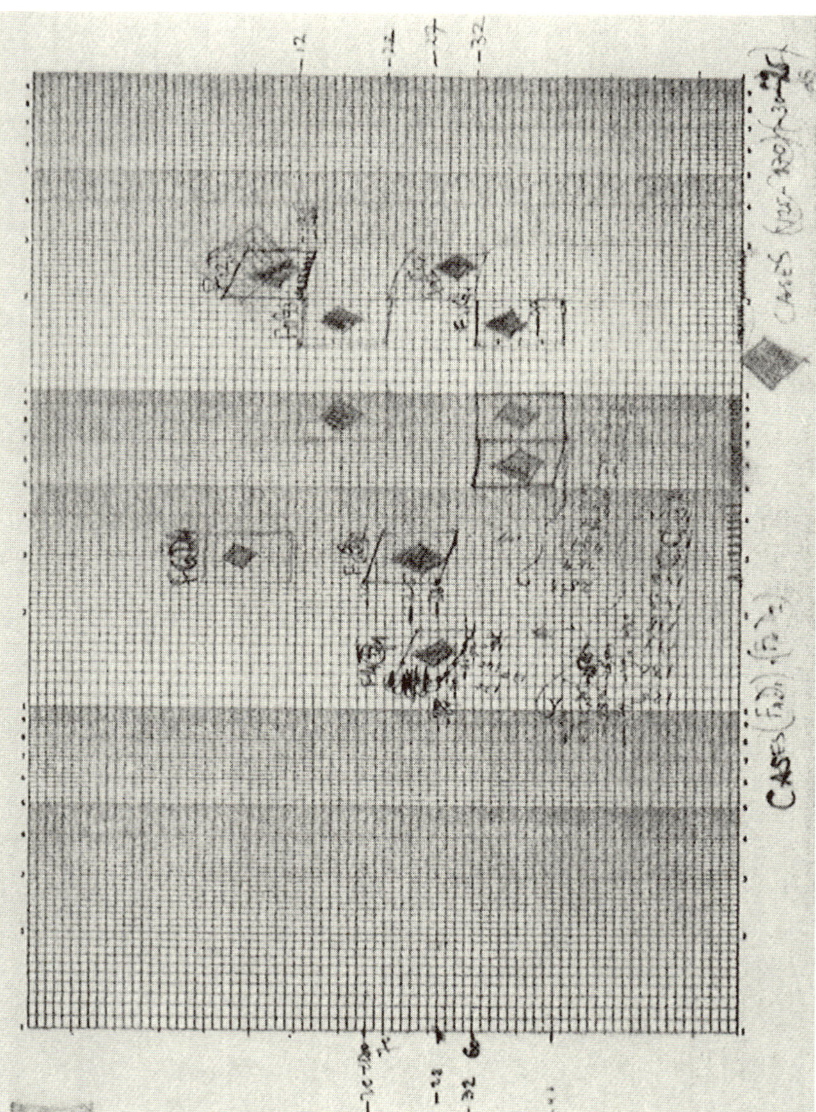

凡　例

1. 本書は Iannis Xenakis, *Formalized Music: Thought and Mathematics in Composition* (Revised Edition), Pendragon Press, 1992 の全訳である．翻訳の底本にはこの英語版原書を用いたが，下記の章についてはフランス語版原書，および日本語先行訳も参照した（詳細は「監訳者解説」を参照）．
   第 1 章〜第 6 章：*Musiques formelles,* Paris: Editions Richard-Masse, 1963.
   第 7 章，第 8 章：*Musique. Architecture,* Paris: Casterman, 1971.（『音楽と建築』（高橋悠治訳），全音楽譜出版社，1975）
   第 9 章：「微細音響構造のための提案」（高橋悠治訳），『季刊トランソニック』4 秋号，1974, pp. 12–19.
   第 10 章：*Redécouvrir le temps,* Bruxelles: Editions de l'Université de Bruxelles, 1988.
2. 訳文は原文に忠実であることを心掛けたが，原文に明らかな誤植や不正確な記述がある場合には，読者の混乱を避けるためにも，断りなく修正を施した箇所がある．原文の誤りをあえてそのまま訳出している箇所（たとえば補遺 I）には，その旨訳注に記した．
3. 本文中の (1), (2), (3), …は原注，〔1〕,〔2〕,〔3〕, …は訳注である．
4. 本文中の〔 〕は訳者および監訳者による補足である．
5. 原書では参考文献を注に挙げるか巻末に挙げるかが不統一だったが，本書では巻末に統一し，注では参考文献の著者名と刊行年のみを記した．巻末のリストは著者名のアルファベット順，同一著者内は刊行年の古い順に並んでいる．
6. 原書には巻末にクセナキスの受賞歴，文献一覧，音盤情報が掲載されているが，邦訳では割愛した．文献一覧と音盤情報についてはクセナキス関連の様々な情報をまとめたウェブサイト（http://www.iannis-xenakis.org）を参照されたい．また，出版譜・レンタル譜情報はデュラン－サラベール－エシーク社のウェブサイト（http://www.durand-salabert-eschig.com/）を参照のこと．

第 1 章

拘束のない推計学的(ストカスティック)音楽全般について〔1〕

芸術——とりわけ音楽——には基本となる機能がある．すなわち芸術は，ありとあらゆる手を尽くして能う限りの昇華を引き起こす触媒であらねばならない．触媒としての芸術は際だった粘り強さを発揮して，人々を完璧な高揚感へと運び去ることを目指すべきなのだ．その高まりのなかで人は「自我」の意識を失い，完璧で巨大で希有な生の真実とじかに混じり合う．たとえほんの一時であったとしても，芸術作品がこのような高揚感をもたらせたなら，その作品の目的は遂げられたといえよう．ちなみに，その途方もない生の真実は物質や感情や感覚によって作り出されたものではなく，ちょうどベートーヴェンの交響曲第７番が音楽を超越しているように，物質や感覚を超えた存在なのだ．芸術が，今なお宗教がその道しるべとされる精神の領域へと人々を誘うことができるのは，このためなのである．

しかし，なんの変哲もなく取るに足りない産物が超芸術(メタ・アート)へと変貌するとき，そこでいったい何が起きるのか，ほんとうのところはわからない．「仕組み」などそっちのけで，まるで何かが憑依したかのように超芸術を作り出す者がいるのは事実だが，それ以外の人々は，各時代の低俗なイデオロギーや技術の潮流——そして，これらが作り出す移ろいやすい「風土」や表現の流行——のただなかで，ひたすらもがくばかりなのだ．

ここでは崇高な超芸術を作るという目標を見据えながら，むしろ謙虚に，さまざまな矛盾が融け合ったマグマのような今日の音楽から出発して超芸術へと至る道を明らかにしていきたい．

ヨーロッパ音楽の歴史は，実はこの世を理(ロゴス)によって説明しようとする人間の試みの歴史に呼応している．そもそも古代音楽においてあらゆることが因果律に基づいてかっちりと定められたのは，ピタゴラス派やプラトン学派の強い影響があったからだ．プラトンは因果律にこだわり，「いかなるものも，原因となるものなしに生成することはできないのだから」〔『ティマイオス』の 28A4-5 より〕と述べている．このような厳密な因果関係に支配された考え方はその後も連綿と続いたが，19 世紀になって物理学に統計理論が登場した〔2〕ことによって，その姿は劇的に変わり，多くの実りがもたらされることとなった．大昔から，無秩序（ἀταξία）や崩壊といった概念と結びつけられていた偶然（τύχη）の概念は，理（λόγος）や秩序（τάξις）や構造（σύστασις）といった概念の真逆であり，否定だとされてきた．知性の力が偶然の世界にまで及び，偶然の程度を明らかにすることが可能になった――つまり偶然を徐々に理で説明できるようになってきた――のは，つい最近のことなのだ．とはいえ，今なお「純粋な偶然」の問題を最終的にきちんと説明するには至っていないのだが…….

物理学におけるこのような変化から遅れること数十年，無調の音楽は調的機能の概念を打ち砕き，新たな道を切り開いた．ところが一度は開かれた道も，セリー音楽のほぼ絶対的な決定論――すなわち，物事はそれに先行する出来事によってのみ決まるのであって曖昧な点はまったくないとする立場――によって，すぐに閉ざされることとなった〔3〕．

このような経緯を考えれば，因果律が存在するか否かという――まずは哲学の世界における，さらには科学の世界における――議論に作曲活動が影響を受けたとしても，まるで驚くにはあたらない．さらに音楽がそのような議論の影響のもとで，一見本来の道から遠ざかるように，しかし実際には確率論に――そしてその結果，さらに一般的で豊かな因果論ともいうべき多値論理に――溶けこむ道をとったのも，至極当然のことなのだ．実際に，人間を取り巻く世界――ひいては人間を取り巻く音の現象や人間が作り出す音の現象――を説明するには，大数の法則に基づく因果律をさらに押し広げる必要があった（し，事実そのような拡張の恩恵を被ることとなった）．大数の法則によると，ある安定した状態，あるいはある種の目標，――なんらかの推計（στόχος）――にどこまでも迫る漸近的発展が存在するという．ちなみに推計学的という形容詞は，このストコスというギリシャ語に由来する．

いっぽう純粋な決定論やさほど純粋ではない非決定論では，すべてが論理学の基本的運用規則に従う．これらの規則は「一般代数学」の名のもとに数学的な思考を解き放ち，操作という形で孤立した存在や要素からなる集合に働きかける．なかでももっとも単純なのが論理和 $\vee$ と論理積 $\wedge$ で，論理学にはこのほかに否定や等価や含意や量化などの初歩的な関係があり，これらの関係を出発点として，現代のあらゆる科学を構築することができる．

こうしてみると，音楽とは，これらの操作や音響存在（être sonore）同士の基本的な関係，さらには音響存在の役割同士の基本的な関係を有機的に構成してまとめたものといえよう．したがって，新たな楽曲を作る場合はもちろんのこと，過去の楽曲を分析して理解を深める場合にも，集合論が鍵になる．かくして，推計学に基づいて楽曲を作るにせよ，推計学を援用して音楽史を研究するにせよ，科学の女王である（と同時に芸術の女王でもある）論理学や論理学の数学版ともいうべき代数が不可欠になる．なお，ここで音楽について論じる内容は，絵画や彫刻や建築や映画といったあらゆる芸術分野でもそっくりそのまま成り立つ．

ここでは，このようなきわめて一般化された基本的な観点に立って音楽を検証し，音楽を作ってゆきたい．ところがこのような観点に立つと，まったく手が加えられていない時間が，まるでのっぺりとした素材のように見える．つまり時間は，音楽家がまずは作業のために，さらに第三者との意思疎通のためにさまざまな操作や関係を刻みこんでいく粘土なのだ．この段階では，時間が非対称で非可換だという事実を用いる．（「Ａの後にＢを行う」のと「Ｂの後にＡを行う」のは同じでない．したがって前後が明確になり，辞書式順序が成り立つ．）さらに，可換（で対称）かつ計量可能な時間も同じ論理法則に従うので，音楽を組み立てる際の推論にも役立つ．驚いたことに，音楽を作るにあたって欠くことのできないこれらの基本概念は，ごく幼い子供にもすでに備わっているという．ジャン・ピアジェが行ったように[(1)]これらの概念の発達過程を追っていくことは，実に心躍る作業である．

さて，全体の背景となる一般的な事柄に関する前書きはこのあたりで切り上げて，次に，筆者自身がここ数年展開してきた作曲へのアプローチを細かく紹介してゆきたい．筆者が「推計学的（ストカスティック）」なアプローチと呼ぶこの手法では，確率論を論理の枠組みとし，さらに，曲を作る際に生じる摩擦や「結び目」の計算にも確率論を用いる．

手始めに，今日まで受け継がれてきたすべてのものを捨て去り，考えるという行為——さらには考えを具体的な形で表現するという行為——を大本（おおもと）から批判的に見ていくことにしよう．まずは作曲という段階に限定するとして，作品ははたして聴き手に何を提示しているのだろう．音楽作品は，因果律に従っていてほしいという願いを込めて，一連の音を差し出す．簡単にいうと，全音階によって主音，属音，下属音といった調的機能の階層が生まれ，ほかの音がそのまわりに引き寄せられるとき，その全音階はまったく隙のないかっちりした形で，一方では線的に展開する過程——つまり旋律——を，他方では同時進行する過程——つまり和音——を作り出す．ところが新ウィーン楽派のセリー音楽を支持する人々は，無調主義に含まれる非決定論——曖昧さを許す論理——を使いこなすことができず，調性より抽象的ではあるものの，厳密には因果律の縛りがきわめて強い作曲法に立ち戻った．もっともこのような動きにも，たしかに大いに評価すべき点があって，実際メシアンはこの動きをさらに推し進め，器楽による音楽のすべての変数を順序立てて抽象化するという方向に大きく一歩を踏み出した〔《音価と強度のモード》において，音高だけでなく音価や強度，アタックなどをも旋法として組織化したことを指す〕．それにしても，メシアンがこのような一般化を旋法の領域で行ったというのはなんとも奇異な話である．やがてメシアンが複数の機能を持つ旋法に基づく音楽を作ると，すぐにそれを真似るセリー音楽支持者が現れた．そして，音を抽象的なものとして組織化するメシアンのアプローチは，マルチ・セリー音楽〔セリーを音高以外のリズム，持続時間，音色などのパラメータにも一般化したもの．「全面的セリー音楽」とも〕という正当化しやすい形で具体化されたのだった．戦後登場した新セリー派は，当初このアプローチを唯一の拠り所としていた．そして今や新ウィーン楽派やメシアンの後を追って，時にはストラヴィンスキーやドビュッシーの理論を借りながらも，外からの言葉にはいっさい耳を貸さず，「我が楽派に真理あり」と主張している．さらにこれ以外にも，音響存在や新たな楽器や「ノイズ」などの体系的な研究に基づいたさまざまな作曲のトレンドが姿を現し始めている．この方面の先駆者はエドガー・ヴァレーズ〔1883-1965，伝統的な楽器法によらない作曲法や電子楽器の使用などで大きな影響を残したフランス生まれの米国の作曲家〕で，このような流れの恩恵に浴したのが磁気テープ上の音楽〔ここではミュジック・コンクレートを指す〕だった．（ちなみに〔ミュジック・コンクレートを含まない，発振音のみで構成された狭義の〕電子音楽は，器楽音楽の一分野である．）しかし磁気テープ上の音楽の世界において，構造や形態の問題を意識的に取り上げようという動きが生まれたわけではなかった．そのため複数の機能を持つ旋法に基づくメシアンの音楽と新ウィーン楽派の手法の折衷案ともいうべき「全面的セリー音楽」が，音楽の基本問題の核に居座り続けたのである．

ところが1954年には，この音楽もすでに盛りを過ぎようとしていた．というのもこの手法で作曲しようとすると，さまざまな事柄を決める操作も完成した作品もひどく複雑になってしまい，聴く側にとっては意味を成さず，作曲のイデオロギーとしてもナンセンスだったからだ．筆者は『グラヴェザーノ誌』〔現代音楽の熱心な擁護者ヘルマン・シェルヘンがスイスに開設した実験音楽スタジオの刊行になる雑誌〕の第１号に「セリー音楽の危機」という論文を寄稿し，その当然の帰結について次のように論じた．

> 線的対位法は，実はきわめて複雑であるがために自滅したといってよい．この手法で作られた作品を聴いてみても，実際にはさまざまな音域の音の塊が聞こえるだけなのだ．途方もなく複雑であるため，聴衆はもつれ合った線を追うことができなくなり，実際のマクロな効果としては，音域全体に不合理かつ偶発的に分布する音が聞こえるのみ．そのため，多声的な線的構造とその結果生ずる音楽の表面や塊とのあいだに矛盾が生じることになる．だがこの多声音楽に特有の矛盾は，一つ一つの音を完璧に独立させれば解消できる．事実，音を線的に組み合わせ，さらに多声的に重ね合わせてみてもうまくいかない場合には，与えられた瞬間における構成要素の孤立した状態や変化の統計的平均がものをいう．つまり，作曲者が選んだ要素の動きの平均を通じてマクロな効果をコントロールすることができるのだ．こうなると，結果としては確率の概念を使うことになるが，この場合に限っていえば，確率の概念を使うということは，すなわち組み合わせ計算を行うことである．早い話がこれこそが，「線型カテゴリー」に陥ることなく音楽を考える道なのである(2)．

筆者はこの論文を仲立ちとして，音楽に数学を導入することとなった．というのも，新セリー派が強く推していた厳密な因果関係やあらゆるものをきっちり定めようとする姿勢がその手法の複雑さゆえに失われたのであれば，それに代わるものとしてさらに一般的な因果律——すなわちセリー音楽の厳密な因果律を特別な場合として含む確率論的な論理——を据える必要があったからだ．かくして推計学的(ストカスティック)な手法の出番となった．推計学では，大数の法則（これについてはすでに触れた）や稀な出来事に関する法則〔4〕，さらにこれとは別の偶然が絡んだ過程などを研究し，形式化する．というわけで，一つにはセリー音楽の行き詰まりという理由もあって，筆者は 1954 年に決定論と対峙する原理に基づいた音楽作法を編み出し，その２年後にその音楽を「推計学的音楽」と名付けた．つまり確率計算の法則は，作曲上の必然があったからこそ，音楽に導入されたのだ．

そうはいっても，推計学に至るアプローチはこれだけとは限らない．たとえば，あられや雨粒が何か硬い表面に当たるといった自然現象，あるいは真夏の野外に響くセミの声はどうだろう．これらの音響出来事（événement sonore）は孤立した何千もの音で構成されているが，音の数が膨大であるために，全体として新たな一つの音響出来事となっている．このような塊（マス）としての出来事が，可塑性を持ちながらもくっきり浮かび上がる一時的な鋳型となり，この鋳型そのものが偶然を巡る法則——つまり推計学——に従うのだ．弦のピチカートのような点状の音で大きな塊を作ろうとすると，このような数理法則が必要になるが，実はそれらの法則は，論理的な推論の連鎖をコンパクトに表したものでしかない．誰もが，何十，何百，何千もの人が政治的な行動をすることで生じる音の現象を見聞きしたことがあるはずだ．人の流れが同じスローガンを一定のリズムで叫んでいる．次に，デモの先頭で別のスローガンがわきあがり，それが後ろへ広がっていって第一のスローガンに取って代わる．こうして変化の波が先頭から末尾へと移動する．町には怒号が満ち，抑え込まれた声やリズムの力は最高潮に達する．なんと力強く，残忍なまでに美しい出来事であることか．やがて，デモの参加者が敵と衝突する．最後のスローガンの完璧なリズムは崩れ，混乱した叫び声の巨大なクラスタとなって，またもや後ろに広がっていく．この完璧な無秩序に，時折，何十もの機関銃の銃声や弾が空を切る鋭い音が加わったとしたら……．群衆は瞬時に追い散らされ，音と光の地獄の果てに絶望と埃と死に満ちた突然の静けさが訪れる[5]．これらの出来事を政治や倫理などの文脈から完全に切り離してみると，実はセミや雨と同じ法則に従っていることがわかる．連続的に，あるいは爆発的な形で完璧な秩序が完璧な無秩序に移り変わる様子を表す法則——すなわち推計学的法則に従っているのである．

さてここで少しだけ，古代より知識人を悩ましてきたある壮大な問題に触れておこう．変容ははたして連続的なのか，それとも不連続なのか．アキレスと亀の話のような運動をめぐるパラドックスも，「はげ」の定義のような定義に関するパラドックスも，（とりわけ後者のパラドックスは）統計的な定義を行う——つまり推計学を使う——ことによって解決できる．ちなみに連続音を作るには，連続的な要素を使ってもよいし，非連続な要素を使ってもよい．弦楽器の短いグリッサンドをたくさん集めてきても，逆にピチカートをたくさん集めてきても，連続した印象を与えることができるのだ．したがって，不連続な状態から連続的な状態への移行を推計学を使ってコントロールすることが可能となる．筆者はかなり前からさまざまな器楽曲でこのような魅力的な実験を行ってきた．ところが推計学的な音楽には数学が絡むため，音楽家たちはおじけづき，その結果，このアプローチは特に困難なものとなった．

さらにもう一つ別の，これまた非決定論へと向かうアプローチがある．たとえばリズムの変動を調べていくと，全体としての非対称性の限界——さらにはその結果としての持続時間同士の因果関係が完璧に崩壊する限界——がどこにあるのかが問題になる．強烈な放射能を発している物体の傍らに置かれたガイガーカウンターの音を想像すれば，この問題がいかに強烈であるかがわかるはずで，実はここでも推計学が必要な法則を提供する．

さて，新たな論理に潜む（最近まで理解を拒んできた）豊かな出来事の観察を目的とするこのささやかな旅行を締めくくるにあたって，ちょっとした余談をつけ加えておこう．いくつもの長いグリッサンドをうまく絡ませれば，連続的に伸展する音空間を作ることができる．さらに，グリッサンドを直線で表せば，線織面〔空間で一定のルールに従って直線を動かしたときにできる面．図 1-2 を参照〕を作ることができる．筆者は《メタスタシス》という作品（1955 年にドナウエッシンゲンで初演）を作るにあたって，実際にグリッサンドを使って線織面を構成した．そしてその数年後に建築家のル・コルビュジエ（当時筆者はコルビュジエの協力者だった）から，ブリュッセル万博のフィリップス・パビリオンの建築デザインを考えてみないかといわれたとき，すぐにこの《メタスタシス》の実験が脳裏をよぎった．筆者は今も，この瞬間に建築と音楽が密接につながったと考えている(3)．図 1-1～1-5 に示したのは，《メタスタシス》の楽譜からフィリップス・パビリオンの建築物へと至る思考の因果関係の鎖である．

図 1-1 《メタスタシス》（1953-54）の 309 小節から 316 小節までのスコア

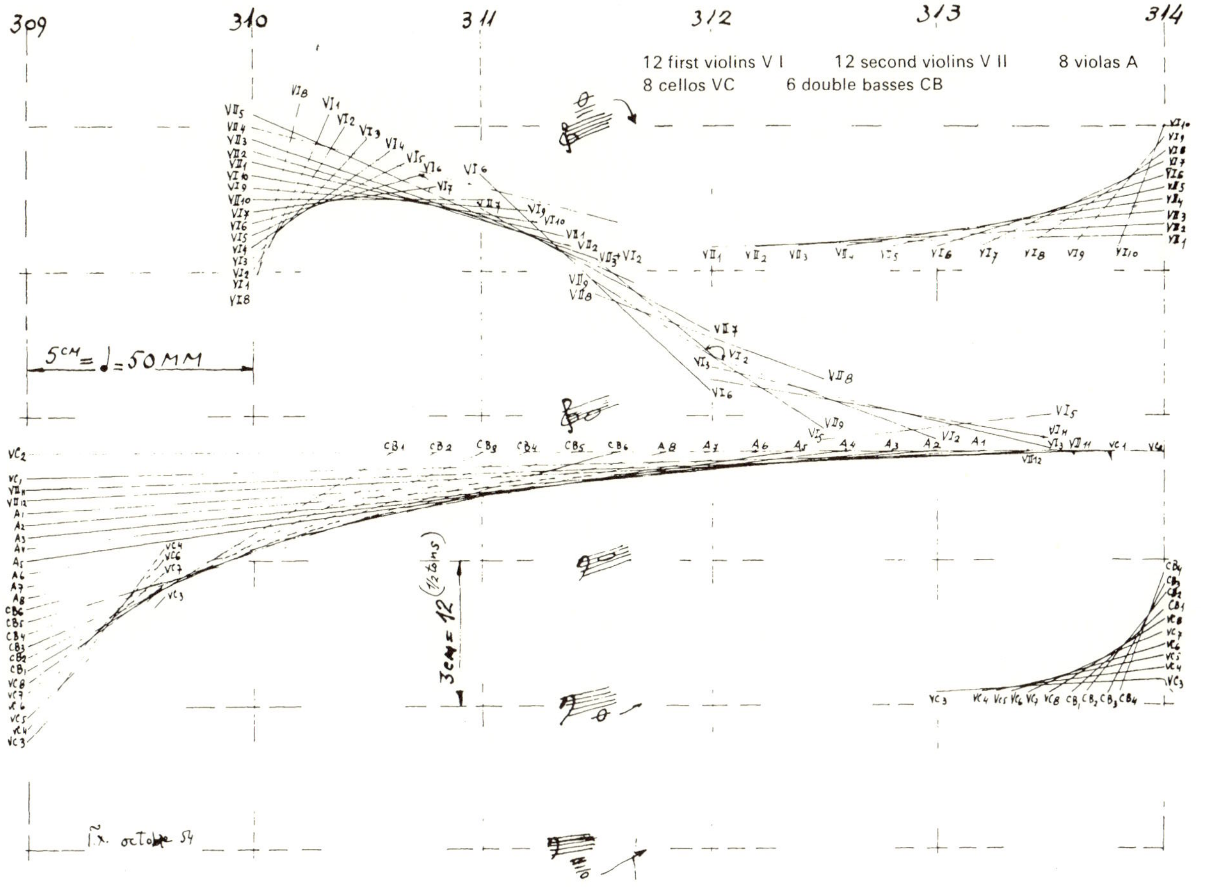

図 1-2 《メタスタシス》の弦楽器のグリッサンド，309 小節から 313 小節まで

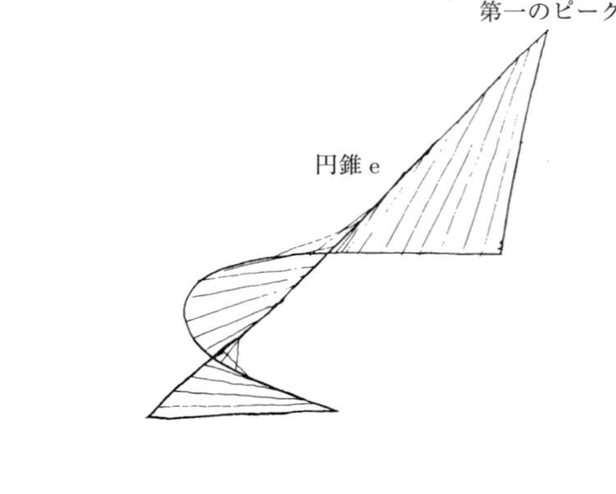

A 「胃」の左半分の地面の輪郭. ここでの狙いは, 平面図の上に可能な限り少数の線織面で構成されたシェルを作ることにあった. 平面の輪郭線を使って円錐 (e) を一つ作る. まっすぐな準線 (地面の輪郭の左の端から立ち上がっている) と, いちばん外側の生成元 (地面の輪郭のいちばん右端を通っている) の二本の直線がこの壁の端になっている. こうして, パビリオンの最初の「ピーク」ができる.

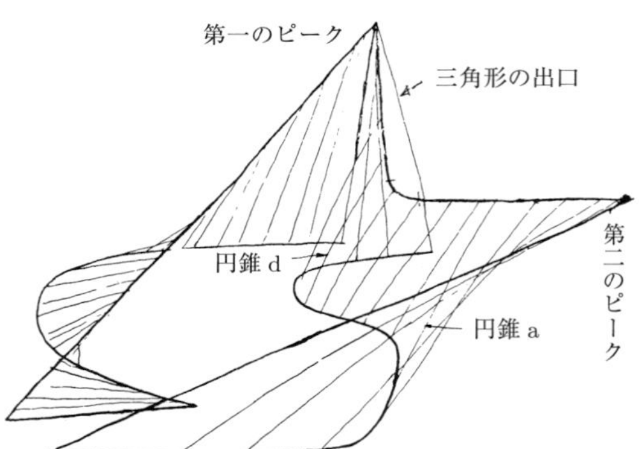

B 「胃」の右半分の境界になっている曲線を通る形で, 二つの円錐 a, d からなる線織面を作る. d の準線は第一のピークを通っており, こちら側のいちばん外側の生成元と e の生成元が組み合わさって三角形の出口を形作る. a の準線は第二のピークを通り, 一本の弧で d の準線とつながっている.

この基本形状は最初の設計で使われたもので, いくつか変更があったものの, 最終的な構造にも生かされている. このデザインでは, 二つのピークの間の美的バランスをいかにして確立するかが大きな問題となった.

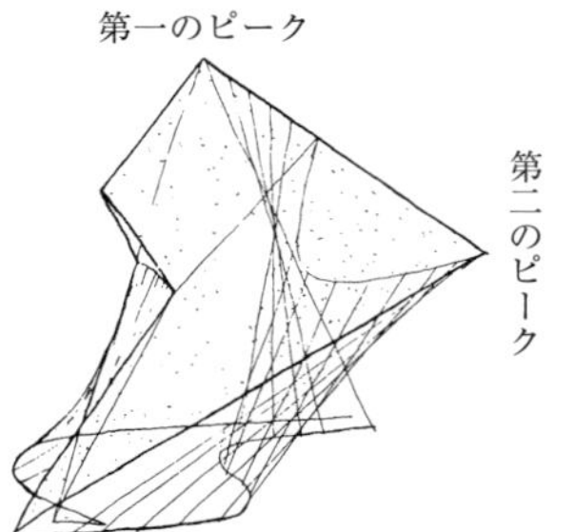

C 当初のデザインの二つの線織面のあいだの空間を (投影壁面として使われることになる) 平らな面で閉じる試み. 第一のピーク, 第二のピーク

図 1-3 フィリップス・パビリオンの最初のデザインがどのような段階を踏んで展開されたか

D　それとはまた別の試み．入口部分の上に小さな三角形の開口部を作り，側面を双曲放物面（g, k）にして，さらに全体を水平な面で覆うようにする．

E　Dの詳細．第三のピークが（おずおずと）形を取りはじめる．

F　完成された第一のデザイン（図1-4の最初のモデルをも見よ）．もはや平面は存在しない．第三のピークが完全に展開されて，相対する曲線ともども，最初の二つのピークと均衡を取っている．これら三つのピークの高さは決まっている．第三のピークは円錐lの一部の頂点に，円錐aとd（Bを参照）の準線をつなぐ短い弧は円錐lの一部の基盤になっている．

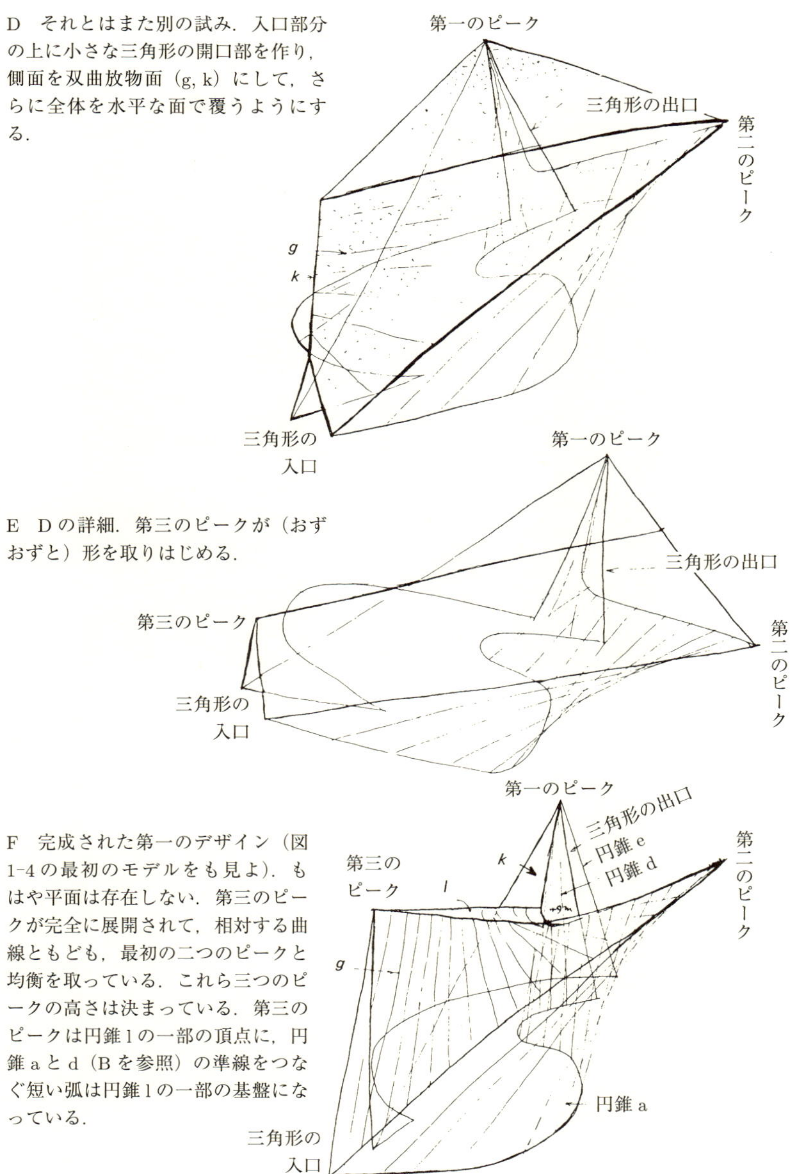

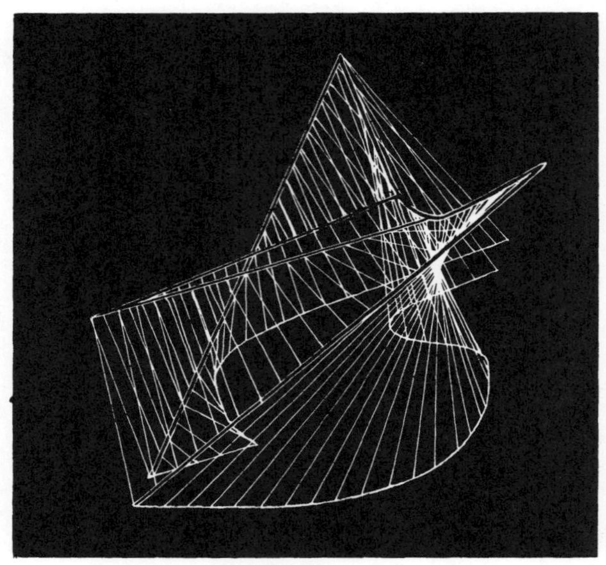

図 1-4　フィリップス・パビリオンの最初のモデル

図 1-5　1958 年に開催されたブリュッセル万博のフィリップス・パビリオン

確率法則とその具体化

ここで，筆者が数年前から作曲に取り入れてきたいくつかの確率法則を，駆け足で紹介しておきたい．そのためにまず，楽器の音の互いに独立な成分を一つずつ観察していく．

持続時間

（計量的な）時間を１本の直線と見なし，その上にさまざまな音の成分の変動に応じて点を取る．このとき，２点間の距離が持続時間となる．連続する点の取り方はいろいろあるが，そのどれを選ぶべきかという問いは意味を持たない．

ある長さの線の上に存在する点の個数の平均として，ある値を選ぶ．すると，点の個数の平均値がこの値と一致し，しかもその長さが前もって定められた値と等しい線分はいったい何本あるか，という問いが生まれる．

直線上にランダムに置かれた点の平均の個数がわかれば，連続確率に関する推論から得られる次の式を用いて，考え得るすべての長さの線分が生じる確率を計算することができる．

$$P(x) = \delta e^{-\delta x}$$ （補遺Ｉを参照）

ただし δ は点の線密度で，x は線分の長さである．

次にいくつかの点を選び，それを今述べた法則に従う理論的分布やその他の分布と比べることによって，自分の選択にどれくらいの偶然が含まれていたのか，あるいは，自分の選択が完璧に機能する可能性のある分布法則に多かれ少なかれ厳密に適合しているか否かを推し量ることができる．ちなみにこの比較には検定を使うが，なかでもよく用いられるのがピアソンのカイ二乗検定である．また，ここでは音のすべての成分の一次近似を測定することができるので，さらに相関係数を調べる．一般に，二つの母集団の相関係数が１であればそれらの母集団同士は一次関数で結びついており，相関係数が０であれば二つの母集団は互いにまったく無相関——つまり独立——であることが知られている．さらに，相関係数がこれらの値の間のどの値を取るかによって，二つの集団の相関の強さがわかる．

音のクラウド

強度－音高空間で定義された音の点の集合が，与えられた持続時間のあいだだけ実現されるとしよう．その上でこの音のクラスタの見かけの平均密度が与えられたとき，強度－音高空間内のある与えられた領域で特定の音密度が生じる確率はどれくらいになるのか．その答えは，次のポアソンの法則によって得られる．

$$P(\mu) = \frac{(\mu_0)^{\mu}}{\mu!} e^{-\mu_0}$$

（ただし μ_0 は平均密度，μ は問題となっている特定の密度，e は自然対数の底）

この場合も持続時間と同じように，音の点のほかの分布と比べることで，このクラスタが従うべき法則を作ることができる．

強度，音高などの差（インターバル）

これらの変数に関するもっとも単純な法則は，

$$\theta(\gamma)d\gamma = \frac{2}{a}\left(1 - \frac{\gamma}{a}\right) d\gamma \qquad \text{（補遺 I を参照）}$$

で，この式は，長さ a の線分に含まれる（強度や音高などの差を示す）線分 s の長さが，γ と $\gamma + d\gamma$（$0 \leqq \gamma \leqq a$）の間に収まる確率を与えている．

速　さ

ここまで音の点――すなわち粒状の音――について述べてきたが，実は粒状の音を，連続的に変化する音の特別な場合と見なすことができる．そこで，そのような連続的な音のなかからグリッサンドを取り上げることにしよう．さらに，グリッサンドのなかでももっとも単純な例として，一様で連続な滑行音を取り上げる．このようなグリッサンドは，感覚の面でも物理の面でも，速度という数学の概念と重ね合わせることができる．グリッサンドを一次元ベクトルで表現すると，その大きさ――つまりスカラー量――は，問題のグリッサンドが旋律の上で引き起こす音程と持続時間を二辺とする直角三角形の斜辺に相当する．このため，こうして定義された連続的に変化する音にある種の数学的な操作を行うことができる．たとえば管楽器の通常の音〔6〕を速度がゼロであるような特殊な例と見なすことができ，周波数が大きいほうに向かうグリッサンドを正，小さいほうに向かうグリッサンドを負と定義することができる．

ここでは，論理学のもっとも単純な仮定を置いて，そこからグリッサンドの速度分布を与える数式を導く．今から展開しようとしているのは，実は人間の知性が物理現象の表面的な矛盾をうまく捉えるために編み出した，ある「論理的なポエム」である．この「論理的なポエム」を間接的な出発点とすることによって，抽象的な「存在」を打ち立てることが可能となり，ひいてはそれらの「存在」を音や光で表現することができるようになる．というわけで，「論理的なポエム」の例を紹介しよう．

同質性の仮定 (4)

1. 速度を有して動く音の密度は一定である．つまり，音高領域における広がり〔音程〕が等しい二つの領域に含まれる動く音（＝グリッサンド）の数は，互いに等しい．

2. （上昇するグリッサンドや下降するグリッサンドの）速度の絶対値は一様に分布する．つまり，音域が異なっても動く音の速度の 2 乗平均は等しい．

3. 等方性がある．つまりいかなる音域においても，特にこの方向に音が動きやすい，といった方向の偏りはいっさい存在しない．上昇する音の個数と下降する音の個数は等しい．

これら三つの対称性（シンメトリー）を前提として，速度の絶対値が v になる確率密度を与える関数 $f(v)$（いいかえれば，速度 v が出現する相対頻度を与える関数 $f(v)$）を定義することができる．

n を単位音程あたりのグリッサンドの個数（＝動く音の密度）とし，その領域の任意の部分を r とする．このとき，動く音のうちの速度が正の v から $v+dv$ までに収まっているものの個数は，今述べた仮定 1 と 3 から，

$$nr\frac{1}{2}f(v)dv$$

（符号が $+$ になるか $-$ になるかの確率は 1/2）

となる．

仮定 2 から，絶対値が v の速度で動く音の個数は，v^2 のみによって決まる．そこでこの関数を $g(v^2)$ とすると，次のような等式が得られる．

$$nr\frac{1}{2}f(v)dv = nrg(v^2)dv$$

一方 $v=|x|$ であるとき，確率関数 $g(v^2)$ は x の確率分布則 H と等しくなる．ここから，

$$g(v^2) = H(x) \text{ あるいは } \log g(v^2) = h(x)$$

となる関数 $h(x)$ を導入する．

$h(x)$ の値が $x^2=v^2$ にのみ依存するためには，微分 $d\log g(v^2)=h'(x)dx$ と $v\,dv=x\,dx$ の比が一定，つまり，

$$\frac{d\log g(v^2)}{v\,dv} = \frac{h'(x)dx}{x\,dx} = \text{定数} = -2j$$

であることが必要かつ十分な条件となる．したがって，$h'(x)=-2jx$，$h(x)=-jx^2+c$，$H(x)=ke^{-jx^2}$〔c, k は $c=\log k$ をみたす積分定数〕である[7]．

ところが $h(x)$ は初等的な確率関数だから，この関数を $-\infty$ から $+\infty$ まで積分すると，その値は 1 に規格化される．j は正で，$k=\sqrt{j}/\sqrt{\pi}$ とおけば規格化の条件は満たされる．このとき $j=1/a^2$ とおくと，

$$f(v) = 2g(v^2) = 2H(x) = \frac{2}{a\sqrt{\pi}}e^{-v^2/a^2}$$

が成り立つが，実はこれは正規分布にほかならない[8]．

この同質性の仮定から $f(v)$ の関数形を決める論理展開（ここでの導出方法はポール・レヴィ〔1886-1971，現代確率論の発展に貢献したフランスの数学者〕から借用した）は，マクスウェルによって確立された．ちなみにマクスウェル〔1831-1879〕は，ボルツマン〔1844-1906〕とともに気体分子の運動理論を作った人物である．ここでは，関数 $f(v)$ は音の速度が v になる確率を与え，定数 a はこの音環境の「温度」を定めている[9]．v の算術平均は $a/\sqrt{\pi}$ に等しく，標準偏差は $a/\sqrt{2}$ である[10]．

ここで一つの例として，1955～56 年に作曲され，1957 年 3 月にミュンヘンでヘルマン・シェルヘン教授の指揮によって初演された(5) 弦楽オーケストラのための《ピソプラクタ》〔「ピソプラクタ」とは確率による行動の意〕の数小節（図 1-6）を紹介しておこう．まず図 1-7 から説明すると，このグラフは $a=35$ に対応する温度での速度の集合を表している．横座標は 5 cm＝26 MM（メルツェル・メトロノーム[11]）を単位とする時間になっており，この単位をさらに三，四，五等分すると，きわめて微細な持続時間の差を作り出すことができる．いっぽう縦座標は 1 半音＝0.25 cm を単位とする音高（ピッチ）で，縦方向

の 1 cm が長 3 度に対応している．弦楽器は計 46 本で，各楽器はぎざぎざな線で表されており，一本一本の線は，先ほどと同じ正規分布の式

$$f(v) = \frac{2}{a\sqrt{\pi}} e^{-v^2/a^2}$$

を用いて算出された確率表からとった速度を表している．

この楽節（第 52 小節〜60 小節，演奏時間にして 18.5 秒）を作る際には，正規分布に従って分布する異なる 58 個の値に対する計 1148 個の速度を算出した．速度は正規分布に従っているので，マクロな形としては，音素材を柔軟に調整したものになっている．図 1-6 は，このグラフの 1 ページ目を伝統的な表記に直したものである．

この作業によって，一言でいうと次のような性質を持つ音の混合物が得られたことになる．

1. 持続時間は変わらない．
2. 音高の塊（マス）は自由に調整できる．
3. 各瞬間の音の密度は一定である．
4. 強弱法（デイナミーク）は ***ff*** のままで変化しない．
5. 音色は一定である．
6. 速度から「温度」が決まり，その温度は部分的に変動する．速度は正規分布している．

すでに指摘したように，音のさまざまな構成要素を多少なりとも厳密に関係付けることが可能である[6]．二つの変数 x, y の相関の程度を測る際にもっとも役に立つ係数として，相関係数

$$r = \frac{\sum(x-\bar{x})(y-\bar{y})}{\sqrt{\sum(x-\bar{x})^2}\sqrt{\sum(y-\bar{y})^2}}$$

がある（ただし $\bar{x}$ と $\bar{y}$ は各変数の算術平均）．

こうしてついに，確率の理論や計算を作曲に用いる際の技術的な側面が明らかになってきたわけだが，今述べてきたことを踏まえると，次のようなことがいえる．

W. Bl.

55

V. I

V. II

A.

Vc.

C. B.

pizz. gliss.

fff

f

mf

図 1-6 《ピソプラクタ》51 小節から 56 小節までのスコア

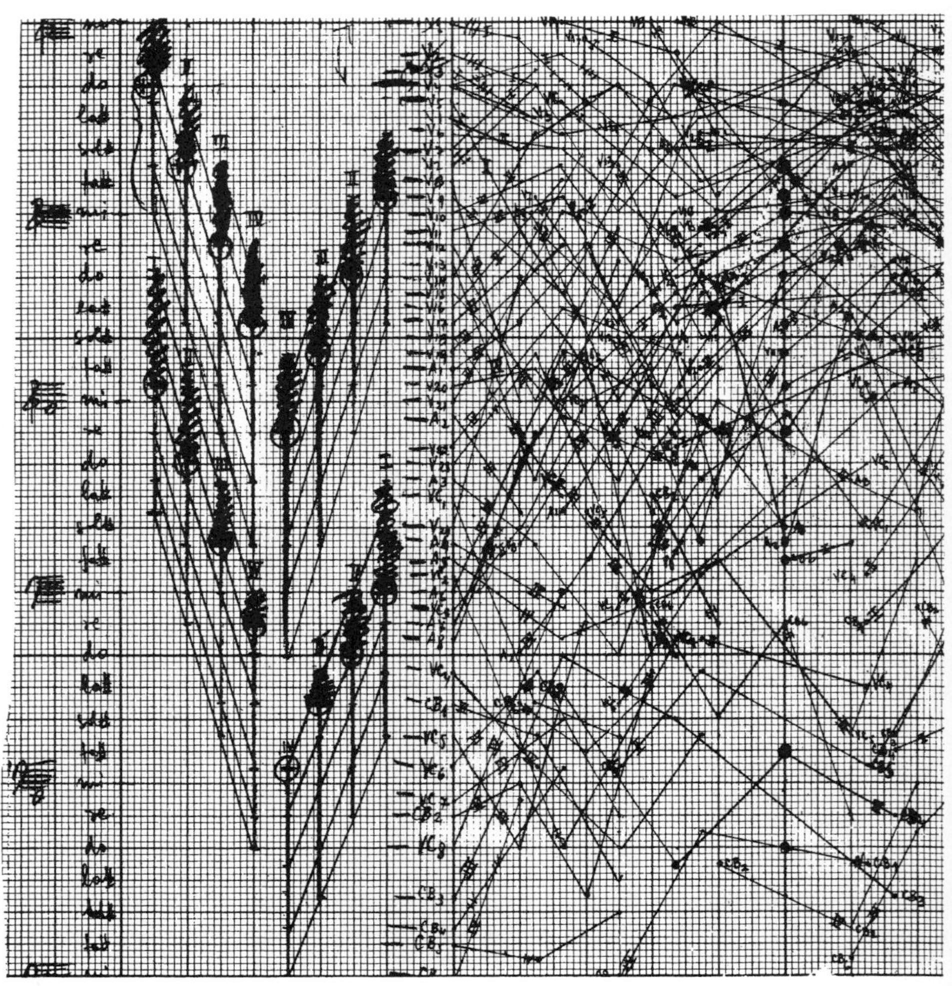

図 1-7　《ピソプラクタ》52 小節から 57 小節冒頭までのグラフ

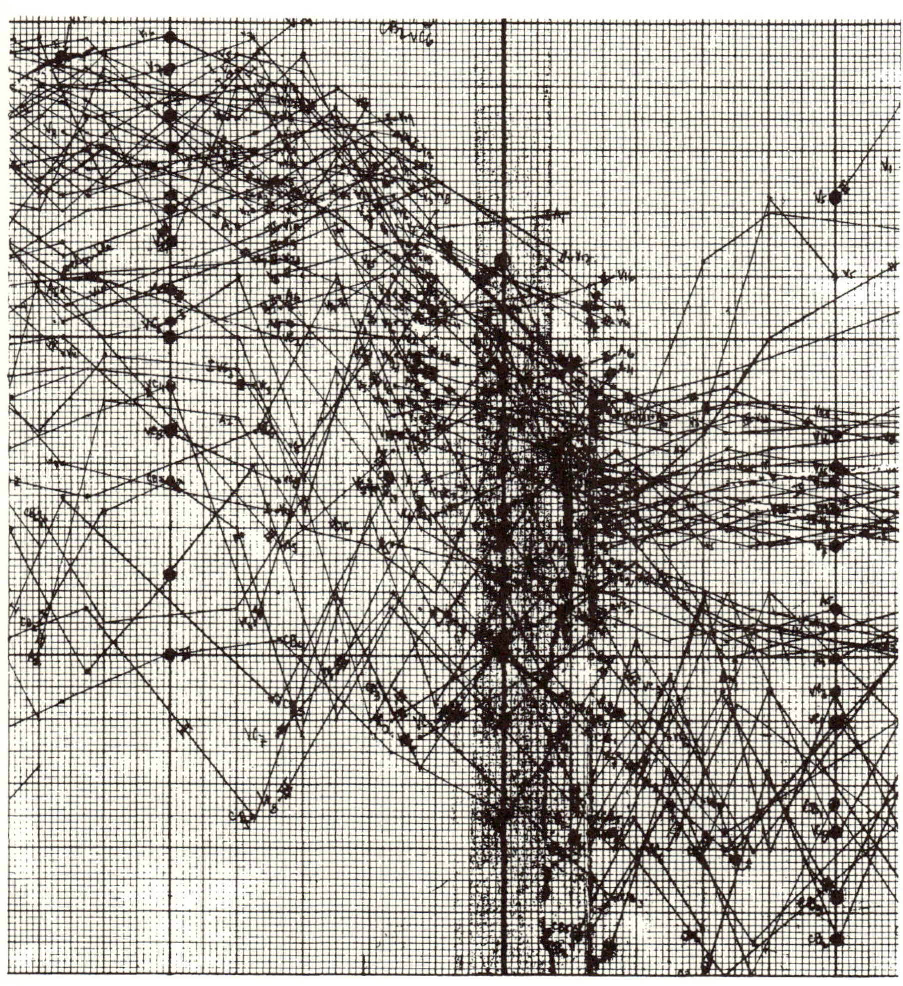

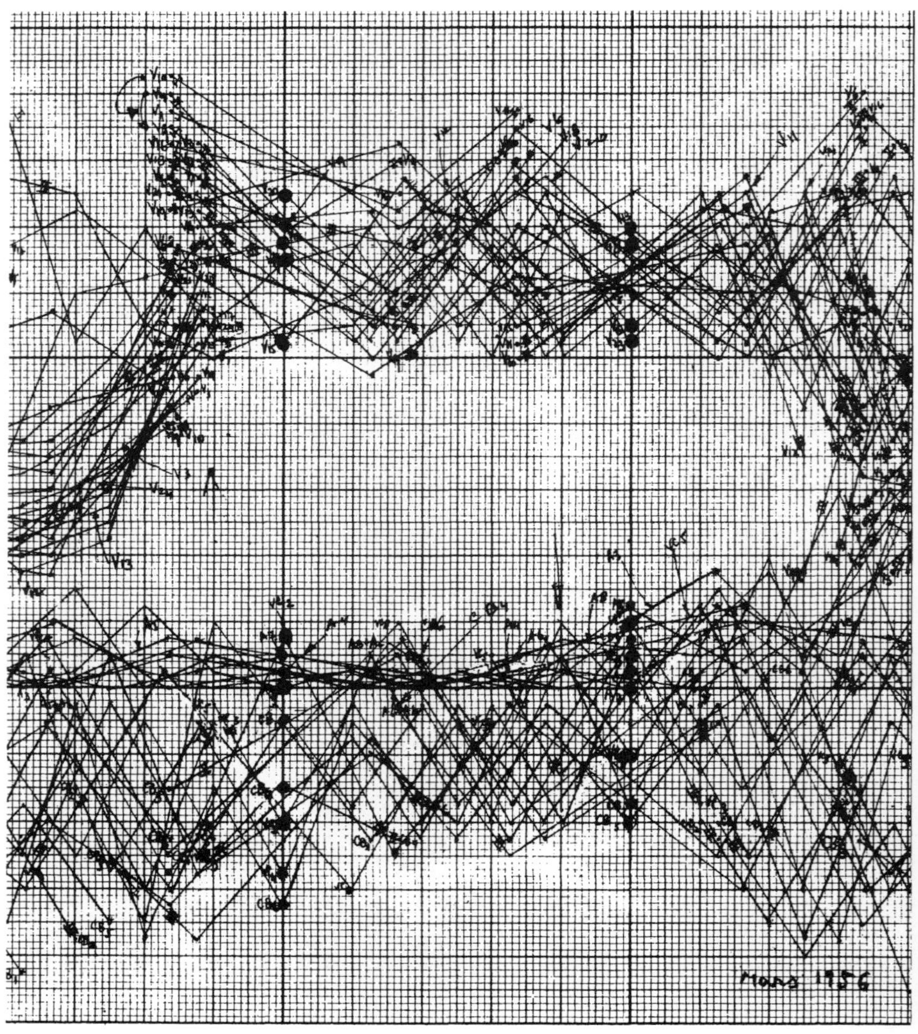

図 1-7　（続き：57 小節途中から 60 小節まで）

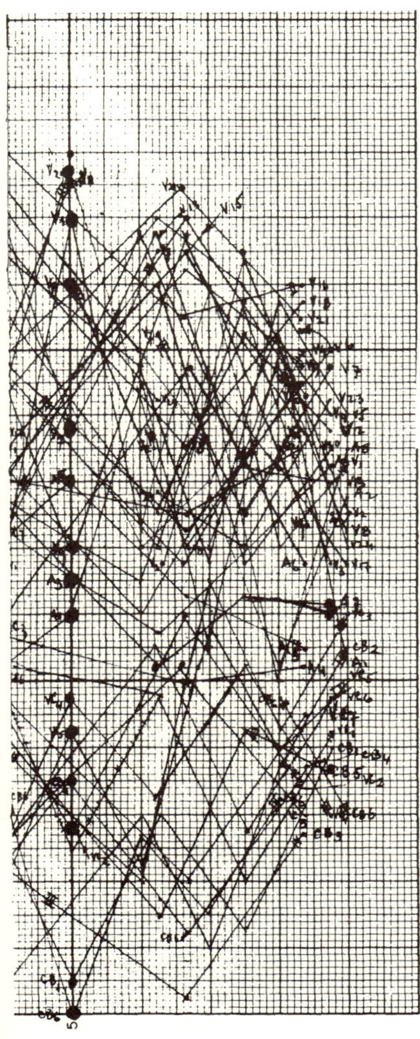

1. 非連続な粒状の音や連続音の大規模な集合をコントロールして，連続的に変化させることができる．実際，必要な近似を行いさえすれば，濃度や持続時間や音域や速度などを大数の法則に従わせることができる．さらに，平均や偏差をうまく使ってこれらの集合を形作り，それらを異なる方向に進化させることができる．もっともよく知られているのが，秩序から無秩序への変化，そして無秩序から秩序への変化であり，ここでエントロピーの概念が導入される．さらに，これとは別の，たとえば弦をはじく音の集合から弓で弾く音の集合への連続的な変化や，電子音楽における，互いが有機的につながった形での一つの音素材から別の音素材への移行といった連続的な変化を考えることもできる．これらの連続的変化を理解するには，はげに関するギリシャの詭弁を思い出すとよい．曰く，「髪の毛がふさふさと生えている頭から，毛を何本抜いたらはげになるのか」．これは，標準偏差を用いた確率理論によって解ける問題で，統計的定義と呼ばれている．

2. 平均からの逸脱が突然例外的になったとき，その変化は爆発的であり得る．

3. 平均的な出来事において，きわめて起こりにくい出来事に遭遇する可能性がある．

4. きわめて希薄な音響環境を生成してコントロールするには，ポアソンの公式などを使えばよい．したがって独奏曲も，推計学的手法で作ることができる．

これらの法則には，すでにさまざまな分野で遭遇してきたが，これらはまさに現代思想のダイヤモンドといってよい．「在ること＝存在」と「成ること＝生成」の出現の法則を統べているのは，これらの法則なのだ．ただし，ここではこれらの法則を得ることは目標ではなく，これらはしょせん何かを構築したり論理を支えたりするのに有効な優れたツールでしかないという点を，きちんと理解することが肝要だ．

ところがここで，意外な副作用が明らかになる．というのも，これらの推計学的ツールそのものが，基本的な問題を投げかけるのだ．曰く，「音楽的なプロセスを構築するのに必要な最小限の論理的な制約とは，いかなるものなのか」．この問いに答える前に，まず楽曲を作り上げる際に基本となるいくつかの段階について手短に述べておこう．

作曲活動の基本となるいくつかの局面

1. 当初の概念（直観，暫定的な情報ないし決定的な情報……）．

2. 音響存在を定義し，それを可能な範囲（楽器の音，電子音，ノイズ，秩序ある音響要素の集合，粒状の構成ないし連続的な構成など）で伝えるための記号体系を定義する．

3. 作曲（マクロな作曲，つまり初等的代数操作全般の選択や，要素と集合と２で定義された記号とを関係付けるといった論理的枠組み全般の選択）を行うことによって音響存在が被る変化を定義し，順序や同時性の助けを借りて，それらの操作を辞書式時間のなかに配置する．

4. ミクロな作曲（２の音響要素の関数を介した関係や推計学的な関係を選び，その細部を調整する），すなわち時間外の代数と時間内の代数を行う〔第６章参照〕．

5. ３と４，すなわち作品全体のスキームとパターンを，順次プログラミングする．

6. 計算を実行して逐次プログラムを検証し，フィードバックして，最終的な修正を行う．

7. そのプログラムから最終的な記号体系を得る（楽曲を，従来の記譜法や数字を用いた表現，グラフやその他のやり方によるソルフェージュで譜面上に記す）．

8. プログラムによって得られたものを実際の音にする（生のオーケストラが演奏するか，ある種の録音媒体を操作するか，音響存在とその変容をコンピュータで構成するか）．

この一覧の順序は，実は固定されておらず，作曲を行いながら並べ替えることができる．また，これらの局面はたいてい意識されることもなく，不完全である．それでもこの一覧に照らすことで考えが明確になり，その先を予測することができるようになる．第６，第７，第８段階はコンピュータにゆだねることができるはずだが，今すぐにコンピュータに託すことができるのは，どうやら第６段階と第７段階だけであるらしい．記号の形で得られた最終結果は，少なくともここフランスでは，オーケストラの演奏によって実際の音となるか，テープレコーダーを用いた磁気テープ上の音楽を操作することで既存の電気音響経路から音として発せられるかのいずれかである．オーケストラやテープといった仲立ち抜きで音響存在とその変化を直にコンピュータで構成して実際の音にする装置は，——すぐにでも実現してほしいのだが——今はまだ，存在していない〔12〕．

というわけで，ようやく先ほど述べた問いの答えにたどり着く．この答えは器楽曲についてのものだが，どのようなタイプの音を作る場合にも応用できる．ではその答えを得るために，改めて「2．音響存在を定義する」という局面を見てみよう．通常古典的なオーケストラによって作り出される音響存在を，四つの独立変数からなるベクトル $E_r(c, h, g, u)$ で一次近似することができる．ただし，

c_a = 音色（ティンブル）ないし楽器の族
h_i = 音高（ピッチ）
g_j = 音の強さ，あるいは強弱の様子
u_k = 音の持続時間

である．

ベクトル E_r は (c, h, g, u) という基底によって定まる多次元空間の点 M を定める．この点 M の座標は c_a, h_i, g_j, u_k で表される．たとえば ♪ = 240 MM として，ヴァイオリンがアルコ〔弓で弾くこと〕で奏でる強さがフォルテで 8 分音符のド（C_3）を，$c_{\text{viol.arco}}$，h_{39}（= C_3）〔ここでは原点をゼロとしてカウントしている〕，g_4（= フォルテ），u_5（= 1/4 秒）で表すことができる．このような点 M を方向付けられた軸——この軸を E_r と呼ぶ——に次々に並べてゆき，さらにその軸の原点から（議論を簡単にするために）軸とは垂直に別の方向が付いた軸 t を引く．このとき，この辞書式順序の入った「時間軸」と呼ばれる軸 t を利用して，点 M が辞書式順序が入った時間でどれくらい持続するかを表すことができる．このように 2 次元空間 (E_r, t) をうまく定義して表現することができれば，次に第 3 段階へと進んでその音の変化を定義し，さらに第 4 段階に進んでミクロな作曲を行うことができる．そしてここまでくれば，最小限の制約とはいかなるものか，という先ほどの問いの答えが見つかるはずである．

そのために，今定義した点 M は記憶が一切介入しない偶然の法則だけに従っており，そのほかには何の制約も受けていないとする．つまり，E_r という

音響存在が空間 (E_r, t) に推計学的に分布していることを認めようというのだ．そのうえで十分に弱い表面分布 n を認めると，次のようなポアソンの法則を使うことができる．

$$P(k) = \frac{n^k}{k!}e^{-n}$$

ちなみにこの問題を，複数のうまく選ばれた線型の推計学的過程（＝放射性物質から発せられる放射能の法則）の統合と見なすことも可能である（変換を機械化する場合は，この二つ目の解釈のほうが都合がよい）．

楽曲は，この分布からとられた十分な長さの断片によって構成される．今定義した基本的な法則を使うことによって，表面密度の関数として定まる一群の作品を作ることができる．こうして，（言葉の元々の意味において）非対称性が可能な限り大きく，しかも制約や因果律や法則が最小であることを基本目標に据えた作曲の公式な原型が得られたことになる．もっとも一般的であるはずのこの原型から出発して一つずつ段階を踏み，選択や制限や否定といった制約をじょじょに取り込むことで，再び様式の梯子を降りていくことができるのだ．線型過程を分析する際には，さらにまた別の手順――ウィーナー－レヴィ過程〔ブラウン運動の数理モデルとされる連続時間確率過程〕やポール・レヴィの無限分解可能分布〔任意の個数の独立で同一のランダムな分布の和として表現できるような確率分布〕やマルコフ連鎖〔未来の挙動が現在の値のみにより決まり，取り得る状態が離散的である確率過程〕，さらにはこれらの混合物――を取り入れることができる．したがってこの二つ目の手法のほうが豊かだといえる．

この原型に登場する $a \leqq n \leqq b$ という条件の限界値 a, b について調べてみるのも面白そうだが，そうなるとサンプル同士の比較の話になり，今問題にしているのとは別のレベルになる．実際これは，族 n_i 同士の差が判別できるように n を次第に増やすことを意味しており，これと同じようなことは，ほかの線型過程についてもいえるのだ．

今，かりにポアソン過程を選ぶとすると，制約を最小にするという課題をクリアするために，次の二つの仮定を置く必要がある．

1. 与えられた空間に，楽器と人が存在する．
2. これらの人と楽器は接触可能で，そこから稀な音響出来事が生まれる．

必要な仮定は，これに尽きる（エピクロスのエクリシス（ἔκκλισις）理論〔原子の予測不可能な逸脱に関する理論〕を参照）．筆者は実際に，1956年から57年にかけて推計学を援用し，この二つの仮定だけから出発してほかの制約をいっさい加えずに，丸々一つの楽曲を作りあげた．ちなみに21楽器のための《アホリプシス》〔ギリシャ語で「噴出」の意〕と題するその作品は，1958年にブエノスアイレスでヘルマン・シェルヘン教授の指揮により初演された（図1-8を参照）．

その際筆者は，

τὸ γὰρ αὐτὸ νοεῖν ἐστίν τε καὶ εἶναι.
τὸ γὰρ αὐτὸ εἶναι ἐστίν τε καὶ οὐκ εἶναι.

と記した[7]．

存在を巡って〔ここから46ページ5行目まで引用〕[8]

無の宇宙のなかで．短い波，終わりと始まりが重なるくらい短い波（無に等しい時間）の連なりが，どこまでもほぐれていく．

無が抑え込み，無が作り出す．
無が「在るということ」を生み出すのだ．

時間，因果律

これらの稀な音響出来事は，ひょっとすると孤立した音に留まらず，旋律の音型やセル構造，あるいはこれまた偶然の法則によって特徴付けられた塊——たとえば音点（sound-points）のクラウドや速度の温度[9]——であるかもしれない．いずれにしても，それらが一連の稀な音響出来事の例を形作る．

ところがこのような例を，簡単な確率の表や，音の発生頻度を各マス目に書き込んだ複式の表——つまり行列——を使って表すことができる．このとき横の行には出来事の具体的な性質が，縦の列には時間が示される（図1-9の行列 M を参照）．この行列の頻度分布は，ランダムに起きる稀な出来事の頻度を決めるポアソン分布という法則に従う．

ここでさらに，そのような分布が持つ意味を確認し，その実際の適用方法を明確にしておくべきだろう．実は，偶然を美学的な法則——普通の哲学——として定義すると，一つよいことがある．偶然は，発展する対称性という概念の極限なのだ．対称なものは非対称になる傾向があり，その意味で非対称は，従来受け継がれてきた行動の枠組みの否定に等しい．その際，否定が細部だけでなく構造の組み立て——すなわち絵画や彫刻や建築，さらには他の思考領域での傾向——にまで及ぶという点が重要だ．たとえば建築の場合には，規則正しい設計図を使って作られた計画に例外的な出来事が加わることで，複雑で動きを感じさせる構造物ができあがる．なにもかもが，あたかも対称性や秩序や合理性と非対称性や無秩序や非合理性のあいだに一対一の振動があるかのように発生しており，各文明の時代間の応答についても同じことがいえる．

非対称へと向かう変化の始まりでは，対称なもののなかに例外的な出来事が導入されて，美学的な刺激となる．そしてこれらの例外的な出来事の数が増えて広く行きわたると，さらに高いレベルに飛躍することになる．それが無秩序のレベルであって，少なくとも芸術——や芸術家の表現——においては，現代生活との乱暴な遭遇による複雑で豊かで広大なビジョンによって生みだされたとされており，抽象芸術や装飾芸術やアクション・ペインティングなどがその証左となる．人が日常のあらゆる場面で出くわしたり意識したりする偶然は，とどのつまり，このようなコントロールされた無秩序（出来事同士のつながりがどれくらい豊かか乏しいかを示し，変化の独立性や従属性を生み出す無秩序）の極端な例でしかない．そしてまたコントロールされた無秩序は，否定という形で，逆に美の調整役としての有益な特性を発揮する．さらに，音響出来事やその出現や成り行きをも左右するのだ．ところがここに，偶然の法則という鉄の論理が割り込んでくる．このような偶然を作るには，偶然そのものの法則に徹頭徹尾従う必要があって，この条件が満たされたときにはじめて，偶然は奔流となってほとばしり，事態を動かす．

ここで一つ注意を促しておきたい．今論じているのは，なにか細かい点について具体的にどうするかをコイン投げで決めるといった話ではなく，それよりはるかに深遠な問題なのだ．ここで問題となっているのは，確率論の法則およびそれらの法則を式で表した数理関数によって律せられた哲学の概念や美の概念であり，新たな統一性（コヒーレンス）の領域における「統一」の概念なのである．

図 1-8 《アホリプシス》103 小節から 110 小節までのスコア

110
Picc.
Ob.
Klar. Es
Baßkl. B
Trpt. 1
Xyl.
H.-Bl.
gr.Tr.
Vl.
(pizz.)
Vcl.
Kb.
ff
f

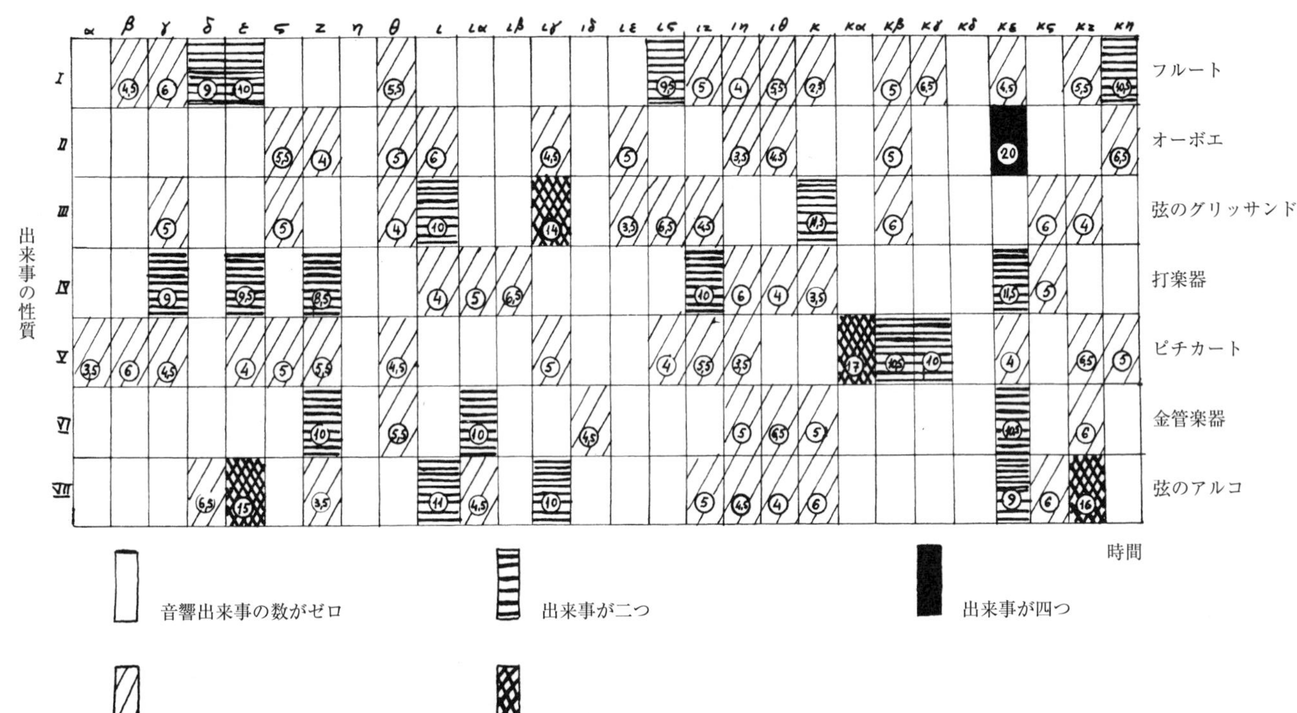

図 1-9　ベクトルの行列 M,《アホリプシス》の行列

次に示すのは，21楽器のための《アホリプシス》の一部の分析である．

計算しやすいように，ひとまず音響出来事の平均密度を次のように定める．

$$\lambda = 0.6 \text{ 出来事/単位}$$

そのうえで，

$$P(k) = \frac{\lambda^k}{k!}e^{-\lambda}$$

というポアソンの式を使うと，次のような確率の一覧を得ることができる．

$$\begin{aligned} P(0) &= 0.5488 \\ P(1) &= 0.3293 \\ P(2) &= 0.0988 \\ P(3) &= 0.0198 \\ P(4) &= 0.0030 \\ P(5) &= 0.0004 \end{aligned} \tag{1}$$

$P(i)$ は，その出来事が単位体積や単位時間あたりに i 回起きる確率を表している．かりに長さが196単位（ないしセル）だとすると，各セルでの出来事の頻度分布は，$P(i)$ の値に196をかけた値になる．

i	セルの数 $196 \times P(i)$
0	107
1	65
2	19
3	4
4	1

(2)

この196個のセルは，音色や時間の条件にしたがって一つないし二つ以上のグループに分けられていて，(音色のグループの個数)×(持続時間のグループの個数)＝196セルとなっている．今，異なる七つの音色があるとすると，時間は196/7＝28単位になる．したがって196個のセルは2次元空間に，次ページ（3）のように配置される．

今かりに例として挙げた音楽が7分間（これは主観的な選択である）続くとすると，時間の単位 U_t は15秒となり，MM＝26とすると各 U_t に6.5小節が含まれることになる．

では，2次元空間の行列（3）の各セルに，0, 1, 2, 3, 4という出来事の頻度

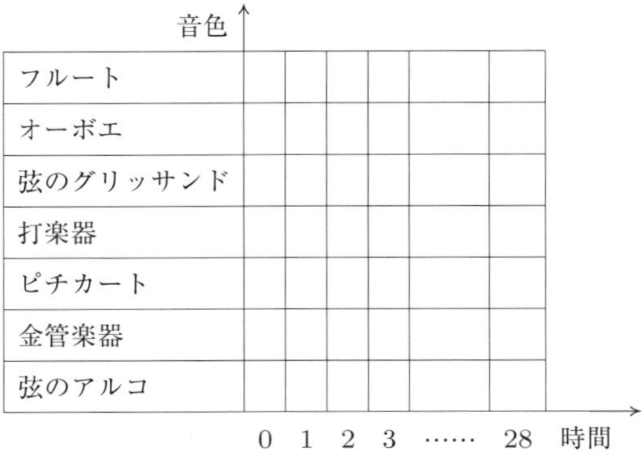

音色

フルート						
オーボエ						
弦のグリッサンド						
打楽器						
ピチカート						
金管楽器						
弦のアルコ						

0　1　2　3　……　28　時間

(3)

の値をどのように割り当てればよいのだろう.

すぐに思いつくのが，28 本の縦の列をセルと見なし，これら 28 本の新たなセルに一覧（2）に従って 0, 1, 2, 3, 4 という頻度を割り当てるというやり方である．たとえば一つのセルで一度だけ起きる出来事は，表（2）から 65 回起きることになっている．そこでこれらの出来事を，一つのセルあたり（ただしこの「セル」は縦の列）の平均密度が $\lambda = 65/28 = 2.32$ となるように割り振っていく.

そのうえで改めて平均密度 $\lambda = 2.32$（$2.32 \ll 30$）としてポアソンの式を使うと，表（4）が得られる.

ポアソン分布

頻度 k	縦の列の数	列 $\times k$
0	3	0
1	6	6
2	8	16
3	5	15
4	3	12
5	2	10
6	1	6
7	0	0
合計	28	65

(4)

任意の分布

頻度 k	縦の列の数	列 $\times k$
0	10	0
1	3	3
2	0	0
3	9	27
4	0	0
5	1	5
6	5	30
7	0	0
合計	28	65

(5)

ちなみに，一つのセルで一度だけ起きる出来事の和が 65 になるという条件さえ満たしていれば，どのような分布を選んでもかまわない．表（5）はその一例である．

そうはいってもこれは公理に基づく研究であって，偶然が音空間全域に行き渡っている必要がある．そのためポアソンの法則からかけ離れた分布はすべて退けられる．しかもそのうえ，行列の縦の列だけでなく横の行もポアソン分布に従わねばならず，対角線などについても同じことがいえる．

今かりに縦の列と横の行だけでよしとすると，ポアソンの法則に従う均質な分布が得られる．実際，行列 M の行と列の分布（図 1-9）も，このような形で計算された．

ゆえに，偶然に関する唯一の法則，すなわち任意の平均 λ を介した（稀な出来事に関する）ポアソンの法則を用いることで，標本行列全体の分布だけでなく，列や行沿いの部分的な分布をも条件付けることができる．したがって，最初に認めた任意の直観的な選択が，「ベクトル行列」の従属変数に影響を与えることになる．

「ベクトル行列」の項，あるいは変数

1. ポアソンの法則
2. 平均 λ
3. セル，行，列の数

この行列に入れる分布は，必ずしも厳密に決まっているわけではない．λ が与えられたとしても，行や列の数次第で，行や列の数が多ければ多いほど定義は厳密になる．これを，大数の法則という．逆にこのような不確定要素が残っているからこそ，芸術家はひらめきにしたがって自由意志を持ち込むことができるのだ．こうして，作曲家の主観主義に向かう第二の扉が開かれる．ちなみに第一の扉に相当するのは，先ほど定義した「ベクトル行列」の最初の「項の状態」である．

このあたりで，標準行列 M で示された頻度で起きる単位出来事について，具体的に述べるべきだろう．そこでまず，一つのセルで一度だけ起きる出来事として，線密度が δ 音/秒であるような音のクラウドを考える．通常のオーケストラは約 10 音/秒まで演奏可能なので，MM $=26$ で $\delta=5$ 音/小節とすると，$\delta=2.2$ 音/秒（$\fallingdotseq 10/4$）になる．

そのうえで，以下のような対応があるとしよう．

出来事	密度 δ のクラウド		1セル（15秒）あたりの平均の音の数
	音/小節 26MM	音/秒	
0	0	0	0
1	5	2.2	32.5
2	10	4.4	65
3	15	6.6	97.5
4	20	8.8	130

図 1-9 の行列 M の影が付いているセルを見ると，行や列に関しては頻度が均一でポアソン分布に従っていることがわかる．今，横の行は入れ替えられる（＝音色は互換）ということに注意しよう．ちなみに縦の列も入れ替え可能である．この事実から，この行列の成分の決め方は決定論としては幾分弱いと言えるが，この弱さこそが，あらゆる出来事の発生頻度を操作する，という思考の根幹なのだ．本当の意味で音を形作るには，行列が作る 2 次元空間にクラウドを分布させておいて，細かい計算を行う前に，偏見を極力排除しつつ直観的にすべての音のぶつかり合いを予測する必要がある．これは大いに忍耐を要する作業であって，ありとあらゆる創造力を同時に活用しなくてはならない．この行列は，いわば自分自身を審判にしてある規則の元でゲームを行って利得を得ようとする「ひとりチェスゲーム」のようなものなのだ．このゲームの行列には唯一の戦略が存在せず，さらにいえば，重みをつけた目標のもつれをほぐすこともできない．この行列はきわめて一般的で，純粋な推論だけでは計算できないのである．

この時点で，クラウドの密度は行列に書き加えてある．そこで次に計算の力を借りて，偶然性が支配する音響要素を調整することとなる．

計算のための仮説

たとえば，行列のセル III，ιz を分析してみよう．3 行目の連続して変化する音（弦楽器のグリッサンド）で，時間でいうと 17 単位目（$6.5 \times 16 = 104$ 小節の次の単位，すなわち 105〜111 小節）に相当する．音の密度は MM26 で 4.5 音/小節（$\delta = 4.5$）だから，このセルには 4.5 音/小節 ×6.5 小節 =29 音が入る．では，グリッサンドの 29 音をこのセルにどのように配置すればよい

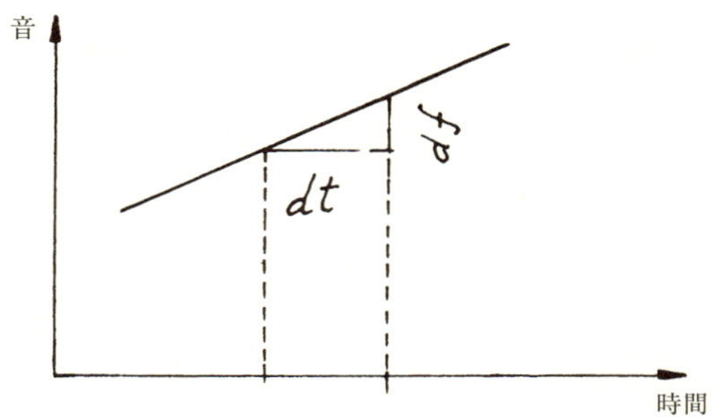

図 1-10

のだろう．

仮説 1．グリッサンドの音響としての特徴は，連続で一様な速度 $v = df/dt$ の動きと同じである（図 1-10 参照）．

仮説 2．速度 v がどのような値をとっても，その値の二乗平均 a は音の密度 δ に比例する．この場合は $a = 3.88$（温度）である．

仮説 3．これらの速度の値は，完璧な非対称性（つまり偶然）にしたがって分布しており，この分布はガウスの法則に従っている．v という速度が存在する確率を与える関数 $f(v)$ は，次のような形をしている．

$$f(v) = \frac{2}{a\sqrt{\pi}} e^{-v^2/a^2}$$

さらに，速度 v が v_1 と v_2 の間の値になる確率は，

$$P(\lambda) = \theta(\lambda_2) - \theta(\lambda_1)$$

という関数で与えられる．ただし $\lambda_n = v_n/a$（$n = 1, 2$）で，

$$\theta(\lambda) = \frac{2}{\sqrt{\pi}} \int_0^{\lambda} e^{-\lambda^2}\, d\lambda \quad \text{（正規分布）}$$ [13]

である．

仮説 4．グリッサンドには本質的に，(a) 開始の瞬間，(b) 速度 $v_m = df/dt$ ($v_1 < v_m < v_2$)，(c) 音域，の三つの特徴がある．

仮説 5．時間を線と同一視して，各グリッサンドの開始の瞬間をその線上の点で表すことにする．このとき，MM＝26 としてこの線上に線密度 $\delta = 4.5$ となるように点を分布させる必要があり，したがってこれは連続確率の問題に

なる．これらの点によって区間が定まり，i 番目の区間の長さ x_i が x と $x+dx$ の間である確率は

$$P(x)dx = \delta e^{-\delta x}\,dx$$

となる．

仮説 6．開始の瞬間は一つの音に対応する．そこでその音高を定める．弦楽器の音域は，最も低いコントラバスから最も高いヴァイオリンまでを網羅すれば半音約 80 個分に相当するので，この音域を長さ $a=80$ 半音の線で表すことにする．順次ないし同時に鳴る二つのグリッサンドの場合は，はじめの音で音高の差が生じるので，第一のグリッサンドのアタックの音〔立ち上がりの音〕だけでなく，二つのグリッサンドの開始点を隔てる旋律の差が定まる．

こうしてみると，長さ a の線分に含まれる区間 s の長さが j から $j+dj$（$0 \leqq j \leqq a$）までの間であるような確率を求めることが問題となる．しかるにその確率は，次の公式を使って得ることができる．

$$\theta(j)dj = \frac{2}{a}\left(1 - \frac{j}{a}\right) dj \qquad \text{（補遺 I を参照）}$$

仮説 7．仮説 4 で定義したグリッサンドの三つの重要な特徴は，互いに独立である．

これらの仮説に基づいて，（1）持続時間，（2）速度，（3）旋律の差，の三つの確率表を作ることができる〔44〜45 ページ参照〕．

さらにこれらの表から，セル (III, ιz) に現れる要素を得ることができる．読者のみなさんはぜひスコアで，これらの計算結果がどのように使われたのかをご確認いただきたい．さらにここで強調しておきたいのだが，作曲家には大きな選択の自由が残されている．これらの制約は一般的な流れを作るためのものであって，束縛するためのものではない．理論と計算によって決まるのは音響存在の傾向でしかなく，なにがなんでもそれに従わなければならないというわけではないのだ．かくして数式は，音楽的な考察に服従する．ここでこのようなグリッサンドの例を引いたのは，計算によって（ある程度まで）コントロールされた推計学的音楽のすべての問題点が含まれているからだ．

ここまでで使われてきたさまざまな値の関係や相関を確認する方法については，今は論じない．というのも，あまりに複雑で冗長な話になるからで，当面は，以下の二つの式を使えば基本行列が正しく作られていることを確認でき

る，という事実だけを認めておこう．

$$r=\frac{\sum(x-\bar{x})(y-\bar{y})}{\sqrt{\sum(x-\bar{x})^2}\sqrt{\sum(y-\bar{y})^2}}$$

$$z=\frac{1}{2}\log\frac{1+r}{1-r}$$

さてここで，行列 M を使って作られた曲を思い浮かべてみよう．その曲の聴き手は曲に含まれる出来事の頻度を読み取り，それらが偶然に従って分布し，確率の法則に従っていると考えるはずだ．ところがここで一つ疑問が生じる．問題の曲を繰り返し幾度も聴いた後でも，やはりこの曲を聴くたびに，はっと驚かされるものなのか．たとえ頻度の法則が偶然の法則から導かれていたとしても，人間には記憶があるから，曲全体は予測可能な現象の集まりになってしまうのではないか．

実際，その曲の音響情報がまったく予測不可能だと感じられるのは最初に聴いたときだけで，２回目以降は，楽曲を繰り返し聴くうちに「偶然」が定めた出来事の関係が一種のネットワークを形成する．そしてそのネットワークが聞き手の心のなかで確固たる意味を持ちはじめ，聴き手の美的センスと知性をともに満足させられる新たなつながり――ある特別な「論理」――が生まれるのだ．とはいえ，実際にこのようなことが起きるかどうかは，ひとえに作曲家の力量にかかっているのだが…….

これに対して，繰り返し何度聴いても予測不可能な曲が作りたいのなら，再演のたびに一部の音響情報を論理的な頻度からあまり逸脱しないように変えることができる．この場合はおそらく１回目，２回目，３回目，……の演奏に適したプログラミングそのものが，絶対的な意味で同一ではない偶然性の例となっている，つまりその偏差そのものも，ランダムに分布しているのだ．

あるいはメモリ付きの電子計算機を用いたシステムを使って，ある条件を課したうえで，行列に入れるパラメータやクラウドを変化させることもできる．こうすれば時の流れのなかでゆがむ音楽を作ることができて，まったく同じ聴き手ですら n 回の演奏で生じる n 個の結果が純粋な偶然に従っているような印象を受けるはずだ．つまり，長い目で見ると曲そのものが確率の法則に従っていて，すべての演奏は統計的に同一となり，しかもその正体は「ベクトル行列」によって明確に定められているのである．

このようなベクトル行列の形で定められた音響の枠組みを使えば，結果とし

持続時間の表

x	δx	$e^{-\delta x}$	$\delta e^{-\delta x}$	$\delta e^{-\delta x} dx$	$28P(x)$
0.00	0.00	1.000	4.500	0.362	10
0.10	0.45	0.638	2.870	0.231	7
0.20	0.90	0.407	1.830	0.148	4
0.30	1.35	0.259	1.165	0.094	3
0.40	1.80	0.165	0.743	0.060	2
0.50	2.25	0.105	0.473	0.038	1
0.60	2.70	0.067	0.302	0.024	1
合　計			11.883	0.957	28

MM26 で $\delta = 4.5$ 音/小節
MM26 で，x の単位は 1 小節（$= 0.10$）
$4.5 \times 6.5 \times 0.957 = 28$ 音/セル
dx を定数として，近似を行う．

$$\sum_{0}^{\infty} \delta e^{-\delta x} dx = 1$$

この場合は，$dx = 1/12.415 = 0.0805$ である〔14〕．

速度の表

v	$\lambda = v/a$	$\theta(\lambda)$	$P(\lambda) = \theta(\lambda_2) - \theta(\lambda_1)$	$29P(\lambda)$	v_m
0	0.000	0.0000	0.2869	9	0.5
1	0.258	0.2869	0.2510	7	1.5
2	0.516	0.5379	0.1859	5	2.5
3	0.773	0.7238	0.1310	4	3.5
4	1.032	0.8548	0.0771	2	4.5
5	1.228	0.9319	0.1397	1	5.5
6	1.545	0.9716	0.0179	1	6.5
7	1.805	0.9895	0.0071	0	7.5

MM26 で $\delta = 4.5$ グリッサンド音/小節
$a = 3.88$，速度の二乗平均
v は MM $= 26$ として，半音/小節で表されている．
v_m は平均速度 $(v_1 + v_2)/2$
$4.5 \times 6.5 = 29$ グリッサンド音/セル

旋律の差の表

j	$\theta(j)dj = P(j)$	$29P(j)$
0	$\longleftarrow$ 0.105 $\longrightarrow$	3
1		3
2		3
3		3
4		2
5		2
6		2
7		2
8		2
9		2
10		1
11		1
12		1
13		1
14		1
15		0
16		0
17		0
18		0

MM26 で $\delta = 4.5$ グリッサンド/小節
$a = 80$ 半音，つまり任意の 4.5 半音単位の 18 倍
j は 4.5 半音の倍数で表現する
dj は一定とする．したがって $dj = 1/\sum\theta(j)$ ないし $dj = a/(a+1)$ で，階段関数になる．
$j = 0$ では，$\theta(j)dj = 2/(a+1) = 0.105$，$j = 18$ では，$\theta(j)dj = 0$ である．
$4.5 \times 6.5 = 29$ グリッサンド/セル
そこで直線を一本引けば，確率の表ができる．

て，楽曲に含まれる稀な音響的出来事を大なり小なり自己決定的に制御することができる．さらにこの枠組みは推計学を根本に捉えて，より高いレベルでの統合を志向する作曲への姿勢を表している．

ヤニス・クセナキス

1956–57

〔引用終わり〕

今かりに最初の歩みを要約して，ビジョン → 規則 → 作品 という手順で表したとすると，制約を最小限にするという課題から，逆に 規則 → ビジョン という経路が生じる．実際《アホリプシス》の例からもわかるように，推計学は哲学的なビジョンを許容する．

偶然――即興

作曲の本質に関する議論をさらに一般化する前に，まず，新セリー派の人々のあいだで大流行している即興の原理〔15〕について論じるべきだろう．新セリー派の面々は，この原理を見つけたからには自分たちにも偶然について論じる権利があるというので（いや，むしろ「ある」と決めつけて），この原理を音楽に持ち込みはじめた．即興を加味したとされる楽譜には，音の組み合わせがいくつか載っていて，解釈者はそのなかから好きなものを選ぶことができる．これらの作曲家は明らかに，候補としてあげた組み合わせがどれも同等だと考えているのだ．しかしこの手法には，理屈からいって二つの欠点がある．このため新セリー派にはそもそも偶然を論じる資格はなく，さらにいえば「作曲」（広い意味での作曲）について論じる資格もない．

1. 指揮者や演奏家をはじめとする楽曲の解釈者は，実はきわめて強い制約を受けている．したがって，たとえこれらの解釈者がルーレットのようにふるまったとしても，制約から完全に解き放たれた選択をすることはあり得ない．モンテカルロのカジノでマルチンゲール法〔16〕を用いた賭けが行われた結果，次から次へと自殺者が出ているという事実〔人間が完全にランダムには振る舞えないという証拠〕を考えれば，誰もが納得するだろう．この点については，またあとで論じたい．

2. 音の組み合わせの候補がいくつかあって，それらがすべて同等の重みを持つということを認めたとたんに，作曲家は作曲家としての責任を放棄したことになる〔17〕．「枠組み（シェーマ）」の名のもとに選択の問題を放り出したとたんに，己（おのれ）の手で解釈者を作曲家の地位に引き上げたことになるのだ．つまり，実際には作者が変更されているのである．

解釈者に選ばせるという姿勢をとことんまで推し進めるのであれば，作曲家が紙になんらかの図を描いて，その図を読み取った解釈者がすべてを即興で演奏することになる．こうなると，さきほど述べた二つの欠点が途方もなくふくれあがる．さてここで，みなさんに一つ質問をしたい．今かりに作曲家の描いた図がショパンに関する権威として定評がある解釈者の前に置かれたとして，その図に基づく演奏がショパンのスタイルや形式の影響を受ける可能性はまったくない，と言い切れるだろうか．ショパンのスタイルにどっぷり浸かった演奏者が，別の作曲家の協奏曲を演奏しているときに即興でショパンまがいのカデンツァを弾くようなことは絶対にない，と．したがって，作曲家にすればこんな実践は面白くも何ともない．

逆に，ここから二つの結論を導くことができる．第一に，セリー音楽はいかにも陳腐になりさがり，ショパンの曲のような即興ができるようになったといえる．これは，一般的な印象を裏付ける結論である〔18〕．そして第二に，作曲家は自分の役割を完全に放棄しており，語るべきことは皆無であって，その役割は絵やくさび形文字などの絵文字に取って代わられるかもしれないといえるのである．

計算しなければならない偶然

ルーレットに成り下がった音楽家についての話を終える前に，もう一つ，つけ加えておきたいことがある．偶然というのは稀なもので，ある種の罠でもある．数式で表された複雑な推論を使って四苦八苦すれば，多少は偶然を構築することもできようが，即興で偶然を作り出したり，頭で考えて偶然を真似たりすることは，金輪際不可能なのだ．ちなみに，偉大な数学者にして確率計算の専門家の一人だったエミール・ボレル〔1871-1956〕は，「偶然を模倣することはできない」と述べている．いずれにしても，音をサイコロのようにもてあそぶなど，行為を単純化するにもほどがある！　ところが音楽家にとってはまったく無意味なこの偶然の主戦場に背を向けたとたんに，偶然性の計算――すなわち推計学――によって，まずは正確な定義の範囲内ではいかなる過ちも起こらないことが保証され，さらに，推論の方法や音響過程を豊かなものにする手法が提供されるのだ．

推計学的な絵画とは？

ミッシェル・フィリポ〔1925-96，フランスの作曲家〕がこのような考えを展開した末に，その絵画に確率計算を取り入れることによって，芸術のこの分野における新たな探究の道を開いたのは，数年前のことだった．さらにフィリポは最近，音楽の分野で，作曲という行為を「想像上の機械のためのフローチャート」という形で分析するという大胆な試みを行った．これは《二つのオーケストラのための曲》(1960) という作品に基づく，一連の偶然ないし決定論的な出来事へとつながる自発的選択の基本的な分析である．「想像上の機械」という言葉は，ちょうどコンピュータを使うときと同じように，作曲家がその機械で作曲する際に用いる要素や手法を厳格に定めることを意味している．フィリポは1960年に，自身の作品である《二つのオーケストラのための曲》について次のように述べている．

> この作品に関して，たまさかわたくしが「実験的な音楽」という言葉を使ったとすれば，とりわけこの場合にこの言葉が意味するところを明確にしておく必要があるだろう．この「実験的な音楽」は具体音楽や電子音楽とはまったく無関係で，通常の五線譜に書かれたありふれたスコアと関係があり，もっとも因襲的なオーケストラの楽器がありさえすれば演奏できる．とはいえ，ある意味でこの「作曲」が「副産物」となるような実験は，現実に存在する．（このように，その営みの副産物を活用してどうにか生きのびてきた業界はたくさんある．）
>
> そこでの狙いはただ一つ．いかなる実験的な野心にも影響されることなく作ったはずの楽曲に取り組むなかで，音響要素を配置する際に，己(おのれ)の脳のメカニズムがどのような手順を踏んだのかを説明することにあった．そこでわたくしは，次のような手順で分析を行った．
>
> 1. その曲を作っている最中の自分の仕草や考えや癖や決定や選択などを，なるべく漏れのない形で一覧にする．

2. こうしてできた表を整理して，一連の単純な——できれば０か１の二択の——決定に絞り込む．ここでいう単純な決定とは，たとえば，全体の流れや自分が従わねばならない条件や好みなどがきちんと定まった状況のもとで，特定の音符や持続時間や休符などを受け入れるか否かの選択，といったものである．

3. こうしてできた単純な決定の列から，できれば次の二つの（時には互いに矛盾する）観点に従って順序づけられた枠組み（プログラム）を作る．ただし，ここでいう二つの観点とは，作曲している最中にこれらの決定が自分の創造力からどのようにして現れたかという観点と，それらの決定がどのような現れ方をすればもっとも有効になったのかという観点である．

4. その枠組みを，これらの決定の論理の連鎖を含み，なおかつ操作を容易にコントロールできるフローチャートで表す．

5. フローチャートの取り扱い規則を尊重しつつ，シミュレーションのメカニズムを機能させて，得られた結果を記録する．

6. こうして得られた結果と自分がその音楽で何をしたかったのかという意図を比べる．

7. 結果と意図がどう異なるかを調べてその原因を探り，操作の規則を修正する．

8. それらの修正を実験段階の列に引き戻す．つまり，この作業を改めて１から始め，満足する結果が得られるまで繰り返す．

もっとも一般的なレベルに限っていえば，これは単に問題となっている複雑さをある順序に並んだ単純な要素の蓄積と見なして分析する手順であって，それらの要素の性質やそれらを組み立てる際の法則を検証しつつその複雑さを再構成する手順でしかない．第１楽章のフローチャートをざっと見ただけで，自分が用いた手法をかなりよく把握することができるが，第１楽章に限ってしまうと，作曲の本質を見誤ることになりかねない．

実際，音の組み合わせ（はオーケストラの基本的な構成要素である）から現れる「前奏曲（プレリュード）」としての特徴は，音の集まりやモチーフやテーマやこ

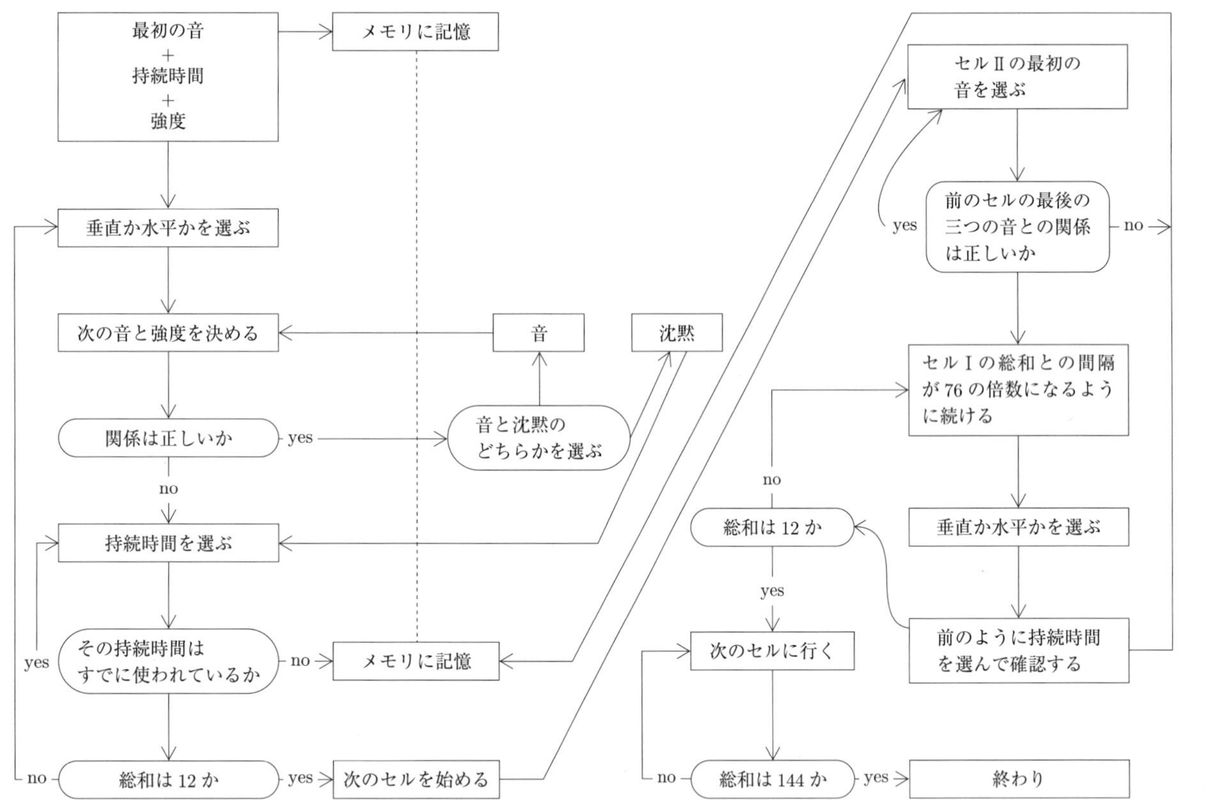

図 1-11　ミシェル・フィリポ作《二つのオーケストラのための曲》（1959）第1楽章のフローチャート

れらの変化もまた作曲の最終段階において組み合わされる，という事実を思い起こさせる．その結果，以後の楽章のフローチャートで明らかにされた作業によって，より高いレベル――第１楽章のデータをある種の「〔あらかじめ作られた〕プレハブ式の」素材として使うレベル――におけるグループ分けが浮かび上がる．こうして，膨大な量の要素や操作を並列させたり組み合わせたりして複雑さを自動生成する，というかなりありふれた現象が姿を現す．

この実験が終わった時点では，たかだか音楽に対する己の嗜好についての洞察が得られたくらいのものだったが，それでも作曲家や作曲家の内面におけるプロセスや想像力のある種の解放を分析するという点では興味深い経験だった（手抜かりという間違いが，まったくなければの話なのだが！）．

この作業で一番やっかいだったのは，己の人格が自発的な自分と意識的な自分の二つに分かれるという点だった．作曲家はいっぽうで明確な着想を抱き，作りたいと思う作品がどう聞こえるのかを正確に把握している．ところがそのいっぽうで実験家として，このような条件下ではすぐに重荷となる明晰な意識――己の仕草や決定ときちんと向き合う意識――を持ち続ける必要があった．確かに，このような実験はきわめて慎重に検証されねばならない．なぜなら，現象を観察したとたんにその現象に影響が現れることは周知の事実で，このようなきちんとした定義がなされていない領域においてここまで繊細な活動をしようとすると，特にその影響が強くなると考えられるからだ．とりわけこの場合は，観察そのものが攪乱を引き起こしかねない．そのようなリスクを引き受けたからといって，わたくし自身がその広がりの大きさを見くびっているわけではない．この試みは，どう見ても未知のすばらしいなにか――未知の美しい創造物――に薄暗いランタンの慎ましい光を投げかけようとするものでしかなかった．（なかんずく，暗いランタンは押し込み強盗が使うものとされており，わたくし自身は物事を究明せんと切望したがために，多数派から創造的な仕事に押し入る危険な強盗扱いされるという経験を幾度か重ねてきた．）

M.P.

1960

原　注

（1）Piaget (1946).

（2）Xenakis (1955).

（3）Xenakis (1958)，Le Corbusier (1955).

（4）Lévy (1925).

（5）Xenakis (1956).

（6）Ibid.

（7）「考えるのと存在するのとは同じ」というパルメニデスの詩と，筆者によるその言い換えの「存在するのと存在しないのは同じ」という言葉.

（8）ここから（46 ページまで）の抜粋は，Xenakis (1957) からの引用である.

（9）Xenakis (1956).

訳　注

〔1〕本章の原題は“Free Stochastic Music”．従来は直訳で「自由推計音楽」ないし「自由確率音楽」と訳されることが多かった.

〔2〕ボルツマン（1844–1906）によって 1870 年代に確立された統計力学を指す．ただし，相対性理論と量子力学に代表される 20 世紀初頭の「革命」以前の決定論的な物理学観が支配する学界では彼の理論の意義は理解されず，晩年は鬱病に悩んで自殺した.

〔3〕無調音楽をセリーと特権的に結び付ける考え方は，ヨーロッパ戦後前衛のサークル内に限られる．むしろこの記述は，執筆当時のクセナキスが同時代の狭量な前提を共有していたことを示す.

〔4〕ポアソン分布を指す.

〔5〕このような喩えの背景は，監訳者解説を参照.

〔6〕持続音のこと．キーが付いた近代的な管楽器では，通常の奏法では連続変化する音程は出ない.

〔7〕「微分 $d\log g(v^2) = h'(x)dx$ と $vdv = xdx$ の比が一定」という条件は，全く自明ではない．この議論のネタ元である，気体分子運動論のマクスウェル分布の導出に立ち戻り，この条件がどのような前提から導かれるのか説明する.

現実は 3 次元で，確率分布関数は $v^2 = v_x^2 + v_y^2 + v_z^2$ に依るが，等方性の仮定により各成分は独立なので，各成分の確率分布関数の積の形で与えられる，すなわち

$$g(v^2) = Ag(v_x^2)g(v_y^2)g(v_z^2), \quad A = g(0)^{-2}$$

と書ける．$g(v^2)$ の具体的な形を求めるために $v_i^2 = u_i$ $(i = x, y, z)$ と置くと，g は $v^2 = u_x + u_y + u_z$ のみに依るので，$\dfrac{\partial g}{\partial u_x} = \dfrac{\partial g}{\partial u_y} = \dfrac{\partial g}{\partial u_z}$ である．ここで特に $\left.\dfrac{\partial g}{\partial u_x}\right|_{u_y=u_z=0}$ を考えると，$\left.\dfrac{\partial g}{\partial u_x}\right|_{u_y=u_z=0} = \left.\dfrac{\partial g}{\partial u_y}\right|_{u_y=u_z=0} = Ag(u_x)g'(u_y=0)g(u_z=0)$ $= \dfrac{g'(0)}{g(0)}g(u_x)$ よりこの偏微分方程式の解は $g(u_x) = g(0)\exp\left(\dfrac{g'(0)}{g(0)}u_x\right)$ で与えられ，

$g'(0)/g(0) = -j$ と置き直すと

$$\exp[-j(v_x^2 + v_y^2 + v_z^2)] = \exp(-jv_x^2)\exp(-jv_y^2)\exp(-jv_z^2)$$

がみたされ，等方性の仮定と整合的である．この議論は 3 次元に限らず，2 次元以上の任意の次元で成り立つが，1 次元では成分を入れ替えられず，自明な式が得られるだけである．

他方，$d\log g(v^2)/dv^2 = g'(v^2)/g(v^2)$ であり，$dv^2 = 2vdv$ なので，上記の $g(v^2)$ の場合には

$$\frac{d\log g(v^2)}{vdv} = \frac{2g'(v^2)}{g(v^2)} = -2j$$

は成り立っている．しかし，この天下りの議論には系の次元は含まれず，むしろクセナキスの仮定 3 では上下行という 1 次元的な変位のみを考えているように思える．

全く別な角度の議論として（マクスウェルの原論文はこちらの方向である），多数の気体分子が弾性衝突（運動量とエネルギーが保存する）による散乱を繰り返すうちに落ち着く分布を求める方向もある．この議論でも 2 次元以上では上記と同じ分布が導かれるが，やはり 1 次元は特殊で，運動量とエネルギーを保存する同じ質量の 2 粒子の衝突は，速度の交換に限られる．この場合，速度分布は変化しないので議論の前提が成り立たない．

ただし，上記の分布で v^2 はエネルギーに比例し「温度」は a^2 に比例する，すなわち粒子は外界との熱のやりとりによって速度を持っているという前提に立てば，上記の分布は 1 次元でも意味を持つ．しかしこの場合は，等方性云々はもはや関係なく，「論理的なポエム」は意味を失う．音群を確率分布関数で制御するのはサイコロを振って選ぶのと大差ないが，パラメータで分布の形を制御できる分高級だ，細部が微妙にズレるのは大した問題ではない，と割り切る分には問題はない．だが，科学の力で自然の似姿を生成する深遠なコンセプトがある，と主張する場合は瑕疵ではある．

〔8〕 x に関して左右対称な $g(x)$ は正規分布だが，変数の変域を正に限って規格化定数を 2 倍にした $f(v)$ は正規分布ではない．

〔9〕 マクスウェル分布を一般化したボルツマン分布では，エネルギー ε の状態の確率密度は $\exp(-\varepsilon/(k_\mathrm{B}T))$ に比例する（T：温度，k_B：ボルツマン定数）．すなわち「温度」は a^2 に比例する．

〔10〕 正規分布 $H(x)$ の x の算術平均は 0，標準偏差は $a/\sqrt{2}$ である．ここで v の算術平均と呼んでいるのは $\int_0^\infty vf(v)dv$ のことである．しかし標準偏差と呼んでいるのは $\int_0^\infty v^2 f(v)dv$ のことではない．

〔11〕 1 分あたりの（音符）数を示す単位．ここでは方眼紙の太線の間隔 5 cm = 60/26 秒 = 1 小節という意味．ただし図版は原寸ではないことに注意．

〔12〕 1960 年時点の記述．この時点では，第 5 章で使われるコンピュータ支援作曲による ST シリーズもまだ形にはなっていない．

〔13〕確率分布関数の形は正規分布と同じだが，変数の変域を $[0, \infty]$ に制限し，それに合わせて規格化しているので，厳密には正規分布とは呼べない．

〔14〕上記の式は，0 から ∞ までの和を積分に置き換えれば近似ではなく正しい式になる．実際，表の $\delta e^{-\delta x}dx$ の列では積分が行われており，$x = \infty$ まで足し上げれば 1 になる．しかし $\delta e^{-\delta x}$ の列は積分を 0.1 刻みで長方形近似した上側にあたり，和は途中でも 10 を超えて dx の近似値は 0.1 よりも小さくなっている．この箇所は，クセナキスが数学的意味を十分理解せずに計算を行っていることを示している．ただし彼の言う通り，「数式は，音楽的な考察に服従する」のであり，このような計算の誤りが作品の音楽的価値を損ねているわけではないことに注意．

〔15〕いわゆる「管理された偶然性」に対する批判であり，第 4 章で展開される，ゲーム理論を援用した偶然性の導入に対する準備にあたる．

〔16〕マルチンゲール法とは，「二択の賭けで負けたら次回は倍額を賭け続け，勝ったところで止める」という「必勝法」．だが，この方法での勝ち分は最初に賭けた金額のみ，しかも実際の賭けは青天井ではなく，賭け金の上限額に達するまでに勝てなければ，莫大な負債のみ残る．実は必敗法であり，例として不適切である．

〔17〕組み合わせの候補を絞り込む行為は十分「作曲」の名に値し，この批判には無理がある．逆に，クセナキス自身の作曲手法では候補を並べるところまでは「作曲」ではなく，そこから審美的にひとつに絞り込むところに意味があると彼は考えている，と読み取るべきだろう．

〔18〕この批判では，もはや「セリー音楽」は本来の意味ではなく，「ヨーロッパ戦後前衛の主流派」という程度の意味で使われているにすぎない．

第 2 章

マルコフ連鎖を用いた推計学的音楽――その理論

さて，ここまでくれば，推計学を用いて作曲の研究を手早く一般化することができる．

第一に，推計学が器楽曲だけでなく電子音楽においても重要である，ということを明言しておきたい．すでにこの点は，《ディアモルフォーズ》（1957–58年にパリのGRM[1]で作られた）や《コンクレ P–H》（1958年にブリュッセル万博のフィリップス・パビリオンで初演）や1960年にユネスコが制作した映画《東洋（オリエント）–西洋（オキシデント）》（監督：エンリコ・フルキニョーニ）の音楽《東洋–西洋》などの実例で証明済みである．

次に，推計学から未だかつてない音響素材や新たな形が生まれる可能性がある，ということを主張しておきたい．しかしそれには，音――ありとあらゆる音――の性質に関して，ある一時的な仮定を置く必要がある[(1)]．

基本となる仮定（＝補題）と定義

音はすべて，音の基本素子――音の量子――と呼ばれる粒子が統合されたものである．これらの基本粒子には，持続時間と周波数と強さの三つの性質がある[(2)]．あらゆる音を――そしてそのすべての連続的な変化を――時間のなかに適切に配置された膨大な量の基本粒子の集まりと見なすことができる．したがってどのような音響複合体でも，一連の純粋な正弦波形の音に分解することができる[2]．たとえそれらの正弦波形の音の変動がきわめて短く，複雑で隣接していたとしても，このような分解が可能なのである．複雑な音のアタックから中間部分を経て減衰に至るどこをとっても，おおむね短い持続時間 Δt に無数の純音が現れる．つまり，複雑な音を作るには膨大な数の純音が必要なのだ．複雑な音を，暗い空に現れたかと思うとすぐに消える多彩な光の点から成る花火に喩（たと）えてみてもよいだろう．ただし音の花火の場合は，組織される点の数はいかにも膨大で，それらが次々に大挙して素早く現れ，あるいはさまざまな形を作り，あるいは渦を巻いてはゆっくりとほどけ，そうかと思えば一瞬の爆発によって全天が燃え上がることになる．そして，瞬時に現れては消える多数の点が，光の線を生み出すのだ．

ここからは，粒子の持続時間 Δt はきわめて短く不変であるとして，持続時間は無視し，周波数と強度だけを考えることにする．音には，周波数とそれに付随する強度という二つの物理的性質があって，これらは互いに独立な二つの集合 F, G を構成する．さらに，この二つの集合から積集合 $F \times G$ を作ることができて，これが音の基本粒子になる．一般に，集合 F を集合 G に——多価対応，単価対応，一対一対応などの——さまざまな形で対応させ，その対応を行列や正規化表現といった形で表現することができる．

表現の例

（項別の）外延的な表現

周波数	↓	f_1	f_2	f_3	f_4	$\cdots$
強　さ		g_1	g_2	g_3	g_4	$\cdots$

（表の形の）行列を用いた表現

↓	f_1	f_2	f_3	f_4	f_5	f_6	f_7	$\cdots$
g_1	+	0	+	0	0	0	+	
g_2	0	+	0	0	0	+	0	
g_3	0	0	0	+	+	0	0	
$\vdots$								

（関数の形での）正準（カノニカル）表現

$$\sqrt{f} = Kg$$

（f：周波数，g：強度，K：係数）

この対応は非決定的（推計学的）かもしれないので，推移確率を並べた行列で表現するのがもっとも便利である．

例：

↓	f_1	f_2	f_3	f_4	⋯
g_1	0.5	0	0.2	0	⋯
g_2	0	0.3	0.3	1	⋯
g_3	0.5	0.7	0.5	0	⋯

この表は，f のそれぞれの値 f_i に対して，確率によって定められた一つないし複数の強度の値 g_i が対応することを示している．たとえば周波数 f_2 には，g_2 と g_3 の二つの強度がそれぞれ 30 パーセントと 70 パーセントの確率で対応する．ところがその一方で，二つの集合 F と G の各々に，内部での関係や構成規則といった構造がある可能性もある．

時間 t は，辞書式の順序で F ないし G の上に写像された完全な順序集合だとする．

例：

(a)　$f_1\ \ f_2\ \ f_3 \cdots\cdots \quad (t=1, 2, \cdots)$

(b)　$f_{0.5}\ \ f_3\ \ f_{\sqrt{11}}\ \ f_x \cdots\cdots \quad (t=0.5, 3, \sqrt{11}, x, \cdots)$

(c)

$t=$	f_1	f_1	f_2	f_1	f_2	f_2	f_n	f_3	⋯	⋯
	A	B	C	D	E	⋯	⋯	⋯	⋯	⋯
	Δt	Δt	Δt	Δt	Δt	Δt	⋯	⋯	⋯	⋯

例 (c) では連続的な展開が一定の時間幅 Δt の断片に区切られており，もっとも一般的なケースといえる．これによって展開は不連続になり，断片を取り出したり精査したりするのがかなり楽になる．

図による表現

純音の周波数の値をオクターブか半音を単位として横座標に，強さの値をデシベルを単位として縦座標に，対数目盛でプロットすることができる（図 2-1 を参照)．この点のクラウドは，十分に薄い時間幅 Δt に含まれる音粒子の FG 平面への投影になっている（図 2-2 参照)．図 2-2 や図 2-3 のような図を使って表現することによって，この時点までに生じた抽象的な可能性に形を与えることができる．

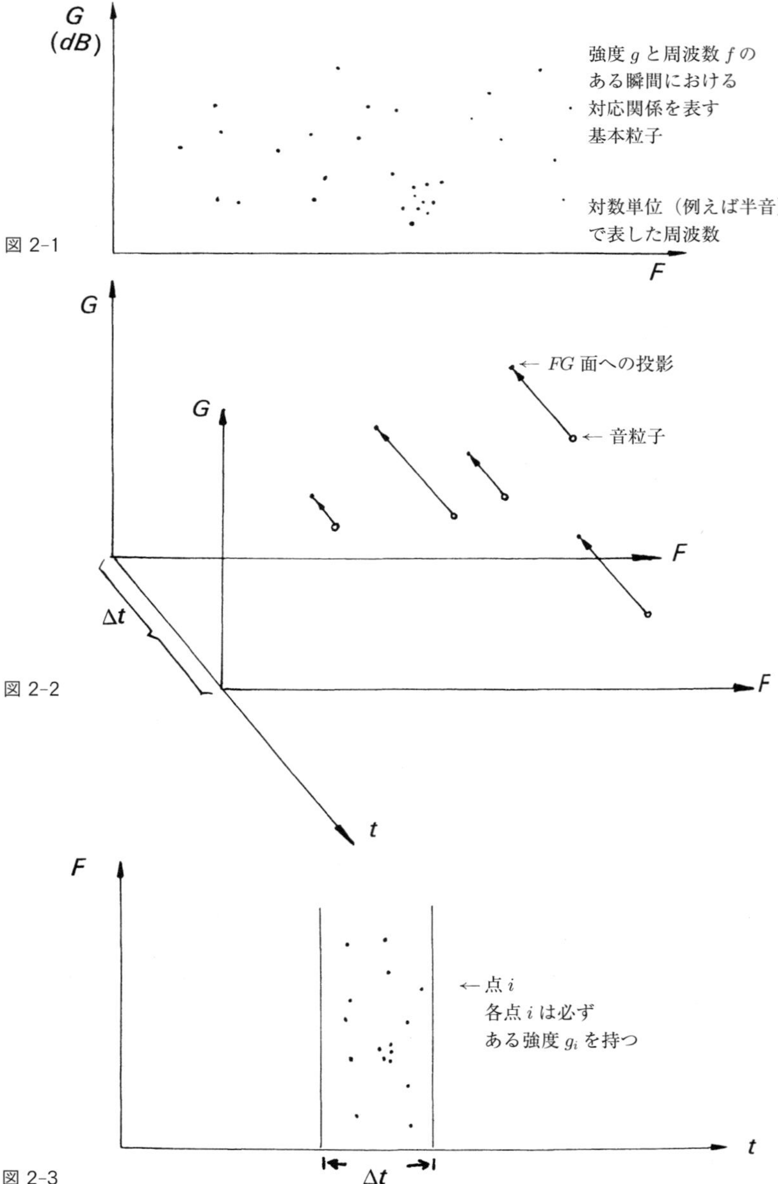
G
(dB)
強度 g と周波数 f の
ある瞬間における
対応関係を表す
基本粒子
対数単位（例えば半音）
で表した周波数
F
G
← FG 面への投影
G
← 音粒子
F
Δt
F
t
F
← 点 i
各点 i は必ず
ある強度 g_i を持つ
t
Δt

図 2-1

図 2-2

図 2-3

精神生理学

さて，今目の前に時間とともに変化する点からなるクラウドがある．このクラウドは，時間幅 Δt における二つの集合 F, G の積である．このとき，精神生理学的な観点から見て，いったい何が人間を制約する限界となりうるのか．精神生理学的な限界を超えることなくクラウドおよびその変換に施すことができるもっとも一般的な操作とは，はたしてどのようなものなのか．

可能な音をすべて粒子として構成する，という抽象的な基本仮説があるために，これら二つの問いはきわめて深い意味を持つことになる．実は，これらの粒子からなるクラウドのあらゆる性質を操作することによって，人間が持つ限界を超えることなく，古典的な楽器や弾性体から発せられる音——さらには概してミュジック・コンクレートの世界で好まれる音——だけでなく，未だかつて前例もなければ想像もできないような形で時とともに変化する音の摂動を作りだすことができる．しかもそれらの音の音色構造や変化は，これまで知られているものとはまるで異なったものとなるのだ．

さらに，もっと一般的な推測が可能になる．今かりにこれらのクラウドの各点が，純音の周波数とそれに伴う強度だけでなく，あらかじめ直観的に順序づけられた基本的粒子の構造を示していたとしよう．すると，この方法で第二，第三，さらにはもっと高い次元での響きを作り出すことができると思われるのだ．

聴覚に関する最近の研究によって，知覚に関するある種の問題に対する満足の行く答えが得られた．ここで取り上げる問い，たとえ完璧ではなくてもおおむね解けていると考えてよい基本的な問題は，以下の三つである[(3)]．

1. 正弦波形の音を周波数や強度の関数として見たときに，（はっきりと）知覚しうる最小の持続時間はどれくらいなのか．
2. 正弦波形の音の最小周波数および最小持続時間に匹敵する最小強度は，いったい何デシベルなのか．
3. 音域や強度や持続時間の関数として見たときに，旋律として知覚される最小閾値はどれくらいなのか．この場合のよい近似として，フレッチャー－マンソンの等ラウドネス曲線がある〔3〕（図2-4を参照）．

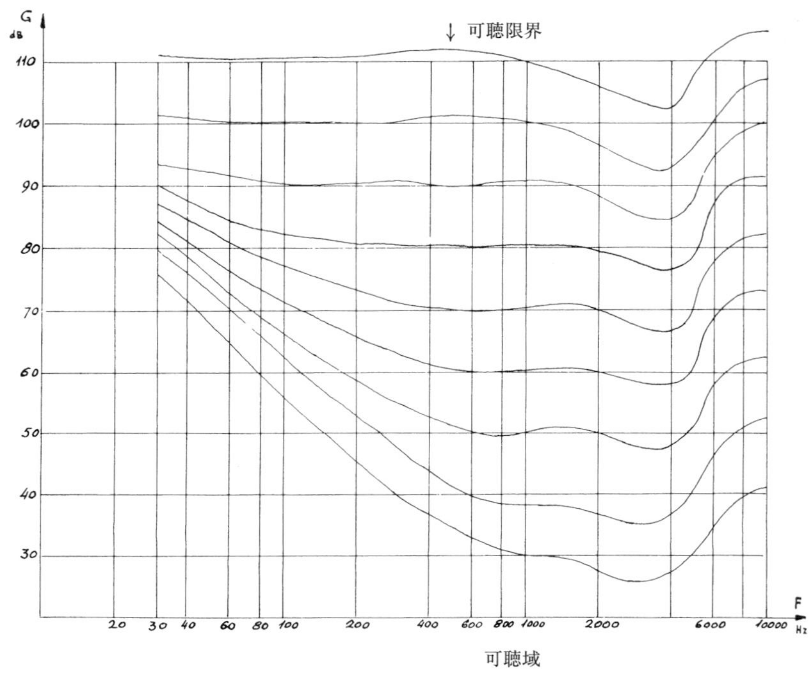

図 2-4　フレッチャー－マンソンの等ラウドネス曲線

さて，人間が聞き取れる基本粒子の総数は約 34 万である．さらに，耳は可聴領域の中央部分の音により敏感に反応する．外縁部の音に対しては，耳が感じ取る振幅の差や旋律的音程が小さくなるため，G と F の座標を使って可聴領域を一様な形で表そうとすると——すなわち，各表面要素 $\Delta F \cdot \Delta G$ が知覚可能な音の粒子を同じ密度で含んでいるようにしようとすると——ある種のマッパ・ムンディ（世界の概略図）ができる（図 2-5）．

ここからの推論を曲げることなく，しかも簡単にするために，フレッチャーの図に基づいてこの座標群に適切な一対一の変換を施した結果，ゆがんでいた空間をただの長方形に変えることができたとしよう（図 2-6）．

ここまでで述べてきた実験の結果はすべて理想状態で得られたものであって，実際のオーケストラや弾性体一般が発する自然で複雑な音，ましてや工場で聞こえるさらに複雑な音やカオス的な音全般は考慮されていない[(4)]．理論

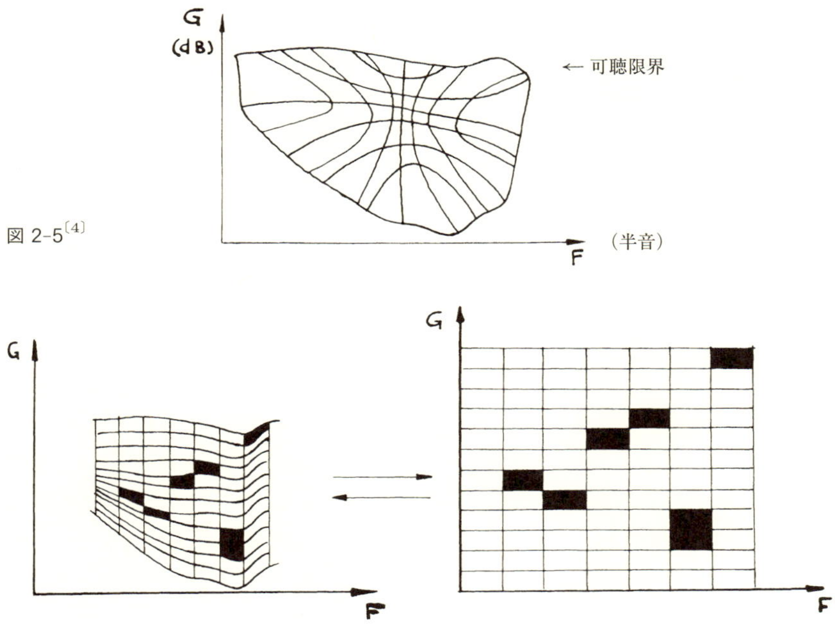

図 2-5[4]

図 2-6

の上では(5)，複雑な音を包括的に表現しようとすると，時間の関数としての瞬間瞬間の周波数や強度を与える F, G, t の3次元の図が必要になる．ところが実際にそのような図を作ろうとすると，——ほんの一瞬の音，たとえば車が立てる単純な騒音を表そうとしただけで——何か月もの計算とたくさんの図が必要になる．この袋小路は，実は古典力学の行き詰まりとよく似ている[5]．古典力学は，十分な時間さえ与えられればありとあらゆる物理現象を，さらには生物現象をも数本の式で説明できると主張していた．ところがある瞬間 t に気体分子集団の体積が激減したとして，その状況を叙述するだけでも——かりに計算のはじめの段階で単純化が認められたとしても——手計算で数百年はかかるというのだ！

しかし，この「行き詰まり」は偽の問題だった．なぜなら意味を持たないからだ．ちなみに気体分子集団の問題に関していえば，マクスウェル－ボルツマンの気体分子運動論とその統計的手法がきわめて多くの実りをもたらした(6)．

この手法のおかげで，観察の尺度がいかに重要であるかが改めて明確になったのである．巨視的な現象では，ある塊の総体としての結果が重要なのであって，現象を観察する場合には，その都度まず観察者と観察対象の尺度の関係を確定する必要がある．したがって，たとえば銀河星団を観察する場合には，まず最初にその星団全体の動きに関心があるのか，それとも単一の星の動きに関心があるのか，あるいは一つの星の上のごく小さな領域の分子組成に関心があるのかをはっきりさせなければならない．

複雑な音やきわめて単純な音の場合も事情は同じで，電子音楽を作曲する際に，そこで使われるはずの複雑な音の特徴を分析したり図示したりするのは，まったくの徒労だ．

むしろ逆に，建築家のように音素材を用いて複雑な音を構築し，それらの要素の展開を構成するには——まさにそれがここでの関心事なのだが——マクロな分析と構築の手法が必要なのだ．このレベルでは，微細音響と呼ばれる基本粒子は重要でも何でもなく，粒子の集団とそれらの集団としての特徴のみが意味を持つ．むろんきわめて特殊な場合として，単一の粒子が改めて華々しく取り上げられる場合もあるだろう．ウィルソン霧箱〔放射能や粒子の測定に用いられる，霧滴を作って荷電粒子の飛跡を検出する装置〕の場合には，基本粒子が理論物理学や実験物理学の対象となるが，太陽に目を転ずれば，恒星を構成する粒子の集団とそのコンパクトな相互作用が物理学の対象となるのである．

かくしてこの場合の音の展開の場は，先ほど述べた曲がった空間となる．ただしこの空間は完全な一対一の変換で単純化され，長方形の空間に変わっているので，今から展開する長方形の上での推論が正しいことは保証されている．

スクリーン

冒頭で調べた時間幅 Δt のなかの音粒子のクラウドを図で表すと，新たに「単位体積 $\Delta F \cdot \Delta G \cdot \Delta t$ あたりの粒子の密度」という概念が生まれる（図 2-7）．かくして，音となりうるものすべてを正確な量の 4 次元要素 $\Delta F \Delta G \Delta t \Delta D$ に切り分けることが可能になる．ちなみにそれらの要素は，その音を定義づけるいくつかの規則——4 変数の関数 $s(F, G, D, t)$ で表すことができる規則——に従って，この空間に分布している．

密度の尺度もまた，底の値が 2 と 3 の間にある対数目盛で表される(7)．説

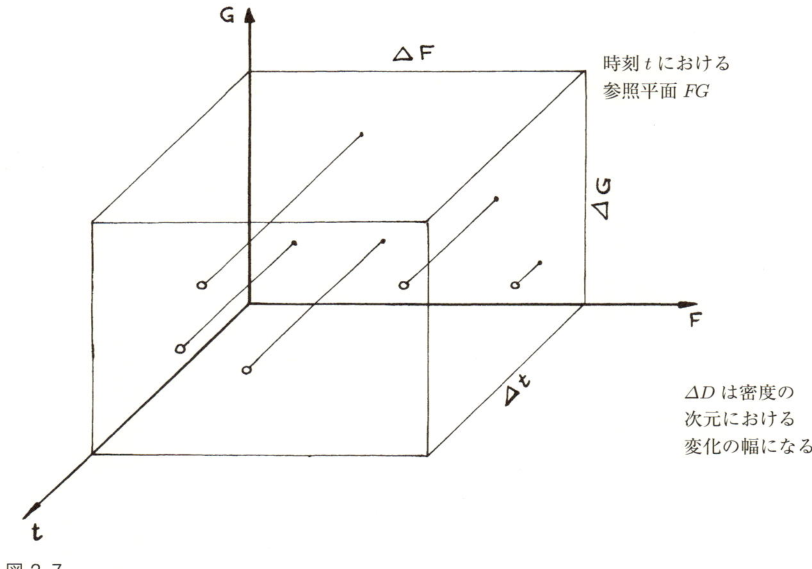

図 2-7

明を簡単にするために，この新たな密度の座標は無視する．つまり密度座標を常に念頭に置きつつ，あくまで３次元要素 $\Delta F \Delta G \Delta t$ に付随する存在として捉えるのだ．

時間を辞書式順序を付ける過程と見なすと，どの Δt も等しく，きわめて小さな定数であると考えることができる．したがって，音の粒子のクラウドが Δt という厚みのある時間に存在するという事実と，音の粒子が人為的に面 FG に「載せられている」という事実を忘れさえしなければ，F と G の２本の軸で決まる２次元空間で推論を進めることができるのだ．

スクリーンの定義

スクリーンは，今定義した十分に密で均一な格子によってきちんと秩序立てられた可聴領域 FG であり，そのセルには粒子が入っていたりいなかったりする．このように定義しておけば，与えられたスクリーン S を構成するたくさんのシートを使って，あらゆる音とそれらの来歴を記述することが可能になる．ちなみにこれらのシートはある辞書式の順序に従って並んでいる（図

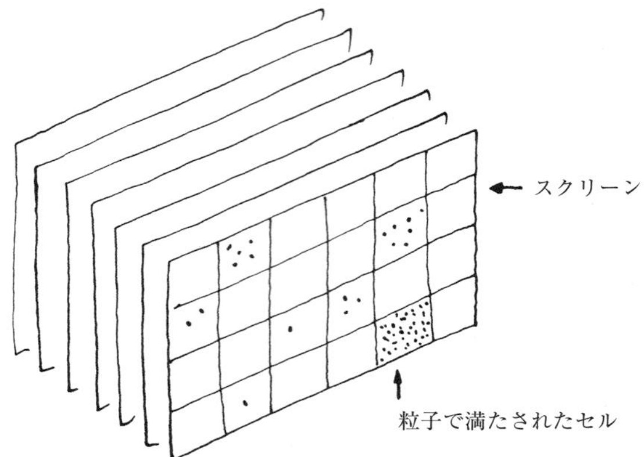

図 2-8　ある複雑な音響の成り行きと等価な一綴りのスクリーン

2-8)．

スクリーンに描かれた粒子のクラウドの位置および表面の密度は，スクリーンごとに異なっている（図 2-9）．スクリーン A には，平均周波数が f で平均振幅が g で密度が d の小さなクラスタが載った小さな基本長方形が含まれているが，これはほぼ純音といってよい．スクリーン B には，これよりも複雑で高音域と低音域が強く中音域が弱い音が載っており，スクリーン C には密度の低い「白色の」音が載っていて，全可聴領域にわたる音の被膜のようなものとして聞こえる．

今述べてきたすべての事柄に関する重要な事実として，ここまでは粒子がスクリーン上にどのように定着しているかといった細部にいっさい触れてこなかったことを指摘しておきたい．自然界の音や楽器の音はすべて，ある平均周波数，ある平均強度の周囲で絶えず変化する粒子によって満たされた小さな表面要素で構成されており，密度についても同じことがいえる．これはごく基本的な言説であって，電子音楽でいくらがんばっても新たな音色を作ることができないのは，一つにはセリー音楽の手法が不適切であるからだが，それより大きな原因として，粒子が時間方向にいっさい動かず，スパゲティの束のような構造になることが挙げられる（図 2-10）．

粒子の位置が固定されているのはきわめて特殊な例であって，逆にもっとも一般な例では，粒子は平衡点のまわりを動き回り，統計的に分布している．け

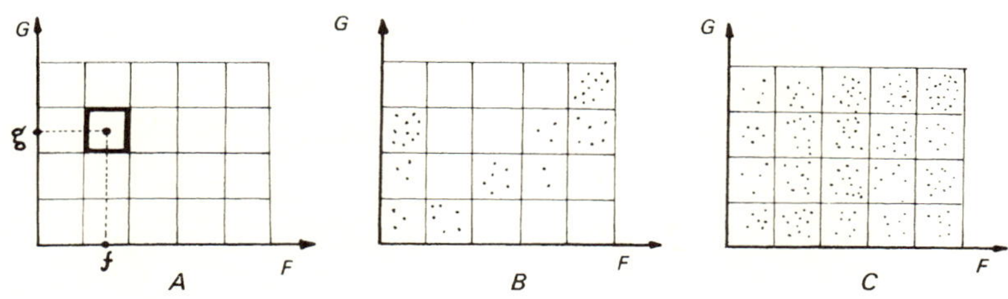

図 2-9

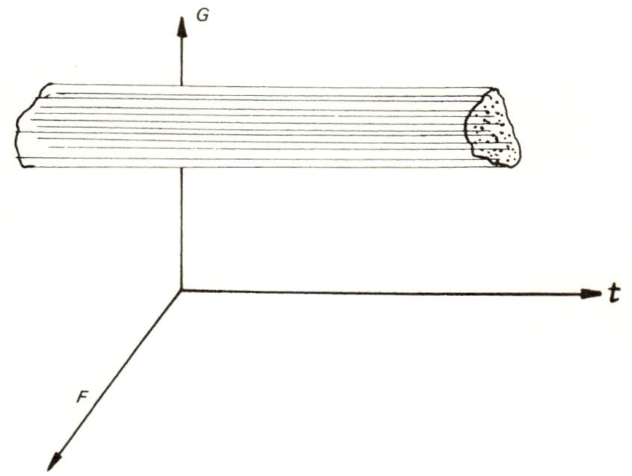

図 2-10

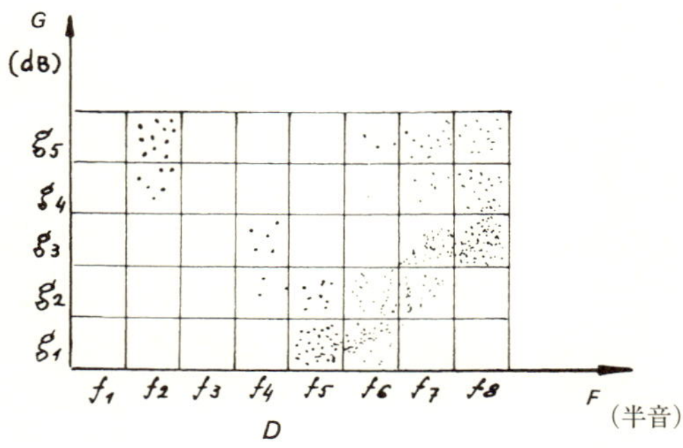

図 2-11

っきょくのところ実際の音は，粒子の位置と密度がスクリーンごとに多少なりとも明確に定められた法則に従って変わる微細な長方形 $\Delta F\Delta G$ に分解される場合が多いのだ．

かくしてスクリーン D（図 2-11）のまさにこの瞬間の音は，一連の長方形

$$(f_2, g_4), (f_2, g_5), (f_4, g_2), (f_4, g_3), (f_5, g_1), (f_5, g_2), (f_6, g_1), (f_6, g_2), (f_6, g_5),$$
$$(f_7, g_2), (f_7, g_3), (f_7, g_4), (f_7, g_5), (f_8, g_3), (f_8, g_4), (f_8, g_5)$$

で構成されており，各長方形のなかには音粒子が非対称ながらも均等な形に配置されているのである．

スクリーンの要素 $\Delta F\Delta G$ の構築

1. 計算による構築

では次に，要素 $\Delta F\Delta G\Delta t\Delta D$ を計算する方法を細かく見てゆこう．

音の粒子は基本体積のなかにいったいどのように分布するのだろう．粒子の平均密度（＝単位体積あたりの粒子の数）を固定すると，これはそのまま 4 次元空間における確率の問題になる．わりと簡単なのが，四つの座標について一つ一つ独立に推論を行って計算するという方法だ．

座標 t に関していえば，時間軸上の粒子の分布法則は，

(r) $$P(t) = ce^{-ct}$$ （補遺 I を参照）

となる．また，座標 G, F, D に関する確率法則は，

(r′) $$f(j)dj = \frac{2}{a}\left(1 - \frac{j}{a}\right)dj$$ （補遺 I を参照）

となる．

さらにこれらの公式を用いると，t, G, F, D の値の頻度表を作ることができる（第 1 章の類似の問題を参照）．これらの式は，きわめて単純な――おそらくもっとも単純な――推論で得られたものであるという点で，特別な地位を占めている．かりにも白紙状態（タブラ・ラサ）の原則（デカルトが『方法序説』で述べている第一と第三の規則〔何事も検証なしに受け入れないという規則と，もっとも単純なものから進めて順番に複雑なものの認識へと至るという規則〕のこと）を堅持したいのであれば，出発点における条件や制約は最小限に留める必要がある．

今，時刻 t において，スクリーンの基本体積 $\Delta t\Delta D\Delta F\Delta G$ が一つあったとしよう．この体積の密度は公式（r′）から得られる表から取った D であり，さらに Δt 上の線密度 $D = c$ の点を，公式（r）が定める表で定義する．その

うえで各点に，公式（r′）に基づく頻度表を用いて長方形 $\Delta F \Delta G$ の内部から取ってきた周波数 f，振幅 g の音の粒子を割り当てる．この対応は，図形を使って決めてもよいし，先ほどの表に即した割合で何種類かの球が入っている壺のなかから連続してランダムに球を取り出して決めてもよい．

2. 機械を用いて構築する

a. テープレコーダーを使った構築法：音の粒子は，持続時間が約 0.04 秒の固定された正弦波形の音という形で現実のものになる．これらの粒子は，選ばれた基本領域 $\Delta F \Delta G$ をカバーしていなければならない．時間のなかでの展開を実現するために，$D=$ 最小密度 c の持続時間の表を用いる．このテープの部分同士を混ぜ合わせると，その密度は用いるトラックの数に応じて 1:2:3… という比で変わっていく．

b. コンピュータを使った構築法：音の粒子は，ガボールの信号〔ノーベル物理学賞を受賞した D. ガボールの考案になる「音の粒状合成」で用いられる信号〕に従ってアナログ変換器付きコンピュータで走らせられるようにプログラムされた波形に基づいて現実のものとなる．さらに，式（r），（r′）から得られた基本体積 $\Delta t \Delta D \Delta F \Delta G$ を構築するための二つ目のプログラムが提供される．

一般的なコメント：その1

セル $\Delta F \Delta G \Delta t$ を考える．問題のこのセルには音の粒子が均等に散らばっているが，時間とともに平均密度 d_m のまわりを不規則に上下動する．ここではさらに総合的な推論により，（十分長い音でありさえすれば，）もっとも一般的な場合でもこのような上下動が存在し，そのため偶然の法則に従うことが認められる．その場合，この問題を次のように表現することができる．

断面が $\Delta F \Delta G$ で長さが $\sum \Delta t$ で密度が d_m であるような変化に富む粒子のクラウドがあるとして，基本体積 $\Delta F \Delta G \Delta t$ にそれらの粒子が k 個含まれている確率はどれくらいなのか．今，d_m という値が十分小さければ，その確率は次のようなポアソンの公式で与えられる．

$$P(k) = \frac{(d_m)^k}{k!} e^{-d_m}$$

ちなみに各粒子を定義するには，先ほど述べた手法を再度使えばよい．

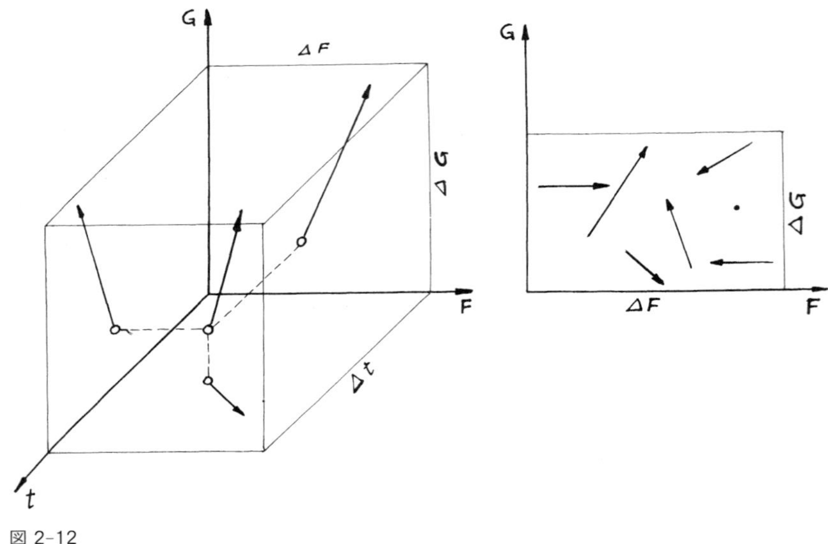

図 2-12

一般的なコメント：その 2（ベクトル空間）[8]

スクリーンの基本セル $\Delta F \Delta G$ を，点ではなく粒子に付随する基本ベクトルを使って構築することもできる（ベクトル空間）．実際，1 粒子あたり 0.04 秒という平均持続時間そのものを，短いベクトルと見なすことができる．ベクトルが時間軸と平行で，ベクトルの FG 平面への投影が点となり，粒子の周波数が一定になるという特殊なケースもないわけではないが，一般には，粒子の周波数や振幅が変化して，粒子はきわめて短いグリッサンドになる（図 2-12 参照）．

こうして定義したベクトル空間 FG にスクリーンを構築しようとすると，おそらくやっかいなことになる．なぜなら，速度の概念と速度の値の統計分布の概念を導入しなければならないからだ．そうはいっても，この企てはきわめて興味深いものといえる．さてここで，磁力を帯びていたり，まったく中性（つまり無相関）だったりする粒子の場の基盤としてのスクリーンを思い描いてみよう．

完璧に無相関な場合は，2 次元にマクスウェルの式を使って〔6〕，平面 FG 上にベクトル v が存在する確率 $f(v)$ を次のように計算することができる[9]．

$$f(v) = \frac{2v}{a^2} e^{-v^2/a^2}$$

さらに，平均値 v_m が $v_1 \leqq v_m \leqq v_2$ を満たすときには，

$$P(v_m) = \frac{2\sqrt{\pi}}{a} \{\theta(\lambda_2) - \theta(\lambda_1)\}$$

となる．ただし，$\lambda_i = v_i/a$（$\lambda_1 \leqq \lambda \leqq \lambda_2$）かつ

$$\theta(\lambda_i) = \frac{1}{\sqrt{\pi}} \int_{-\lambda_i}^{+\lambda_i} e^{-\lambda^2}\, d\lambda$$

である（正規分布）(10)．いずれにしても，問題の空間がベクトル空間かスカラー空間かといったことは，この議論には影響しない (11)．

スクリーンについてのまとめ

1. スクリーンは，それ自体が基本長方形 $\Delta F \Delta G$ の集合であるようなクラウドの集まりとして定義される．ちなみに長方形 $\Delta F \Delta G$ には，音の粒子が含まれている場合もあれば含まれていない場合もある．いかに短い時間幅 Δt に含まれる瞬間 t であろうと，これらのことが成り立つ．

2. 音の粒子は，各基本長方形 $\Delta F \Delta G$ に固有の密度をもたらし，一般にはそこにエルゴード的に分布している．(エルゴードの原理によると，偶然に左右される操作が及ぼす予知不能な影響は，その操作を何度も繰り返すうちにじょじょに均一になる．なお，ここではごく多数のスクリーンの連なりを考えているものとする (12)．)

3. $\Delta F \Delta G \Delta t \Delta D$ という基本体積の概念においては，一般に粒子のいかなる同時占有も認められない．同時占有が生じるのは密度が十分に高い場合であり，その頻度は密度の大きさと密接に関係している．すべては規模の問題であって，この段落で述べている事柄は，何はさておき音の具体化と関係している．粒子（ベクトル）の時間の長さが 0.04 秒レベルで，基本密度がたとえば $D_0 = 1.5$ 粒子/秒の場合には，二つの粒子（ベクトル）の重なりはいっさい認められないはずである．さらにいえば，粒子の表面分布は均一であるから，このような重なりは偶然にしか生じない．

4. 極端な場合，スクリーンにたった一つの純音（正弦波発振音）しか含まれていなかったり，音がまったく含まれていない（空のスクリーン）こともある．

スクリーンの上での基本的な操作（代数）

複雑な音が一つあるとしよう．その始まりから終わりまでのあいだの時間幅 Δt に含まれるある瞬間 t のその音を，平面 FG の上の一つ以上の粒子ないしベクトルのクラウドで表すことができる．これがまさにスクリーンの定義であったわけで，今問題にしている複雑な音の一生は，これらのスクリーンを決められた順序で何枚もつなぎ合わせたものによって定められ，記述される．作曲に使うことを念頭に置きつつ，連続だったり不連続だったりする音の展開を叙述して構築するために，スクリーンをごく一般的な形で組み合わせたり並列させたりする方法を考えてみるのも面白い．ただしそのためには（あくまで初歩的なレベルの）現代代数学の術語や記号体系を借りてくる必要がある．ただし，ここではさらなる展開のための導入としてあくまで初歩的なレベルに留め，その先には踏み込まないことにする．

コメント：この場合には，音を物理現象として捉えても，知覚の面で捉えても変わりはない．一般に，物理現象の面で幾何学的であるものは，知覚の面では算術的だと考えられるのだ．また，このことをより厳密な形で表すこともできる．すなわち，知覚が構成する加法群は，物理的な刺激が構成する乗法群とほぼ同型なのである[7]．ちなみに「ほぼ」という言葉を使ったのは，近似を除外するためである．

平面 FG の上の粒子やベクトルはクラウドを構成する．スクリーンにはまったく粒子が含まれないこともあれば，いくつかの粒子のクラウド（ベクトル）が存在することもある（図 2-13）．

今，a という粒子ないしベクトルが E というクラウドに属することを $a \in E$ で表し，属さないことを $a \notin E$ で表す．クラウド X に含まれるすべての粒子が別のクラウド Y の粒子でもあるとき，X は Y に含まれる，あるいは X は Y の一部であるとか，Y のサブクラウドであるという．この関係は，$X \subset Y$（包含）と表される．

このとき，包含には次のような性質がある．

$$\text{いかなる } X \text{ についても，} X \subset X.$$

$$X \subset Y \text{ で } Y \subset Z \text{ なら，} X \subset Z.$$

$X \subset Y$ でしかも $Y \subset X$ なら，クラウド X とクラウド Y は同じ粒子からな

スクリーン１

スクリーン２

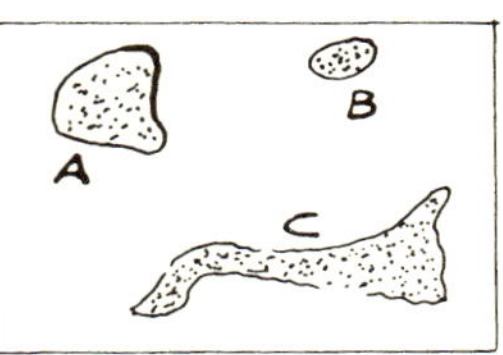

スクリーン３

図 2-13

っており，この二つを区別することはできず，

$$X = Y \quad (\text{同等})$$

となる．

クラウドに粒子が１粒しか含まれていない場合もありうる．また，$a \in X$ となるような粒子 a が一つもないとき，クラウド X は空だという．空なクラウドは $\varnothing$ で表される．

基本的な操作

これらの操作はクラウドにもスクリーンにも等しく適用される．したがって，「構成要素」としてのスクリーンとクラウドの概念を区別する必要はない．

二つのスクリーン A, B の共通部分とは，A と B の両方に属するクラウドの集合のことである．共通部分は $A \cap B$ で表され，「A inter B〔A と B の共通部分〕」と読む（図 2-14）．$A \cap B = \varnothing$ であるとき，A と B は互いに素であるという（図 2-15）．二つのスクリーン A, B の合併とは，A か B に属するクラウドの集合のことである（図 2-16）．A を含むスクリーン E があるとき，E におけるスクリーン A の補集合とは，E には属すが A には属さないクラウドの集合のことである．E にまったく不確かな点がない場合は，これを $C_E A$〔あるいは CA，$\neg A$〕と書く（図 2-17）．A と B の差（$A - B$）とは，A には属するが B には属していないクラウドの集合のことである（図 2-18）．この定義からすぐに，$A - B = A - (A \cap B) = C_A(A \cap B)$ という結果が得られる．

さて，代数学からの概念の借用はこのあたりで止めておこう．とはいえ代数学から概念を借用したことによって，全体としてより明確で強力な概念——この先の操作や議論に適した概念——が得られたことは確かである．

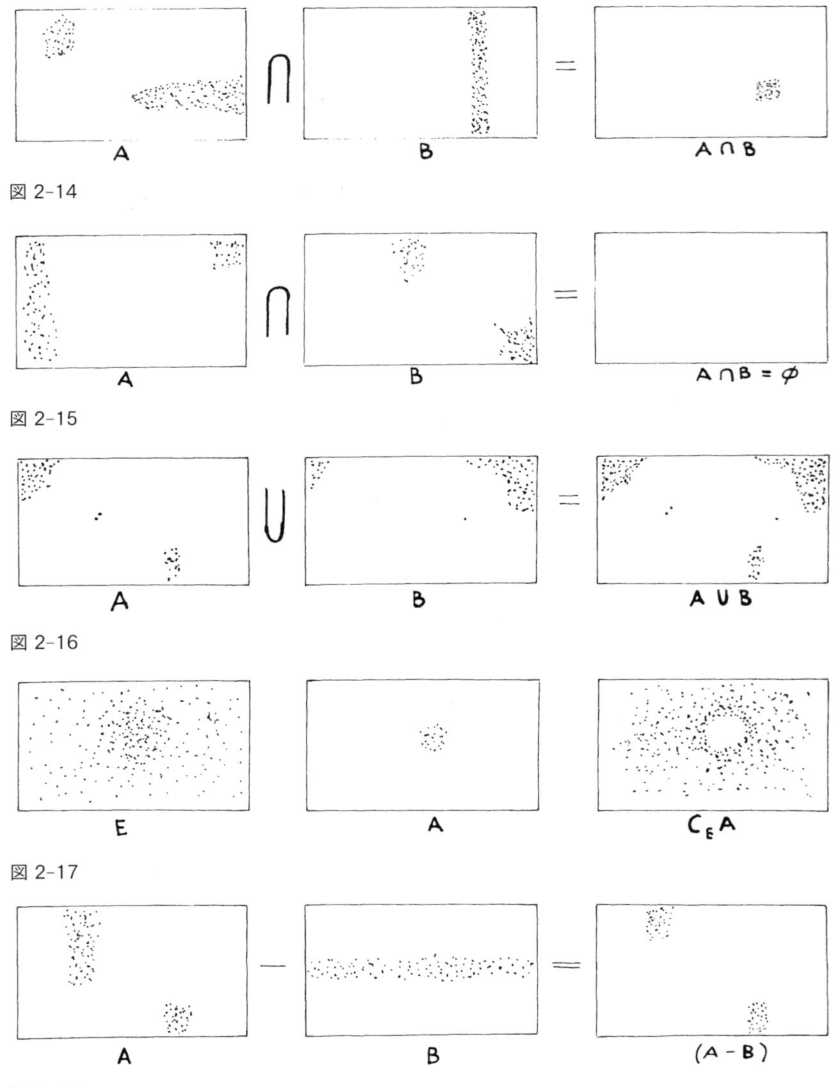

図 2-14

図 2-15

図 2-16

図 2-17

図 2-18

スクリーンに特有の特徴

ここでの狙いは，ひとまず受け入れた音や正弦波（あるいはその代わりとなるガボール信号）といった音響素材から出発し，音の展開をきわめて一般的かつ抽象的なレベルで科学的にコントロールして，自然の音に匹敵するくらい豊かで，自然の音に勝るとも劣らない見事な音響複合体を作ることにある．そのためにこれまでも，以下の三つの基本要素が重要であるということを暗に認めてきた．

1. 基本的な音響出来事の密度，
2. 出来事がスクリーン上のどのような位置にあるかといった状況，
3. 出来事の秩序や無秩序，

これら三つの基本要素は，音を巡る手順を作成するための理論やその結果を実際の音として実現させる作業における決め手となり得る．

よってここからすぐに，粒子やベクトルの密度やそれらの位置や秩序の程度などは間接的〔8〕なものであって，ヒトの耳はこれらの側面をマクロに知覚しているということがわかる．人の耳や精神はそもそも文化に大きく依存したきわめて不完全なものであるにもかかわらず，客観的な現実にダイレクトに反応するというのだから，これはまったく驚くべきことである．昔から，測定は実験科学の基本であった．人間自身は己（おのれ）の感覚は無能だと考えて，機械を測定する際にも——実にもっともなことなのだが——何か別の装置を使うようにしてきた．目や耳を使って事物や物理現象を測定することもできないわけではないのだが，その観測結果は，まるで直接的な知覚と意識のあいだにゆがんだフィルターを挟んだかのように変形されてしまう．約1世紀前に人の感覚が対数法則に従うという事実が明らかになってから今日まで，この法則は正しいとされてきた．しかし知の前進は留まるところを知らず，やがて科学はこの法則よりもっと柔軟で厳密な法則を発見し，ついにはこのフィルターがゆがんでいる理由を説明しはじめることだろう〔9〕．いやまったく，実にすばらしいことである．

「知覚された出来事」について考察するといいながら，これまでスクリーンのような物理的存在について論じてこられたのも，まさにこのような興奮から知覚へのほぼ一対一の統計的な変換が存在するからである．さらに，何かを「知覚すること」と「知覚したものを理解すること」のあいだにもこれと似た関係があるので，今度は話題をスクリーンからその結果得られる固有の特徴へと移すことができる．したがってこの先の議論は，純粋な概念にも知覚の結果にも等しく適用される．ちなみにこの知覚の結果なるものは，われわれが作り手として向き合うか，あるいは聴き手として向き合うかによって，概念の源にもなれば感覚器官への刺激の帰結にもなる．

ここまでですでに，粒子やセルの密度や位置に関する状況について手短に述べ，粒子が表面に均一に分布している場合の秩序や無秩序の概念を承認してきた．

そこで今度は，秩序の概念をさらに細かく見ていくことにする．というのも，おそらくこの概念がほかの二つの概念の裏に潜んでいると思われるからで，密度や位置を巡る状況は，実ははかなくも多面的な無秩序の概念を単純化し具体化したものなのである〔10〕．

秩序や無秩序について語るとき，人は当然の前提として「もの」や「要素」を思い浮かべる．そのうえで――早くもこのあたりから話がややこしくなってくるのだが――自分たちがその秩序や無秩序を研究し構成する際の対象としての「要素」を定義し，これらの要素のスケールを自分たちのスケールと関連づけた形で定義する．それが終わったところで，ようやくこれで良しということになり，件（くだん）の秩序や無秩序を測定することになる．こうして測定だけでなく，これらの存在のあらゆるスケール，あらゆる側面，あらゆる測定法における秩序や無秩序の一覧を作り，さらにその一覧に載っている秩序や無秩序の特徴を表にして，新たな側面や尺度の概念を確立することが可能となるのだ．

先ほど述べた気体の例でいうと，分子レベルでは（さらに小さな原子レベルに降りることも可能だが），速度の絶対値も方向も空間における分子の分布もてんでんばらばらである．しかしそれでも，秩序や無秩序を運ぶ「要素」を識別することはできる．したがって，今かりに理屈のうえで「方向」という要素だけを切り離して，分子がすべての方向ではなくある特定の方向にしか動けないようにできたとすると，「気体」の概念を構成するほかの要素とは無関係なある種の秩序を課せたことになる．これと同じように十分長い時間で見ると，一つの分子の速度は平均値のまわりに分布していて，その偏差の値は正規分布に従う．ところが，無限小から無限大までの間でこれらの速度の値がもっとも多く群がっているのは平均値の周囲だから，ここにもある種の秩序が存在するといえる．

もう一つ，これとは別の，やはり正しくさらに明白な例を見てみよう．今，町の広場に 50 万人の群衆が集まっているとする．この群衆が全体としてどれくらい移動しているのかを調べてみると，まるで動いていないことがわかる．ところが一人一人は手や足や頭や目を動かしているから，各自の重心はばらばらな方向に数センチずつ動いている．そして，このような重心移動の量がひじょうに大きくなると，あちこちで衝突が起きて，恐怖の叫びとともに群衆がばらける．このような変動の統計値は，通常，群衆の密度によって定まるごく狭い幅の限界内に収まる．この場合，それらの統計値にもかかわらず群衆が動いていないという事実から見て，この無秩序は弱いといえる．

群衆のこれとは別の特徴として，たとえば顔の向きがある．今かりにひとりの弁士がバルコニーに立って，人々をなだめるような話をするとしよう．このとき，おそらく 499,000 の顔がバルコニーを向き，998,000 個の耳に甘い言葉が届くことになる．そうはいっても，疲れていたり，いらだっていたり，何か考え事をしていたり，セックスの衝動にかられていたり，軽蔑を感じていたり，はたまた盗人だからなのか……さまざまな理由でバルコニーを向いていない顔が約 1,000，耳も約 2,000 はあるだろう．それでも，聴衆は弁士の主張にまったく同感で，さらにいえばこの場の 500,001 人〔11〕の意見は完全に一致しているといったとしても，誰も反論はせず，マスメディアも同意するはずだ．弁士が望んでいた秩序が少なくとも数分間は維持されて，演説が終わったところで聴衆が満場一致の賛意を示せば，話をした側も，理路整然と組み立てた自分の考えが群衆の頭にちゃんと届いていると納得がゆくはずだ．

この極端な二つの例から見て，膨大な数が絡む現象の基本には秩序や無秩序の概念があり，対象となるものや現象の定義までが往々にしてこの概念に依存しているといえる．ところがその一方で，この概念は厳密ではっきりした要素の集合に基づくものであって，それらの要素を選ぶ際にポイントとなるのは規模であり，その結果，秩序や無秩序の概念には集合の要素がとり得るすべての値のなかの効果的な値どうしの関係が含まれている，ということもできる．したがって秩序や無秩序を定量的に評価しようとすると，確率の概念が必要になるのだ．

一つの集合に属する要素のなかの互いに異なるものの数をその要素の集合の「多様性」と呼び，ある要素の集合できちんと定義できる秩序や無秩序の程度を「エントロピー」と呼ぶことにする．エントロピーは多様性の概念と結びついていて，まさにこのために，集合のなかの一つの要素の確率とも結びつく．これらの概念はコミュニケーションに関する情報理論のものとして知られているが，元を辿れば熱力学の第二法則（ボルツマンの H 定理）(13) から借用されたものである．

多様性は，場合の数そのものか，その値の 2 を底とする対数で表される．たとえば，人間の性には男女二つの要素があるからその多様性は 2，あるいは $\log_2 2 = 1$ なので 1 ビットとなる．

今，ある確率集合（総和が 1 になるようなゼロ以上の実数 p の集合）があるとしよう．このとき，この集合のエントロピー H は次のように定義される．

$$H = -k \sum_i p_i \log p_i$$

ちなみにこの対数の底を 2 にして，ボルツマン定数 k を 1 とすると，エントロピーはビットで表される．ここから，コインを連続して投げた場合に表が出る確率と裏が出る確率はそれぞれ 1/2 であるので，この列のエントロピー——1 回投げたときの結果がどれくらい不確かかを表す値——は 1 ビットになる．しかしこのコインの両面を「表」と見なすと，不確かさはなくなり，エントロピー H はゼロになる．

次に，表裏の出方がコイン投げではなく，はっきりと確定した（たとえば，偶数回目には表が出て，奇数回目には裏が出るという）法則に従っているとしよう．この場合には不確定要素（つまり無秩序）はいっさい存在せず，エントロピー H はゼロになる．ところがその支配法則がきわめて複雑である場合，観察者には表裏が偶然の法則（つまり無秩序の法則）で決まっているようにしか見えず，再び無秩序や不確かさの出番となる．そのとき観察者は，たとえば表が出る数と裏の出る数を数えてその相対頻度を積算することによって，確率を導き，エントロピーを（ビットで）計算することができる．そしてその結果，表の出る回数が裏の出る回数と等しければ不確かさは最大となり，1 ビットに等しくなる．

この典型的な例には秩序から無秩序への大まかな道筋が示されていて，そこからこの無秩序を別の無秩序状態と比べるための標準化の方法が浮かび上がってくる．さらにこの例からは，規模がいかに重要であるかがわかる．観察者は知性を駆使し，ある程度までは決定論的な複雑さとして理解するが，ある限界を超えたとたんに複雑すぎて予測不可能になり，偶然や無秩序の出番となる．こうして可視的（巨視的）なものが不可視（微視的）なものに転ずるのだ．そのため，問題の現象を観察して制御しようとすると，決定論とは別の手法や観点が必要になる．

この章の冒頭で，人間の知性，とりわけ耳は現象に含まれる秩序や無秩序にきわめて敏感であるということを認めた．知覚や判断の法則と興奮の法則のあいだには，おそらく幾何学的（つまり対数的）な関係があるのだろう．しかしこの点に関してはあまりよくわかっていないので，ここでも，一般的な実在を細かく調べたうえできわめて一般的な音楽の詩的過程全体の方向を追うに留め，具体的な値やモジュールや決定論を示すことはしない．とはいえ，たとえそのような制限があったとしても，抽象的な仮説と持ちつ持たれつの関係にある実験や活動によって無知と（もしそこに何らかの現実があるのであれば）現実との生き生きとした衝突にきちんと切り込むことができる，という希望は残されている．

音粒子のクラウド（つまりベクトル）の平面での無秩序度（アタクシア）の研究

時間軸：無秩序度の程度——つまりエントロピーの度合い——は，同時に放出される粒子の量と，各粒子が放出される瞬間を隔てる明確な間合いによって決まる．実際，放出される瞬間を隔てる間合いがさほど多様でなければ，エントロピーは小さくなる．たとえば，与えられた時間幅 Δt において一つ一つの粒子が規則的に放出される場合には，時間の多様性は１となり，エントロピーはゼロになる．したがってこのクラウドの無秩序の度合いはゼロで，完璧に秩序立っている．逆に，かなり長い持続時間 Δt のあいだに，粒子が $P(t)=\delta e^{-\delta t}$ という法則に従って放出されると，無秩序の度合いはぐんと高くなる．この場合，間隔の値はどれも等確率になると考えられるから，エントロピーの極限は無限大になる[12]．したがって多様性 $n\to\infty$ で，それぞれの間隔が出現する確率は $p_i=1/n$ となり，エントロピーは，

$$H = -k\sum_{i=0}^{n} p_i \log p_i$$

$$H = -k\sum_{i=0}^{n}\frac{1}{n}\log\frac{1}{n} = -kn\frac{1}{n}\log\frac{1}{n} = -k\log\frac{1}{n} = k\log n$$

となって，$n \to \infty$ で $H \to \infty$ となる．

ところが実際には，必ずしもこうなるとは限らない．なぜなら，時間幅 Δt に含まれる持続時間がきわめて多様になることはありえず，そのためエントロピーは小さいはずだからだ．しかも音響複合体の Δt が 100,000 を超える〔13〕ことは稀なので，$H \leqq \log 100{,}000$ で，$H \leqq 16.6$ ビットとなる．

（旋律的な）周波数の軸：この場合にも同じ推論が成り立つが，可聴領域には限界があるので，旋律的な音程はあまり多様にならず，絶対周波数の制約が大きくなる．

粒子の周波数の多様性が 1 である場合，つまりそのクラウドにたった一つの純音しか含まれない場合には，エントロピーはゼロになる．

強度と密度の軸：この場合も，これまで述べてきたのと同じことが成り立つ．したがって極端な例として，要素 $\Delta F\Delta G\Delta t\Delta D$ の 4 本の軸方向のエントロピーがすべてゼロである場合，その要素には，強さが一定で規則的に発せられる純音が一つだけ含まれることになる．

要するに，一つのクラウドが，規則的な間隔で発せられる（図 2-19）純音を一つしか含むことができず，その平均エントロピー（四つのエントロピーの算術平均）がゼロになるかもしれないのである．あるいは，クラウドのなかに粒子がカオス的に分布していて，無秩序が最大になり，平均エントロピーが最大になる（原理的には無限大になりうる）かもしれない．そして現実の粒子は，この二つの極端な例のあいだに平均エントロピーが 0 から最大までの無数の形で分布し，それらの粒子によって，たとえばフランス国歌や 12 音技法のセリー〔音列〕が再現される可能性があるのだ．

幕　間

無秩序度の一般的な観察

ここで，今最後に述べた可能性に基づいて，あらゆる思考領域，あらゆる物

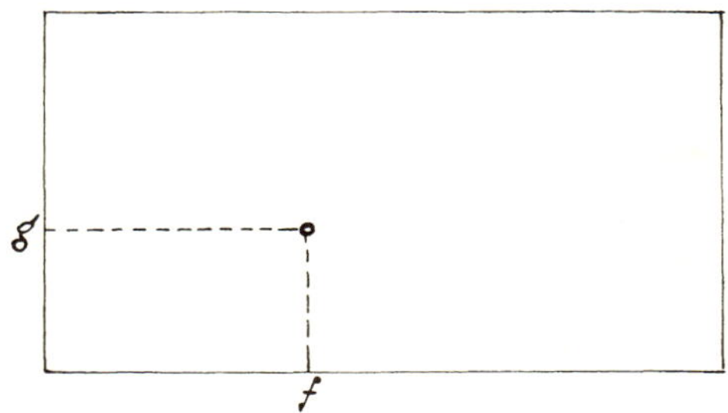

図 2-19　規則的な間隔をおいて発せられる単一の粒子

理的精神的現実におけるきわめて一般的な形の過程（プロセス）を，細かく見ていくことにしよう．

そのためにまず，融通無碍で，即座に，じょじょに，あるいは一歩一歩形を変えることができ，伸縮自在で，ただ一つでありながら複数で，電子（！）のように単純でありながら（人間と比べれば）宇宙のように複雑な「原初のもの」を思い浮かべる．

この「原初のもの」にはある平均エントロピーの値が与えられていて，ある定められた時間にこれを変容させることができる．そしてその変容は無秩序度の観点から見て，以下の三つの影響のうちのいずれかをもたらす．

1. 複雑さの度合い（＝多様さ）は変わらず，変化は中立的．全体としてのエントロピーも変わらない．
2. 複雑さの度合いが増し，エントロピーも増す．
3. 変化によって単純化され，エントロピーは減る．

したがって中立的な変容では，完璧な無秩序から完璧な無秩序へ（変動，ゆらぎ，揺動），部分的な無秩序から部分的な無秩序へ，完璧な秩序から完璧な秩序への変化が生じる．

次に，複雑さが増えるような変容では，完璧な無秩序から完璧な無秩序へ，部分的な無秩序からより大きな無秩序へ，完璧な秩序から部分的な無秩序への変化が生じる．

最後に複雑さが減る変容では，完璧な無秩序から部分的な無秩序へ，部分的な秩序からより大きな秩序へ，完璧な秩序から完璧な秩序への変化が生じる．

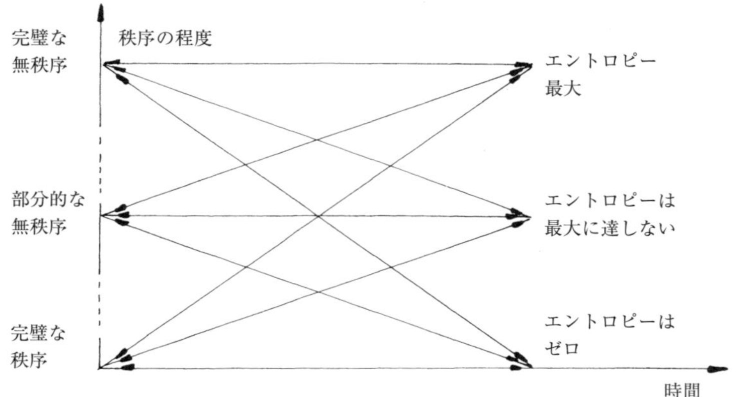

図 2-20

これらの変化の関係をまとめたのが，図 2-20 である．

スクリーン（クラウドの集合）のレベルでの無秩序度の研究

これまでの議論からいって，時間幅 Δt におけるなんらかの密度を伴ったセル $\Delta F \Delta G$ の集合として構成されたスクリーンを，粒子の二つの特徴である周波数と振幅に従って分けることができるが，このスクリーンは平均エントロピーの影響を受けている可能性がある．したがって問題のスクリーンを，無秩序の二つのパラメータである周波数の多様性と強度の多様性を用いて，無秩序度の規範に従う形で分類することができる．ここで，Δt における粒子の時間分布と密度を抽象化しておこう．ただしこの抽象化は，粒子の二つの基本的大きさの差と密接に関係している．

スクリーンの構築

ではここで，図 2-21 のエントロピー表のなかからいくつかのスクリーンをざっと見ていこう．無秩序度の観点に立つと，スクリーンのなかの粒子の周波数と強度の対によって定まる一対のエントロピーの値を用いて，スクリーンそのものを定式化することができる．たとえば (n, ∞) という対は，周波数のエントロピーがきわめて小さく（一部秩序があるか，あるいは無秩序で），強度が最大のエントロピーを持つ（おおむね完璧な無秩序）スクリーンを意味して

完璧な無秩序		部分的な無秩序		完璧な秩序		記　号	説　明	図	図
F	*G*	*F*	*G*	*F*	*G*				
F	*G*					∞, ∞	唯一のスクリーン		
F			*G*			∞, *n*	無限個のスクリーン	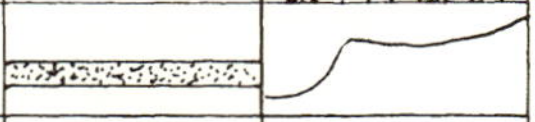	
F					*G*	∞, 0	唯一のスクリーン	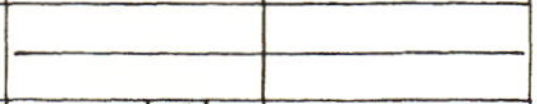	
	G	*F*				*n*, ∞	無限個のスクリーン	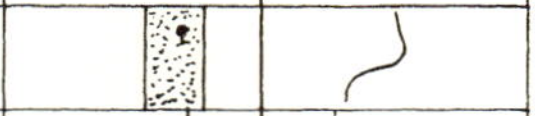	
	G			*F*		0, ∞	唯一のスクリーン，純音		
		F	*G*			*n*, *m*	無限個のスクリーン		
		F			*G*	*n*, 0	無限個のスクリーン	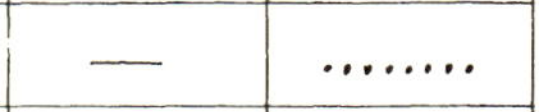	
			G	*F*		0, *n*	無限個のスクリーン		
				F	*G*	0, 0	唯一のスクリーン，純音	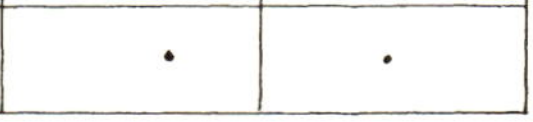	

図 2-21　スクリーンのエントロピーの表
完璧な無秩序　$=\infty$
部分的な無秩序 $=n$ か m
部分的な秩序　$=m$ か n
完璧な秩序　$=0$

いる．

スクリーン (∞, ∞)

今，膨大な量の粒子が可聴領域にランダムに分布していて，その持続時間は Δt に等しいとする．さらに，一つのセルあたりの平均密度が 30 粒子以下のかなり細かい格子があるとしよう．このとき，確率分布の法則はポアソンの式

$$P(k)=\frac{(d_m)^k}{k!}e^{-d_m}$$

で与えられる．ただし d_m は平均密度で，$P(k)$ は一つのセルのなかに粒子が k 個存在する確率を示している．この場合，d_m が 30 を超すと，この分布は正規分布になる．

図 2-22 は，(∞, ∞) のスクリーンのセルが 196 個ある格子において平均密

度 $d_m=0.6$ であるの場合のポアソン分布の例である.

こうして行と列の分布に従って手作業をするか，適切なコンピュータ・プログラムを使うと，(∞, ∞) のスクリーンを作ることができる.

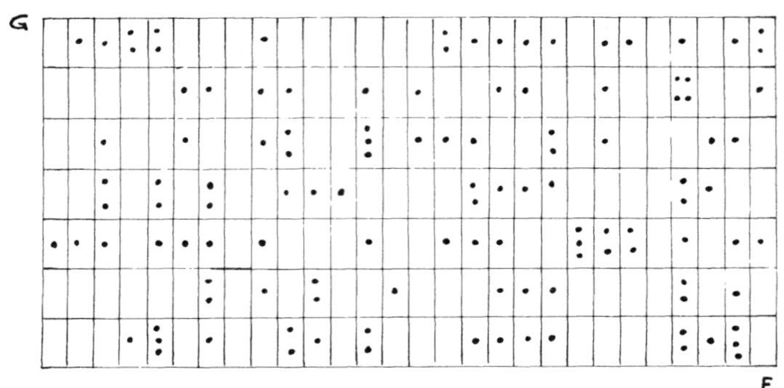

図 2-22

平均密度がひじょうに高く，（最大の）完璧な無秩序のスクリーンでは，きわめて豊かで，同じ状況が2度と生じないホワイトノイズともいうべき音が得られる．手計算の場合は，各スクリーンの作業や数値計算をその都度やり直さなくても，1枚目の (∞, ∞) スクリーンの行や列のセルを入れ替えることによって，大量の (∞, ∞) スクリーンを得ることができる〔14〕．さらに具体的にいうと，セルを行ごと，あるいは列ごと入れ替えればよいのである〔図 2-23〕.

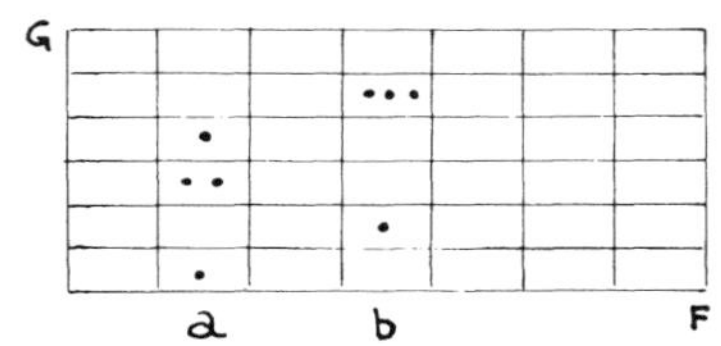

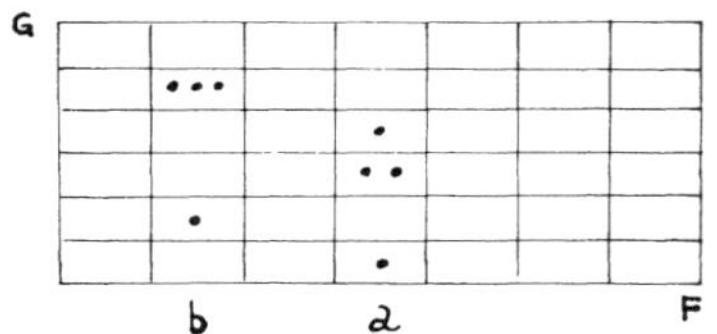

図 2-23　縦の列を並べ替える

議論：平均密度が高くてセルの数が多い場合は，当然スクリーンの一つの領域に粒子が分布する様子が規則正しく〔15〕なりがちで（エルゴード的），一つのセル（クラウド）から別のセル（クラウド）への変動は弱くなりがちだ．しかし可聴領域にあるセルの密度の絶対的な限界は，用いることができる技術や手段——作業に使えるのは，計算尺なのか，表なのか，手回し計算機なのか，コンピュータなのか，五線紙や方眼紙なのか，オーケストラの楽器なのか，テープレコーダーなのか，ハサミなのか[16]，正弦波発振音のパルスなのか，自動接続装置なのか，プログラム・レコーディングなのか，アナログ変換器なのか——によって決まる．

それぞれのセルが粒子の数kによって定まる記号(シンボル)だとすると，（格子の細かさが与えられたときの）そのスクリーンのエントロピーは，当然のこととしてセル一つあたりの粒子の平均密度に影響され，同時に変化するはずだ．こうなると，一連の統計的実験によって，これらの(∞, ∞)スクリーンの無秩序度の知覚可能な限界を明確に定め，さらにホワイトノイズの色合いを表現する必要が生じる．この作業を人間の耳で行うと，エントロピーがまったく異なるたくさんのスクリーンを同じファイルに分類してしまう可能性が高く，結果として音が貧しくなり，物理的な情報から知覚への対応が単純化される可能性がある．しかし同時に，少なくともスクリーンを構築する際の作業が軽減されるという利点がある．

すべてのスクリーン

数枚のスクリーンを出発点としてそれらに基本操作を施すことによって，エントロピー表に現れるすべてのスクリーンを作ることができる．図2-24にあるのは，そのうちのいくつかの例である．周波数と強度のフィルターは，実はこれらの基本操作を完璧に真似たものなのだ．

スクリーンをつなぐ

ここまでは，いかなる音もどのような音楽も，ちょうど本のページのように辞書式の順序で並べたたくさんのスクリーンを用いて記述できるものとしてきた．であるならば，各スクリーンを具体的な記号で表すことによって（一対一のコーディングを行うことによって），音や音楽をプロトコルと呼ばれる一連の記号に翻訳することができるはずだ．たとえば，一つ一つの文字が持続時間Δtが同一であるような時刻tのスクリーンを定めているとすると，

$$a\ b\ g\ k\ a\ b\ \cdots\ b\ g\ \cdots$$

は音を表す一つのプロトコルになる．

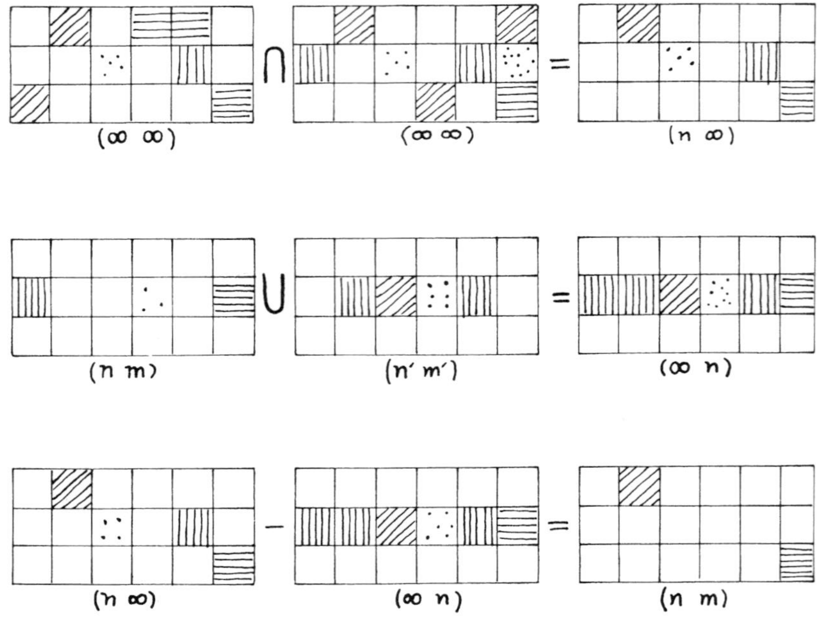

図 2-24

さらに，具体的なスクリーンの連なりができる理由——つまり音の物理的構造や作曲の論理的構造——にまで踏みこむことなく，ある種の連なり方やある種のプロトコルのもつれを解きほぐすことができる(14)．そこでまず，基本となる定義をざっと振り返っておこう．

なんらかの素材，あるいはその唯一の記号をタームと呼ぶ．二つの連続するタームは，推移（transition）を引き起こす．このとき二つ目のタームを「推移によって得られたもの（transform）」と呼び，これによって引き起こされる変化を，ターム $A \rightarrow$ ターム B，あるいは $A \rightarrow B$ で表す．

変換（transformation）とは，一連の推移の集まりのことである．たとえば先のプロトコルでいうと，

$$\downarrow \begin{array}{ccccc} a & b & g & k & \cdots \\ b & g & k & a & \cdots \end{array}$$

は変換で，音符〔17〕を使った変換としては，

$$\downarrow\begin{matrix} \mathrm{C} & \mathrm{D} & \mathrm{E} & \cdots \\ \mathrm{B} & \mathrm{G} & \mathrm{A} & \cdots \end{matrix}$$

や

がある．

推移によって得られたものの集まりに元のタームの集まりに属する要素だけが含まれているとき，その変換は「閉じている」という．たとえばアルファベットでいうと

$$\downarrow\begin{matrix} a & b & c & \cdots & z \\ b & c & d & \cdots & a \end{matrix}$$

という変換，音符でいうと

$$\downarrow\begin{matrix} \mathrm{C} & \mathrm{D}\flat & \mathrm{D} & \mathrm{E}\flat & \mathrm{E} & \mathrm{F} & \mathrm{G}\flat & \mathrm{G} & \mathrm{A} & \mathrm{B}\flat & \mathrm{B} \\ \mathrm{D} & \mathrm{G}\flat & \mathrm{G} & \mathrm{C} & \mathrm{F} & \mathrm{B} & \mathrm{A} & \mathrm{D}\flat & \mathrm{E}\flat & \mathrm{E} & \mathrm{B}\flat \end{matrix}$$

という変換，音楽に登場する音でいうと

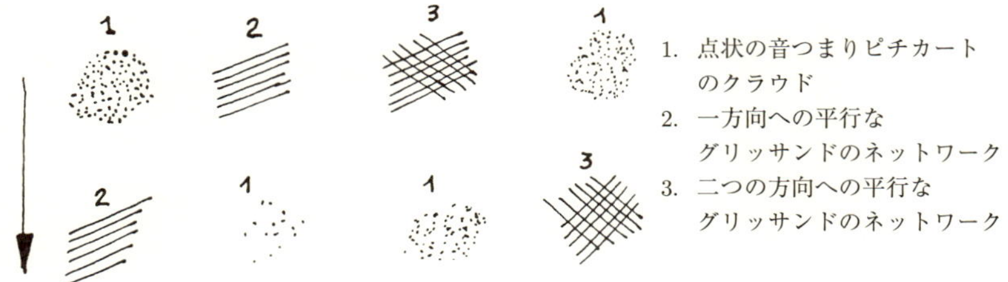

という変換，タームが無限にある場合では，たとえば

$$\downarrow\begin{matrix} 1 & 2 & 3 & 4 & 5 & 6 & \cdots \\ 6 & 7 & 4 & 100 & 1 & 2 & \cdots \end{matrix}$$

などの変換が閉じた変換になる．

各タームの変換によって得られるものがそれぞれ一つである場合，たとえば，

$$\downarrow\begin{matrix} b & a & c & e \\ a & b & c & d \end{matrix}$$

のような場合には，その変換はユニヴォーカル，すなわち一価（写像）であるという．

次に，ユニヴォーカルでない変換の例を示そう．

(a)

↓	a	b	c
	b, c	d	m, n, p

(b)

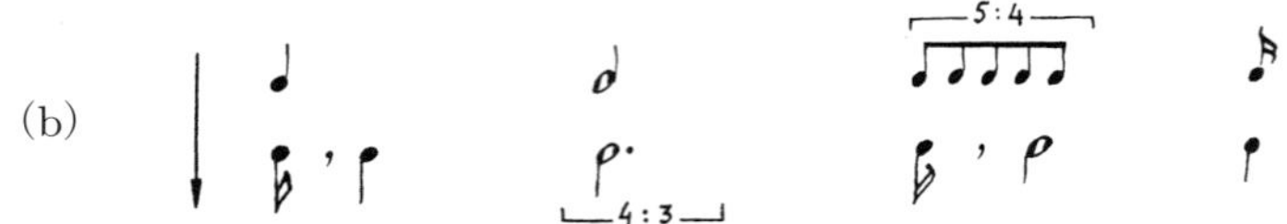

(c) 値〔楽音〕の集合の音色の変化

音色 ↓	クラリネット	オーボエ	弦	ティンパニ	金管楽器
	ティンパニ，弦	ティンパニ，バスーン	金管楽器	オーボエ	弦，オーボエ

そして，

(d) ミュジック・コンクレートにおける音の性格付け (15)

“方法” ↓	皆無	振動	揺れ	周期的	不規則
	周期的ないし揺れ	不規則	皆無ないし不規則	揺れ	皆無ないし振動ないし周期的

各タームの推移によって得られるものがただ一つで，しかも推移によって得られたものがそれぞれ単一のタームに由来しているとき，その変換は一対一の写像である．たとえば，

↓	a	b	c	d	$\cdots$
	b	a	d	c	$\cdots$

は一対一である．

行列による表現

↓	a	b	c
	a	c	c

という変換から次のような表を作ることができる．

↓	a	b	c
a	+	0	0
b	0	0	0
c	0	+	+

または

↓	a	b	c
a	1	0	0
b	0	0	0
c	0	1	1

この表は，タームの集まりを推移によって得られたものの集まりに変える行列である．

積

次のような二つの変換，T, U があるとする．

$$T:\downarrow \begin{matrix} a & b & c & d \\ b & d & a & b \end{matrix} \qquad U:\downarrow \begin{matrix} a & b & c & d \\ d & c & d & b \end{matrix}$$

このとき，ターム n に変換 T を施したうえでさらに変換 U を施すことができる場合がある．それには，変換 T で得られたものが U のタームになっている必要があるが，この条件が満たされている場合には，一連の操作を $U[T(n)]$ と書き，変換 T と U の積と呼ぶことにする．つまり，$T: a \to b$ で，$U: b \to c$ であれば，この二つをまとめて $V = UT: a \to c$ と書くことができるのだ．

T のすべてのタームの積は，次のような行列表現を使って計算することができる．

T:

↓	a	b	c	d
a	0	0	1	0
b	1	0	0	1
c	0	0	0	0
d	0	1	0	0

U:

↓	a	b	c	d
a	0	0	0	0
b	0	0	0	1
c	0	1	0	0
d	1	0	1	0

このとき，全体としての変換 V は，T と U の二つの行列を U, T の順にかけた積と等しくなる．

$$\overset{U}{\begin{bmatrix} 0 & 0 & 0 & 0 \\ 0 & 0 & 0 & 1 \\ 0 & 1 & 0 & 0 \\ 1 & 0 & 1 & 0 \end{bmatrix}} \times \overset{T}{\begin{bmatrix} 0 & 0 & 1 & 0 \\ 1 & 0 & 0 & 1 \\ 0 & 0 & 0 & 0 \\ 0 & 1 & 0 & 0 \end{bmatrix}} = \overset{V}{\begin{bmatrix} 0 & 0 & 0 & 0 \\ 0 & 1 & 0 & 0 \\ 1 & 0 & 0 & 1 \\ 0 & 0 & 1 & 0 \end{bmatrix}}$$

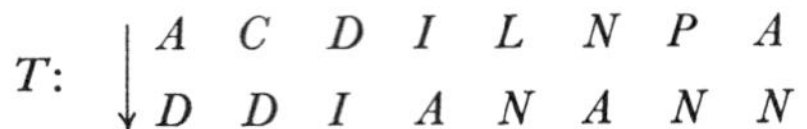

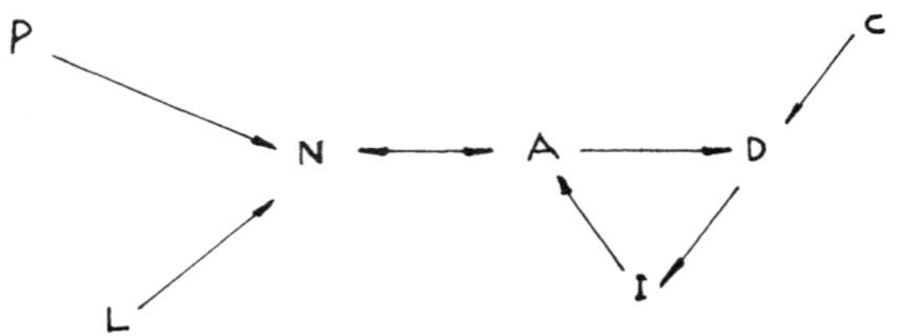

図 2-25

機構図

変換を図で表現したものを機構図，あるいは推移図と呼ぶ．実際に図を書く場合には，各タームを推移によって得られたものと矢印で結べばよい〔図 2-25〕．また，図の矢印に沿ってタームからタームへと飛び移る仮想の点を，その機構図の「代表点」という．

実は，変換は一つのメカニズムであって，理論的には物理世界や生物世界のあらゆるメカニズムを，次の五つの条件を満たす変換を用いて表すことができる．

1. （連続的なメカニズムは，細かく分割して離散状態に持ち込まれ）そのメカニズムのおのおのの状態は変換のタームと一対一対応している．
2. メカニズムがその内的な構造ゆえに経験する一連の状態は，一つ一つが変換のタームの連続した列に対応している．
3. メカニズムがある状態に達してそのままであるとき（つまり定常状態に達したとき），この状態に対応するタームには変換先がない．
4. メカニズムの状態が同じやり方で際限なく自己再生する場合，変換の機構図は閉じた回路になる．
5. メカニズムがいったん停止して次に別の状態から始まる場合，図 2-25 のやり方では，矢印ではなく紙面上の代表点の移動によって表現される．

対応する変換が一価で閉じている場合には，ある一つのメカニズムが定まる．しかし，対応する変換が多価である場合は，メカニズムが一つに決まらない．このとき，その変換は推計学的であるという．推計学的なメカニズムでは，変換行列の0と1のところに相対頻度が入る．これらの値は，異なる変換のうちのどれが選ばれるかという確率を示している．こうしてみると，ただ一つに定まるメカニズムは推計学的なメカニズムの一種であって，変換の確率が0か1になる特殊な例だといえる．

例：クラシック音楽のすべての和声の規則および多声音楽の規則をメカニズムとして表すことができる．とりわけフーガはもっとも完成度の高い確定されたメカニズムである．さらに話を一般化すると，前衛音楽の作曲家たちはその時代のメカニズムに追随するだけでは飽きたらず，曲の細部および曲の形一般の新たなメカニズムを提案しようと努力しているといえよう．

変換の確率が十分長い時間にわたって一定で，しかもそれらが最初の状態とは無関係であるとき，その推計学的な列を特に「マルコフ連鎖」と呼ぶ．

今，二つのスクリーン A, B と50個の変換からなる1本のプロトコルがあったとする．

$$ABABBBABAABABABABBBBABAABA$$
$$BBAABABBABAAABABBAABBABBA$$

このとき，実際の推移の頻度は，

$A \to B$	17回	$B \to A$	17回
$A \to A$	6回	$B \to B$	10回
	23回		27回

である．次に実際の推移の頻度を行列で表すと

↓	A	B
A	6	17
B	17	10

となる．推移の確率（相対頻度）を表す行列（遷移確率行列 =MTP〔matrix of transition probabilities，推移確率行列とも〕）は，

↓	A	B
A	0.26	0.63
B	0.74	0.37
	1.00	1.00

となる．もし上記の行列が

↓	A	B
A	0.5	0.5
B	0.5	0.5

であれば，A と B が続いて起きるかどうかはまったく予測できず，エントロピーは最大になる．言いかえれば，制約はゼロになる．

一方，もし上記の行列が

↓	A	B
A	0	1
B	1	0

であれば変換は完全に定まり，この列のエントロピーはゼロになる．つまり，制約は最大になる．

あるいは，プロトコルの記号が 2 文字組や 3 文字組というふうに，ある意味で前のタームやプロトコルの影響を被る場合もある．その場合は適切なコーディングを行って MTP を独立にすることができる．

たとえば a, b, c というパラメータを有する次のような MTP を考えることができる．

a：

↓	A	B
A	0.26	0.63
B	0.74	0.37

b：

↓	A	B
A	0.5	0.5
B	0.5	0.5

c：

↓	A	B
A	0	1
B	1	0

異なるパラメータのあいだに確定的な変換や推計学的変換を導入することによって，異なる記号からなる二つ以上の MTP の組を作ることができる．このようなやり方で，音色のプロトコルと強度のプロトコル，あるいは音色のプロトコルと周波数のプロトコルを組み合わせることができる．どのプロトコ

ルも，他のあらゆるプロトコルと対にすることが可能である．単独のメカニズムや組み合わさったメカニズムには一つ以上の定常状態——すなわち均衡状態——があって，一意的かどうかはさておき，なんらかの形でその状態へと向かう．ちなみに推計学的なメカニズムでも，きっちり定まったメカニズムと同じ意味で，完全に閉じている場合がある．

遷移確率行列 MTP が正則である——つまりこの行列を何乗かしたときに得られる行列の項がすべて正になる——場合には，ある固定された確率ベクトル t がただ一つ定まり，行列を累乗していくと，その積は，横の列がおのおの固定点になっている行列 T にどんどん近づく．この行列 T は推計学的な行列（MTP）で表されるマルコフ連鎖の定常分布と呼ばれる．次の章では，一つの MTP と平均エントロピーの定義からこの定常分布——あるいは定常状態——を算出する二つの方法を見ていくことになる．この平均エントロピーを使えば，一連のスクリーンに適用してきた具体的なメカニズムの無秩序の程度を定義して比較することができる．

このようなやり方で，粒子やクラウドの無秩序度について論じてきたことをそっくりそのまま一般化してスクリーンの集まり（綴り）の場合に移すことができる．つまり，時の流れのなかでの無秩序度の変換によって，楽曲の展開の基本的規範を形作ることができるのだ．

たとえば作曲をするにあたって，作り出せる豊かさを一挙に解き放つのではなく，大事に取っておいて小出しにすることは広く行われている．あるいは，後で使うことになる素材を冒頭で一挙に示しておいて，それらを時間のなかにばらばらに埋め込んだ曲を思い浮かべることも可能だ．

図 2-26 に示したのは，無秩序度の基本的な進展である．ちなみに，図 F をプロトコルの形で表すことも可能であり，無秩序度をパラメータ付きの行列で表すこともできるし，ここまでで認めてきた変換の論理規則をエントロピーの MTP に適用することも可能である．

では，この無秩序度はどのように感知されるのかというと……実にさまざまな形で感知される．与えられたスクリーンの表面に粒子が一様に分布している場合は，密度が増すにつれて豊かさや意外性やエントロピーが増す．そして同じように粒子がエルゴード的に分布してはいるものの，粒子がある種対称に位置していてその対称性を感じ取れる場合は，何らかの制約が感じられて，結果としてエントロピーは減ることになる．同じ分布でも旋律や和声の連結が生じ

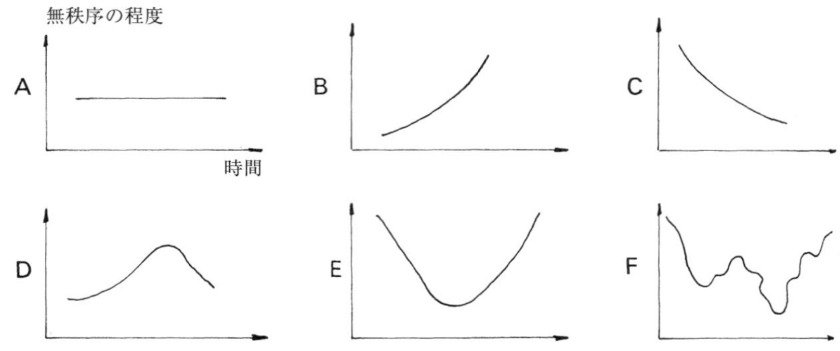

図 2-26
A ：進展はない
B ：無秩序と豊かさの程度が増す
C ：無秩序度が減る
D ：無秩序度が増えてから減る
E ：無秩序度が減ってから増える
F ：無秩序度はひじょうに複雑に展開するが，最初の三つの図を用いて分析できるはずだ

てそれらが感じられる場合には，意外性もエントロピーも減る．

かくして，平均律音階の 12 音が最初に出尽くした時点で意外さはゼロになり，制約は最大に，選択の余地は皆無となって，エントロピーもゼロになる．したがって音の豊かさの源，つまり関心の対象は和声や音色や音の持続時間といった側面に移り，ここからエントロピーを復活させるべく，作曲上のさまざまな工夫や方策が探られることとなる．実のところ，音楽の成り行き（ディスクール）とは，エントロピーのあらゆる形での絶え間ない変動にほかならないのである(16)．

さて，かりにエントロピーが適切な底に対して対数的に変化したとしても，必ずしも人間の感受性がその変動を追うとは限らない．むしろ聴衆は，さまざまな度合いの緊張と弛緩のプロトコル——すなわち連続——によって，エントロピーとは逆の意味で興奮することが多い．事実ラヴェルの《ボレロ》では，変化するのは強弱くらいのもので，基本主題が 3，4 回繰り返されると，エントロピーは事実上ゼロになる．ところがこの曲への興味——というよりも心理的興奮——は，曲そのものが陳腐で不動であるからこそ，時とともに増していく．

繰り返しの多い音楽や呪文はすべて，最小のエントロピーで最大の緊張を生むことを狙っている．さらにこの逆も正しく，エントロピーが最大なホワイトノイズを聴いていると，じきに退屈する．どうやら美学とエントロピーにはこれといった対応の法則がないらしく，この二つはそのときどきにかなり独立した形で結びついているようなのだ．それでも，作曲家が自由意志を――たとえその「自由意志」が，文化や文明のがらくたに埋もれた影のようなものであったり，たかだか何らかの傾向ないし単純な偶然にすぎなかったりしたとしても――発揮する余地は残されている．

一般化を急ぎすぎたときに大きな障害となるものの一つに，論理的な順序がある．というのも，対象となるものはその定義によって定まる対象なのであって，定義次第でどうとでも変わるのだが，特に芸術の場合にはまさに無数の定義があって，しかもエントロピーという概念が定義に付随した現象であるために，結果としては無数のエントロピーがあることになってしまうからだ．ではそのうちのどれが正しいのか．耳や目や脳は，時には直観とか嗜好とか知性といったものの力を借りて，錯綜した状況を解きほぐすことができる．定義が二つあって，そのエントロピーも互いに異なっているのに，それらが同一に感じられるという場合もあるだろう．しかしその一方で，ある対象の定義の集まりそのものがそこそこ無秩序であることも事実なのだ．ここでは，そのような困難で複雑な未知の状況の研究には深入りすることなく，音楽と密接に関連する現代思想の領域が，行動や探究を射程に入れつつ差し出す可能性を，概観するに留めたい．

短くまとめると――というのも，次に述べる応用のほうが，文章による説明より雄弁だから――ここでは，ひと揃いのスクリーンをパラメータ付きの遷移確率行列で表すことができるという事実を受け入れる．このとき，おのおののスクリーンの束ないし綴りは，ある条件下で計算可能な無秩序度――すなわちエントロピー――の影響を受けている．そうはいっても，共通の知性と計算尺を使って作品の分析を行い，あるいは音響作品を作るためにも，スクリーンに関する次の三つの基準を定める必用がある．

1．全体の位置関係に関する基準

可聴領域のセル $\Delta F\Delta G$ の位置は質的に重要で，それらの可能な組み合わせを列挙すれば，きちんと定義されたタームのグループができ，エントロピーやその計算の概念をそこに応用することができる．

2. 密度の基準

セル $\Delta F \Delta G$ の粒子の表面密度も，ダイレクトに感じ取ることができる性質を構成しており，これについてもやはりタームをきちんと決めて，そこにエントロピーの概念や計算を応用することができる．

3. 純粋な無秩序度の基準（スクリーンの粒子との関連での定義）

セルには，平均周波数と平均振幅と粒子の平均密度の三つの変数がある．よって１枚のスクリーンに対して三つの独立した——あるいはつながりがある——プロトコルを定めることができ，さらに三つの遷移確率行列を定めることができる．ちなみにこれらは結合している場合もしていない場合もあるが，おのおのの行列にはエントロピーがあり，三つの行列を結合したものには平均エントロピーが存在する．音を展開するなかで三つの行列からなる複数の列を定めることができ，ここからいくつかの平均エントロピーの列を定めることができて，その変動が無秩序の基準を構成することになる．

最初の二つの基準はスクリーンやセルのレベルでの一般的な基準なので，ここではこれ以上取り上げず，次章では，より慣例的な３番目の基準を検討する．

原　注

(1) Xenakis (1960, 1961).

(2) ここでの音記号の基本構造に関する叙述は，それを音楽という形にするための出発点となっており，結果としては確立された科学的な事実ではなく仮説である．しかしこれを，ガボールが情報理論に持ち込んだ考察の第一近似と考えることは可能だ（Meyer-Epler(1959)）．いわゆるガボール行列では，音響出来事を実質的な持続時間がきわめて短い聴覚的基本信号に分解することができ，それらの基本信号の振幅そのものも，情報理論の観点にたって同じように量子に分割することができる．これらの基本信号は，そのエンベロープがガウス分布の「鐘形」曲線になる正弦関数を構成するが，それでいてこれらのガボールの記号を包絡線が長方形で近似される持続時間の短い正弦波でうまく表現することができる．

(3) Stevens and Davis (1948), Winckel (1967).

(4) Schaeffer (1952).

(5) Moles (1966).

（6）Xenakis (1958-59).
（7）対数目盛にして底を２と３のあいだにとる〔底をネイピア数 $e=2.71828\cdots$ とする自然対数目盛にする〕のは，われわれの着想を確立するためである．いずれにしても，これは筆者が作った実験音楽——たとえば《ディアモルフォーズ》——の研究結果に対応している．
（8）Xenakis (1955, 1956).
（9）Lévy (1925).
（10）Borel (1950).
（11）Xenakis (1957).
（12）Fréchet (1952).
（13）Shannon and Weaver (1949).
（14）Ashby (1956).
（15）Schaeffer (1952), Moles (1966).
（16）Moles (1957).

訳　注

〔1〕「音楽研究グループ」の略称．ピエール・シェフェールとピエール・アンリが1949年に創設した「ミュジック・コンクレート研究グループ」を母体に，電子音響音楽を中心に音楽全般を扱う改組で1958年に設立．1960年にフランス国営放送研究部門傘下に入り，その分割に伴って1975年にフランス国立視聴覚研究所（INA）に統合された．
〔2〕第１章では，フーリエ級数による合成理論は既に破綻していると述べているが，これはフーリエ級数による加算合成そのものである．ただしクセナキスの意図は，楽音を加算合成で再構成する試みは技術的理由で破綻しているが，本章で説明する理論を加味すれば，加算合成可能な範囲でも楽音に勝るとも劣らない複雑な音響が得られるということなのだろう．
〔3〕等ラウドネス曲線は，人間が同一音量と知覚する音圧を周波数ごとにつないだものである．ここでのクセナキスは「旋律」の定義を，音程変化に限定した通常の定義よりも拡大解釈している．
〔4〕基本的には等ラウドネス曲線を重ね書きしたものであり，周波数の上限と下限は可聴音域，音圧の下限は可聴音量で決まる．ただし音圧の上限は生理的に耐えられる限界であり，意味が異なる．
〔5〕両者には大きな違いがある．古典力学におけるカオスの困難は，非線型効果によって微小な差異が時間とともに指数関数的に増大するところにある．だが，フーリエ変換で記述される音響合成は線型であり，困難は重ね合わせの計算量の多さに留まる．計算機が進歩した今日ではリアルタイム音響合成が可能になった．
〔6〕以下の２次元の場合の式は，第１章 p. 41 の１次元の場合の式とは若干異なる．
〔7〕例えば，人間が知覚する音の大きさは音圧レベル（単位：デシベル＝dB）にほぼ比例し，10 dB の音を基準にすると 20 dB，30 dB，40 dB…の音の大きさは２倍，

3 倍，4 倍…（加法的）に聴こえるが，この時物理量にあたる音圧 = 音によって生じる空気の圧力差は，10 倍，100 倍，1000 倍…（乗法的）になっている．

〔8〕原文通り訳したが，直後に「人の耳や精神は……客観的な現実にダイレクトに反応する」と続き，「直接的」の誤りだと思われる．

〔9〕先の知覚される音の大きさの例で言えば，音圧レベルは音圧から機械的に決まるが，実は音圧レベルが同じでも周波数が違えば知覚される音の大きさは異なる．この差を補正したのがラウドネスレベル（単位：ホン =phon）である（ラウドネス曲線を描く基礎になっている）．

〔10〕ここで言う「秩序」と「無秩序」は対立概念ではなく，秩序を定義する一つの尺度の程度の差である．

〔11〕50 万人の群衆プラスひとりの弁士．このような部分には潔癖．

〔12〕この確率分布の場合は，間隔の値は変数 t が大きくなるにつれて指数関数的に減少し，決して等確率にはならない．エントロピーも有限になる．以下の議論は，$P(t)=1/\Delta t$（$0 \leqq t \leqq \Delta t$）という確率分布の場合のものである．

〔13〕時間の最小単位を基準にした場合の曲の長さ．例えば ♩ = 120 で最小音価が 64 分音符ならば約 52 分．

〔14〕計算量を減らしたいので，無秩序なものは部分的に入れ替えても無秩序，という性質を用いている．このようなスクリーンどうしは相関を持ち，厳密には問題があるが，スクリーンから生成した音響のレベルでは相関は見出せないので問題はない，というプラクティカルな態度である．本書は厳密な理論書の体裁を取っているが，実際にはプラクティカルな（所々怪しい）手引書であることに注意．

〔15〕単純で決定論的なルールに従っているという意味の「規則正しさ」ではなく，無秩序に近いので大数の法則に従っているということ．

〔16〕テープリールの切り貼りをイメージしている．

〔17〕ここでの大文字のアルファベットは音名を指す．

第3章

マルコフ連鎖を用いた推計学的音楽——その応用

この章では，いずれも1958年から59年にかけて作った弦楽オーケストラのための《類似(アナロジーク)A》と正弦波のための《類似(アナロジーク)B》を例として，マルコフ連鎖の音楽への応用について論じたい．

ただしここでは，スクリーンを構成する要素 G, F, D がいずれもパラメータを介して結合された遷移確率行列に従って二つの値だけを取る単純な場合に話を限る．さらにこれらの行列に現れる確率が，モーリス・ルネ・フレシェ〔1878-1973，距離空間論，確率論などの分野で重要な貢献をしたフランスの数学者〕が論文で定義した「連鎖する出来事の理論」に従う正則の場合のみを扱うこととする(1)．

もっと複雑で豊かな推計学的メカニズムを構築して作品に取り入れたほうがはるかに面白いことは明らかだが〔1〕，そのために必要な計算の量を考えるとこのような作業を手計算で行うのは無茶であって，コンピュータのプログラムを作るほうがはるかによい．

これから紹介する推計学的メカニズムは，構造こそ単純だが一つのモデル——より複雑な構造を作るための土台——として立派に機能するし，より複雑な作曲についての研究を促す触媒にもなる．ここでは，すでに定義してきた（基本的粒子の集合としての）スクリーンの研究に限るが，むろん，このような組織化（作曲）の手法をさらに一般化して3次元以上の音響的な存在を定義しても，まったく問題ない．したがってここからは，スクリーンのみならず，音色や秩序の程度や密度や変化の程度といった音響的な存在を定義する際の基準，さらには大なり小なり複雑な基本構造（たとえば音の集合の旋律としての構造や時間的な構造，器楽的な構造や空間的な構造，そして機構としての構造）を定義する際の基準としても，同じ推計学的スキームが適用できるとしよう．早い話が，変化量をきちんと定義できて，それらの変化を大まかに分類できれば，それで十分なのである．

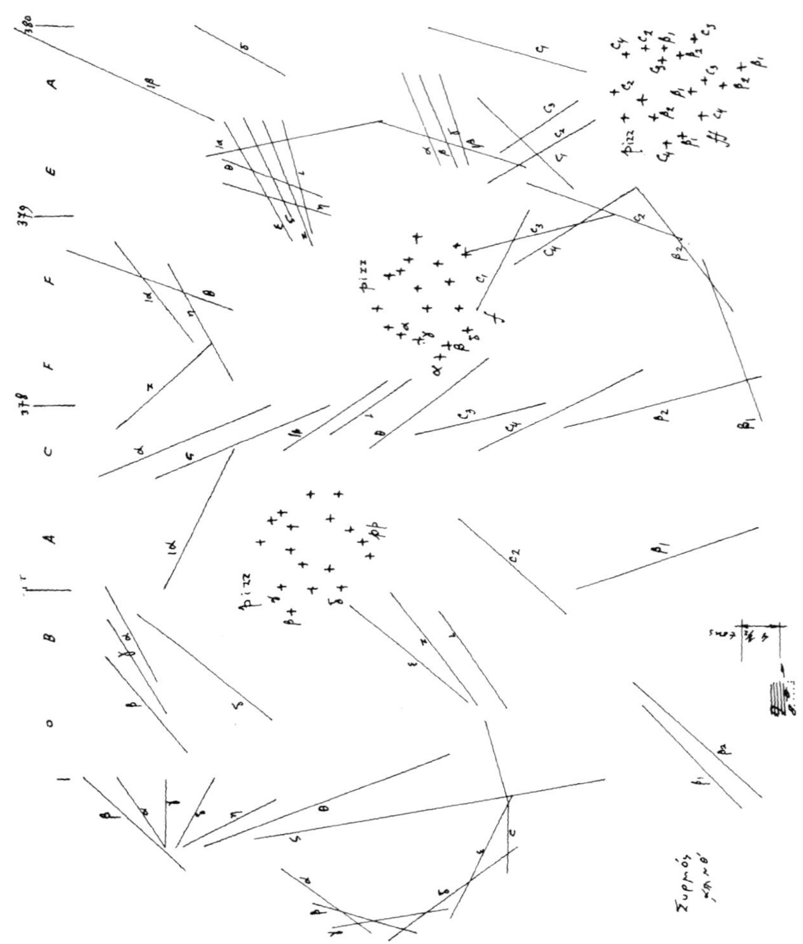

図 3-1　18 弦楽器のための《シルモス》

1959 年に発表された《シルモス》は，八つの基本構造の推計学的な変換に基づいて作られている．ちなみに八つの基本構造とは，(1) 水平方向に積み重なった弓による持続音，(2) 平行して上昇する弓によるグリッサンド，(3) 平行して下降する弓によるグリッサンド，(4) 各々が平行に（上昇と下降が）交叉する音，(5) ピチカートのクラウド，(6) 短いコル・レーニョ〔弓の棹の部分で弾く奏法〕によるグリッサンドを伴い，コル・レーニョ奏法で構成された音響効果，(7) 幾何学的に配置された集中ないし拡散するグリッサンド，そして (8) 非可展開面〔図学用語で，その面上の線の長さを変えずに一平面に移すことが不可能な面のこと〕として扱われるグリッサンドの配置，である．なお，この作品の数理構造は，《類似 A》，《類似 B》と同じである．

とはいえ，こうして得られた音響的な結果の質が，計算によって演繹的に保証されているわけではない．作曲という作業では，直観と経験とが常に作り手を導き，決断させ，検証させるのだ．

分析（メカニズムのスキームの定義）

ここで，推計学的な過程の「類似（アナロジーク）」としての，メカニズムのスキームを定義する．このスキームは，音響的な存在を作って時間の流れのなかで変換させる際に，役立つはずだ．これらの音響的な存在のスクリーンには，まったく制限なしに選ばれた次のような特徴がある．

1. 問題のスクリーンには，f_0, f_1 という異なる二つの周波数領域の組み合わせが含まれている（図3-2を参照）．
2. 問題のスクリーンには，g_0, g_1 という異なる二つの強度領域の組み合わせが含まれている（図3-3を参照）．
3. 問題のスクリーンには，d_0, d_1 という異なる二つの密度領域の組み合わせが含まれている（図3-4を参照）．
4. 以上三つの変数が，各々次のような二つの遷移確率行列（MTP）で表されるプロトコルを与える．

(ρ)

↓	X	Y
X	0.2	0.8
Y	0.8	0.2

(σ)

↓	X	Y
X	0.85	0.4
Y	0.15	0.6

ただし，文字 ρ と σ はMTPのパラメータを構成する．

（周波数の）MTP_F

(α)

↓	f_0	f_1
f_0	0.2	0.8
f_1	0.8	0.2

(β)

↓	f_0	f_1
f_0	0.85	0.4
f_1	0.15	0.6

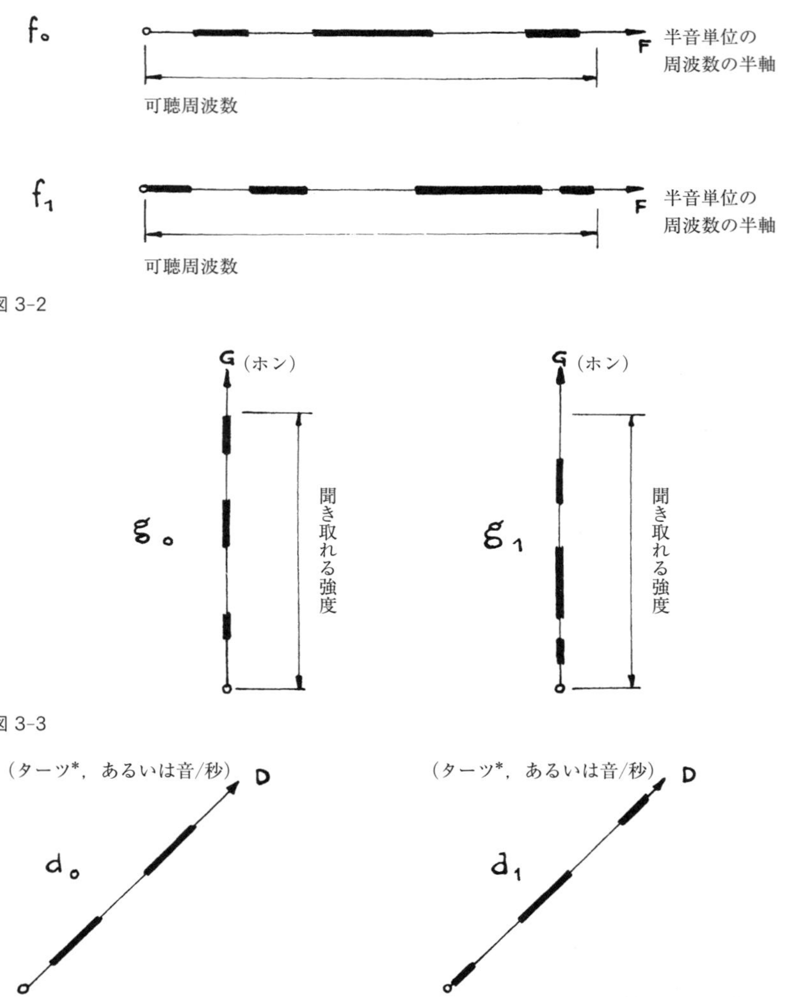

図 3-3

（ターツ*，あるいは音/秒）

D

d_0

（ターツ*，あるいは音/秒）

D

d_1

＊　ターツ：3 を底とする対数のこと

図 3-4

（強度の）MTP_G

(γ)

↓	g_0	g_1
g_0	0.2	0.8
g_1	0.8	0.2

(ε)

↓	g_0	g_1
g_0	0.85	0.4
g_1	0.15	0.6

（密度の）MTP_D

(λ)

↓	d_0	d_1
d_0	0.2	0.8
d_1	0.8	0.2

(μ)

↓	d_0	d_1
d_0	0.85	0.4
d_1	0.15	0.6

5. 各MTP（2文字で1音を表す二重字プロセス）のなかでの変数の変換はきちんと定まっていないが，MTP同士はきちんと定められたパラメータの対によって結びついている．なお，パラメータの対は次の変換によって定められている．

(e_0)

↓	f_0	f_1	d_0	d_1	g_0	g_1	g_0	g_1	f_0	f_1	d_0	d_1
	λ	μ	α	β	λ	μ	β	α	γ	ε	γ	ε

これらの規則により，あるメカニズムの構造が指し示されたことになる．つまりそのメカニズムは三つのMTP（遷移確率行列），すなわちMTP_F，MTP_G，MTP_Dと，これらのMTPの対（計6組）の集まり(e_0)から成っているのだ．

対の重要性

時間幅がΔtであるようなメカニズムの音響展開の時刻tにおけるスクリーンの周波数の状態をf_0として，その時刻tにおけるスクリーンのほかの変数の値をg_1, d_1とする．このときタームf_0は次の時刻$t+\Delta t$に，二つのMTP_F (α)，(β)のいずれかに従って変化する．MTP_Fが(α)になるか(β)になるかは，時刻tにおけるg_1およびd_1の値に基づき，対の変換に従う形で定まる．つまりg_1はパラメータ(α)を，d_1はパラメータ(β)を同時に推すのである．いいかえると，f_0というタームは，(α)というメカニズムか(β)というメカニズムに従って，f_0のままでいるか，f_1に取って代わられることとなる．今，f_0というタームが，二色の玉（f_0が赤，f_1が青）の入った二つの壺（α），（β）の前に立っているところを思い描いてみよう．ただし，壺のなかの二色の比率は次のようになっている．

壺（α）	壺（β）
赤い玉（f_0），0.2	赤い玉（f_0），0.85
青い玉（f_1），0.8	青い玉（f_1），0.15

このとき f_0 はどちらでも好きな壺を選ぶことができて，いずれの壺を選ぶ確率も等しく 1/2（全確率）であるとする．

さて，どちらの壺にするかが決まったとして，その壺から引いた玉が赤であるか青であるかの確率は，選んだ壺に入っている 2 色のボールの個数の比に等しい．そこで確率の積の法則を使うと，時刻 t から $t+\Delta t$ までの間に f_0 が f_0 のままでありつづける確率は $(0.20+0.85)/2=0.525$，f_1 に変わる確率は $(0.80+0.15)/2=0.475$ になる．

こうして，先ほど述べたスクリーンの構成に表れる五つの特徴に基づいた推計学的メカニズムが決まることになる．このようにメカニズムができあがってそこで音が展開する場合，各時間幅 Δt のなかでは，三つの変数 f_i, g_i, d_i がタームとパラメータをつなぐカップリングと三つの MTP に従って絶えず変化し，予測不可能な組み合わせの過程を辿ることになる．

このメカニズムを作るにあたって，スクリーンの基準はいっさい考慮に入れなかった．つまり，選ばれた瞬間における粒子領域全体での f_0, f_1, g_0, g_1 の位置分布は暗示されているだけで，具体的なことはいっさい不明なのだ．密度分布についても，同様のことがいえる．では次に，二つのまったく異なる実践例——ただしいずれの場合もこの二つの基準が有効——を紹介しよう．しかしそのまえに，まず無秩序度の基準をさらに細かく調べておきたい．

今，問題となっているのはスクリーン・レベルでの包括的なメカニズムだから，粒子レベルでの三つの変数のエントロピーは無視する．そのうえで，これらのメカニズムに関して，「一つの MTP によって表される変換はどこに行くのか．その運命やいかに」という基本的な問いを考える．

今，

↓	X	Y
X	0.2	0.8
Y	0.8	0.2

というMTPを考えて，このただ一つのMTPの法則から100個のメカニズムが定まるとする．そのうえで，これらすべてのメカニズムが X から出発して自由に発展することを許すとすると，先ほどの問いは，次のようにいいかえられる．曰く，「はたしてこれら100個のメカニズムの状態に共通の傾向は存在するのか．もし存在するとすれば，それはどのような傾向なのか」（補遺IIを参照）．

100個の X は第1段階で，$0.2(100X) \to 20$ 個の X と $0.8(100X) \to 80$ 個の Y に変わる．また第3段階では，X のうちの0.2が X のままで変わらず，Y の0.8が X になり，逆に X の0.8が Y になって，Y の0.2は Y のままで変わらない．一般に，どの段階でも同じことが成り立つので，次の式が成り立つ．

$$\text{新しい}\,X = 0.2X + 0.8Y$$
$$\text{新しい}\,Y = 0.8X + 0.2Y$$

そこでこの二つの規則を先に述べた100個のメカニズム X に適用すると，次のような表ができる．

段　階	メカニズム X	メカニズム Y
0	100	0
1	20	80
2	68	32
3	39	61
4	57	43
5	46	54
6	52	48
7	49	51
8	50	50
9	50	50
⋮	⋮	⋮

この表を見ると，各メカニズムの値は振動し，第8段階で定常状態に入っていることがわかる．よって X から出発した100個のメカニズムは，この操作を8回繰り返したところで必ず半分の50個が X に，残りの50個が Y になるといえる．この定常確率分布，すなわち定常確率ベクトルの計算は次の通り．

平衡状態になると二つの確率の値 X と Y は変わらなくなるので，先ほどの連立方程式から次の式が成り立つ.

$$X = 0.2X + 0.8Y$$
$$Y = 0.8X + 0.2Y$$

これらの式の項をさらに整理すると,

$$0 = -0.8X + 0.8Y$$
$$0 = 0.8X - 0.8Y$$

となるが．この二つの式は実は同じことを意味しており，さらに二つの確率の総和は 1 になるから,

$$0 = 0.8X - 0.8Y$$
$$1 = X + Y$$

という連立方程式ができて，定常確率の X, Y の値は $X = 0.50$，$Y = 0.50$ になる.

このやり方は MTP（σ）にも適用することができて，そのときの定常確率は $X = 0.73$，$Y = 0.27$ になる〔2〕.

さらにこれとは別の，MTP のタームが多数である――つまり膨大な数の連立 1 次方程式を解かなくては定常確率が求められない――場合に特に重要になる方法として，行列演算をうまく利用したものがある.

まず，第 1 段階を MTP と縦一列の行列 $\begin{vmatrix} 100 \\ 0 \end{vmatrix}$ の積と見なす.

$$\begin{matrix} X: \\ Y: \end{matrix} \begin{vmatrix} 0.2 & 0.8 \\ 0.8 & 0.2 \end{vmatrix} \times \begin{vmatrix} 100 \\ 0 \end{vmatrix} = \begin{vmatrix} 20 \\ 80 \end{vmatrix}$$

すると第 2 段階は,

$$\begin{vmatrix} 0.2 & 0.8 \\ 0.8 & 0.2 \end{vmatrix} \times \begin{vmatrix} 20 \\ 80 \end{vmatrix} = \begin{vmatrix} 4+64 \\ 16+16 \end{vmatrix} = \begin{vmatrix} 68 \\ 32 \end{vmatrix}$$

となり，第 n 段階は

$$\begin{vmatrix} 0.2 & 0.8 \\ 0.8 & 0.2 \end{vmatrix}^n \times \begin{vmatrix} 100 \\ 0 \end{vmatrix}$$

となる.

今やマルコフ連鎖の定常確率の計算方法はわかっているので，その平均エン

トロピーも簡単に計算することができる．一つの系のエントロピーは，

$$H = -\sum_i p_i \log_2 p_i$$

という式で定義される[3]．あるMTPの推移の確率を p_i としたとき，このMTPのエントロピーを求めるには，定義式に従って縦の各列（$\sum_i = 1$）のエントロピーを計算し，そのうえで定常確率の値に応じた重みをつける．

したがってMTP（σ）：

$\downarrow$	X	Y
X	0.85	0.4
Y	0.15	0.6

の場合は，X の状態エントロピーは，$-0.85 \log_2 0.85 - 0.15 \log_2 0.15 = 0.610$ ビット，Y の状態エントロピーは，$-0.4 \log_2 0.4 - 0.6 \log_2 0.6 = 0.971$ ビット，

さらに X の定常確率は0.73で，Y の定常確率は0.27[4]，

したがって定常段階における平均エントロピーは，

$$\begin{aligned} H_\sigma &= 0.610 \times 0.73 + 0.971 \times 0.27 \\ &= 0.707 \text{ ビット} \end{aligned}$$

となり，同様に定常段階でのMTP（ρ）の平均エントロピーは，

$$H_\rho = 0.722 \text{ ビット}$$

となる．

この二つのエントロピーの値にあまり差がないのは，むしろ当然のことといえよう．なぜなら一つ一つのMTPを見てみると，行列（ρ）に含まれる確率の値には大きな差があるが，行列の外の定常確率にはわずかな差しかないので，これらが相殺し合う格好になり，逆にMTP（σ）の場合は，行列に含まれる確率の0.4と0.6といったわずかな差が，残りの0.85と0.15のような大きな差や行列外の0.73と0.27といった大きな差を相殺するからだ．

この段階で三つの変数 f_i, g_i, d_i のMTPに手を加えて，新たなエントロピーの対を得ることができる．しかもこの操作は反復可能だから，対になったエントロピーのプロトコルを作り，そこからこのエントロピーの対のMTPを作ることができる．こうやってあれこれ考えたり調べたりするのは，むろんたいへん興味深いことだが，ここでは先ほどの最初の計算だけでよしとして，より一般的なレベルに考えを進めることにしよう．

マルコフ連鎖を f_i, g_i, d_i に同時に拡張する

101〜102ページでは，二つの変数 g_i, d_i の確率が与えられた場合に f_0 がどのようなメカニズムで f_0 ないし f_1 に変換されるかを分析した．同じやり方で，三つある変数 f_i, g_i, d_i のうち二つが与えられた場合に，残りの変数がどのようなメカニズムで変換されるのかを分析することができる．

g_i の分析の例：ある時刻 t に変数の値の組が (f_0, g_1, d_1) であるようなスクリーンがあったとする．また，時刻 $t+\Delta t$ には g_1 の値が g_1 か g_0 に変わり，f_0 からはパラメータ（γ）が，d_1 からはパラメータ（ε）が得られるとしよう．

MTP（γ）において g_1 が g_1 のままで変わらない確率は0.2，MTP（ε）において g_1 が g_1 のままで変わらない確率は0.6である．このとき時刻 $t+\Delta t$ において f_0 と d_1 が同時に影響していたと仮定し，102ページと同じように確率の積の法則や互いに相容れない出来事に関する確率の法則を使うと，g_1 が g_1 のままで変わらない確率は $(0.2+0.6)/2=0.4$ になる．さらにこれと同じやり方で，g_1 が g_0 に変わる確率や d_1 が変わる確率を計算することも可能である．

さて，そろそろ確率の組み合わせが手に負えなくなってきたので，このあたりで組み合わせのジャングルを後にして，より一般的な観点——が存在するとして，その観点——を探すとしよう．

一般に，各スクリーンは変数 F, G, D の具体的な値の組で構成されているから，与えられたメカニズムから生じるさまざまなスクリーンの一覧を作ることができる（図3-5を参照）．このときに考えられる組み合わせは

$$(f_0, g_0, d_0), (f_0, g_0, d_1), (f_0, g_1, d_0), (f_0, g_1, d_1),$$
$$(f_1, g_0, d_0), (f_1, g_0, d_1), (f_1, g_1, d_0), (f_1, g_1, d_1)$$

の八つで，これらのスクリーンとそのプロトコルが音の展開を構成する．つまり楽曲の各時刻 t に，これら八つのスクリーンのうちのいずれかに出会うことになるのだ．

では，ある組み合わせから別の組み合わせに移るときの法則は，どのようなものなのか．この八つのスクリーンの遷移確率の行列を作ることは，はたして可能なのか．

今，時刻 t に (f_0, g_1, d_1) であるスクリーンが，時刻 $t+\Delta t$ で (f_1, g_1, d_0) になる確率を計算することはできるのか．先ほどの手順を使うと，g_1 と d_1 の

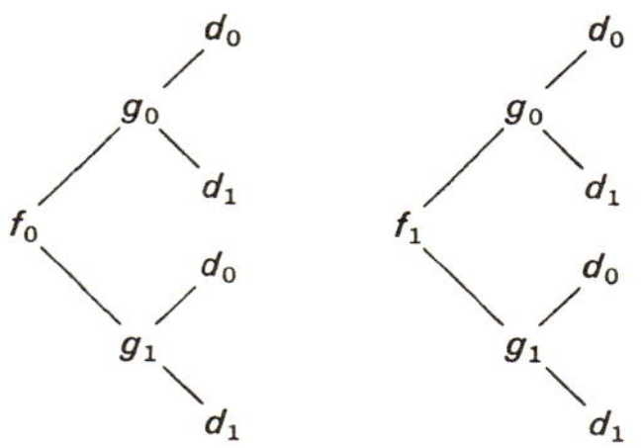

図 3-5

影響下で f_0 が f_1 に変わる確率や，f_0 と d_1 の影響下で g_1 が g_1 のままで変わらない確率を計算することができる．これらの操作をまとめたのが図 3-6〔次ページ〕で，(f_0, g_1, d_1) だったスクリーンが (f_1, g_1, d_0) になる確率は，0.114 となる．

こうしてこの計算を八つのスクリーンに拡張し，変換確率の行列を作ることができる．ちなみにこの場合の行列は，8 行 8 列の正方行列になる[5]．

↓	A	B	C	D	E	F	G	H
A	0.021	0.357	0.084	0.189	0.165	0.204	0.408	0.096
B	0.084	0.089	0.076	0.126	0.150	0.136	0.072	0.144
C	0.084	0.323	0.021	0.126	0.150	0.036	0.272	0.144
D	0.336	0.081	0.019	0.084	0.135	0.024	0.048	0.216
E	0.019	0.063	0.336	0.171	0.110	0.306	0.102	0.064
F	0.076	0.016	0.304	0.114	0.100	0.204	0.018	0.096
G	0.076	0.057	0.084	0.114	0.100	0.054	0.068	0.096
H	0.304	0.014	0.076	0.076	0.090	0.036	0.012	0.144

ただし，$A = (f_0, g_0, d_0)$，$B = (f_0, g_0, d_1)$，$C = (f_0, g_1, d_0)$，$D = (f_0, g_1, d_1)$，
$E = (f_1, g_0, d_0)$，$F = (f_1, g_0, d_1)$，$G = (f_1, g_1, d_0)$，$H = (f_1, g_1, d_1)$

ところで，この行列には定常状態が存在するのだろうか．メカニズム Z が 100 個あって，そのスキームをまとめたのが MTP_Z だったとしよう．そのうえで，時刻 t には d_A 個のメカニズムのスクリーンが A で，d_B 個のメカニズムのスクリーンが B で，……，d_H 個のメカニズムのスクリーンが H であったとする．このとき，次の時刻（$t + \Delta t$）にはこれら 100 個のメカニズムがいっせいに MTP_Z の確率に従ってスクリーンを作る．したがって，

時刻 t におけるスクリーン	f_0	g_1	d_1
組み合わされた変換から生じるパラメータ	α β	ε γ	μ λ
時刻 $t+\Delta t$ のスクリーン	f_1	g_1	d_0
組み合わせパラメータに対応する MTP からとった確率の値	0.80 0.15	0.6 0.2	0.4 0.8
確率の積	0.475	0.4	0.6
独立な事象同士の確率の積	$0.475 \cdot 0.4 \cdot 0.6 = 0.114$		

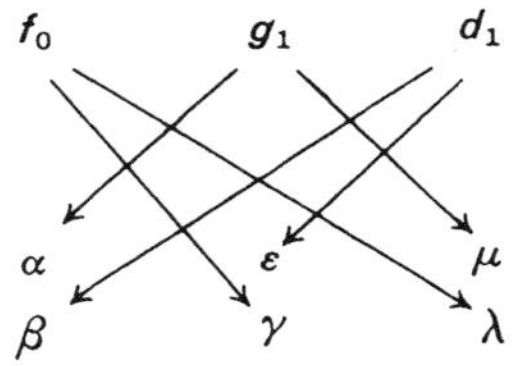

図 3-6

$0.021d_A$ は A のままで変わらず，
$0.357d_B$ は A に変わり，
$0.084d_C$ は A に変わり，
…………
$0.096d_H$ が A に変わることになる．

時刻 t に d_A 個だったスクリーン A が時刻 $t+\Delta t$ で d'_A 個になるとすると，d'_A の値は，各メカニズムが対応する確率に応じて作り出すスクリーン A の個数の総和と等しくなる．

したがって

$$(e_1)\quad \begin{aligned} d'_A &= 0.021d_A + 0.357d_B + 0.084d_C + \cdots + 0.096d_H \\ d'_B &= 0.084d_A + 0.089d_B + 0.076d_C + \cdots + 0.144d_H \\ d'_C &= 0.084d_A + 0.323d_B + 0.021d_C + \cdots + 0.144d_H \\ &\vdots \\ d'_H &= 0.304d_A + 0.014d_B + 0.076d_C + \cdots + 0.144d_H \end{aligned}$$

が成り立つ．

定常状態になると，スクリーン $A, B, C, \cdots, H$ の頻度は一定になるから，先ほどの八つの等式は，

$$(d'_A = d_A,\ d'_B = d_B,\ d'_C = d_C,\ \cdots,\ d'_H = d_H \text{ として})$$

$$(e_2) \qquad \begin{aligned} 0 &= -0.979d_A + 0.357d_B + 0.084d_C + \cdots + 0.096d_H \\ 0 &= 0.084d_A - 0.911d_B + 0.076d_C + \cdots + 0.144d_H \\ &\vdots \\ 0 &= 0.304d_A + 0.014d_B + 0.076d_C + \cdots - 0.856d_H \end{aligned}$$

となる．

ところが，

$$d_A + d_B + d_C + \cdots + d_H = 1$$

が成り立つから，定常状態で独立ではなくなる 8 本の方程式のうちのいずれか 1 本をこの式で置き換えると，未知数が 8 個の独立な一次方程式 8 本からなる連立方程式ができる．そこで行列式の古典的な手法を使うと，

$$(e_3) \qquad \begin{aligned} &d_A = 0.17,\ d_B = 0.13,\ d_C = 0.13,\ d_D = 0.11, \\ &d_E = 0.14,\ d_F = 0.12,\ d_G = 0.10,\ d_H = 0.10 \end{aligned}$$

という値が得られて，これが定常状態におけるスクリーンの確率になる．しかしこのやり方は手間がかかり，（計算機なしでは）間違う可能性がきわめて高い．

一方，先ほどの第二の手法（104 ページ参照）では，たった一つのスクリーンからはじめて 100 個のメカニズム Z をばらばらに展開させるので，第一の手法ほど厳密ではないが，それでも十分役に立つ[6]．というのも，何回か振動を繰り返すうちに，（定常状態が存在すれば，）遅かれ早かれその状態に達してスクリーンの割合が一定になるからだ．

このとき方程式系（e_1）を，（1）行列の縦の列に表れている二本の列ベクトル V' と V

$$V' = \begin{vmatrix} d'_A \\ d'_B \\ \vdots \\ d'_G \\ d'_H \end{vmatrix}, \qquad V = \begin{vmatrix} d_A \\ d_B \\ \vdots \\ d_G \\ d_H \end{vmatrix}$$

と（2）線型作用素すなわち遷移確率行列 Z に分解することができる．つまり連立方程式の系（e_1）を，次のような行列方程式で表すことができるのである．

$$V' = ZV \qquad (e_4)$$

100 個のメカニズム Z すべてをスクリーン X を出発点として「自由に」展開させるということは，各時刻 t に，

$$Z = \begin{vmatrix} 0.021 & 0.357 & 0.084 & 0.189 & 0.165 & 0.204 & 0.408 & 0.096 \\ 0.084 & 0.089 & 0.076 & 0.126 & 0.150 & 0.136 & 0.072 & 0.144 \\ 0.084 & 0.323 & 0.021 & 0.126 & 0.150 & 0.036 & 0.272 & 0.144 \\ 0.336 & 0.081 & 0.019 & 0.084 & 0.135 & 0.024 & 0.048 & 0.216 \\ 0.019 & 0.063 & 0.336 & 0.171 & 0.110 & 0.306 & 0.102 & 0.064 \\ 0.076 & 0.016 & 0.304 & 0.114 & 0.100 & 0.204 & 0.018 & 0.096 \\ 0.076 & 0.057 & 0.084 & 0.114 & 0.100 & 0.054 & 0.068 & 0.096 \\ 0.304 & 0.014 & 0.076 & 0.076 & 0.090 & 0.036 & 0.012 & 0.144 \end{vmatrix}$$

という線型作用素を

$$V = \begin{vmatrix} 0 \\ 0 \\ \vdots \\ 100 \\ \vdots \\ 0 \\ 0 \end{vmatrix}$$

という列ベクトルに連続的な形で作用させるということである〔7〕．ここでは連続な時間を分割して幅 Δt の不連続な時間列にしているので，その各段階 Δt にこの方程式（e_4）を適用することになる．

というわけで，出発点（時刻 $t=0$）のメカニズムの集団のベクトルを V^0 とすると，第 1 段階が終わった時点（時刻 $t=0+\Delta t$）でこのベクトルは $V' = ZV^0$ になり，第 2 段階が終わった時点（時刻 $t=0+2\Delta t$）では $V'' = ZV' = Z^2V^0$，第 n 段階が終わった時点（時刻 $t=n\Delta t$）では $V^{(n)} = Z^nV^0$ になる．これらのデータを

$$V_H^0 = \left|\begin{matrix} 0 \\ 0 \\ 0 \\ 0 \\ 0 \\ 0 \\ 0 \\ 100 \end{matrix}\right|$$

という列ベクトルに適用すると，第１段階が終わった時点（Δt）では，

$$V'_H = ZV_H^0 = \left|\begin{matrix} 9.6 \\ 14.4 \\ 14.4 \\ 21.6 \\ 6.4 \\ 9.6 \\ 9.6 \\ 14.4 \end{matrix}\right|$$

第２段階が終わった時点（$2\Delta t$）では，

$$V''_H = ZV'_H = \left|\begin{matrix} 18.941 \\ 10.934 \\ 14.472 \\ 11.146 \\ 15.164 \\ 11.954 \\ 8.416 \\ 8.966 \end{matrix}\right|$$

第３段階が終わった時点（$3\Delta t$）では，

$$V_H''' = ZV_H'' = \left| \begin{array}{r} 16.860 \\ 10.867 \\ 13.118 \\ 13.143 \\ 14.575 \\ 12.257 \\ 8.145 \\ 11.046 \end{array} \right|$$

そして第 4 段階が終わった時点（$4\Delta t$）では，

$$V_H'''' = ZV_H''' = \left| \begin{array}{r} 17.111 \\ 11.069 \\ 13.792 \\ 12.942 \\ 14.558 \\ 12.111 \\ 8.238 \\ 10.716 \end{array} \right|$$

となる．つまり第 4 段階が終わった時点で，100 個のメカニズムのなかの平均 17 個のシステムのスクリーンが A に，11 個のシステムのスクリーンが B に，14 個のシステムのスクリーンが C に，……，11 個のシステムのスクリーンが H になるのだ．

今，ベクトル V_H'''' の要素を（e_3）の値と比べると，第 4 段階が終わった時点ですでにほぼ定常状態になっていることがわかる．つまり，こうして作られたメカニズムはひじょうに速く振動し，最終的な定常状態——すなわち目標（ストコス〔＝推計〕）に向かって急速に収束する．すべてのメカニズム（ここでは 100 個）が一つのスクリーンから出発していると考えたときに，メカニズム MTP_Z の振動を引き起こすこととなったこの摂動 P_H は，われわれが作りうる最大の摂動の一つである．

では次に，最大級の摂動 P を適用するとして，第 1 段階が終わった時点で 100 個のメカニズム Z がどのような状態にあるのかを計算してみよう．

$$P_A$$

$$V_A^0 = \begin{vmatrix} 100 \\ 0 \\ 0 \\ 0 \\ 0 \\ 0 \\ 0 \\ 0 \end{vmatrix} \quad V_A' = \begin{vmatrix} 2.1 \\ 8.4 \\ 8.4 \\ 33.6 \\ 1.9 \\ 7.6 \\ 7.6 \\ 30.4 \end{vmatrix}$$

$$P_B$$

$$V_B^0 = \begin{vmatrix} 0 \\ 100 \\ 0 \\ 0 \\ 0 \\ 0 \\ 0 \\ 0 \end{vmatrix} \quad V_B' = \begin{vmatrix} 35.7 \\ 8.9 \\ 32.3 \\ 8.1 \\ 6.3 \\ 1.6 \\ 5.7 \\ 1.4 \end{vmatrix}$$

$$P_C$$

$$V_C^0 = \begin{vmatrix} 0 \\ 0 \\ 100 \\ 0 \\ 0 \\ 0 \\ 0 \\ 0 \end{vmatrix} \quad V_C' = \begin{vmatrix} 8.4 \\ 7.6 \\ 2.1 \\ 1.9 \\ 33.6 \\ 30.4 \\ 8.4 \\ 7.6 \end{vmatrix}$$

$$P_D$$

$$V_D^0 = \begin{vmatrix} 0 \\ 0 \\ 0 \\ 100 \\ 0 \\ 0 \\ 0 \\ 0 \end{vmatrix} \quad V_D' = \begin{vmatrix} 18.9 \\ 12.6 \\ 12.6 \\ 8.4 \\ 17.1 \\ 11.4 \\ 11.4 \\ 7.6 \end{vmatrix}$$

$$P_E$$

$$V_E^0 = \begin{vmatrix} 0 \\ 0 \\ 0 \\ 0 \\ 100 \\ 0 \\ 0 \\ 0 \end{vmatrix} \quad V_E' = \begin{vmatrix} 16.5 \\ 15.0 \\ 15.0 \\ 13.5 \\ 11.0 \\ 10.0 \\ 10.0 \\ 9.0 \end{vmatrix}$$

$$P_F$$

$$V_F^0 = \begin{vmatrix} 0 \\ 0 \\ 0 \\ 0 \\ 0 \\ 100 \\ 0 \\ 0 \end{vmatrix} \quad V_F' = \begin{vmatrix} 20.4 \\ 13.6 \\ 3.6 \\ 2.4 \\ 30.6 \\ 20.4 \\ 5.4 \\ 3.6 \end{vmatrix}$$

$$P_G$$

$$V_G^0 = \begin{vmatrix} 0 \\ 0 \\ 0 \\ 0 \\ 0 \\ 0 \\ 100 \\ 0 \end{vmatrix} \quad V_G' = \begin{vmatrix} 40.8 \\ 7.2 \\ 27.2 \\ 4.8 \\ 10.2 \\ 1.8 \\ 6.8 \\ 1.2 \end{vmatrix}$$

分析の再要約

さて，ここまで分析が進んだところで，現時点でのわれわれの位置を確認しておく．今現在スクリーンのセルのレベルで手元にあるのは，

1. MTP_F，MTP_G，MTP_D で表された周波数の範囲，強度の範囲，密度の範囲における変換のメカニズムの一部と，
2. スクリーンの三つの基本変数，F, G, D の相互作用（＝対の変換（e_0））

である．

さらにスクリーンのレベルで手元にあるのは，

1. 八つの異なるスクリーン A, B, C, D, E, F, G, H と，
2. 部分的なメカニズムとその相互作用すべてをまとめた一般的メカニズム MTP_Z と，
3. システム Z が急激に収束していく最終的な平衡状態（＝目標（ストコス）），つまり定常分布と，
4. P という摂動を課してシステム Z を不均衡にするための手順

である．

総　　合

先ほど作ったメカニズム Z が，そのままスクリーンのほんとうの展開を示しているわけではない．メカニズム Z が確定するのは動的な状況と展開の候補だけであって，システム Z に P という摂動を課し，摂動の作用が止んでシステム自体が目標（ストコス）に向かって展開したときに，はじめて自然な過程が引き起こされる．したがって作曲家は，強いときもあれば弱いときもある P のような摂動を用いてこのメカニズムに働きかけることができる．ここからすぐに，Z という仕掛けを均衡状態での振る舞いとは異なる例外的な領域にずらす一連の摂動の列を思い描くことができる．

こうして作り出された有機的な組織体には，実はそれ自身がはっきり現れざるを得ない——すなわち存在している——という固有の価値がある．一方，一見その組織体の構造を変えるようにも思える摂動は，このような組織体の存在を強く否定する根拠となる．ところが一連の摂動——すなわち反証——を生み出しつつ，その一方で定常状態——すなわち存在——を生み出すということは，まさにメカニズム Z を肯定しているということに他ならない．われわれ

はいわば，まずこのような組織体自体をこれらの組織体が存在することの根拠として示すことで肯定的に論じ，続いてこの組織体に摂動状態を対峙させることでこれらの組織体の存在を否定的に確認しているのだ．

なんらかの存在でありながらその存在でないという二極こそが，全体——すなわち本章の冒頭で作ろうとしていたもの——を生み出す．つまり，作曲に対するこのような姿勢の大本（おおもと）には二重の弁証法があり，それによって従うべき歩調が決まるのだ．「実験」科学とは，このような推論の類似の平面における表出であって，実験で得られる一連のデータは，実験が客観的現実の本体に否定と変換を課すことによって客観的現実のマグマから解き放ったネットワークなのである．そしてこのような二元的操作の反復こそが，知の宇宙全体を支える土台ともいうべき基本条件なのだ．何かが1回だけ観察されたからといって，その対象が定義されるわけではなく，因果律は，同一と思われる現象の反復と混じり合う．

結局のところ，われわれのメカニズムの枠組みで作曲を行う際に用いられるこの二重の弁証法は，実験科学の弁証法と相似であって，この対比をさらに，生物存在の弁証法へ，存在の弁証法自体へと拡張することができる．そしてそれにより，われわれは再び出発点に戻るのだ．

というわけで，ある存在を示したら，次にそれを修正しなくてはならない．いうまでもなく，今論じている作曲という具体的な事例において存在を提示したうえで修正するということは，すなわち，聴衆に二つの提案を感じとって比べる手段を提供することにほかならない．そのうえで，その存在を止揚するまで何度でも，存在と変化の反証を繰り返すのである．

では，先ほどから述べているメカニズム Z では，いったい何が止揚となるのか．

幕　間

ここまでの分析では，一度に100個のメカニズム Z が存在するとし，定常領域を超えた移動が引き起こす展開のどの瞬間でもこれらのメカニズムのゲームの規則に従うものとしてきた．そのうえで，これら100個のメカニズムの時刻 t における状態を次の時刻 $t+\Delta t$ における状態と比べてきたわけだが，このように同時に存在する100個の状態の集合の連続した2段階を同時に比べることによって，100個の状態を2度数えることになる．抽象的な行為とし

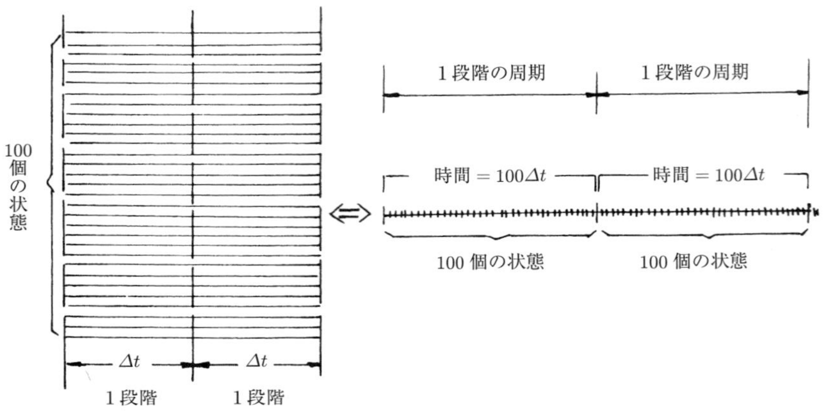

図 3-7

ての勘定は実は順序づけであって，具体的には 100 個のメカニズムを一つ一つ観察し，分類し，吟味することを意味する．さらに次の段階でも改めて 100 個に対して同じことを繰り返し，最後にそれらの類を一つ一つ調べていくわけだが，もしも一つのメカニズムを観察するのに Δt というごく短い時間がかかるとすれば，200 個のメカニズムを数えあげるのには $200\Delta t$ の時間がかかることになる．

このような議論から，抽象的な形でスキーム Z から生まれた変換の定義をいっさい損なうことなく，同時性を辞書式の（時間的な）連続に移すことが可能となる．つまり 100 個のメカニズム Z の連続する 2 段階を比べるということは，早い話がある時間幅 $100\Delta t$ のあいだに生じた 100 の状態を，同じ時間幅 $100\Delta t$ のあいだに作り出された別の 100 の状態と比べることなのである（図 3-7）.

メカニズム Z の素材の確認

メカニズム Z を同定するということは，実はあり得る可能性すべてを比べるということである．つまり，順序とは無関係に摂動を課した状況と定常状態とを比べるのだ．

同定はすべての時間幅を $100\Delta t$ として，以下の図に従って行われる．

$$\begin{array}{lccccccc} \text{現象} & P_N & & E & & P_M & & E \\ \text{時間} & 100\Delta t & \rightarrow & 100\Delta t & \rightarrow & 100\Delta t & \rightarrow & 100\Delta t \end{array}$$

ちなみに P_N と P_M は任意の摂動を表し，E は Z の平衡状態（定常状態）を表す．

P と E の交換・反復としては，たとえば時間の単位を $100\Delta t$（＝その段階の周期）とするプロトコルで，

$$P_A P_A EEEP_H P_G P_G EP_C \cdots$$

といったものが考えられる．

MTP を用いて新たなメカニズム W を作り，そのメカニズムの制御下でさらに一般的な時間集合上の作曲を同定して展開するといったことも考えられるが，それでは横道に逸れることになるので，ここではこれ以上追求しない．

これから紹介する実際の作曲例では，P の摂動の程度と，自由に認められた選択とに制約された，摂動 P と平衡状態 E のごく単純な機構図を用いる．

(e_5)　$E \rightarrow P_A^0 \rightarrow P_A' \rightarrow E \rightarrow P_C' \rightarrow P_C^0 \rightarrow P_B^0 \rightarrow P_B' \rightarrow E \rightarrow P_A'$

状態 E と摂動 P の定義

これまでの議論を踏まえて，定常状態 E をたとえば次のようなスクリーンの列で表すことができる．

プロトコル $E(Z)$[8]

$ADFFECBDBCFEFADGCHCCHBEDFEFFECFEHBFFFBC$
$HDBABADDBADADAHHBGADGAHDADGFBEBGABEEB\cdots$

このプロトコルを実行するには，[A]，[B]，[C]，[D]，[E]，[F]，[G]，[H]の八つの壺が必要になる．それぞれの壺には８色の玉が入っていて，それらの個数の割合は MTP_Z の確率に従う．たとえば壺[G]には赤い玉 A が 40.8%，オレンジの玉 B が 7.2%，黄色の玉 C が 27.2%，栗色の玉 D が 4.8 %，緑色の玉 E が 10.2%，青い玉 F が 1.8%，白い玉 G が 6.8%，黒い玉 H が 1.2% 入っているのだ．残りの七つの壺の中味も同様に，MTP_Z から読み取ることができる．

今，壺[G]からランダムに玉を取り出してみると黄色い玉 C だったので，その結果を書き留めたうえで玉を元の[G]に戻す．次に壺[C]からランダムに球を取り出してみると緑色の玉 E だったので，その結果を書き留めたうえで

玉を元の[C]に戻す．さらに壺[E]からランダムに玉を取り出してみると黒い玉 H だったので，その結果を記録してから玉を[E]に戻す．次に壺[H]から……というふうに続けていくと，ここまでのプロトコルは $GCEH\cdots$ となる．

さらに，プロトコル $P_A^0(V_A^0)$ は明らかに，

$$AAAA\cdots$$

である．

次にプロトコル $P'_A(V'_A)$ として，A が 2.1%，B が 8.4%，C が 8.4%，D が 33.6%，E が 1.9%，F が 7.6%，G が 7.6%，H が 30.4% という割合で 8 色の玉が入っている壺[Y]を考える．そのうえで，玉を抜き取った後は必ずその玉を壺 Y に返すことにすると，たとえば次のようなプロトコルが考えられる．

$$GFFGHDDCBHGGHDDHBBHCDDDCGDDDDFDDHHHBF$$
$$FHDBHDHHCHHECHDBHHDHHFHDDGDAFHHHDFDG\cdots$$

プロトコル $P'_C(V'_C)$ についても同様の操作を行うと，次のようなプロトコル P' を得ることができる．

$$EEGFGEFEEFADFEBECGEEAEFBFBEADEFAAEEFH$$
$$ABFECHEFBEFEEFHFAEBFFFEFEEAFHFBEFEEB\cdots$$

プロトコル $P_C^0(V_C^0)$ としては，

$$CCCC\cdots$$

プロトコル $P_B^0(V_B^0)$ としては，

$$BBBB\cdots$$

プロトコル $P'_B(V'_B)$ としては，

$$AAADCCECDAACEBAFGBCAAADGCDDCGCADGAAGEC$$
$$CAACAAHAACGCDAACDAABDCCCGACACAACACB\cdots$$

が得られる．

オーケストラのための《類似(アナロジーク)A》の実際の作曲

ここからは，これまでに述べてきた要点を一つ一つ追いながら，オーケストラの楽器や従来の演奏や記譜法が許す範囲で，ある器楽曲の例を紹介していく．使うメカニズムは，すでに数値を含めて取り上げてきたシステム Z で，スクリーンの変数の選択は図 3-8〜3-10 に示した通りである．

この選択によって，部分的なスクリーン FG（図 3-11）と FD（図 3-12），さらに FG と FD の結果としての部分的なスクリーン GD を得ることができる．三つの参照平面 FG, FD, GD のすべてのセル同士がローマ数字によって結びつけられているから，理屈からいって知覚しうるさまざまな組み合わせ (f_i, g_j, d_k) を実際に作ることができる．

たとえば，(f_1, g_1, d_0) というスクリーンと，図 3-8 の 3 番の周波数領域に対応する音響的な存在 C_3 があったとする．このとき先ほど挙げた部分的なスクリーンによると，この音響的な存在は，3 番の周波数領域に含まれるセル I, II, III の粒子の 3 次元の算術和になる．つまり，$\mathrm{C}_3 = \mathrm{I} + \mathrm{II} + \mathrm{III}$ なのだ．

この場合，

I に対応するセルの次元は，$\Delta F =$ 領域 3，$\Delta G =$ 領域 1，$\Delta D =$ 領域 2，

II に対応するセルの次元は，$\Delta F =$ 領域 3，$\Delta G =$ 領域 2，$\Delta D =$ 領域 1，

III に対応するセルの次元は，$\Delta F =$ 領域 3，$\Delta G =$ 領域 2，$\Delta D =$ 領域 1，

である．その結果，この音響的な存在では，粒子の周波数は領域 3 に，強度は領域 1 と 2 に，密度は領域 1 と 2 に含まれることとなる．

図 3-13 に示したのは，図 3-5 の組み合わせから得られる八つの基本的なスクリーン A, B, C, D, E, F, G, H である．各スクリーンの継続時間 Δt は 1.11 秒（♩＝54MM）で，この時間内でそのセルの密度を現実の音にしなくてはならない．各段階のプロトコルを示すのに必要な時間（定常段階でのプロトコルや摂動のためのプロトコルを示すのに要する時間）は $30\Delta t$ で，$\Delta t =$ ♩ だから $30\Delta t = 30 \times$ ♩ $= 15 \times$ 𝅝 となり，これは全音符 15 個分に相当する（𝅝＝27MM）．

MTP_Z の定常状態と摂動のつながり具合は，この曲のために作られた次のような機構図で与えられる．

$$(e_5)\quad E \to P_A^0 \to P'_A \to E \to P'_C \to P_C^0 \to P_B^0 \to P'_B \to E \to P'_A$$

図 3-14 で示された《類似（アナロジーク）A》の楽譜の 105 小節から 114 小節には摂動 P_B^0 と摂動 P'_B の一部とが含まれており，109 小節目で周期の切り替えが生じている．スクリーンの性質は図 3-15 に示したとおりだが，スクリーン E, F, G, H は技術的な理由により少し単純化してある．

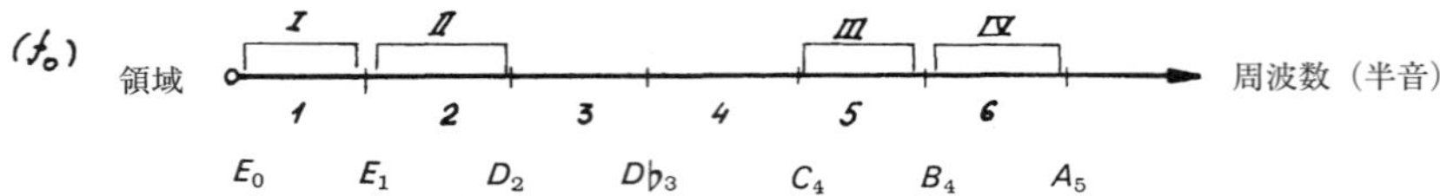

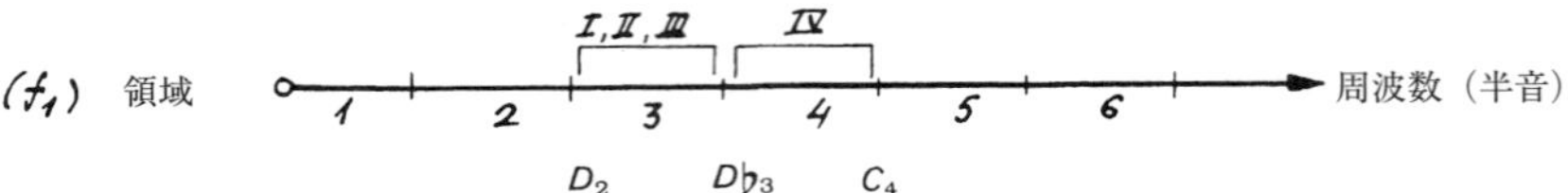

図 3-8　周波数

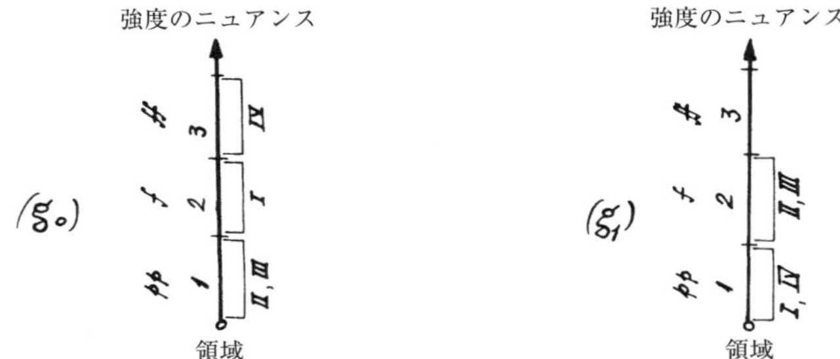

図 3-9　強度

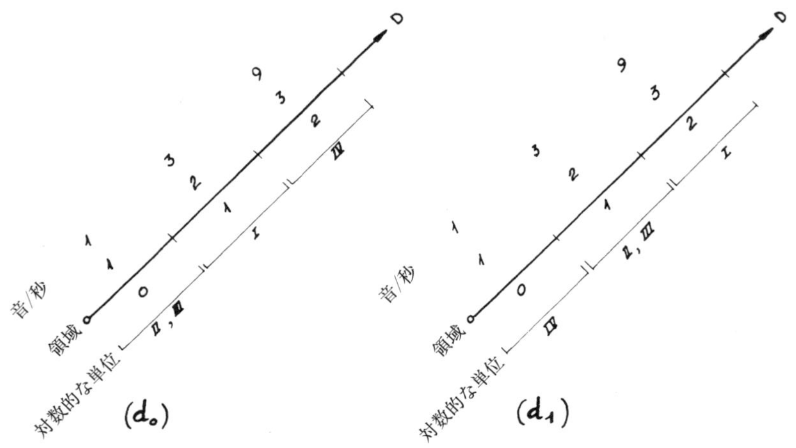

図 3-10　密度

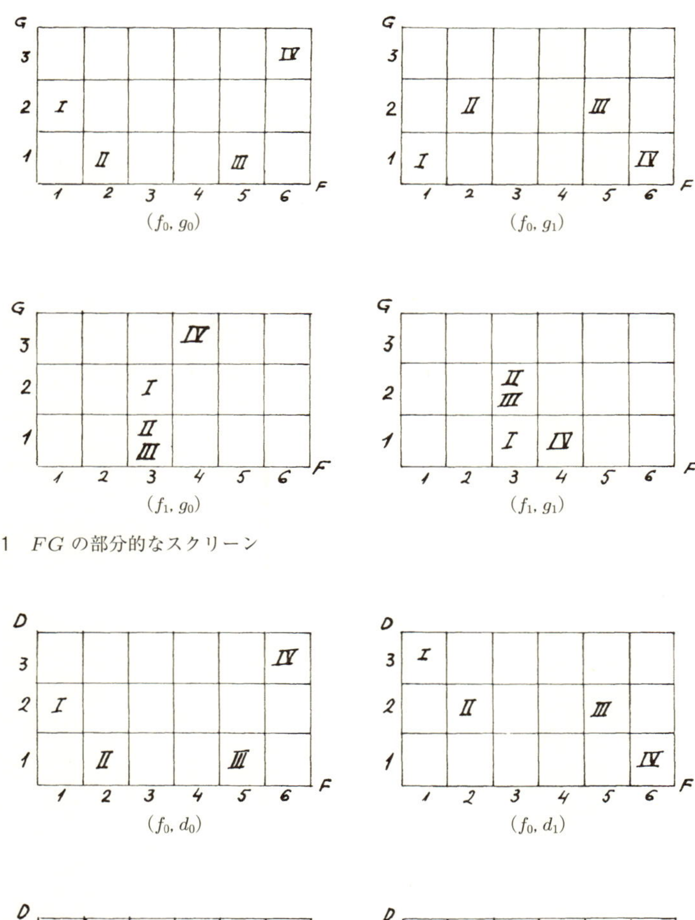

図 3-11　FG の部分的なスクリーン

図 3-12　FD の部分的なスクリーン

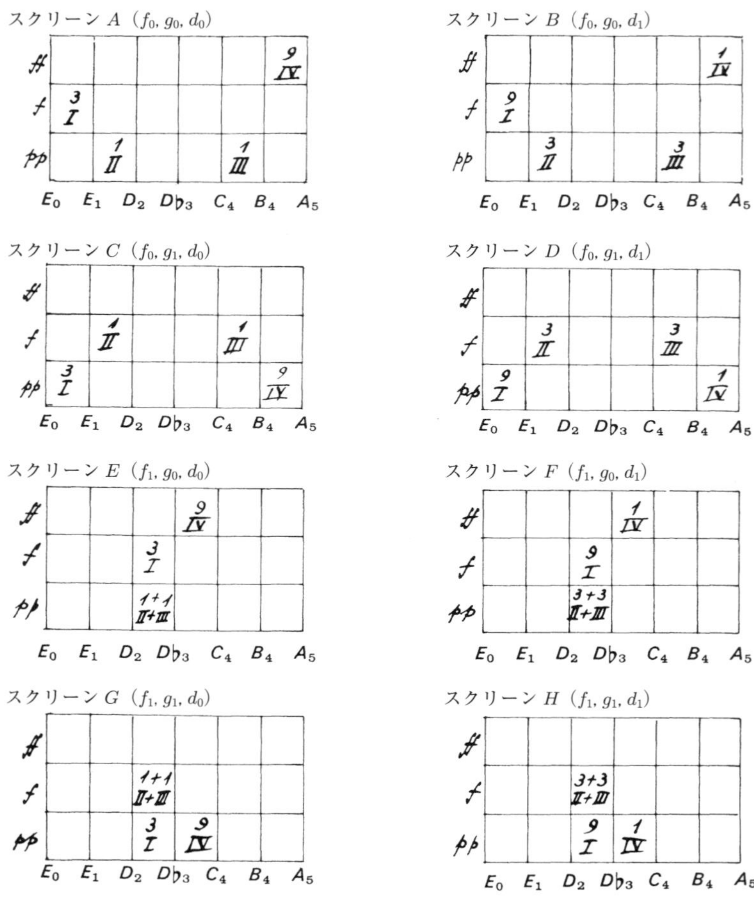
スクリーン A (f_0, g_0, d_0)
スクリーン B (f_0, g_0, d_1)
スクリーン C (f_0, g_1, d_0)
スクリーン D (f_0, g_1, d_1)
スクリーン E (f_1, g_0, d_0)
スクリーン F (f_1, g_0, d_1)
スクリーン G (f_1, g_1, d_0)
スクリーン H (f_1, g_1, d_1)
ff
f
pp
E_0 E_1 D_2 $D\flat_3$ C_4 B_4 A_5

図 3-13

図 3-14 《類似（アナロジーク）A》105 小節から 114 小節までのスコア

105　　　　　　　　109　　　　　　　　　115

··· | *BB* | *BB* | *BB* | *BB* | *AA* | *GE* | *CC* | *AA* | *CA* | *AH* | ···

摂動 P_B^0 の終わり →|← 平衡状態への
回帰のはじまり（摂動 P'_B）

図 3-15

《類似（アナロジーク）A》では，基本的な正弦波形の音をきわめて秩序だった基本的粒子のクラウドで置き換えて，弦楽器の音色を復元した．いずれにしても，古典的な楽器で演奏する場合のスクリーンは，人間が演奏するという制約からいって弦楽器の音色を持つものに限られる．そのためこのような状況では，第2階層の響きが存在するという仮説を，肯定も否定もできない．

一方，コンピュータをはじめとする強力な電子装置や適切なコンバータを用いて演奏する場合には，基本的な正弦波形の音の粒子ないしガボール・タイプの粒子が基礎となり，第2階層の響きが存在するという仮説を証明することができる．

こういった現在開発中の技術がいつの日にか完成することを大いに期待しつつ，ここでは，複数の磁気テープや同期録音機やフィルタや正弦波生成機を備えた通常の電子音響スタジオでより複雑なスクリーンを実現するための方法を示しておく．

電子音楽（正弦波形の音）――《類似（アナロジーク）B》から引いた例

ここではまず，以下のものを選ぶ．

1. 図3-16にあるような周波数領域の二つのグループ f_0 と f_1．これら二つのグループのプロトコルは，(α)，(β) に示したパラメータを持つ前出のMTP：

(α)

↓	f_0	f_1
f_0	0.2	0.8
f_1	0.8	0.2

(β)

↓	f_0	f_1
f_0	0.85	0.4
f_1	0.15	0.6

と同じプロトコルに従う．

2. 図3-17にあるような強度領域の二つのグループ g_0 と g_1．これらのグループのプロトコルも，(γ)，(ε) に示したパラメータを持つMTPと同じプロトコルに従う．

(γ)

↓	g_0	g_1
g_0	0.2	0.8
g_1	0.8	0.2

(ε)

↓	g_0	g_1
g_0	0.85	0.4
g_1	0.15	0.6

3. 図3-18にあるような密度領域の二つのグループ d_0 と d_1. これらのグループのプロトコルも,(λ),(μ)に示したパラメータを持つMTPと同じプロトコルに従う.

(λ)

↓	d_0	d_1
d_0	0.2	0.8
d_1	0.8	0.2

(μ)

↓	d_0	d_1
d_0	0.85	0.4
d_1	0.15	0.6

図3-19に示したとおり,この選択によって主立った8枚のスクリーン, A, B, C, D, E, F, G, H を得ることができる.各スクリーンの時間幅 Δt は約0.5秒で,摂動や定常状態を示す時間の幅は約15秒である.

摂動と MTP_Z の定常状態の交代のプロトコルは同じもの——この場合は《類似(アナロジーク)A》のプロトコル——を選ぶ.

$$(e_5)\quad E \to P_A^0 \to P_A' \to E \to P_C' \to P_C^0 \to P_B^0 \to P_B' \to E \to P_A'$$

ここまでで算出された《類似(アナロジーク)B》のスクリーンは,ある特別な選択を構成している.この曲を作るなかで,後ほど他のスクリーンをさらに具体的な形で用いることになるが,これらも常に同じ結合の法則(MTP_Z)に従う.実際,1枚のスクリーンの変数 f_i の領域の組み合わせを考えると,変数 f_i の名前をいじることなくその構造を変えられることがわかる.

こうして図3-20にあるような f_0 の領域が得られる.ちなみに図のローマ数字は,残る二つの変数の領域との結びつきを示している.

しかしここでは,たとえば図3-21のように,別の組み合わせを f_0 とすることも可能だった.

ここから,「(F 上の領域)ΔF が n 個に分割されているとして,ΔF の領域の組み合わせは全部で何通りあり得るのか」という問いが生じる.

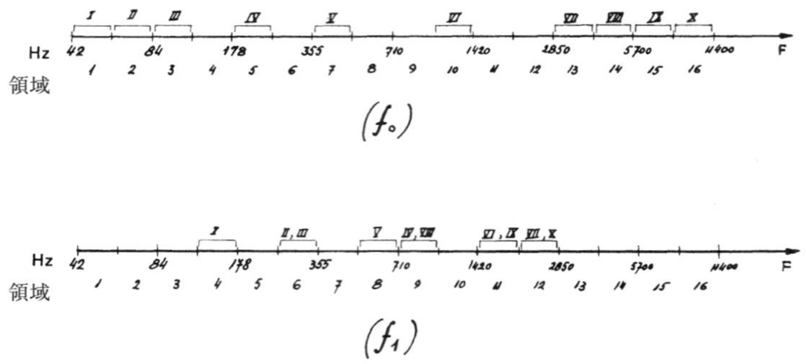

I II III IV V VI VII VIII IX X

Hz 42 84 178 355 710 1420 2850 5700 11400 F

領域 1 2 3 4 5 6 7 8 9 10 11 12 13 14 15 16

(f_0)

I II,III V IV,VIII VI,IX VII,X

Hz 42 84 178 355 710 1420 2850 5700 11400 F

領域 1 2 3 4 5 6 7 8 9 10 11 12 13 14 15 16

(f_1)

図 3-16

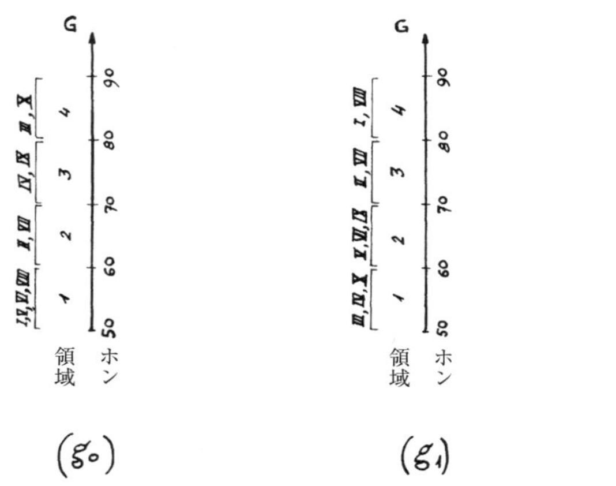

図 3-17

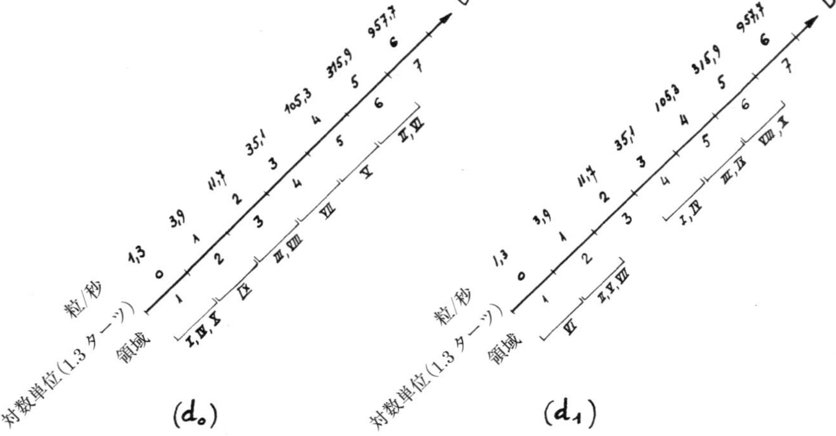

図 3-18

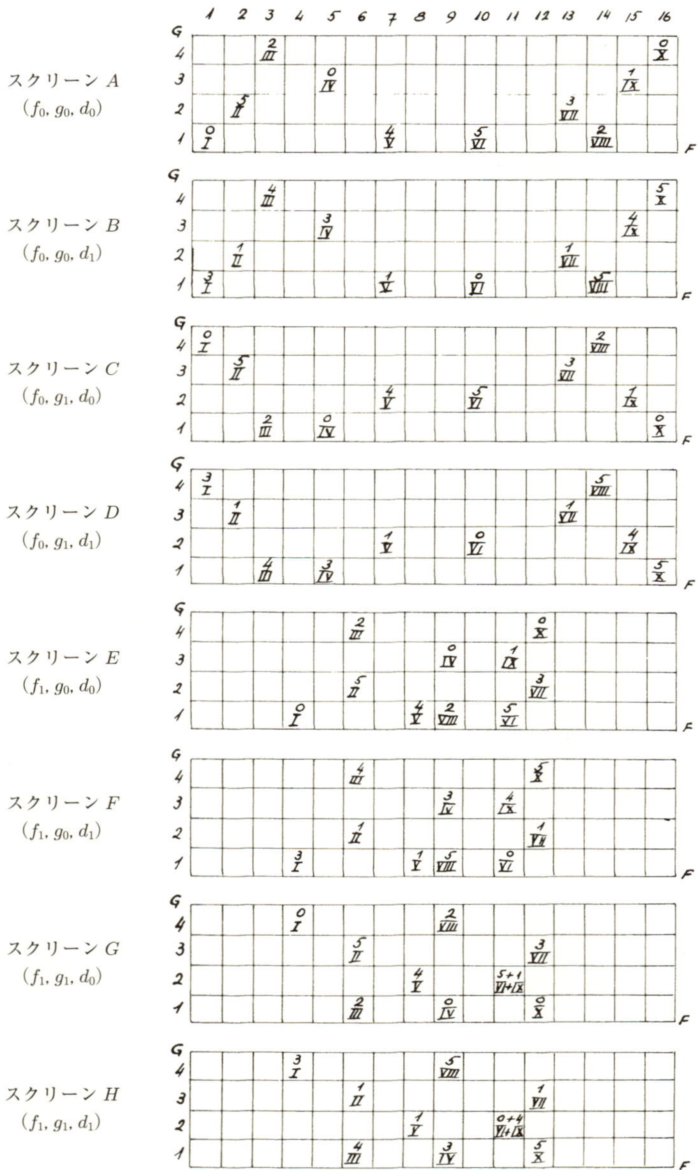

図 3-19　セルに書かれたローマ数字の上にあるアラビア数字は，対数単位で表した密度を示している．したがってスクリーン A のセル (10, 1) の密度は基底を 3 とした対数単位で表すと $\log(1.3)+5$ ターツで，平均 $1.3\times 3^5=315.9$ 粒子/秒になる．

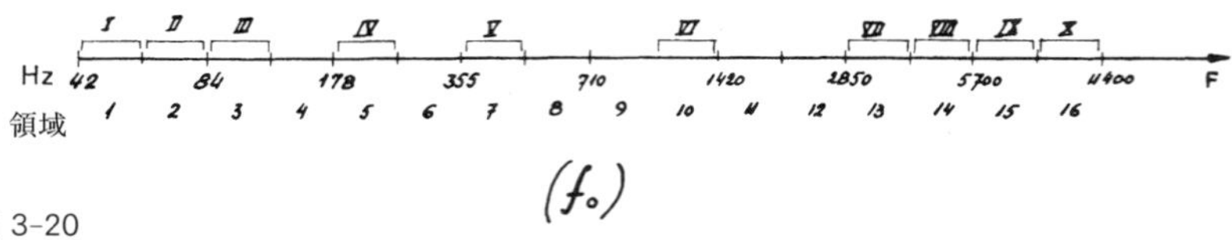

図 3-20

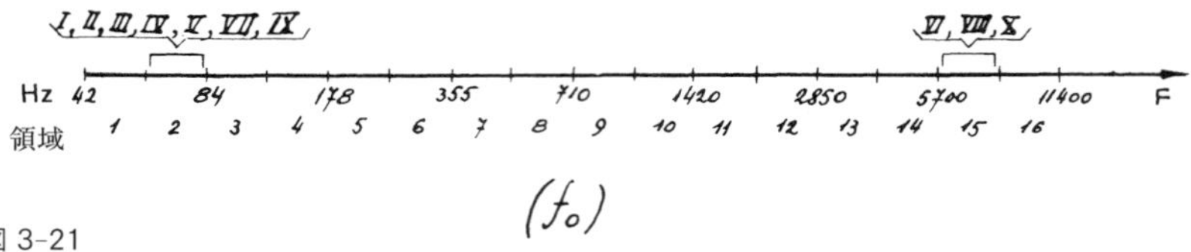

図 3-21

第 1 の事例：n 個ある領域がどれも使われない場合．この組み合わせに対応するのは沈黙のスクリーンである．このときの組み合わせの数は，次の通り．

$$\frac{n!}{(n-0)!0!}(=1)$$

第 2 の事例：n 個ある領域のうちのある一つの領域が使われる場合．このときの組み合わせの数は次の通り．

$$\frac{n!}{(n-1)!1!}$$

第 3 の事例：n 個ある領域のうちのいずれか二つの領域が使われる場合．このときの組み合わせの数は次の通り．

$$\frac{n!}{(n-2)!2!}$$

第 m の事例：n 個ある領域のうちの m 個の領域が使われる場合．このときの組み合わせの数は次の通り．

$$\frac{n!}{(n-m)!m!}$$

第 n の事例：n 個ある領域がすべて使われる場合．このときの組み合わせの数は次の通り．

$$\frac{n!}{(n-n)!n!}(=1)$$

さらに，今問題となっている組み合わせの数はこれらの事例の総和なので，

$$\frac{n!}{(n-0)!0!}+\frac{n!}{(n-1)!1!}+\frac{n!}{(n-2)!2!}+\cdots$$
$$+\frac{n!}{[n-(n-1)]!(n-1)!}+\frac{n!}{(n-n)!n!}=2^n$$

となる．

スクリーンの残り二つの変数に関しても，これと同じ議論が成り立つ．したがって強度の場合は，ΔG のうちの使える領域の数を k とすると，変数 g_i の総数は 2^k になり，密度の場合は，ΔD のうちの使える領域の数を r とすると，変数 d_i の総数は 2^r になる．

その結果，候補として考えられるスクリーンの総数は，

$$T=2^{n+k+r}$$

となる〔9〕．

ちなみに《類似（アナロジーク）B》の場合は，$2^{16+4+7}=2^{27}=134{,}217{,}728$ 個の異なるスクリーンを得ることができる．

重要なコメント

この章の冒頭で音楽の展開の豊かさ——すなわち対になったスクリーン変数の推計学的プロトコルという手法に基づいた展開の豊かさ——がこれらの変数のエントロピー変換の関数であることを認めることもできた．しかし先ほどの計算を見ると，MTP_F，MTP_G，MTP_D のエントロピーに手を加えなくても，異なる領域の組み合わせ（位置に関する基準）を用いることで追加の補助的展開を得られることがわかる．

このため《類似（アナロジーク）B》では，MTP_F，MTP_G，MTP_D は変わらず，逆に時間方向での領域の組み合わせが変わり，その結果 f_i, g_j, d_k も自然に新たな構造を得ることになる．

スクリーンとその変換に関する補足的な結論

1. 法則：スクリーンを形成するときには，F, G, D の上のどのような領域の組み合わせ f_i, g_j, d_k を選んでもかまわない．

2. 基本的な基準：選ばれた対のすべてにおいて，F, G, D のどの変数のどの領域も，残る二つの変数の対応する領域と結びついていなければならない．

（ローマ数字を使えばそれが可能になる.）

3. 一つ目および二つ目の対では，2で述べた結びつきを好きなように選ぶことができる（＝選択の自由）．しかし三つ目の対の結びつきは，先立つ二つの結びつきの結果として自動的に一つに定まる．たとえば f_i のローマ数字と g_j のローマ数字，f_i のローマ数字と d_k のローマ数字の結びつきは任意だが，g_j のローマ数字と d_k のローマ数字の結びつきは，前の二つの結びつきから否応なく一つに決まるのだ.

4. 一般にスクリーンの成分要素 f_i, g_j, d_k には，各段階に対応した推計学的プロトコルが付随している.

5. これらのプロトコルのMTPは，一般にパラメータを介して結合されている.

6. F, G, D を変化量（各構成要素 f_i, g_j, d_k の個数）とすると，MTP_F，MTP_G，MTP_D の要素とパラメータの組み合わせの個数は最大で $GD+FD+FG$ という積の和になる．《類似（アナロジーク）A》や《類似（アナロジーク）B》の例でいうと，

$F=2(f_0, f_1)$　　MTPのパラメータは α, β
$G=2(g_0, g_1)$　　γ, ε
$D=2(d_0, d_1)$　　λ, μ

で，対は以下の12個になる.

↓	f_0	f_1	f_0	f_1	g_0	g_1	g_0	g_1	d_0	d_1	d_0	d_1
	γ	ε	λ	μ	β	α	λ	μ	α	β	γ	ε

さらに当然のこととして，$FG+FD+GD=4+4+4=12$ である.

7. F, G, D を変化量（各構成要素 f_i, g_j, d_k の個数）とすると，作ることのできるスクリーン T の総数は積 FGD に等しくなる．たとえば，$F=2(f_0, f_1)$，$G=2(g_0, g_1)$，$D=2(d_0, d_1)$ なら，$T=2\times2\times2=8$ である.

8. スクリーンのプロトコルが（広い意味で）推計学的で，連鎖がエルゴード的である（平衡状態に向かう傾向にある）場合は，一つの MTP_Z にまとめることができて，その行列は FGD 行 FGD 列となる.

空間射影

この章では，音の空間化にはいっさい触れなかった．実際，ここでの主題は，あくまでも音響複合体とそれ自身の発展の基本概念に限られていたのだ．しかし，この章で示した技術を押し広げて空間に「跳び上がる」ことを妨げる

ものはなにもない．たとえば，空間の特別な点と結びつく形で遷移確率が付与されているスクリーンのプロトコルや，空間と音の対を伴っているスクリーンのプロトコルなどを想像することができる．そのための手法はすでに準備されており，一般的な応用も可能であって，これにより空間も音も等しく豊かになるだろう．

原　注

（1）Fréchet (1952).

訳　注

〔1〕前章の《ボレロ》の例のように，決して「明らか」ではないが，クセナキスはこのような嗜好を持っている．その結果，ホワイトノイズに近い音響が生まれ，いわゆる現代音楽愛好者よりもノイズ音楽愛好者に強く支持されている．

〔2〕クセナキスの計算ミスであり，この場合も定常確率は $X = Y = 0.5$ である．

〔3〕本章では，最初からボルツマン定数を１に取っている．

〔4〕訳注２で指摘した計算ミスを引きずっており，正しくはどちらの行列でも定常段階での平均エントロピーは等しい．

〔5〕実はこの行列は，ほとんどの成分の計算が間違っている．二つの MTP の各成分の平均は 0.525, 0.6, 0.475, 0.4 であり，MTP_Z の各成分はこの中の三つの積なので $0.4^3 = 0.064$ と $0.6^3 = 0.216$ の間に収まり，ここまでばらつくはずがない．ただし，以後の計算は MTP_Z のみを参照するので内部矛盾は生じておらず，このばらつきが計算結果の多様性をもたらしており，結果的には幸運だった．

〔6〕遷移確率行列の定常状態を，対角化して求めるか収束するまで反復計算して求めるかの違いであり，十分な有効数字が確保されていれば，こちらも厳密である．ここで「厳密ではなくなる」のは，計算を途中で止めているから．

〔7〕任意の初期状態から始めても，得られる定常状態は変わらない．この初期ベクトルは一例．

〔8〕スクリーンを表す記号にも E が使われており，混同に注意．

〔9〕３変数の各領域が「使う／使わない」の二択で，すべての組み合わせが可能なのだから，面倒な計算は飛ばしていきなり上式が書き下せる．

第 4 章

音楽における戦略——戦略，線型計画法（リニアプログラミング），そして作曲

コンピュータを用いて推計学的音楽の制作を機械化するという課題に取りかかる前に，もっと楽しい領域——ゲームとその理論，そしてゲームの理論の作曲への応用という領域——をしばしそぞろ歩くことにしよう．

自律的な音楽

作品のスキームやパターンを定めるのは作曲家であって，概して指揮者や演奏家には，それらに厳密に従うことが求められる．つまり，アタックや音符や強度や音色や演奏方法といったごく細かい点から作品全体の姿にいたるまで，事実上すべてのことが楽譜に記されているのだ．さらに，たとえ作曲家が指揮者や演奏家や機械に——はたまたこれら三者のすべてに——若干の即興の余地を残したとしても，音響の成り行き（ディスクール）は，閉じたループを持たない開かれた線に沿って展開することになる．スコアという名のモデルがいったんきっぱりと示されたからには，そこから生じる衝突は，技術的な意味での「よい」演奏とスコアを書いた人間が望んで提示した「音楽表現」の衝突以外，あり得ないのだ．このような，実際に発せられる音とその流れを記号で示したスキームとの対立を，「内的な衝突」と呼ぶことができる．このとき指揮者や演奏者や機械は，出力をフィードバックして入力信号と比較しコントロールする——研磨機などを用いて輪郭を再現するサーボ機構のような——役割を担うことになる．これまでに作られてきた作品では，広く（楽器や指揮の）技術的な対立，そして音楽の成り行き（ディスクール）における美の論理を巡る対立までもが「内的」だったといえよう．最近になって登場した多少なりとも明確に定められた推計学的プロセスを用いたとしても，やはり緊張はスコアに封じ込められているのだ．そこでこのような伝統に則った「内的対立」型の音楽を「自律的な音楽」と呼ぶことにする．

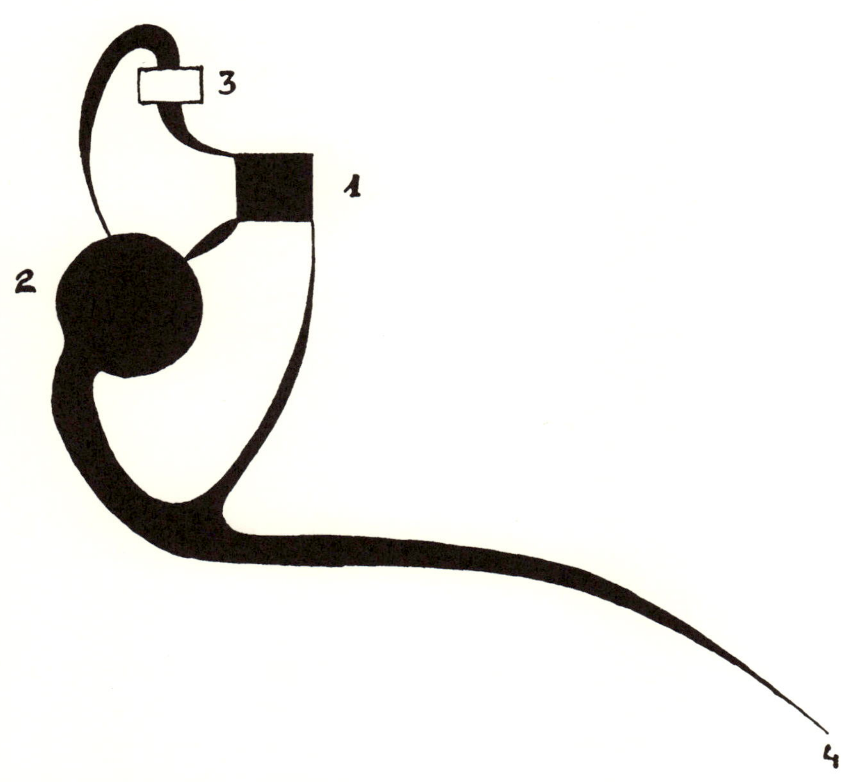

図 4-1 〔146 ページの図 4-2 も参照〕
1．指揮者
2．オーケストラ
3．スコア
4．聴衆

他律的な音楽〔1〕

ここで自律的な音楽とは別のタイプの音楽の成り行き(ディスクール)を思い描いてみるのも興味深く，きわめて実り多いことではなかろうか．たとえば，相対する二つのオーケストラや演奏者のあいだに「外的な対立」が存在するような音楽はどうだろう．つまり，片方の陣営の「手」がもう片方の「手」に影響を及ぼし，制限を加えるのだ．このような音響の成り行き(ディスクール)では，往々にして推計学的でありながらきわめて厳格でもある音を用いた対立行為が連続することになる．しかもこれらの行為は，作曲家の意志だけでなく二人（以上）の指揮者の意志からも生じており，その相克ゆえに，全体が一段高いレベルで調和する．

この概念をはっきりさせるために，いずれも一人の指揮者に率いられた二つのオーケストラが互いに競い合う場面を思い浮かべてみよう．各指揮者は，相手の指揮者による音響操作にぶつける形で音響を操作する．各操作は一つの戦術を表しており，二つの戦術の衝突には，片方に有利でもう片方には不利な数値ないし量が付与されていて，それらの数量は，ある行列の指揮者 A の動き i に相当する行と指揮者 B の動き j に相当する列の交点に記されている．つまりその値が，片方の指揮者からもう片方の指揮者への支払いを示す部分的なスコア ij なのだ．ちなみにここで紹介する《決闘(デュエル)》というゲームは，二人ゼロサム・ゲーム〔一方の得がもう一方の損と等しく，常に損得の和がゼロになる二人ゲーム〕である．

外的な衝突――すなわち他律性――はさまざまな形態をとり得るが，いずれも数学のゲーム理論に基づく「支払い行列 ij」で表すことができる．ゲーム理論によると，一般に，A がその方法を採用すれば，B がどんな戦術をとったとしても B の長期的な利益を最小限に抑えられることが保証された最適な戦術が存在する．さらにまた，B がその戦術を採用すれば，A がどんな戦術をとったとしても B 自身の長期的な損失をある最大値以下に抑えられることが保証された最適な戦術も存在する．そして，このとき A の最小利益と B の最大損失の絶対値は一致し，「ゲーム値」と呼ばれる．

音楽に外的衝突，つまり他律性を持ちこんだ例が，これまでにもなかったわけではない．ヨーロッパをはじめとするさまざまな大陸のある種の伝統民族音楽のなかには，二人の演奏者が互いを混乱させようと必死に競い合うような曲がある．片方がイニシアチブを取って，リズムやメロディーによる相手とのつながりをなんとかふりほどこうとするのだが，そのくせそういった特別な形の即興を許す伝統音楽の範疇からは決して逸脱しないのだ．このような矛盾をはらむ妙技は特にインドの音楽に多く見られ，なかでもタブラ〔北インドの太鼓の一種〕やサロード（ないしシタール）〔ともに北インドの古典音楽で用いられる弦楽器〕の演奏者は，よくそのような演奏を行う．

よって，どんなに保守的な人々の目から見ても，近代科学に基づく音楽的他律性の概念は理にかなっているといえる．しかしここでの問題は，新たな冒険を歴史の観点から正当化できるかどうかではなく，むしろその逆で，こういった冒険によって音楽が大きく前進し，さらに豊かになりうるかどうかという点だ．この点に関していえば，推計学的な手順を導入することで，複雑な線的ポリフォニーや音楽の成り行き（ディスクール）の決定論的な論理がみごとに一般化され，これまでナンセンスとされてきたまったく非対称な美学形式に通じる意外な抜け道の存在が明らかになったように，他律性を導入することによって，推計学的音楽の弁証法的な構造が補完されるといえる．

同様に，二人以上の演奏者のあいだ，あるいは一人の演奏者と自然環境とでも呼ぶべきものとのあいだ，はたまた一つ以上のオーケストラと聴衆とのあいだに対立を設定することもできる．ただしいずれの場合にも，損得ないし勝ち負けが存在するという基本的な特徴があって，その勝負の結果は，賞やメダルやトロフィー，あるいは罰などの精神的ないし物質的な褒賞で表される．

おのおのが多少なりとも即興的なルートで，相手を気にせずプレイする「退化ゲーム」〔ゲーム理論でいう，平衡状態がきちんと定まらないタイプのゲーム〕の場合には，衝突の条件が皆無なので，作曲に関する新たな議論はいっさい生じない．つまりこれは，偽りのゲームなのだ．

ギャンブル用のマシンは，たとえスロットマシンやジュークボックスのように音や光で飾り立てられていたとしても，他律性に触発された新たな競争的な内面の組織化がなければ〔すなわち，賭け金がなければ〕，味気ないものになってしまう．これらのゲームに比べれば，音や光を組み合わせて子ども（や大人）から応答を引き出す教育的な装置のほうがまだましだ．ちなみにこれらの装置では，参加者自身が楽器や電子装置に特別な入力信号を打ち込んで，自ら美的な興味――ひいてはゲームの法則や褒賞のルール――を決めることになる．

ここまでの説明で基本的な関心の対象となってきたのは，早い話が両陣営の相互の条件付け——音楽の成り行き(ディスクール)の多様性を最大限尊重し，演奏者の自由もある程度尊重しながら，ただ一人の作曲家が強い影響を及ぼすような条件付け——である．このような観点をさらに一般化して，音楽に空間的な要素を取り入れ，ゲームを光の芸術へと押し広げることも可能だろう〔2〕．

ゲームを巡る問題は，いざ計算をする段になると急激に難しくなり，あらゆるゲームが数学的にきちんと解明されているともいえない．そのいい例が数名の参加者が絡むゲームで，そのためここでは，比較的単純な二人ゼロサム・ゲームだけを扱うこととする．

《決闘(デュエル)》の分析

これは 1958–59 年に作られた，二人の指揮者と二つのオーケストラのための楽曲である〔1971 年 10 月 18 日にヒルフェルスムで，ディエゴ・マッソン，フェルナンド・タービーの指揮によりオランダ放送フィルハーモニー管弦楽団が初演〕．この曲のコンセプトはわりと単純で，音響は指揮者たちの意志による相互反応の形で構成されているが，実はその二人の指揮者に作曲家が縛りをかける構造になっている．この曲で起こり得るのは，次のような出来事である．

出来事 I：ピチカートのような音の粒子のクラスタ，弓の棹の木部を使った強打，推計学的に分布するきわめて短い弓弾き音．
出来事 II：弦楽器による音程差を保ちながら変動する音．
出来事 III：弦楽器のグリッサンドが絡まり合ったネットワーク．
出来事 IV：打楽器による推計学的な音．
出来事 V：管楽器による推計学的な音．
出来事 VI：沈黙．

一つ一つの出来事は，きわめて厳密なやり方で十分長く楽譜に記載されているから，指揮者はどの瞬間でも，とっさの判断でその出来事の個性を損なうことなく断片を切り出すことができる．そのため，それぞれの出来事の記述は全体としては均一になるが，それでも局所的な揺らぎは保たれている．

次に，オーケストラ X とオーケストラ Y が出来事 x と y を同時に引き起こした場合の効果を主観的に評価して，それを一覧にする．

評価の表

組	評　価	
$(x,y)=(y,x)$		
(I, I)	まあまあ	(p)〔passable〕
(I, II) = (II, I)	よい	(g)〔good〕
(I, III) = (III, I)	とてもよい	(g^{++})
(I, IV) = (IV, I)	まあまあ＋	(p^{+})
(I, V) = (V, I)	よい＋	(g^{+})
(II, II)	まあまあ	(p)
(II, III) = (III, II)	まあまあ	(p)
(II, IV) = (IV, II)	よい	(g)
(II, V) = (V, II)	まあまあ＋	(p^{+})
(III, III)	まあまあ	(p)
(III, IV) = (IV, III)	よい＋	(g^{+})
(III, V) = (V, III)	よい	(g)
(IV, IV)	まあまあ	(p)
(IV, V) = (V, IV)	よい	(g)
(V, V)	まあまあ	(p)

この一覧を定性的な行列 M_1 で表すと，次のようになる．

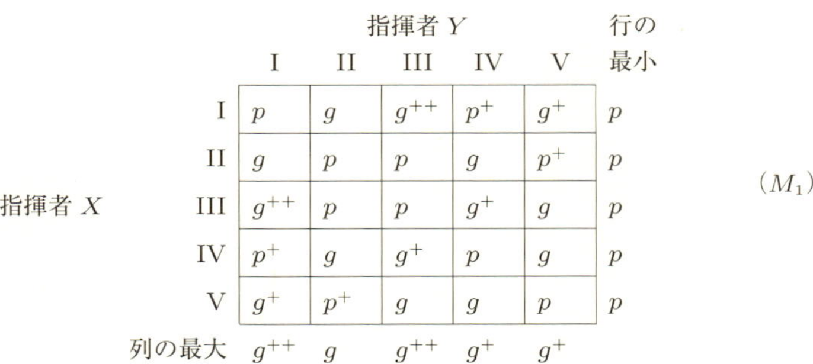

指揮者 X ＼ 指揮者 Y	I	II	III	IV	V	行の最小
I	p	g	g^{++}	p^{+}	g^{+}	p
II	g	p	p	g	p^{+}	p
III	g^{++}	p	p	g^{+}	g	p
IV	p^{+}	g	g^{+}	p	g	p
V	g^{+}	p^{+}	g	g	p	p
列の最大	g^{++}	g	g^{++}	g^{+}	g^{+}	

(M_1)

定性的な行列 M_1 では，行ごとの最小値の最大と列ごとの最大値の最小が一致しない $(g \neq p)$．よってこのゲームには鞍点（サドルポイント）が存在せず，純粋な戦略も存在しない〔行ごとの最小値のなかの最大なものと列ごとの最大値の最小なものとが一致すれば，その点がサドルポイントとなり，双方が純粋にその戦略だけを取ることでベストの結果が実現される〕．そこで次に M_1 の VI に沈黙という手を導入すると，次のような行列 M_2 が得られる．

				指揮者 Y				行の
		I	II	III	IV	V	VI	最小
指揮者 X	I	p	g	g^{++}	p^{+}	g^{+}	p	p
	II	g	p	p	g	p^{+}	p	p
	III	g^{++}	p	p	g^{+}	g	p	p
	IV	p^{+}	g	g^{+}	p	g	p	p
	V	g^{+}	p^{+}	g	g	p	p	p
	VI	p	p	p	p	p	p^{-}	p^{-}
	列の最大	g^{++}	g	g^{++}	g^{+}	g^{+}	p	

(M_2)

すると今度は，問題のゲームに複数のサドルポイントが生まれる．これらの戦術はいずれも実行可能だが，さらによく調べてみると，まだ対立が弱い．つまり，指揮者 Y にすれば戦術 VI を行うしかないのに，指揮者 X は I, II, III, IV, V のなかから自由に戦術を選べるといった具合なのだ．この場合，問題の行列の規則が指揮者 X に有利で，この形のゲームが決して公平ではないということを，常に念頭に置く必要がある．さらに，この規則はあまりにも漠然としているので，さらに調べを進めるために，さまざまな評価を示す値を 1 本の軸のうえに並べておおざっぱに数値尺度と対応させ，評価を数値で表すことにする．

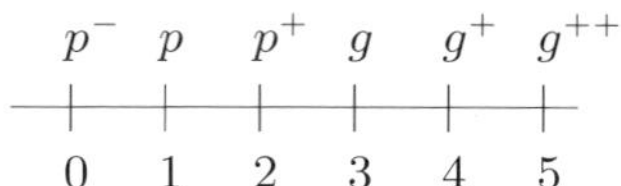

そのような置き換えをして，さらに (VI, VI) の組の値に手を加えたのが行列 M_3 である．

		指揮者 Y							
		I	II	III	IV	V	VI		
	I	1	3	5	2	4	1	1	
	II	3	1	1	3	2	1	1	
指揮者 X	III	5	1	1	4	3	1	1	(M_3)
	IV	2	3	4	1	3	1	1	
	V	4	2	3	3	1	1	1	
	VI	1	1	1	1	1	3	1	
		5	3	5	4	4	3		

この行列 M_3 にはサドルポイントはなく，退行する行も列もない．そこで，この問題の解を近似法で求めることにする．こうするとコンピュータで扱いやすくなるが，その際には，なるべく項の相対的平衡を変えないように気をつける必要がある．このような方法をとるのは，混合戦略を見つけるためである．つまり，ゼロが一つも含まれないさまざまな重みの付いた戦術を求めたいのである．ここですべての計算の過程を明らかにすることはできないが (1)，結果としては，行列 M_4 が得られる．

		指揮者 Y							
		I	II	III	IV	V	VI		
	I	2	3	4	2	3	2	18	
	II	3	2	2	3	3	2	4	
指揮者 X	III	4	2	1	4	3	1	5	(M_4)
	IV	2	4	4	2	2	2	5	
	V	3	2	3	3	2	2	11	
	VI	2	2	1	2	2	4	15	
		9	6	8	12	9	14	58	

そしてこの場合には，欄外に示されている戦略が，X および Y にとっての唯一の戦略となる．よって指揮者 X は戦術 I, II, III, IV, V, VI を $\frac{18}{58}$, $\frac{4}{58}$, $\frac{5}{58}$, $\frac{5}{58}$, $\frac{11}{58}$, $\frac{15}{58}$ の比率で採用し，指揮者 Y はこれら六つの戦術を $\frac{9}{58}$, $\frac{6}{58}$, $\frac{8}{58}$, $\frac{12}{58}$, $\frac{9}{58}$, $\frac{14}{58}$ の比率で演奏しなければならない．ちなみにこの手法で計算すると

ゲーム値は約 2.5 となり，指揮者 X に有利になる（このゲームはゼロサム・ゲームだが，やはり公平ではない）.

この行列を一目見ただけで，もはや対角線に関して対称ではないことがわかる．つまりこれらの戦術の組は可換ではなく，たとえば $[(\mathrm{IV}, \mathrm{II})=4] \neq [(\mathrm{II}, \mathrm{IV})=3]$ である．ここでは計算を調整したことによってある種の方向性が生じたわけだが，それによってゲーム自体はさらに豊かになっている.

そこで次に，実験によって行列をコントロールする.

その際に可能な方法は二つある.

1. ゲームをシミュレートする．つまり，自分自身が頭のなかで二人の指揮者 X, Y の立場に立ち，1 段階ごとにそれまでの記憶を消して，ハッタリ抜きで行列の項を辿り，もっとも面白くない場合〔3〕を検証する.

<table>
<tr><td>段階</td><td>1</td><td>2</td><td>3</td><td>4</td><td>5</td><td>6</td><td>7</td><td>8</td><td>9</td><td>10</td><td>11</td><td>12</td><td>13</td><td>14</td><td>15</td><td>16</td><td>17</td><td>18</td><td>19</td><td>20</td><td>21</td></tr>
<tr><td>指揮者 X</td><td>I</td><td colspan="2">III</td><td colspan="2">I</td><td colspan="2">VI</td><td colspan="2">I</td><td colspan="2">III</td><td colspan="2">VI</td><td colspan="2">IV</td><td colspan="2">III</td><td colspan="2">III</td><td colspan="2">IV</td></tr>
<tr><td>指揮者 Y</td><td colspan="2">IV</td><td colspan="2">III</td><td colspan="2">VI</td><td colspan="2">III</td><td colspan="2">I</td><td colspan="2">VI</td><td colspan="2">III</td><td colspan="2">V</td><td colspan="2">II</td><td colspan="2">III</td><td>IV</td></tr>
<tr><td>得点</td><td>2</td><td>4</td><td>1</td><td>4</td><td>2</td><td>4</td><td>1</td><td>4</td><td>2</td><td>4</td><td>1</td><td>4</td><td>1</td><td>4</td><td>2</td><td>3</td><td>2</td><td>2</td><td>1</td><td>4</td><td>2</td></tr>
</table>

ゲーム値 $\dfrac{52}{20}=2.6$ 点で X に有利

2. 頻度を行列 M_4 の欄外の数字に比例させながら，ランダムに戦略を選ぶ.

<table>
<tr><td>段階</td><td>1</td><td>2</td><td>3</td><td>4</td><td>5</td><td>6</td><td>7</td><td>8</td><td>9</td><td>10</td><td>11</td><td>12</td><td>13</td><td>14</td><td>15</td><td>16</td><td>17</td><td>18</td><td>19</td><td>20</td><td>21</td></tr>
<tr><td>指揮者 X</td><td>I</td><td colspan="2">VI</td><td colspan="2">VI</td><td colspan="2">II</td><td colspan="2">I</td><td colspan="2">II</td><td colspan="2">V</td><td colspan="2">VI</td><td colspan="2">I</td><td colspan="2">V</td><td colspan="2">V</td></tr>
<tr><td>指揮者 Y</td><td colspan="2">VI</td><td colspan="2">VI</td><td colspan="2">V</td><td colspan="2">III</td><td colspan="2">I</td><td colspan="2">IV</td><td colspan="2">VI</td><td colspan="2">V</td><td colspan="2">IV</td><td colspan="2">VI</td><td>III</td></tr>
<tr><td>得点</td><td>2</td><td>4</td><td>4</td><td>4</td><td>2</td><td>3</td><td>2</td><td>4</td><td>2</td><td>3</td><td>3</td><td>3</td><td>2</td><td>2</td><td>2</td><td>3</td><td>2</td><td>3</td><td>2</td><td>2</td><td>3</td></tr>
</table>

ゲーム値 $\dfrac{57}{21}=2.7$ 点で X に有利

これで，実験で求めたゲーム値が近似計算で得られた値にきわめて近いことが確認された．しかも，この二つの実験から得られた音響プロセスは，十分満足ゆくものになっている.

次に，もっと厳密な方法で X や Y の戦略およびゲームの値を決めてみよう．使うのは線型計画法，さらにいえばシンプレックス法である(2)．この手法の元になっているのは次の二つの主張である.

1. ゲーム理論の基本定理（ミニマックス定理）によると，X の最適戦略に対応する最小スコア（マックスミニ）は，常に Y の最適戦略に対応する最大スコア（ミニマックス）と等しくなる．

2. マックスミニやミニマックスの値を計算するには，二人ゼロサム・ゲームにおける最適戦略の確率を求めるときと同じように，線型計画の一対の双対問題を解けばよい（双対シンプレックス法）．

ここでは，ミニマックスを有するプレイヤー Y のための連立一次方程式だけを挙げておく．今，Y の戦術 I, II, III, IV, V, VI に対応する確率を $y_1, y_2, y_3, y_4, y_5, y_6$ とし，$y_7, y_8, y_9, y_{10}, y_{11}, y_{12}$ を「ゆとり」の変数とする．そのうえで最小にすべきゲーム値を v とすると，次のような関係式が得られる．

$$
\begin{aligned}
y_1 + y_2 + y_3 + y_4 + y_5 + y_6 &= 1 \\
2y_1 + 3y_2 + 4y_3 + 2y_4 + 3y_5 + 2y_6 + y_7 &= v \\
3y_1 + 2y_2 + 2y_3 + 3y_4 + 3y_5 + 2y_6 + y_8 &= v \\
4y_1 + 2y_2 + y_3 + 4y_4 + 3y_5 + y_6 + y_9 &= v \\
2y_1 + 4y_2 + 4y_3 + 2y_4 + 2y_5 + 2y_6 + y_{10} &= v \\
3y_1 + 2y_2 + 3y_3 + 3y_4 + 2y_5 + 2y_6 + y_{11} &= v \\
2y_1 + 2y_2 + y_3 + 2y_4 + 2y_5 + 4y_6 + y_{12} &= v
\end{aligned}
$$

この計算では，唯一の戦略を得るために，得点 (III, IV) = 4 を (III, IV) = 5 に変えることになる．すると，その解から次のような最適戦略が得られる．

X		Y	
戦　略	確　率	戦　略	確　率
I	2/17	I	5/17
II	6/17	II	2/17
III	0	III	2/17
IV	3/17	IV	1/17
V	2/17	V	2/17
VI	4/17	VI	5/17

ちなみにこのときのゲーム値は，$v = \dfrac{42}{17} = 2.4705\cdots$ である．これによって，X は戦術 III を完全に放棄しなければならないということが明らかになった

(III の確率＝0）わけだが，このような事態は避けたい．

そこで得点 (II, IV)＝3 を (II, IV)＝2 に変えると，次のような最適戦略が得られる．

X		Y	
戦略	確率	戦略	確率
I	14/56	I	19/56
II	6/56	II	7/56
III	6/56	III	6/56
IV	6/56	IV	1/56
V	8/56	V	7/56
VI	16/56	VI	16/56

ちなみにこのときのゲーム値は，$v=\dfrac{138}{56}=2.4642\cdots$ である．

ここまでで得点に少々手が加えられてはいるものの，実はゲーム値は動いておらず，それでいて最適戦略は大きく変わっている．そのためさらに厳密な計算が必要となって，その計算により，次の最終行列 M_5 を伴う戦略が得られる．

指揮者 Y

指揮者 X	I	II	III	IV	V	VI	
I	2	3	4	2	3	2	14
II	3	2	2	2	3	2	6
III	4	2	1	5	3	1	6
IV	2	4	4	2	2	2	6
V	3	2	3	3	2	2	8
VI	2	2	1	2	2	4	16
	19	7	6	1	7	16	56

（M_5）

この行列の行と列に基本的な操作を行って，公平なゲーム値＝0 になるようにすると，次のゲーム値＝0 の平衡行列 M_6 を得ることができる．

指揮者 Y

指揮者 X	I	II	III	IV	V	VI	
I	−13	+15	+43	−13	+15	−13	14/56
II	+15	−13	−13	−13	+15	−13	6/56
III	+43	−13	−41	+71	+15	−41	6/56 (M_6)
IV	−13	+43	+43	−13	−13	−13	6/56
V	+15	−13	+15	+15	−13	−13	8/56
VI	−13	−13	−41	−13	−13	+43	16/56
	19/56	7/56	6/56	1/56	7/56	16/56	

このままでは読みにくいので，すべての得点を +13 で割り，端数を切り捨てて整理すると，ゲーム値 $v = -0.07$ の M_7 が得られる．これは，ゲームが終わった時点で指揮者 Y が指揮者 X に最終得点のなかから $0.07m$ 点を渡さなければならないということを意味している．ただし，m はそれまでの動きの総数である．

指揮者 Y

指揮者 X	I	II	III	IV	V	VI	
I	−1	+1	+3	−1	+1	−1	14/56
II	+1	−1	−1	−1	+1	−1	6/56
III	+3	−1	−3	+5	+1	−3	6/56 (M_7)
IV	−1	+3	+3	−1	−1	−1	6/56
V	+1	−1	+1	+1	−1	−1	8/56
VI	−1	−1	−3	−1	−1	+3	16/56
	19/56	7/56	6/56	1/56	7/56	16/56	

数値で表された行列 M_7 を，次のような対応を使って定性的な行列に変換すると，

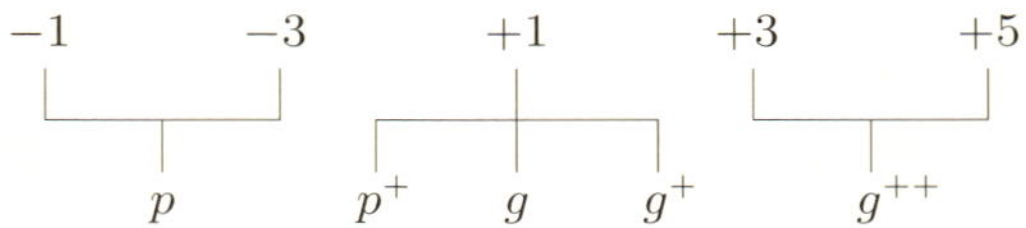

行列 M_8 が得られる．この行列は，(VI, VI) という沈黙の対（この値は M_2 の

値とは正反対になっている）をのぞいて，M_2 とさほど違わない．これで計算は終了．

p	p^+	g^{++}	p	g	p
p^+	p	p	p	p^+	p
g^{++}	p	p	g^{++}	p^+	p
p	g^{++}	g^{++}	p	p	p
p^+	p	p^+	p^+	p	p
p	p	p	p	p	g^{++}

(M_8)

これらの数学的な操作を施したことによって，《決闘》そのものは洗練されたわけだが，同時にあるパラドックスが浮かび上がってきた．まったくの沈黙を意味する対 (VI, VI) が出現したのだ．元来沈黙は避けるべきものであるにもかかわらず，沈黙を避けるには沈黙が存在する可能性を高める必要がある，というのである．

紙面が限られているので，この問題を解くにあたって数学的な取り扱いが果たす基本的な役割や，数学的に取り扱う際に欠かせない精妙な議論についてここで詳細に論じることはできないが，なにはともあれ作曲家は，常に行列のあらゆる領域に注意を払う必要がある．これはまさに，細部が全体を支配し，それでいて全体が細部を支配する作業なのだ．ここであえて計算手順を紹介したのは，そうすることでこの知的作業の重要性がより理解しやすくなると考えたからだ．

指揮者たちは互いに背を向けて，対立するオーケストラからは見えないように，手の仕草や光の信号を使って指揮を執る．指揮者がボタンを押して光の信号を操作する場合には，ちょうどサッカーのスコア表示のように，コンサートホールに設置された明るいパネルに部分的な得点が自動的に表示されていく．指揮者たちが指で合図をする場合は，審判が得点を数え，聴衆に見えるように手で部分的な得点を掲げる．そうやって幾度かやりとりした後に——あるいは何分か後に——指揮者たちの合意に基づいて，片方が勝利を宣言し，褒賞を受け取る．

さて，他律的な音楽の原理が明らかになったところで，今度は聴衆の働きかけについて考えてみよう．聴衆は，指揮者 X, Y の戦術の対を評価して，すぐにゲーム行列の構成に投票するよう促される．こうすることでこの曲は，楽譜を作った作曲家と指揮者 X および Y と点数の行列を作る聴衆，この四者が課す条件によって作り出された作品となるのである．

《戦略（ストラテジ）》のルール

図 4-2 にあるのは《決闘（デュエル）》の双頭フローチャートであるが，このチャートは 1962 年に作曲した《戦略（ストラテジ）》にもそっくりそのまま当てはまる．二つのオーケストラはステージの両側に陣取り，指揮者は互いに背中合わせに立つか（図 4-3），聴衆を挟む形で設置された台の上に立つ．二人のスコアには I から VI までの数字が打ってあって，これら六つの音響構成物のうちのどれか一つを選んで演奏する．これらの「戦術」と呼ばれる構成物は IBM-7090 を用いてパリで計算されたもので，その構造は推計学的である．指揮者はいずれも，六つの基礎的戦術のなかから二つないし三つを組み合わせたものをオーケストラに一度に演奏させることができる．

ちなみに六つの基本的戦術とは，

I：管楽器
II：打楽器
III：弦楽器の胴を手で叩いて出す音
IV：点描的な効果を持つ弦楽器の音
V：弦楽器によるグリッサンド
VI：弦楽器による持続的なハーモニクス

である．次に，これら六つの戦術のうちのどれとどれなら矛盾なく同時に演奏できるのか，その組み合わせを示しておく[4]．そのような組み合わせは計 13 ある．

I&II = VII	II&III = XII	I&II&III = XVI
I&III = VIII	II&IV = XIII	I&II&IV = XVII
I&IV = IX	II&V = XIV	I&II&V = XVIII
I&V = X	II&VI = XV	I&II&VI = XIX
I&VI = XI		

そのため各指揮者がオーケストラに演奏させられる戦術は全部で 19 個に

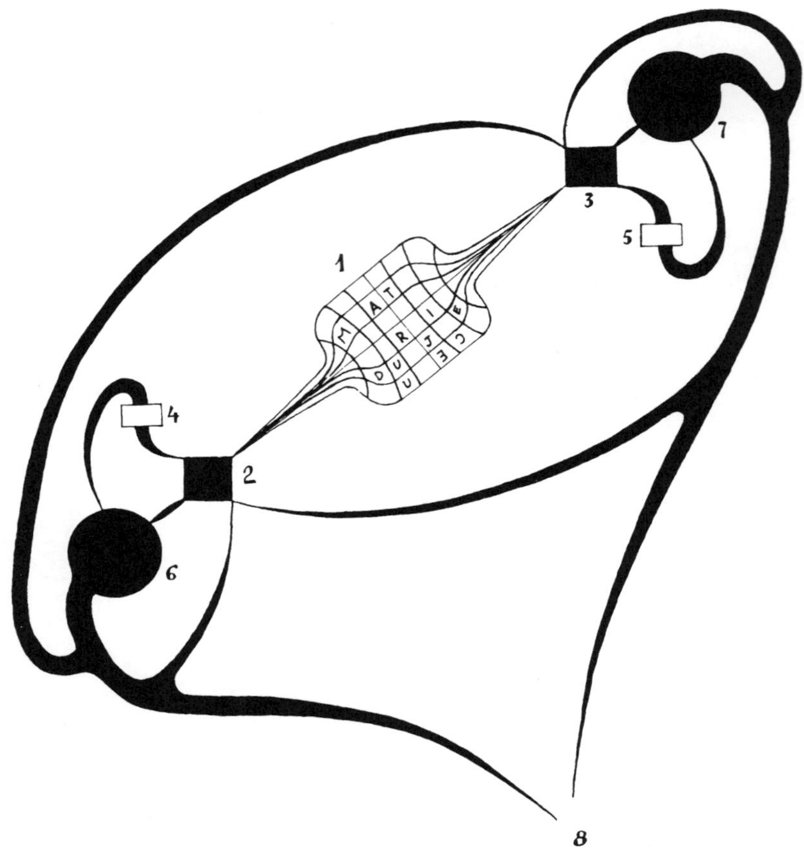

図 4–2
1. ゲームの行列（発電装置（ダイナモスタット），二重の調整装置）
2. 指揮者 A（比較と決定のための装置）
3. 指揮者 B（比較と決定のための装置）
4. スコア A（記号による刺激）
5. スコア B（記号による刺激）
6. オーケストラ A（人的ないし電子的な変換装置）
7. オーケストラ B（人的ないし電子的な変換装置）
8. 聴衆

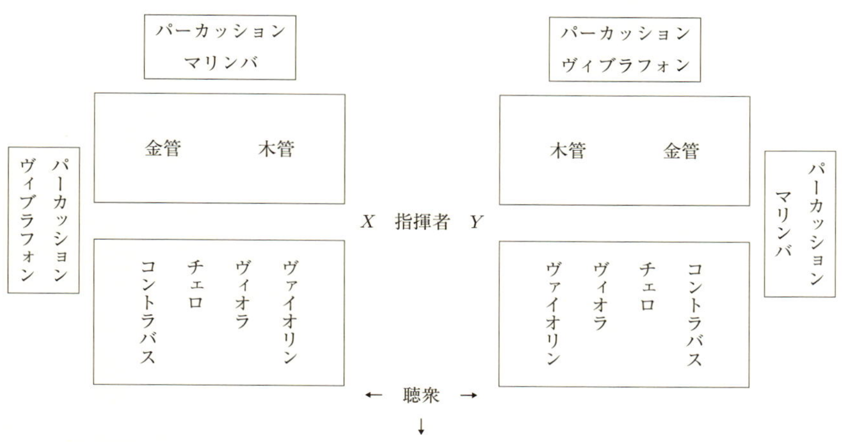

注：二つの舞台を使う場合は，各オーケストラを従来通りのやり方で配置する．

オーケストラの構成

1　ピッコロ	2　パーカッション〔5〕
1　フルート	2　ヴィブラフォン
2　オーボエ	1　マリンバ
1　E♭クラリネット	1　マラカス
1　B♭クラリネット	1　懸垂シンバル
1　バスクラリネット	1　バスドラム
1　バスーン	4　トムトム
1　コントラバスーン	2　ボンゴ
2　ホルン	2　コンガ
1　トランペット	5　木魚
2　トロンボーン	4　ウッド・ブロック
1　チューバ	5　ベル
	8　第一ヴァイオリン
	8　第二ヴァイオリン
	4　ヴィオラ
	4　チェロ
	3　コントラバス

各オーケストラは 44 奏者からなるので，計 88 名の演奏者が必要．

図 4-3　一つの舞台の上のオーケストラの配置

なり，二つのオーケストラが同時に演奏できる戦術の組み合わせは，計 361（$=19\times19$）通りになる．

ゲームのルール

1．戦術を選ぶ

指揮者は演奏する戦術をどのようにして選ぶのか．

(a) まず考えられるのが，好きなように選ぶという方法だ．今かりに指揮者 X が戦術 I を選ぶとする．このとき指揮者 Y は，I をはじめとする 19 個の戦術のどれを選んでもかまわない．次に，指揮者 X は指揮者 Y の選択に応じて新たな戦術（151 ページのルール 9 を参照）を選ぶ．ただし指揮者 X はこの戦術を，本人の好みと Y の選択に照らして（つまりこの二つを関数の入力として）選ぶ．さらに指揮者 Y は，今度は X の選択と自分自身の好みに照らして新たな（あるいは前と同じ）戦術を選び，その戦術を好みの時間幅で演奏する．このような手順を繰り返すことによって，19 個の構造を要素とする対の列ができる．

(b) 指揮者がくじ引きで（19 枚のカードから 1 枚を引いて），新たな戦術を選ぶという方法もある．または，I から XIX までの数が書かれたボールを異なる割合で入れた壺からボールを一つ取り出して決めてもよい．あるいは，演奏が始まる前にこれらの作業を行い，得られた戦術の列を一つの計画としておいて，指揮者が演奏中にその計画を参照してもよい．

(c) 第三に，二人の指揮者が前もって顔を合わせておき，自分たちが指揮することになる列を選んで固定しておく，という方法もある．

(d) 最後に，一人の指揮者が二つのオーケストラを指揮するという方法もあり得る．この場合，指揮者は上に述べた三つの方法のどれかで戦術の列を決めて，それを基本計画とし，演奏中はその計画に従う．

(e) 実は，これらの方法はいずれも，競争の状況を「退化」させてしまう．実行する価値のある枠組み，すなわち複数のオーケストラで演奏したときに一つのオーケストラでは作り出せない新たな何かを加味できる枠組みはただ一つ，二人の指揮者のあいだに対立を持ちこむ枠組みだけなのだ．その場合には，戦術の対が同時に間断なく，ある選択から別の選択へと演奏され（図 4-4 を参照），指揮者の決断はゲーム行列に含まれる勝敗によって規定される．

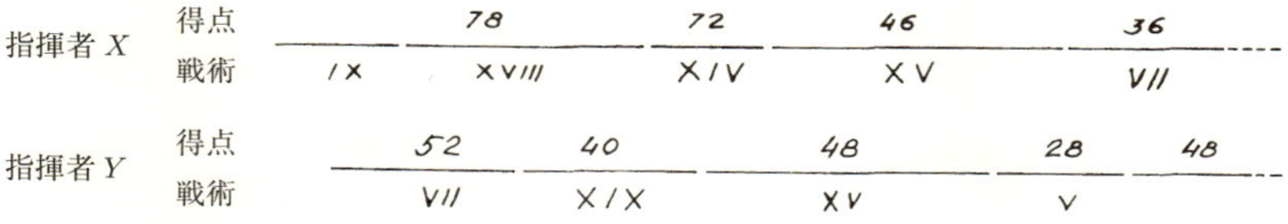

指揮者 X　得点　78　72　46　36
戦術　IX　XVIII　XIV　XV　VII

指揮者 Y　得点　52　40　48　28　48
戦術　VII　XIX　XV　V

図 4-4

2. ゲームに決着をつける

ゲームに決着をつける方法はいくつか考えられる．たとえば……

(a) 二人の指揮者はある得点に達するまでゲームを行うことに同意しており，先にその得点に達したほうが勝つ．

(b) 二人の指揮者はあらかじめゲームを n 回まで行うことに同意しており，n 回目が終わった時点で得点の多いほうが勝つ．

(c) 二人の指揮者はたとえば m 秒（ないし分）というふうにゲームの継続時間を決めており，m 秒（分）後に得点の多いほうが勝つ．

3. 得点の与え方

これには二つの方法がある．

(a) まず，一人ないし二人の審判が，一人は指揮者 X の列，もう一人は指揮者 Y の列というふうに，計 2 本の列の正の点数を数えるというやり方．あらかじめ合意されていた得点に達したところでゲームを止めて，その結果を聴衆に知らせる．

(b) 第二に，審判はおかずに，各指揮者専用の個別ボードを備えた自動装置を使うやり方．ボードには $n \times n$ セルのゲーム行列があって，各セルには押しボタンがあり，対応する部分スコアが書かれている．今，このゲーム行列が 19×19 セルの大きな行列だとしよう．指揮者 X は，指揮者 Y の戦術 IV に対して戦術 XV を選ぶと同時に，XV 行 IV 列の交点にあるボタンを押す．そのセルには 28 点のうちの X に与えられる部分スコアが書かれていて，X が押したボタンは小さな加算機につながっており，ゲームが進むにつれて装置がその結果を積算していく．そのうえで，結果は聴衆が確認できるように，サッカー場に設置されたパネルの小型版のような電子パネルに表示される．

4. 行列の割り当て方

どちらの行をどの陣営に割り当てるかは，指揮者がコインを投げて決める．

5. 先攻の決定方法

どちらの陣営が先攻するかも，コインを投げて決める．

6. 戦術を読む

オーケストラは，戦術を繰り返し閉回路（クローズド・ループ）で演奏する．このため戦術は，指揮者の決断を受けて，小節の終わりで瞬時に中断される．その戦術を改めて始めるには，(a) すでに定められた小節線から数えてもよいし，(b) 特定の文字を付された小節線から数えてもよい．(b) の場合は，通常指揮者が大きなカードを使ってオーケストラに自分が望む文字を伝える．A から U までの文字が書かれた一連のカードが手元にあれば，各戦術の始点として計 21 箇所の異なる小節を指定することができる．スコアによれば，各戦術の総演奏時間は最短でも 2 分で，指揮者はその戦術の終わりまで来ると冒頭に戻り改めて演奏を始めるので，スコアには「ダ・カーポ」と書かれている．

7. 交戦の継続時間

一つ一つの対決の継続時間は自由に選べるが，たとえば最短でも約 10 秒というふうに決めておいたほうがよいだろう．つまり指揮者は，いったんある戦術を採用すると，その戦術を少なくとも 10 秒は続けなければならないのだ．この最短時間の値は，コンサートによって異なることもあり得る．これはあくまでも作曲家の側の願望であって，義務ではない．したがって二人の指揮者は，ゲームの前に各戦術の継続時間を最低でどのくらいにするかを決めることができる．ちなみに，一つの戦術を継続するか別のものにするかはゲーム自体の成り行きで決まるので，同一の戦術を継続する時間には上限がない．

8. 戦いの結果

この作品の二重構造を明らかにすると同時に，ゲーム行列という形で作曲家が課した条件により忠実だった指揮者を顕彰するために，戦いが終わったところで，

(a) 勝者をはっきりさせるか，

(b) 褒賞として，花束やトロフィーやメダルなど，コンサートの主催者が与えようと考えたものを授与する．

9．行列の選択

《戦略（ストラテジ）》には三つの行列がある．19 行 19 列の大きな行列（図 4-5）には，基本的な戦術 I から VI までの対の部分スコアとそれらの組み合わせすべてが載っている．二つの小さな 3×3 行列にも部分スコアとその組み合わせが載っているが，すべてではない．実際，第 1 行と第 1 列には I から VI までの基本戦術が無差別に含まれ，第 2 行と第 2 列には，2×2 の基本戦術の矛盾のない組み合わせが含まれ，第 3 行と第 3 列には，これらの戦術の矛盾のない 3×3 の組み合わせが含まれている．この場合に 19×19 の行列を使うことにするか，3×3 の行列のいずれかを使うことにするかは，指揮者が行列をどれくらい楽に読み取れるかによって決まる．正のスコアが入っているセルは指揮者 X にとって得であり，必然的に指揮者 Y にとっては損になる．逆に，負のスコアが入っているセルは指揮者 X にとっては損であり，必然的に指揮者 Y にとって得になる．図 4-6 にあるのは，異なる戦略を示すもっと単純な二つの 3×3 行列である．

19 × 19 の行列の単純化

指揮者たちは最初の演奏を簡単にするために，19×19 の行列から次のようにして導かれた 19×19 の行列と同等な 3×3 行列を用ることができる．

今，行戦術でいうと $r+1, \cdots, r+m$，列戦術でいうと $s+1, \cdots, s+n$ を含み，それぞれの確率が，$q_{r+1}, \cdots, q_{r+m}$，$k_{s+1}, \cdots, k_{s+n}$ だとする．

	k_{s+1}	$\cdots$	k_{s+j}	$\cdots$	k_{s+n}
q_{r+1}	$a_{r+1,\,s+1}$	$\cdots$	$a_{r+1,\,s+j}$	$\cdots$	$a_{r+1,\,s+n}$
$\vdots$	$\vdots$		$\vdots$		$\vdots$
q_{r+i}	$a_{r+i,\,s+1}$	$\cdots$	$a_{r+i,\,s+j}$	$\cdots$	$a_{r+i,\,s+n}$
$\vdots$	$\vdots$		$\vdots$		$\vdots$
q_{r+m}	$a_{r+m,\,s+1}$	$\cdots$	$a_{r+m,\,s+j}$	$\cdots$	$a_{r+m,\,s+n}$

この断片を単一の得点

指揮者 Y（列）

指揮者 X（行）	I	II	III	IV	V	VI	VII	VIII	IX	X	XI	XII	XIII	XIV	XV	XVI	XVII	XVIII	XIX	
I (I°)	116	10	84	-48	4	-52	-60	-40	132	-44	-8	-36	-22	24	-46	102	138	-38	32	2
II	-56	96	-44	-22	-24	52	-50	-14	12	28	6	-48	-20	-16	-10	-24	-36	-20	44	3
III	-110	-2	96	96	24	0	4	-56	-32	-24	4	-52	-48	-40	-16	-44	-16	20	72	1
IV	0	-20	24	84	4	-12	12	-12	-28	8	-8	-24	-40	4	22	-10	-16	28	-16	11
V	-110	-204	-86	4	104	-8	44	20	-8	4	8	-8	-38	-24	-16	40	8	20	-24	1
VI	24	44	12	-14	-6	64	24	-8	24	4	-24	-40	-52	-44	24	44	4	4	-48	7
VII	-56	-52	20	16	36	44	44	4	-52	-48	0	-46	-36	-12	-20	-40	-44	16	40	4
VIII	-32	-8	-52	-8	12	4	4	48	-44	-12	8	-52	-4	8	32	-36	-40	-16	24	3
IX	-36	10	-16	-32	2	4	-44	-52	52	44	2	48	-18	64	24	22	-36	-28	-52	6
X	-48	22	-22	4	-4	32	-46	-16	8	-36	-24	-4	8	32	24	4	-8	20	-32	4
XI	4	24	26	-4	4	-28	-36	-12	20	4	64	68	4	40	-12	-2	-24	-27	-32	10
XII	-36	-196	-188	-28	-34	-42	36	32	24	0	-32	74	76	-4	4	-32	-28	40	76	7
XIII	166	-20	-42	-40	-52	-44	14	-16	4	22	-14	80	72	-26	-58	40	-18	78	42	2
XIV	32	-14	-34	0	-32	-52	36	12	-12	36	24	-28	42	76	-48	-64	-30	-29	72	5
XV	-20	8	4	28	-28	14	0	20	2	-4	-32	14	26	-56	46	-36	12	-8	14	4
XVI	88	88	104	-28	20	16	-2	-16	20	-20	-50	-26	-8	-36	-40	108	-24	-33	60	9
XVII	32	92	52	-28	16	8	-44	-48	-32	0	-16	-16	-20	-32	24	-30	96	52	-36	8
XVIII	-36	-24	8	4	0	-2	52	78	-12	-4	36	-8	28	-24	-16	-14	42	-12	-40	9
XIX	-52	-52	-66	4	6	-6	-4	44	-66	-4	44	12	44	40	16	-46	44	-42	-32	4
	1	1	2	3	7	11	3	3	4	6	9	2	5	7	10	4	4	8	10	100

木管
通常の打楽器
弦楽器の共鳴箱を叩く
弦楽器のピチカート
弦楽器のグリッサンド
弦楽器の持続音

二つないし三つの
戦術の組み合わせ

図 4-5　二人ゼロサム・ゲーム，ゲーム値＝0

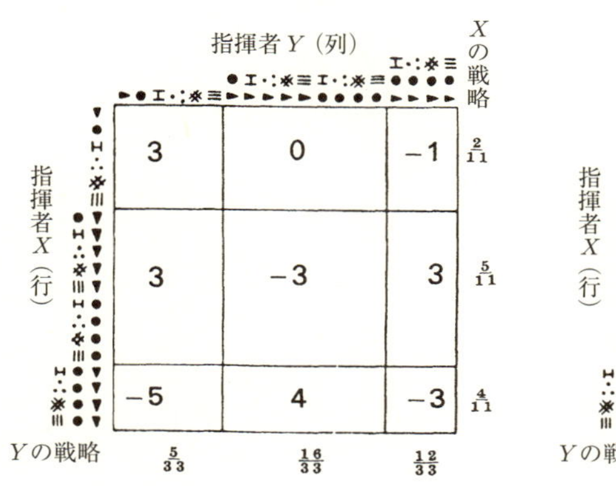

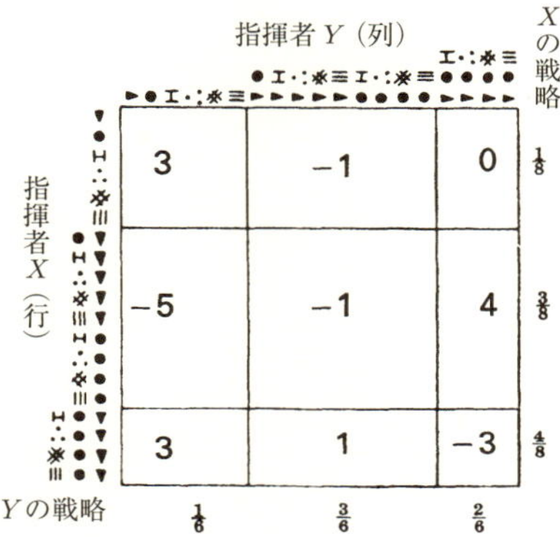

二人ゼロサム・ゲーム
ゲーム値 = 1/11
このゲームは Y にとって不公平

二人ゼロサム・ゲーム
ゲーム値 = 0
このゲームはどちらにとっても公平

▼ 木管
● 通常の打楽器
H 弦楽器の共鳴箱を叩く
∴ 弦楽器のピチカート
※ 弦楽器のグリッサンド
≡ 弦楽器の持続音

▼● ▼H ▼∴ ▼※ ▼≡ ●H ●∴ ●※ ●≡ 二つの異なる戦術の組み合わせ

▼●H ▼●∴ ▼●※ ▼●≡ 三つの異なる戦術の組み合わせ

図 4-6

$$A_{r+m.\,s+n} = \frac{\sum_{i=1}^{m}\sum_{j=1}^{n}(a_{r+i.\,s+j})(q_{r+i})(k_{s+j})}{\sum_{i=1}^{m} q_{r+i} \sum_{j=1}^{n} k_{s+j}}$$

とその確率

$$Q = \sum_{i=1}^{m} q_{r+i}$$

と

$$K = \sum_{j=1}^{n} k_{s+j}$$

で置き換えることができる.

19×19 の行列にこの操作を施すと，次のような行列が得られる（戦術は図 4-6 の行列と同じである）.

$\frac{7704}{25\times25}$	$-\frac{8296}{49\times25}$	$\frac{592}{26\times25}$	25
$-\frac{14522}{25\times45}$	$\frac{17610}{49\times45}$	$-\frac{3088}{26\times45}$	45
$\frac{6818}{25\times30}$	$-\frac{9314}{49\times30}$	$\frac{2496}{26\times30}$	30
25	49	26	

ないし，

2465	−1354	182	25
−2581	1597	−528	45
1818	−1267	640	30
25	49	26	

原　注

(1) Williams (1954).

(2) Vajda (1956).

訳　注

〔1〕第 1 章終盤で批判的に言及された「管理された偶然性」との違いは，ここでは偶然性はゲーム理論の規則を介して導入され，その複雑さが「作曲家の意志」とみなせることである．しかし，「管理された偶然性」が歴史的にはうまく機能しなかったのは，断片の並び替えのような単純な規則ですら，演奏の現場にとっては「複雑」すぎ，指揮者ないし演奏者ごとに固定の版を作る結果に終わったからである．この困難は規則が複雑になるほど大きくなり，本章で扱われている作品群は，クセナキスの全作品中で最も演奏機会が少ない．

〔2〕実際，クセナキスは《ポリトープ》シリーズでレーザー投射を音楽要素の一つにした．ただし，このシリーズではゲーム理論は使っていない．

〔3〕X は得点が最大，Y は得点が最小になる選択を各段階で行った場合．1〜4 点の中から選ぶので，2.5 点以上なら X，以下なら Y に有利とする．

〔4〕管・打・弦は任意の組み合わせが可能だが，弦楽器は 4 種類の奏法のうち一つしか選べない．

〔5〕二人の打楽器奏者が各々ヴィブラフォンとマリンバを担当し，他の打楽器類も手分けして演奏する．

第 5 章
計算機を用いた拘束のない推計学的音楽

幕間の余興はこのあたりで終わりにして，再び機械を用いた作曲方法の問題に戻ることにしよう．

《アホリプシス》〔ギリシア語で「噴出」の意〕という曲で提示した理論が実際に機械を使って実現されたのは，実に4年後のことだった．このような作曲が可能となったのも，フランスIBMのフランソワ・ジェニュイ氏と〔当時はシェル＝ベール石油会社の経営管理電気団体に，そして現在は〕パリ交通独立公社にいるジャック・バロー氏のおかげである．

パラドックス：音楽と計算機

IBM–7090によって実行された推計学的音楽

芸術の創作に機械が加わるとなると，一般聴衆は実にさまざまな反応を示すが，それらの反応は次の三通りに大別することができる．

1. 機械を用いて芸術作品を作ることはできない．なぜなら芸術はその定義からいって手で作られるものであって，およそ芸術というからには，あらゆる細部と全体の構造が間断なく「創造」されているはずだから．これに対して，機械は自力で動くこともできず，なにかを発明することもできない．

2. 機械を用いてゲームや推論を行うことくらいはできるかもしれない．しかしその結果はとうてい「完成品」とはいえず，単なる実験——興味深くはあっても所詮それだけのものでしかない実験——の象徴でしかない．

3. あるいは，そもそもの始まりから躊躇のかけらも見せずに空想科学小説まがいの大騒ぎを鵜呑みにしたがる熱心な人々であれば，次のようにいうだろう．「月だって？ ああ，そうだよ．月もすでにわれわれの手の届くところにある．じきに，寿命も延ばせるようになるさ．それなのになぜ，なにかを創造し得る機械が存在しないと言い切れるんだ？」こう主張するのは，一風変わった楽観主義に基づき，もはや勢いをなくしたイカロスの神話や妖精の代わりに 20 世紀の科学文明を崇め奉っている，だまされやすい信者たちである．しかも科学そのものが，ある程度までその主張を諾っている．とはいえ，現実の科学のすべてが矛盾に満ちているわけではなく，科学全体を精霊信仰（アニミズム）の対象にできるわけでもない．なぜなら科学は，さほど遠くまでは見通すことのできないごく限られた段階を踏んで進んでいくものだからだ．

どのような芸術にも，合理主義（ラシヨナリズム）――元を正せば「比（ラテイオ）の探究」を意味する言葉――が存在する．事実，芸術家は常に比を求める必要に迫られてきた．作品を構成する際の規則は何百年もの間に大きく変わってきたが，どの時代にも何らかの規則があった．なんとなれば，己（おのれ）の作った作品を理解してもらう必要があったから．先ほど紹介した第一のタイプの人々はいの一番に，まったく理解できないものは「芸術」とはいえないと主張するはずだ．

かくして音階は因習となり，音楽の可能性を狭めて，その因習に沿った範囲でのその音階に固有な対称性を持つ作品だけが認められることとなる．その時代その時代のキリスト教の賛美歌を作る際に従うべき規則や和声の規則や対位法の規則があればこそ，作曲家たちは曲を作ることができ，その作品を伝統や集団としての嗜好（＝模倣）や親しみのこもった共感を通じて自分と同じ制約を受け入れている人々に理解させることができたのだ．セリー音楽の規則――たとえば従来の調性音楽のようなオクターブ重複を禁じる規則――の場合も，部分的に新しくはあるが，やはり実際的な制約を課している．

ところが，こういった規則や反復された制約はすべて，観念的な仕組み（メカニズム）――ミシェル・フィリポなら小さな「仮想機械」とでも呼んだであろう選択，あるいは一連の決定――の一部なのだ．音楽作品を腑分けすることによって，大量の観念的な仕組みを取り出すことができる．交響曲の旋律のテーマは鋳型にあたる観念的な仕組みであり，曲の構造も観念的な仕組みである．これらの仕組みは，すべてを決定づけるくらい強い拘束力を持つこともあれば，きわめて曖昧でぼんやりしていることもある．ここ数年，この「メカニズム（機構）」という概念が実はひじょうに普遍的で，人間の知識と行動のありとあらゆる分野――厳密な論理から芸術表現まで――に浸透していることが明らかになってきた．

かつて車輪は，人間の知性が作り出したもっとも偉大なものの一つだった．人はこの機構（メカニズム）のおかげで，より多くの荷物を持ってより遠くに旅できるようになったのだ．ところがコンピュータはさらにこの上をいき，人の位置どころか，その着想をも変えようとしている．計算機は，ゲーデルの〔不完全性〕定理やチャーチの定理〔チャーチ－チューリングのテーゼ：計算可能な関数はほぼコンピュータで実行できる関数と同じだとする主張〕にもかかわらず，ロジック・セオリスト〔AIの初期の研究者ニューウェル，ショウ，サイモンが1955年頃に作った一般問題解決プログラム〕を用いることで〔1〕論理学の問題を発見的手法で解決することができるようになった．ところが実際には，計算機によって音楽に数学が導入されるのではなく，数学が計算機を使って楽曲を作るのである．それに，幾何学が広く造形芸術（建築，絵画など）に役立つことを認められるのなら，あと一歩踏み出すだけで，造形芸術より抽象的な音楽という芸術において幾何学より抽象的で目に見えない数学や機械を使うことの可能性に思い至ることができるはずだ．

早い話が，

1. 人間の創造的思考によって観念的なメカニズムが生まれる．しかし先ほどの分析によると，観念的なメカニズムは実は制約と選択の集まりでしかない．これは，芸術をはじめとするすべての思考領域においていえることである．
2. これらのメカニズムの一部を，数学を使って表現することができる．
3. これらのメカニズムのなかには，車輪やモーターや爆弾やデジタルコンピュータやアナログ計算機のように，物として作れるものがある．
4. ある種の観念的なメカニズムは，自然のメカニズムに対応しているはずである．
5. 芸術を創造するという行為のなかの機械化可能な側面を，既存のあるいは今後作られるであろう物理的メカニズムや機械で実行することができるはずである．
6. その際に，たまさか計算機が何かの役に立つかもしれない．

というわけで，これが作曲にコンピュータを使うための論理的な出発点となる．

さらにいえば，今日の作曲家の役割は，一方でスキーム（かつての形式）を作ってそのスキームの限界を探るという新たなレベルへと進むと同時に，音を構築して放出する新たな手法を科学的に統合してはじめて完遂されるといえよう．ちなみに，たとえばデジタル／アナログ変換器などを援用することで，じきにアコースティックとエレクトロニックの別なく新旧のあらゆる楽器の作製法が，こういった手法に含まれるようになるはずだ．事実これらの手法はすでに，ニュージャージーのベル研究所に所属するN.ガットマン，J.R.ピース，M.V.マシューズ〔いずれも創生期のコンピュータ音楽を論文や作品で牽引した人物で，1962年に“Music from Mathematics”というアルバムを発表〕のコミュニケーション理論の研究に用いられてきた．ところがこのような研究を行うには，数学や論理学や物理学や心理学に関する知識で身を固めなくてはならず，とりわけ知的な処理の速度を上げられるコンピュータが欠かせない．というのもそのような高速化がなければ，作曲のあらゆる段階で即座に実験を行い，仮説の真偽を確認したうえで新たな分野へと続く道を拓くことはできないからだ．

音楽はきわめて抽象的な性質を持つ芸術である．そのため音楽は先頭を切って，科学的な思考と芸術の創造との友好関係を築こうとしてきた．よって音楽の自動生成化は必然であり，これを押し戻すことはできない．実際，すでにP.バルボー，P.ブランシャール，ジャニーヌ・シャルボニエなどのパリ人のグループ〔「パリアルゴリズム音楽グループ」を創設した人々．1961年ごろからコンピュータによる曲を発表〕やイリノイ大学のレジャレン・ヒラーやレオナルド・アイザックソンによる音楽学の研究〔コンピュータを作曲の自動計算に用い，アルゴリズム作曲を提唱．1957年頃から曲を発表〕によって，セリー音楽からポピュラー音楽にいたるまでの自動生成化が試みられていることは，周知の事実である．

ここまでの章では，ポアソン分布やマルコフ過程，音楽におけるゲーム理論や制約最小化の原理といった音楽創造におけるいくつかの新しい分野を紹介してきた．これらはすべて数学——なかでも確率論——に基づいているので，計算機で処理したり活用したりすることができる．なかでももっとも単純で意義深いのが，作曲における制約最小化の原理であって，それを具体化したのが《アホリプシス》なのである．

C.N.R.S.〔フランス国立科学研究センター〕の我が友ジョルジュ・ブードゥリ氏のおかげで，パリ国立高等鉱業学校の技師で当時シェル＝ベール石油会社の電子管理センター所長だったジャック・バロー氏および，フランスIBMのエチュード・シアンティフィック・ヌーヴェル〔新科学研究〕の部門長だった数学教授資格者フランソワ・ジェニュイ氏と知り合うことができた．この 3 人は科学者でありながら，音楽と世界最高水準の計算機の融合という一見不可能にも見える実験を行うことに同意してくれた．

人間関係においては，純粋に論理的な説得はさして重要でなく，むしろ素材への興味が優先される場合がほとんどである．だがこのたびの協力を可能にしたのは，論理でもなければむろん利己心でもなく，どうやらもっとも純粋な無償の決断だった．つまり，純粋に実験のための実験だからこそ，ゲームのためのゲームだからこそ実行しようということになったのだ．この企ては，推計学の見地からいって，当然門前払いを食らってしかるべき冒険だった．ところが重い扉は開かれ，1 年半にわたる懸命の作業を経て契約期間が終わった 1962 年 5 月 24 日には，パリ・ヴァンドーム広場 5 番のフランス IBM 本部で「この会社も，（パリにおける）この音楽シーズンも未だかつて目撃したことがないじつに希有な出来事」が起きた．つまりこの日に，IBM-7090 を使って計算された《ST/10-1, 080262》と題する推計学的器楽曲のライブコンサートが執り行われたのだ．C. シモノヴィッチが指揮するパリ現代音楽アンサンブルの演奏は，それは見事なものだった．この作品を計算機に通すことで，推計学的な作曲方法——制約および規制を最小限に留める手法——が現実のものとなったのである．

問題の在処

作曲作業の第一段階として，まずフローチャートを作った．つまり，《アホリプシス》のスキームのすべての操作と段階を明確かつ順序よく書き出して [(1)]，これをコンピュータの構造に適合させたのである．本書の第 1 章では，このミニマルな構造を全体として統合するための手法を示した．コンピュータは反復操作が可能な装置で，しかもそれらを猛烈な速度で実行することができるので，論理操作を分割して，反復計算ループに乗せる基本操作の列にする必要があった．図 5-1 は，当初のフローチャートの一部である．

論理操作はまず，以下のように翻訳してコンピュータ上で実現された．

1. 作品は，おのおのの持続時間が a_i 秒であるような一連の動きないし列から構成される．これらの持続時間はまったく独立（＝非対称）だが，平均持続時間は決まっていて，パラメータとして導入される．これらの持続時間とその推計学的な列は次の式で与えられる．

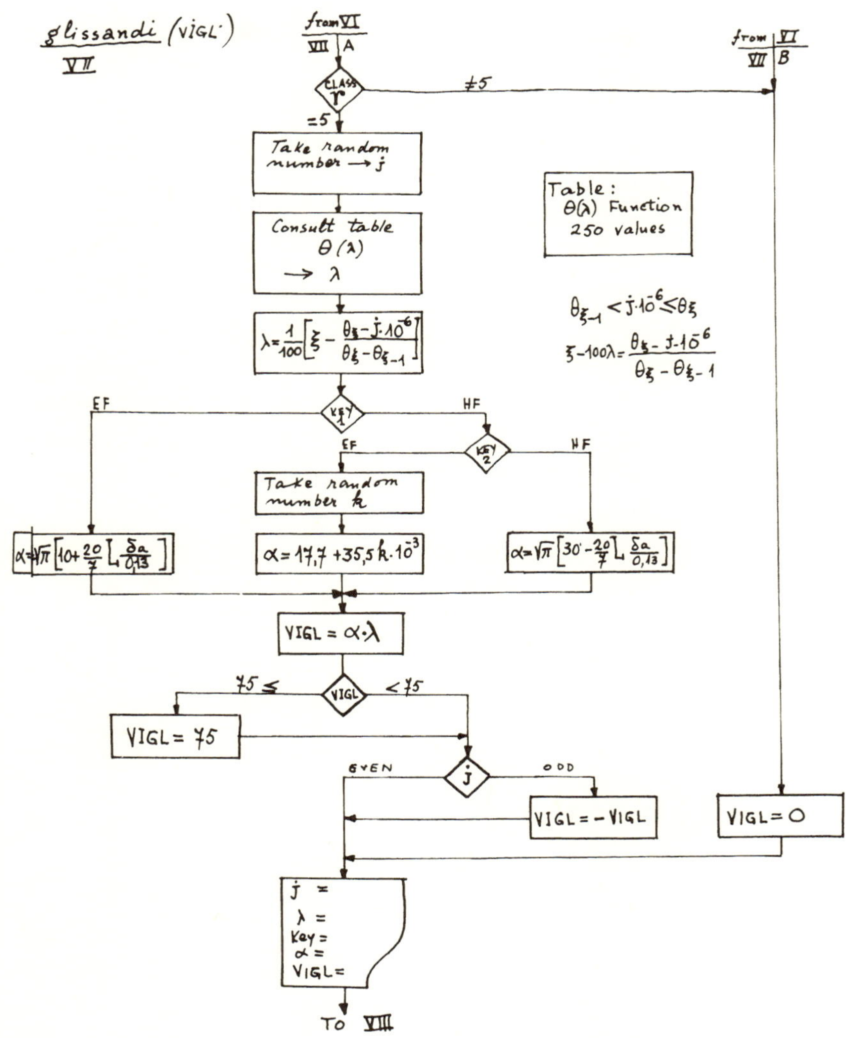

図 5-1 《アホリプシス》のフローチャート（部分）

$$P(a_i) = ce^{-ca_i} \qquad \text{（補遺Iを参照）}$$

2. a_i 秒間の音の平均密度を定義する．一つの列のなかで，音はさまざまな音源から発せられる．ある列のなかで発せられる音（＝点）の総数を N_{a_i} とすると，この点のクラスタの平均密度は N_{a_i}/a_i 音/秒になる．ある器楽アンサンブルが与えられたとき，一般にこの密度の限界は器楽奏者の数や楽器の性質や演奏の技術的難度によって決まる．大規模なオーケストラの場合には，この密度の上限は150音/秒台になり，下限（v）は任意の正の値になる．そこで今，下限を $v = 0.11$ 音/秒としよう．過去の実験からいって，人間の密度知覚は底が2と3のあいだにあるような対数進行に従う〔2〕．さらに具体的にいうと，この対数の底は $e = 2.71827\cdots$〔自然対数〕である．《ST/10-1》では，音の密度は $v \cdot e^0$ 音/秒以上 $v \cdot e^6$ 音/秒以下〔2〕〔3〕で，これを，（e を底とする）対数目盛に乗せることができる．ここでは完全に独立であることが要求されるので，今述べた線の一部からランダムに取り出した点に対応する密度を手順1で計算した各列 a_i に割り振る．ただしある程度は連続性を意識しなければならないので，列 a_i 同士の密度を完全に独立にすることはできない．そこで次のような方法で，列から列へのある種の「記憶（メモリ）」を導入する．

a_{i-1} を持続時間が a_{i-1} で密度が c_{i-1} の列とし，a_i をそれに続く持続時間が a_i で密度が c_i の列とする．このとき密度 c_i は，次の式で与えられる．

$$c_i = c_{i-1}\, e^{\pm x}$$

ただし，x は長さ s の線分（$0 \leqq s \leqq 6$）からランダムにとった断片である．x の確率密度は，

$$P(x) = \frac{2}{s}\left(1 - \frac{x}{s}\right) \qquad \text{（補遺Iを参照）}$$

という式で与えられ，結局

$$N_{a_i} = c_i a_i$$

が成り立つ．

3. 列 a_i のあいだのオーケストラの構成 Q を決定する．まず楽器を，たとえばフルートとクラリネット，オーボエとバスーン，金管楽器，弦楽器の弓弾き，弦楽器のピチカート，弦楽器のコル・レーニョ，弦楽器のグリッサンド，木質打楽器，皮質打楽器，金属打楽器，というふうに r 個の音色のグループに分ける（《アトレ》の表を参照）．このとき，オーケストラの構成は推計学的である．すなわち，これらのグループの分布はきちんと定まっていない．この

《アトレ（ST/10-3, 060962）》を演奏するためのオーケストラの構成

現在の入力データにある音色の属と楽器

属	音色	楽器	楽器番号
1	パーカッション	木魚	1-5
		トムトム	6-9
		マラカス	10
		懸垂シンバル	11
		銅鑼	12
2	ホルン	フレンチホルン	1
3	フルート	フルート	1
4	クラリネット	クラリネット B♭	1
		バスクラリネット B♭	2
5	グリッサンド	ヴァイオリン	1
		チェロ	2
		トロンボーン	3
6	トレモロあるいは	フルート	1
	フラッタータンギング	クラリネット B♭	2
		バスクラリネット B♭	3
		フレンチホルン	4
		トランペット	5
		トロンボーン a	6
		トロンボーン b（ペダル音）〔4〕	7
		ヴァイオリン	8
		チェロ	9
7	弦をはじく	ヴァイオリン	1
		チェロ	2
8	弦を打つ	ヴァイオリン	1
	コル・レーニョ	チェロ	2
9	ヴィブラフォン	ヴィブラフォン	1
10	トランペット	トランペット	1
11	トロンボーン	トロンボーン a	1
		トロンボーン b（ペダル音）	2
12	弦楽器の弓弾き	ヴァイオリン	1
		チェロ	2

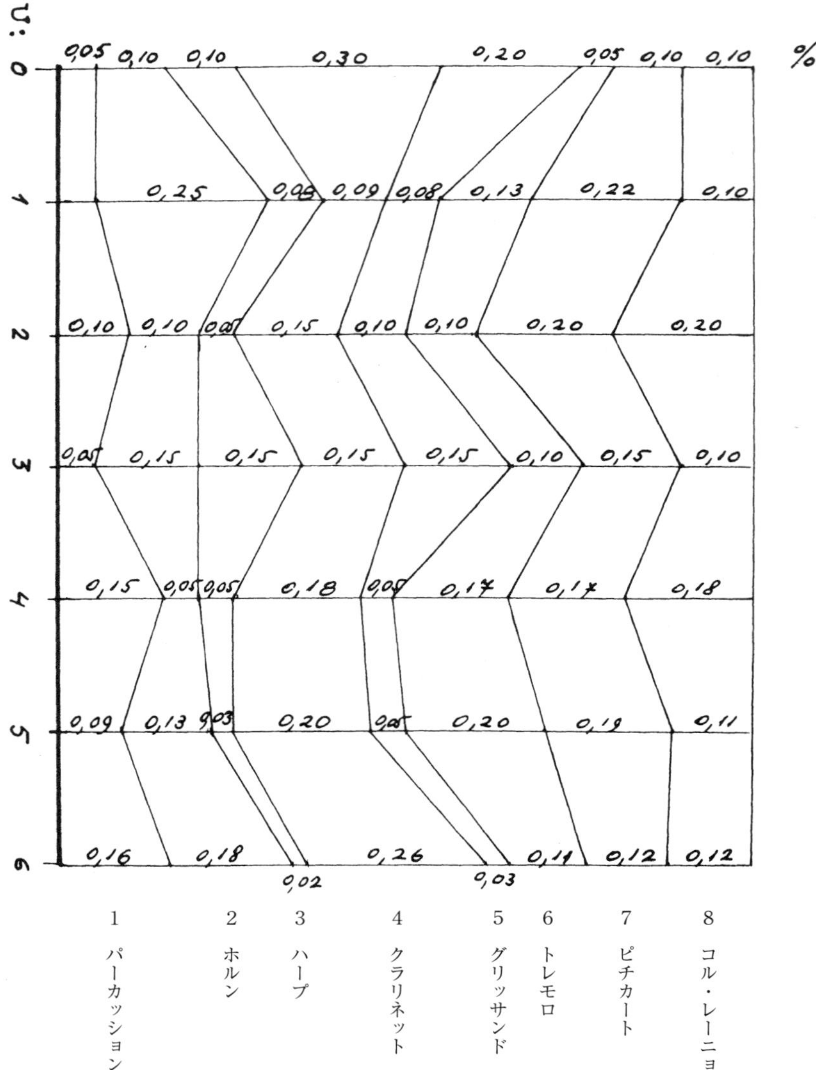

図 5-2 《ST/10-1, 080262》のオーケストラの構成．密度 $c_i = ve^U$ あるいは $U = \log(c_i/v)$

ため，たとえば持続時間が a_i の列でピチカートが80%，打楽器が10%，鍵盤楽器が7%，フルート属が3%の音を発することがあったりする．オーケストラの構成を巡る条件を定める際に決定的な要素になるのは，実は密度である．そこで，特別な図を使ってオーケストラの構成と密度を結びつける．図5-2に示したのは《ST/10-1, 080262》の例である．

図5-2を式で表すと次のようになる．

$$Q_r = (n-x)(e_{n,r} - e_{n+1,r}) + e_{n,r}$$

ただし r は属の数で，$x = \log(c_i/v)$，$n = 0, 1, 2, \cdots, 6$ で $n \leqq x \leqq n+1$，さらに $e_{n,r}$ や $e_{n+1,r}$ は n の関数としての属 r の確率である．いうまでもなく，この表を作るには，きわめて複雑で繊細かつ正確な作業が必要になる．それらの下準備が終わってはじめて，列 a_i の N_{a_i} 個の音を一つずつ定義することができるのだ．

4. 列 a_i のなかで音 N が起きる瞬間を定義する．列 a_i に分布する点，つまり音の平均密度は $k = N_{a_i}/a_i$ である．また，音のアタックの間隔が t と $t+dt$ の間にある確率は，次の式で与えられる．

$$P(t)dt = ke^{-kt}dt \qquad \text{（補遺Iを参照）}$$

5. 上記の音にすでに計算済みのオーケストラ Q に属する楽器を割り振る．3で計算したオーケストラ・アンサンブルから最初の属 r を確率 q_r でランダムに取り出す（さまざまな比率で r 色のボールが入っている壺を思い浮かべるとよい）．次に属 r のなかから，任意の表（n 色のボールが入った壺）で与えられた確率 p_n に従って楽器の数を定める．ここでも，属のなかの楽器の分布は複雑かつ繊細である．

6. 楽器の関数としての音高を割り振る．ピアノのもっとも低いB♭をゼロ点とする約85段階の半音からなる音階を定める．これによって，各楽器の音域 s は自然数（最低音と最高音の間隔）で表されることになる．ただし音高 h_u は小数で表され，その整数部分は楽器の音域内に収まる半音階のある音になっている．

2の密度の場合と同じように，同じ楽器がその前に演奏した音高についてのある種の記憶がある——つまり前の音高に依存してもよい——とすると，次のような式が成り立つ．

$$h_u = h_{u-1} \pm z$$

ただしこの z は，次の確率密度の公式

$$P(z) = \frac{2}{s}\left(1 - \frac{z}{s}\right) \qquad \text{(補遺 I を参照)}$$

で与えられる．

$P(z)dz$ は，領域 $0 \leqq z \leqq s$ から区間 $z \sim z+dz$ がランダムにとられる確率であり，s はその楽器で演奏可能なもっとも高い音高ともっとも低い音高の差になっている．

7. グリッサンドで特徴付けられた属 r で，グリッサンドの速さを割り振る．第 1 章で同質性を仮定したので，次の式が成り立つ．

$$f(v) = \frac{2}{a\sqrt{\pi}}\, e^{-v^2/a^2}$$

この関数の積分の変数に $v/a = u$ という変換を施すと，

$$T(u) = \frac{2}{\sqrt{\pi}} \int_0^u e^{-u^2}\, du$$

という式が得られるが，この関数の表はすでにある．$f(v)$ はグリッサンドの速度が v になる確率密度（半音/秒で表される）を表しており，このパラメータ a は，標準偏差 s（$a = s\sqrt{2}$）に比例している．

a は，列 a_i の密度の対数の関数として，

$$a = \sqrt{\pi}\left(30 - \frac{20}{6} \log\left(c_i/v\right)\right)$$

という密度の減少関数，あるいは

$$a = \sqrt{\pi}\left(10 + \frac{20}{6} \log\left(c_i/v\right)\right)$$

という密度の増加関数，あるいは，

$$a = 17.7 + 35.4k$$

という密度とは無関係な関数によって定義される．ただし k は，0 と 1 の間のランダムな値である〔5〕．

上の式に含まれる定数は，弦楽器によるグリッサンドの速さの限界によって決まる．

したがって $c_i = 44$ 音/秒であれば，

$$a = 53.1 \text{ 半音/秒}$$
$$2s = 75 \text{ 半音/秒}$$

$c_i = 0.11$ 音/秒であれば，

$$a = 17.7 \text{ 半音/音}$$
$$2s = 25 \text{ 半音/秒}$$

となる．

8. 発せられる音に持続時間 x を割り振る．話を簡単にするために，楽器ごとの平均持続時間を決めよう．ちなみにこの時間は，テシトゥーラ（音域）やニュアンスとは独立である．これによって，作品を従来の記譜法で書き写す際に変更を加える余地が残る．以下に示したのは，持続時間 x を決めるときに考慮すべき制約の一覧である．

G：呼吸の長さの最大値，あるいは望ましい持続時間
c_i：音の連なりの密度
q_r：属 r を選ぶ確率
p_n：楽器 n を選ぶ確率

このとき，z を音の持続時間のパラメータとすると，z は楽器が出現する確率に反比例すると考えられ，

$$z = \frac{1}{c_i p_n q_r}$$

となる．z の値が最大になるのは $c_i p_n q_r$ が最小のときで，そのとき $z_{\max} = G$ とすることができる．

$z_{\max} = G$ とするかわりに対数目盛を導入して，z の変化を一見緩やかに見せることもできる．この対数目盛は与えられた z の任意の値に適用されて，

$$z' = G \log z / \log z_{\max}$$

となる．

ここでは完全に独立としたので，持続時間 x の分布は正規分布になり，

$$f(x) = \frac{1}{s\sqrt{2\pi}} e^{-(x-m)^2/2s^2}$$

が成り立つ．ただし m は持続時間の算術平均で s は標準偏差，さらに定数 m と s は次の連立方程式を満たす．

$$m - 4.25s = 0$$
$$m + 4.25s = z'$$ [6]

ここで，$u = (x-m)/s\sqrt{2}$ とすると，7 の $T(u)$ と同じ形の関数が得られるので，すでに存在するこの関数の表を参照する．

最後に音の持続時間 x は

$$x = \pm us\sqrt{2} + m$$

によって与えられる〔7〕.

ここでは，楽器同士が同時に音を発せられるかどうかといったことは考慮しない．なぜならこの観点を取り込もうとすると，コンピュータのプログラムや計算に不必要な負担がかかるからだ．

9．発せられた音にディナミークの形を割り振る．平均的な強度の四つの領域，***ppp***，***p***，***f***，***ff*** を定める．このなかから重複を許して同時に三つを選ぶと，全部で $4^3 = 64$ 通りの組み合わせが考えられて，そのうちの互いに異なる組み合わせは〔***ppp***＜***p***＜***f*** や ***ppp***＜***f***－***f*** を ***ppp***＜***f*** と，***ff***＞***p***－***p*** や ***ff***＞***f***＞***p*** を ***ff***＞***p*** と同一視すると〕計 44 個ある（つまり壺のなかには 44 色のボールが入っている）．これらの組み合わせの例としてはたとえば ***ppp***＜***f***＞***p*** がある．

10．それぞれの音のクラウド N_{a_i} で，再び同じ操作を行う．

11．ほかの列についても同様に，改めて計算を行う．

一連の操作を一部抜粋したものが，図 5-1 である．次にこのフローチャートを，コンピュータにも「理解」できるように，Fortran IV という言語に書き換えなくてはならない．

ここで，フローチャートから Fortran への書き換え作業を細かく説明するつもりはない．とはいえ，数式をどのようにして機械を用いた手法に落とし込むのか，一例を示してみるのも面白い．

そこでまず，確率の基本法則（密度関数）を考える〔3〕.

$$f(x) = ce^{-cx}$$

このとき，計算機に確率密度が $f(x)$ であるような長さ x を求めさせるには，どうすればよいのか．計算機には，0 から 1 までの間からランダムな数 y_0 を等確率で抜くことしかできないから，作曲家のほうでこの確率を「調整」する必要がある．ある長さ x_0 を考えたときに，

$$\text{prob.}\,(0 \leqq x \leqq x_0) = \int_0^{x_0} f(x)\,dx = 1 - e^{-cx_0} = F(x_0)$$

が成り立つ．ただし，$F(x)$ は x の分布関数である．ところが，

$$F(x_0) = \text{prob.}\,(0 \leqq y \leqq y_0) = y_0$$

なので，

平均的な強度の四つの領域 ***ppp***, ***p***, ***f***, ***ff*** から導かれる 44 個の強度の表

ppp ppp
ppp p
ppp p ppp
p ppp
ppp f
ppp f ppp
f ppp
ppp ff
ppp ff ppp
ff ppp
ppp f p
f ppp p
p f ppp
p ppp f
ppp ff p
ff ppp p
p ppp ff
p ff ppp
p p
p ppp p
p f
p f p

f p
p ff
p ff p
ff p
ppp ff f
ff ppp f
f ppp ff
f ff ppp
f p ff
f ff p
p ff f
ff p f
f f
f ppp f
f p f
f ff f
f ff
ff f
ff ff
ff ppp ff
ff p ff
ff f ff

$$1-e^{-cx_0}=y_0$$

となり，すべての $x_0 \geqq 0$ について，

$$x_0=-\frac{\log(1-y_0)}{c}$$

が成り立つ．

問題のプログラムをコンピュータ可読な言語に書き換えさえすれば――この作業には数カ月かかることもあるのだが――カードに穴を開けて〔8〕，いくつかの試験を行うことができる．具体的には，プログラムの断片をコンピュータに走らせて論理や文字の誤りをあぶり出し，入力パラメータ（は変数の形で導入される）の値を決める．これはきわめて重要な局面で，こうやってプログラムのすべての部分を調べて，その実行形式を決めることができる．そして最後に――自動翻字機があれば話は別だが――得られた結果を従来の記譜法に変換する．

結　論

さまざまな構成のオーケストラ向けに《ST/10-1, 080262》のような形の曲を無限に作り出すことが可能で，実際に，RTF（フランス III）〔フランス国営放送〕の委託による大オーケストラのための《ST/48-1, 240162》や 10 奏者のための《アトレ》や 4 奏者のための《モルシマ - アモルシマ》はこのようにして作られた．

このプログラムが最小限の構造物を作るという課題への満足行く解答であることはまちがいないが，さらにもう一段上のレベルにあがって，デジタル／アナログ変換器付きのコンピュータを用いた純粋な作曲を行う必要がある．その場合には，数値計算で得られた結果が，あらかじめ内部構造を考えておいた音へと変換される．こうしてやっと，これまでの章で述べてきた概念が実を結び，一般化されるのである．

最後に，電子頭脳を用いた作曲の長所を挙げておこう．

1. 長い時間を要する苦労の多い手計算がほぼゼロになる．IBM-7090 のような機械の速度はまさに猛烈で，毎秒 50 万回の基本操作をこなすことができる．

2. 作曲家は退屈な計算から解放されて，この新たな音楽の形が投げかける一般的な問題に没頭し，さらに入力データの値をいじるなどしてこの音楽形態の詳細な調査に専念することができる．たとえば，ソリストや室内オーケストラから大オーケストラまでのありとあらゆる楽器の組み合わせを試してみるのもよいだろう．電子頭脳という助っ人を得たことで，作曲家はいわば飛行士となる．ボタンを押し，座標を入力して，音の空間を航行する宇宙船を監督・制御し，以前は遠い夢でしかなく覗き見るだけだった音の星座や銀河を抜けて，さらに前に進むことができる．今や安楽椅子に座ったままで，星座や銀河を自在に探検することが可能なのである．

3. この新たな形の音楽を構成する連続操作の一覧――すなわちプログラム――は，この形態を表す「物」である．したがって適切なタイプの電子頭脳があるところであれば，地球上のどこにでもこのプログラムを送ることができ，どんな作曲家 - 飛行士でもそれを使うことができる．

4. これらのプログラムにはある種の不確かさが組み込まれているので，一人一人の作曲家 - 飛行士は，プログラムを用いて作った音の構造物に自分自身の個性を吹き込むことができる．

原　注

(1) Xenakis (1957).

(2) 大オーケストラでは，$v \cdot e^6$ は上限――たとえば 150 音/秒――と等しくなければならない．

(3) Girault (1959).

訳　注

〔1〕この「ゲーデルの〔不完全性〕定理やチャーチの定理……を用いることで」という一節は仏語版にのみ見られる記述で，英語版では削除されている．英語版が刊行された時期には数学の問題をコンピュータで発見法的に調べることは常識になっており，ロジック・セオリストは既に過去のものになっていた．

〔2〕対数の底が変わっても比例係数が変わるだけで，自然対数を用いるのは微積分の表式を簡単にするためにすぎない．

〔3〕英語版原書では $v \cdot e^R$ となっているがタイプミスと思われる．$0.11 \times e^6 \fallingdotseq 44$ であり，10 奏者のための曲なので，最大の密度は大規模なオーケストラの場合の上限値よりも小さい．

〔4〕金管楽器の通常のキー操作で出せる最低音は第 2 倍音に相当し，基音 = ペダル音を出すには息と唇の操作が求められる．

〔5〕図 5-2 で $U = \log(c_i/v)$ は 0 と 6 の間の値を取っているが，この式では $k = U/6$ を「0 と 1 の間のランダムな値」と見なしている．

〔6〕$4.25 = 3\sqrt{2}$ であり，持続時間も密度と同様に 0 から 6 に分割した．

〔7〕u の定義式を移項しただけだが，u が正負両方の値を取る定義ならば，この $\pm$ 記号はいらない．

〔8〕当時の計算機はパンチカード式．

```
C     PROGRAM FREE STOCHASTIC MUSIC  (FORTRAN IV)                        XEN
C                                                                        XEN
C     GLOSSARY OF THE PRINCIPAL ABBREVIATIONS                            XEN
C
C     A - DURATION OF EACH SEQUENCE IN SECONDS                           XEN
C     A10,A20,A17,A35,A30 - NUMBERS FOR GLISSANDO CALCULATION            XEN
C     ALEA - PARAMETER USED TO ALTER THE RESULT OF A SECOND RUN WITH THEXEN
C     SAME INPUT DATA                                                    XEN
C     ALFA(3) - THREE EXPRESSIONS ENTERING INTO THE THREE SPEED VALUES   XEN
C     OF THE SLIDING TONES ( GLISSANDI )                                 XEN
C     ALIM - MAXIMUM LIMIT OF SEQUENCE DURATION A                        XEN
C     (AMAX(I),I=1,KTR) TABLE OF AN EXPRESSION ENTERING INTO THE         XEN
C     CALCULATION OF THE NOTE LENGTH IN PART 8                           XEN
C     BF - DYNAMIC FORM NUMBER. THE LIST IS ESTABLISHED INDEPENDENTLY    XEN
C     OF THIS PROGRAM AND IS SUBJECT TO MODIFICATION                     XEN
C     DELTA - THE RECIPROCAL OF THE MEAN DENSITY OF SOUND EVENTS DURING XEN
C     A SEQUENCE OF DURATION A                                           XEN
C     (E(I,J),I=1,KTR,J=1,KTE) - PROBABILITIES OF THE KTR TIMBRE CLASSESXEN
C     INTRODUCED AS INPUT DATA, DEPENDING ON THE CLASS NUMBER I=KR AND   XEN
C     ON THE POWER J=U OBTAINED FROM V3*EXPF(U)=DA                       XEN
C     EPSI - EPSILON FOR ACCURACY IN CALCULATING PN AND E(I,J),WHICH     XEN
C     IT IS ADVISABLE TO RETAIN.                                         XEN
C     (GN(I,J),I=1,KTR,J=1,KTS) - TABLE OF THE GIVEN LENGTH OF BREATH    XEN
C     FOR EACH INSTRUMENT, DEPENDING ON CLASS I AND INSTRUMENT J         XEN
C     GTNA - GREATEST NUMBER OF NOTES IN THE SEQUENCE OF DURATION A      XEN
C     GTNS - GREATEST NUMBER OF NOTES IN KW LOOPS                        XEN
C     (HAMIN(I,J),HAMAX(I,J),HBMIN(I,J),HBMAX(I,J),I=1,KTR,J=1,KTS)      XEN
C     TABLE OF INSTRUMENT COMPASS LIMITS, DEPENDING ON TIMBRE CLASS I    XEN
C     AND INSTRUMENT J.  TEST INSTRUCTION 480 IN PART 6 DETERMINES       XEN
C     WHETHER THE HA OR THE HB TABLE IS FOLLOWED. THE NUMBER 7 IS        XEN
C     ARBITRARY.                                                         XEN
C     JW - ORDINAL NUMBER OF THE SEQUENCE COMPUTED.                      XEN
C     KNL - NUMBER OF LINES PER PAGE OF THE PRINTED RESULT.KNL=50        XEN
C     KR1 - NUMBER IN THE CLASS KR=1 USED FOR PERCUSSION OR INSTRUMENTS XEN
C     WITHOUT A DEFINITE PITCH.                                          XEN
C     KTE - POWER OF THE EXPONENTIAL COEFFICIENT E SUCH THAT             XEN
C     DA(MAX)=V3*(E**(KTE-1))                                            XEN
C     KTR - NUMBER OF TIMBRE CLASSES                                     XEN
C     KW - MAXIMUM NUMBER OF JW                                          XEN
C     KTEST1,TAV1,ETC - EXPRESSIONS USEFUL IN CALCULATING HOW LONG THE   XEN
C     VARIOUS PARTS OF THE PROGRAM WILL RUN.                             XEN
C     KT1 - ZERO IF THE PROGRAM IS BEING RUN, NONZERO DURING DEBUGGING   XEN
C     KT2 - NUMBER OF LOOPS, EQUAL TO 15 BY ARBITRARY DEFINITION.        XEN
C     (MODI(IX8),IX8=7,1)  AUXILIARY FUNCTION TO INTERPOLATE VALUES IN   XEN
C     THE TETA(256) TABLE (SEE PART 7)                                   XEN
C     NA - NUMBER OF SOUNDS CALCULATED FOR THE SEQUENCE A(NA=DA*A)       XEN
C     (NT(I),I=1,KTR) NUMBER OF INSTRUMENTS ALLOCATED TO EACH OF THE     XEN
C     KTR TIMBRE CLASSES.                                                XEN
C     (PN(I,J),I=1,KTR,J=1,KTS),(KTS=NT(I),I=1,KTR) TABLE OF PROBABILITYXEN
C     OF EACH INSTRUMENT OF THE CLASS I.                                 XEN
C     (Q(I),I=1,KTR) PROBABILITIES OF THE KTR TIMBRE CLASSES, CONSIDEREDXEN
C     AS LINEAR FUNCTIONS OF THE DENSITY DA.                             XEN
C     (S(I),I=1,KTR) SUM OF THE SUCCESSIVE Q(I) PROBABILITIES, USED TO   XEN
C     CHOOSE THE CLASS KR BY COMPARING IT TO A RANDOM NUMBER X1 (SEE     XEN
C     PART 3, LOOP 380 AND PART 5, LOOP 430).                            XEN
C     SINA - SUM OF THE COMPUTED NOTES IN THE JW CLOUDS NA, ALWAYS LESS XEN
C     THAN GTNS ( SEE TEST IN PART 10 ).                                 XEN
C     SQPI - SQUARE ROOT OF PI ( 3.14159...)                             XEN
C     TA - SOUND ATTACK TIME ABCISSA.                                    XEN
C     TETA(256) - TABLE OF THE 256 VALUES OF THE INTEGRAL OF THE NORMAL XEN
C     DISTRIBUTION CURVE WHICH IS USEFUL IN CALCULATING GLISSANDO SPEED XEN
```

図 5-3　Fortran IV で書き直した推計学的音楽

```
C      AND SOUND EVENT DURATION.                                        XEN   66
C      VIGL - GLISSANDO SPEED (VITESSE GLISSANDO), WHICH CAN VARY AS, BE XEN   67
C      INDEPENDENT OF, OR VARY INVERSELY AS THE DENSITY OF THE SEQUENCE, XEN   68
C      THE ACTUAL MODE OF VARIATION EMPLOYED REMAINING THE SAME FOR THE  XEN   69
C      ENTIRE SEQUENCE (SEE PART 7).                                     XEN   70
C      VITLIM - MAXIMUM LIMITING GLISSANDO SPEED (IN SEMITONES/SEC),     XEN   71
C      SUBJECT TO MODIFICATION.                                          XEN   72
C      V3 - MINIMUM CLOUD DENSITY DA                                     XEN   73
C      (Z1(I),Z2(I),I=1,8) TABLE COMPLEMENTARY TO THE TETA TABLE.        XEN   74
C                                                                        XEN   75
C                                                                        XEN   76
C      READ CONSTANTS AND TABLES                                         XEN   78
C                                                                        XEN   77
      DIMENSION Q(12),S(12),E(12,12),PN(12,50),SPN(12,50),NT(12),        XEN   79
     *HAMIN(12,50),HAMAX(12,50),HBMIN(12,50),HBMAX(12,50),GN(12,50),H(12XEN   80
     *,50),TETA(256),VIGL(3),MODI(7),Z1(8),Z2(8),ALFA(3),AMAX(12)        XEN   81
C                                                                        XEN   82
C                                                                        XEN   83
C                                                                        XEN   84
      I=1                                                                XEN   85
      DO 10 IX=1,7                                                       XEN   86
      IX8=8-IX                                                           XEN   87
      MODI(IX8)=I                                                        XEN   88
   10 I=I+I                                                              XEN   89
C                                                                        XEN   90
      READ 20,(TETA(I),I=1,256)                                          XEN   91
   20 FORMAT(12F6.6)                                                     XEN   92
      READ 30,(Z1(I),Z2(I),I=1,8)                                        XEN   93
   30 FORMAT(6(F3.2,F9.8)/F3.2,F9.8,E6.2,F9.8)                           XEN   94
      PRINT 40,TETA,Z1,Z2                                                XEN   95
   40 FORMAT(*1   THE TETA TABLE = *,/,21(12F10.6,/),4F10.6,/////,       XEN   96
     ** THE Z1 TABLE = *,/,7F6.2,E12.3,///,* THE Z2 TABLE = *,/,8F14.8,/XEN   97
     *,1H1)                                                              XEN   98
      READ 50,DELTA,V3,A10,A20,A17,A30,A35,BF,SQPI,EPSI,VITLIM,ALEA,    AXEN   99
     *LIM                                                                XEN  100
   50 FORMAT(F3.0,F3.3,5F3.1,F2.0,F8.7,F8.8,F4.2,F8.8,F5.2)              XEN  114
      READ 60,KT1,KT2,KW,KNL,KTR,KTE,KR1,GTNA,GTNS,(NT(I),I=1,KTR)       XEN  115
   60 FORMAT(5I3,2I2,2F6.0,12I2)                                         XEN  126
      PRINT 70,DELTA,V3,A10,A20,A17,A30,A35,BF,SQPI,EPSI,VITLIM,ALEA,   AXEN  127
     *LIM,KT1,KT2,KW,KNL,KTR,KTE,KR1,GTNA,GTNS,((I,NT(I)),I=1,KTR)       XEN  128
   70 FORMAT(*1DELTA = *,F4.0,/,* V3 = *,F6.3,/,* A10 = *,F4.1,/,        XEN  129
     ** A20 = *,F4.1,/,* A17 = *,F4.1,/,* A30 = *,F4.1,/,* A35 = *,F4.1,XEN  130
     */,* BF = *,F3.0,/,* SQPI =*,F11.8,/,* EPSI =*,F12.8,/,* VITLIM = *XEN  131
     *,F5.2,/,* ALEA =*,F12.8,/,* ALIM = *,F6.2,/,* KT1 = *,I3,/,         XEN  132
     ** KT2 = *,I3,/,* KW = *,I3,/,* KNL = *,I3,/,* KTR = *,I3,/,         XEN  133
     ** KTE = *,I2,/,* KR1 = *,I2,/,* GTNA = *,F7.0,/,* GTNS = *,F7.0,    XEN  134
     */,12(* IN CLASS *,I2,*, THERE ARE *,I2,* INSTRUMENTS.*,/))         XEN  135
      READ 80,KTEST3,KTEST1,KTEST2                                       XEN  136
   80 FORMAT(5I3)                                                        XEN  141
      PRINT 90,KTEST3,KTEST1,KTEST2                                      XEN  142
   90 FORMAT(* KTEST3 = *,I3,/,* KTEST1 = *,I3,/,* KTEST2 = *,I3)        XEN  143
C                                                                        XEN  144
      IF(KTEST3.NE.0) PRINT 830                                          XEN  145
      R=KTE-1                                                            XEN  146
      A10=A10*SQPI                                                       XEN  147
      A20=A20*SQPI/R                                                     XEN  148
      A30=A30*SQPI                                                       XEN  149
C      IF ALEA IS NON-ZERO,THE RANDOM NUMBER IS GENERATED FROM THE TIME  XEN  150
C      WHEN THE FOLLOWING INSTRUCTION IS EXECUTED. IF ALEA IS NON-ZERO   XEN  151
C      EACH RUN OF THIS PROGRAM WILL PRODUCE DIFFERENT OUTPUT DATA.      XEN  152
      IF(ALEA.NE.0.0) CALL RANFSET(TIMEF(1))                             XEN  153
```

```
      PRINT 830
      DO 130 I=1,KTR
      Y=0.0
      KTS=NT(I)
      READ 100,(HAMIN(I,J),HAMAX(I,J),HBMIN(I,J),HBMAX(I,J),GN(I,J),
     *PN(I,J),J=1,KTS)
  100 FORMAT(5(5F2.0,F3.3))
      PRINT 110,I,(J,HAMIN(I,J),HAMAX(I,J),HBMIN(I,J),HBMAX(I,J),GN(I,J)
     *,PN(I,J),J=1,KTS)
  110 FORMAT(////,* IN CLASS NUMBER *,I2,(/,* FOR INSTRUMENT NO. *,I2,
     ** HAMIN = *,F3.0,*,HAMAX = *,F3.0,*,HBMIN = *,F3.0,*,HBMAX = *,
     * F3.0,*,GN = *,F3.0,*, AND PN = *,F6.3))
      DO 120 J=1,KTS
      Y=Y+PN(I,J)
  120 SPN(I,J)=Y
  130 IF (ABSF(Y-1.0).GE.EPSI) CALL EXIT
C
      DO 150 I=1,KTR
      READ 140,(E(I,J),J=1,KTE)
  140 FORMAT(12F2.2)
  150 PRINT 160,I,(J,E(I,J),J=1,KTE)
  160 FORMAT(//////,* CLASS NUMBER *,I2,/,(* IN DENSITY LEVEL *,I2,
     ** HAS A PROBABILITY OF *,F6.2,/))
      DO 180 J=1,KTE
      Y=0.0
      DO 170 I=1,KTR
  170 Y=Y+E(I,J)
  180 IF (ABSF(Y-1.0).GE.EPSI) CALL EXIT
      DO 200 I=1,KTR
      AMAX(I)=1.0/E(I,1)
      DO 200 J=2,KTE
      AJ=J-1
      AX=1.0/(E(I,J)*EXPF(AJ))
      IF (KT1.NE.0) PRINT 190,AX
  190 FORMAT(1H ,9E12.8)
  200 IF (AX.GT.AMAX(I)) AMAX(I)=AX
      IF (KT1.NE.0) PRINT 210,AMAX
  210 FORMAT( 1H ,9E12.8)
C
      JW=1
      SINA=0.0
      IF (KTEST1.NE.0) TAV1=TIMEF(1)
  220 NLINE=50
C
C     PARTS 1 AND 2, DEFINE SEQUENCE A SECONDS AND CLOUD NA DURING A
C
      KNA=0
      K1=0
  230 X1=RANF(-1)
      A=-DELTA * LOGF(X1)
      IF(A.LE.ALIM) GO TO 250
      IF (K1.GE.KT2) GO TO 240
      K1=K1+1
      GO TO 230
  240 A=ALIM/2.0
      X1=0.0
  250 K2=0
  260 X2=RANF(-1)
      IF (JW.GT.1) GO TO 280
  270 UX=R*X2
      GO TO 310
```

```
  280 IF (RANF(-1).GE.0.5) GO TO 290
      UX=UPR + R * (1.0-SQRTF(X2))
      GO TO 300
  290 UX=UPR - R * ( 1.0-SQRTF(X2))
  300 IF ((UX.GE.0.0).AND.(UX.LE.R)) GO TO 310
      IF (K2.GE.KT2) GO TO 270
      K2=K2+1
      GO TO 260
  310 U=UX
      DA=V3 * EXPF(U)
      NA=XINTF(A * DA + 0.5) + 1
      IF (GTNA.GT.FLOATF(NA)) GO TO 330
      IF (KNA.GE.KT2) GO TO 320
      KNA=KNA+1
      GO TO 230
  320 A=DELTA
      GO TO 260
  330 UPR=U
      IF (KT1.EQ.0)  GO TO 360
      PRINT 340,JW,KNA,K1,K2,X1,X2,A,DA,NA
  340 FORMAT(1H1,4I8,3X,4E18.8,3X,I8)
      NA=KT1
      IF (KTEST3.NE.0) PRINT 350,JW,NA,A
  350 FORMAT(1H0,2I9,F10.2)
C
C     PART 3, DEFINE CONSTITUTION OF ORCHESTRA DURING SEQUENCE A
C
  360 SINA=SINA + FLOATF(NA)
      XLOGDA=U
      XALOG=A20 *XLOGDA
      M=XINTF(XLOGDA)
      IF ((M+2).GT.KTE) M=KTE-2
      SR=0.0
      M1=M+1
      M2=M+2
      DO 380 I=1,KTR
      ALFX=E(I,M1)
      BETA=E(I,M2)
      XM=M
      QR=(XLOGDA-XM) * (BETA-ALFX) + ALFX
      IF (KT1.NE.0) PRINT 370,XM,ALFX,BETA
  370 FORMAT(1H ,3F20.8)
      Q(I)=QR
      SR=SR+QR
  380 S(I)=SR
      IF (KT1.NE.0) PRINT 390,(Q(I),I=1,KTR),(S(I),I=1,KTR)
  390 FORMAT(1H ,12F9.4)
C
C     PART 4,DEFINE INSTANT TA OF EACH POINT IN SEQUENCE A
C
      IF (KTEST2.NE.0) TAV2=TIMEF(1)
      N=1
      T=0.0
      TA=0.0
      GO TO 410
  400 N=N+1
      X=RANF(-1)
      T=-LOGF(X)/DA
      TA=TA+T
  410 IF (KT1.NE.0) PRINT 420,N,X,T,TA
  420 FORMAT(//,I8,3E20.8)
```

```
C
C     PART 5.DEFINE CLASS AND INSTRUMENT NUMBER TO EACH POINT OF A
C
      X1=RANF(-1)
      DO 430 I=1,KTR
  430 IF (X1.LE.S(I)) GO TO 440
      I=KTR
  440 KTS=NT(I)
      KR=I
      X2=RANF(-1)
      DO 450 J=1,KTS
      SPIEN=SPN(KR,J)
      INSTRM=J
  450 IF (X2.LE.SPIEN) GO TO 460
      INSTRM=KTS
  460 PIEN=PN(KR,INSTRM)
      IF (KT1.NE.0) PRINT 470,X1,S(KR),KR,X2,SPIEN,INSTRM
  470 FORMAT( 1H ,2E20.8,I6,2E20.8,I6 )
C
C     PART 6.DEFINE PITCH HN FOR EACH POINT OF SEQUENCE A
C
      IF (KR.GT.1) GO TO 480
      IF (INSTRM.GE.KR1) GO TO 490
      HX=0.0
      GO TO 560
  480 IF (KR.LT.7) GO TO 490
      HSUP=HBMAX(KR,INSTRM)
      HINF=HBMIN(KR,INSTRM)
      GO TO 500
  490 HSUP=HAMAX(KR,INSTRM)
      HINF=HAMIN(KR,INSTRM)
  500 HM=HSUP-HINF
      HPR=H(KR,INSTRM)
      K=0
      IF (HPR.LE.0.0) GO TO 520
  510 X=RANF(-1)
      IF (N.GT.1) GO TO 530
  520 HX=HINF+HM*X RANF(-1)
      GO TO 560
  530 IF (RANF(-1).GE.0.5) GO TO 540
      HX=HPR+HM * ( 1.0-SQRTF(X))
      GO TO 550
  540 HX=HPR-HM * (1.0-SQRTF(X))
  550 IF((HX.GE.HINF).AND.(HX.LE.HSUP)) GO TO 560
      IF (K.GE.KT2) GO TO 520
      K=K+1
      GO TO 510
  560 H(KR,INSTRM)=HX
      IF (KT1.NE.0) PRINT 570,K,X,HX
  570 FORMAT(1H ,I6,2E20.8)
C
C     PART 7.DEFINE SPEED VIGL TO EACH POINT OF A
C
      IF (KR.EQ.5) GO TO 580
      VIGL(1)=0.0
      VIGL(2)=0.0
      VIGL(3)=0.0
      X1=0.0
X2=0.0
      XLAMBDA=0.0
      GO TO 740
```

```
  580 KX=1
  590 X1=RANF(-1)
      IF (X1-0.9997) 600,650,680
  600 I=128
      DO 630 IX=1,7
      IF(TETA(I)-X1) 610,640,620
  610 I=I+MODI(IX)
      GO TO 630
  620 I=I-MODI(IX)
  630 CONTINUE
      IF(TETA(I)-X1) 670,640,660
  640 XLAMBDA=FLOATF(I-1)/100.0
      GO TO (720,760), KX
  650 XLAMBDA=2.55
      GO TO (720,760),KX
  660 I=I-1
  670 TX1=TETA(I)
      XLAMBDA=(FLOATF(I-1)+(X1-TX1)/(TETA(I+1)-TX1))/100.0
      GO TO ( 720,760 ), KX
  680 DO 690 I=2,7
      TX1=Z2(I)
      IF(X1-TX1) 700,710,690
  690 CONTINUE
      I=8
      TX1=1.0
  700 TX2=Z1(I)
      XLAMBDA=TX2-((TX1-X1)/(TX1-Z2(I-1)))*(TX2-Z1(I-1))
      GO TO ( 720,760 ), KX
  710 XLAMBDA=Z1(I)
      GO TO( 720,760 ), KX
  720 ALFA(1)=A10+XALOG
      ALFA(3)=A30-XALOG
      X2=RANF(-1)
      ALFA(2)=A17+A35*X2
      DO 730 I=1,3
      VIGL(I)=INTF(ALFA(I)*XLAMBDA+0.5)
      IF (VIGL(I).LT.0.0) VIGL(I)=-VIGL(I)
      IF (VIGL(I).GT.VITLIM) VIGL(I)=VITLIM
  730 IF (RANF(-1).LT.0.5) VIGL(I)=-VIGL(I)
  740 IF(KT1.NE.0) PRINT 750,X1,X2,XLAMBDA,VIGL
  750 FORMAT(1H ,6E19.8)
C
C     PART 8,DEFINE DURATION FOR EACH POINT OF A
C
      IF ((KR.EQ.7).OR.(KR.EQ.8)) GO TO 780
      ZMAX=AMAX(KR)/(V3*PIEN)
      G=GN(KR,INSTRM)
      RO=G/LOGF(ZMAX)
      QPNDA=1.0/(Q(KR)*PIEN*DA)
      GE=ABSF(RO*LOGF(QPNDA))
      XMU=GE/2.0
      SIGMA=GE/4.0
      KX=2
      GO TO 590
  760 TAU=SIGMA*XLAMBDA*1.4142
      X2=RANF(-1)
      IF (X2.GE.0.5) GO TO 770
      XDUR=XMU+TAU
      GO TO 790
  770 XDUR=XMU-TAU
      IF (XDUR.GE.0.0) GO TO 790
```

```
  780 XDUR=0.0
  790 IF(KT1.NE.0)PRINT 800,ZMAX,XMU,SIGMA,X1,XLAMBDA,X2,XDUR
  800 FORMAT(1H ,5E15.8,E11.4,E15.8)
C
C     PART 9,DEFINE INTENSITY FORM TO EACH POINT OF A
C
      IFORM=XINTF(RANF(-1)*BF+0.5)
      IF (KT1.EQ.0) GO TO 840
      IF (NLINE.LT.KNL) GO TO 810
      IF (NLINE.EQ.KNL) GO TO 820
      NLINE=1
      GO TO 900
  810 NLINE=NLINE+1
      GO TO 900
  820 PRINT 830
  830 FORMAT(1H1)
      NLINE=0
      GO TO 900
  840 IF (NLINE.GE.KNL) GO TO 850
      NLINE=NLINE+1
      GO TO 880
  850 PRINT 860,JW,A,NA,(Q(I),I=1,KTR)
  860 FORMAT(*1  JW=*,I3,4X,*A=*,F8.2,4X,*NA=*,I6,4X,*Q(I)=*,12(F4.2,*/*
     *),//)
      PRINT 870
  870 FORMAT(6X,*N*,8X,*START*,5X,*CLASS*,4X,*INSTRM*,4X,*PITCH*,6X,
     **GLISS1*,4X,*GLISS2*,4X,*GLISS3*,8X,*DURATION*,5X,*DYNAM*)
      NLINE=1
  880 PRINT 890,N,TA,KR,INSTRM,HX,(VIGL(I),I=1,3),XDUR,IFORM
  890 FORMAT(1H ,I7,F12.2,I9,I8,F11.1,F13.1,2F10.1,F14.2,I11)
C
C     PART 10,REPEAT SAME DEFINITIONS FOR ALL POINTS OF A
C
  900 IF (N.LT.NA) GO TO 400
C
C     PART 11, REPEAT SEQUENCES A
C
      IF (KTEST2.EQ.0) GO TO 910
      TAP2=TIMEF(1)-TAV2
      TAP2=TAP2/FLOATF(NA)
      PRINT 750,TAP2
C
  910 IF (JW.GE.KW) GO TO 930
  920 JW=JW+1
      IF (GTNS.GT.SINA) GO TO 220
  930 IF (KTEST1.EQ.0) CALL EXIT
  940 TAP1=TIMEF(-1)-TAV1
      TAP1=TAP1/FLOATF(KW)
      PRINT 750,TAP1
C
      END
```

```
C
C      DATA FOR ATREES (ST/10-3, 060962)
C
000000011300022600033900045100056400067600078900090100101300112500123600
134800145900156900168000179000190000200900211800222700233500244300255000
265700276300286900297400307900318300328600338900349100359300369400379400
389300399200409000418700428400438000447500456900466200475500484700493700
502700511700520500529200537900546500554900563300571600579800587900595900
603900611700619400627000634600642000649400656600663800670800677800684700
691400698100704700711200717500723800730000736100742100748000753800759500
765100770700776100781400786700791800796900801900806800811600816300820900
825400829900834200838500842700846800850800854800858600862400866100869800
873300876800880200883500886800890000893100896100899100902000904800907600
910300913000915500918100920500922900925200927500929700931900934000936100
938100940000941900943800945700947300949000950700952300953800955400956900
958300959700961100962400963700964900966100967300968400969500970600971600
972600973600974500975500976300977200978000978800979600980400981100981800
982500983200983800984400985000985600986100986700987200987700988200988600
989100989500989900990300990700991100991500991800992200992500992800993100
993400993700993900994200994400994700994900995100995300995500995700995900
996100996300996400996600996700996900997000997200997300997400997500997600
997700997900997960998050998140998230998320998400998480998550998620998680
998740998800998850998910998960999010999060999100999140999180999230999270
999300999340999370999400999440999470999500999530999560999580999600999630
999650999670999690999700
255099970000263099980000275099999000031309999990003460999999003770999999990
40609999999910OE30100000000
040050100200177300355631772453901000000710000000000012000
0000150500500120720001600025000120101020309020201010202

010100001007001010000100900101000010120010100001011001010000010090
010100001012001010000100800101000010080010100001012001010000010080
01010000150200101000020020
1755000010999
3975000015999
29710000206001754000010400
348500001540015630000154001953000010200
397500001515029710000100901754000070901755000010090336300001009O
19530000100701013000010200348500001520015630000015020
0000346700500000154800500
0000346700500000154800500
000032681O999
0000336310999
000019531080000001013O7200
0000348715500000157215500
25080408011309
08071602010110
03030420010110
02050325010112
03350315011505
02100302103907
02020203150207
02020202410207
03090317041609
03132003200509
02052801030409
45011202020106
```

JW= 1 A= 9.13 NA= 55

Q(I)=0.12/0.04/0.04/0.05/0.12/0.29/0.04/0.04/0.14/0.06/0.06/0.03/

N	START	CLASS	INSTRM	PITCH	GLISS1	GLISS2	GLISS3	DURATION	DYNAM
1	0.00	7	1	34.0	0.0	0.0	0.0	0.00	3
2	0.10	10	1	43.2	0.0	0.0	0.0	0.41	50
3	0.11	6	8	81.3	0.0	0.0	0.0	0.63	21
4	0.13	6	3	47.0	0.0	0.0	0.0	0.18	10
5	0.18	1	4	0.0	0.0	0.0	0.0	1.90	29
6	0.25	9	1	48.7	0.0	0.0	0.0	0.51	35
7	0.33	6	7	11.4	0.0	0.0	0.0	0.37	42
8	0.34	9	1	38.1	0.0	0.0	0.0	0.00	59
9	0.40	1	1	0.0	0.0	0.0	0.0	2.20	45
10	0.41	6	9	55.0	0.0	0.0	0.0	1.07	0
11	0.76	6	7	11.5	0.0	0.0	0.0	0.40	7
12	0.90	8	2	23.2	0.0	0.0	0.0	0.00	19
13	1.00	7	2	26.9	0.0	0.0	0.0	0.00	6
14	1.09	10	1	46.2	0.0	0.0	0.0	0.32	57
15	1.09	6	2	68.5	0.0	0.0	0.0	0.71	25
16	1.23	6	3	46.9	0.0	0.0	0.0	0.64	32
17	1.42	6	1	44.0	0.0	0.0	0.0	0.44	1
18	1.57	10	1	36.2	0.0	0.0	0.0	0.22	21
19	1.65	4	2	32.5	0.0	0.0	0.0	1.09	13
20	1.78	6	8	72.6	0.0	0.0	0.0	0.06	60
21	1.92	6	3	38.9	0.0	0.0	0.0	0.55	60
22	1.94	5	1	74.6	71.0	-25.0	-71.0	0.80	62
23	2.18	4	1	32.6	0.0	0.0	0.0	1.50	50
24	2.18	6	6	50.9	0.0	0.0	0.0	0.60	26
25	2.19	1	12	0.0	0.0	0.0	0.0	4.58	24
26	2.20	9	1	49.3	0.0	0.0	0.0	0.02	58
27	2.23	9	1	51.0	0.0	0.0	0.0	0.22	13
28	2.32	7	1	36.9	0.0	0.0	0.0	0.00	43
29	2.33	4	1	31.8	0.0	0.0	0.0	1.38	56
30	2.54	1	6	0.0	0.0	0.0	0.0	0.28	14
31	2.57	11	2	12.2	0.0	0.0	0.0	1.69	40
32	2.71	9	1	48.5	0.0	0.0	0.0	0.37	55
33	2.80	1	5	0.0	0.0	0.0	0.0	1.50	58
34	3.28	5	2	15.4	49.0	5.0	-31.0	0.52	21
35	3.33	1	7	0.0	0.0	0.0	0.0	1.38	8
36	3.38	5	2	47.3	-71.0	-17.0	46.0	1.05	4
37	3.55	10	1	37.6	0.0	0.0	0.0	0.14	24
38	3.56	1	9	0.0	0.0	0.0	0.0	1.30	0
39	3.60	9	1	64.3	0.0	0.0	0.0	0.19	13
40	3.64	12	2	52.2	0.0	0.0	0.0	3.72	9
41	3.65	6	5	59.0	0.0	0.0	0.0	0.83	28
42	3.71	5	3	38.8	25.0	2.0	-15.0	0.00	11
43	3.80	6	8	75.6	0.0	0.0	0.0	0.43	17
44	3.87	6	2	51.5	0.0	0.0	0.0	0.77	57
45	3.89	6	7	12.1	0.0	0.0	0.0	0.39	2
46	4.15	5	2	43.0	-71.0	24.0	71.0	1.16	2
47	4.15	5	1	80.3	36.0	4.0	22.0	0.85	50
48	4.25	9	1	59.9	0.0	0.0	0.0	0.10	10
49	4.31	12	2	40.1	0.0	0.0	0.0	2.49	33
50	4.33	1	10	0.0	0.0	0.0	0.0	0.46	34

図 5-4　解析のある段階における暫定結果

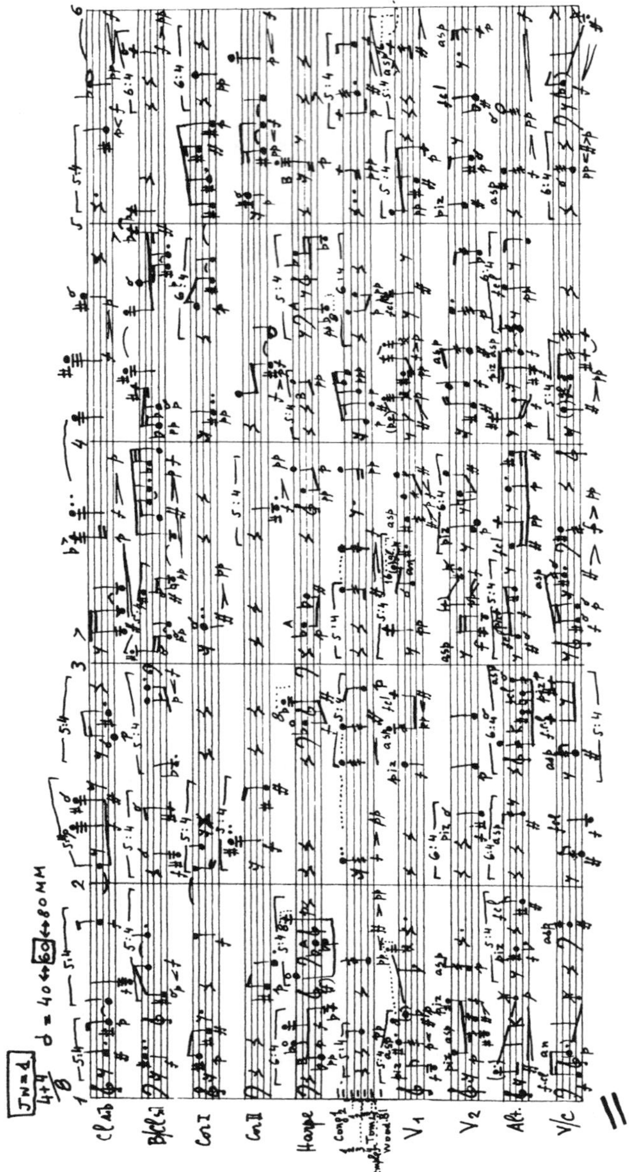

図 5-5 《ST/10-1, 080262》の 1 小節から 5 小節まで

第 6 章
記号論的音楽

この章では，作曲の基礎となる論理学のやっかいな問題に取り組む．知の女王ともいうべき論理学は数学の独占物となり，2000 年の歴史を持つ「論理学」という自らの名と「代数学」という名のあいだで揺れている．

ここまでの章を論理的につなぐ作業はひとまず措いて，近い将来にわれわれをより調和の取れた領域へと導いてくれるであろう一つの径（みち）を辿ることにしよう．

論理学や代数学の視点から見た大まかな作曲のイメージ

この章ではまず，突然記憶をなくした自分を想像してみる．記憶を失ったがゆえに，作曲という作業につきものの精神的な操作の大本（おおもと）まで遡り，ありとあらゆる種類の音楽に通用する一般原理を抽出することができるようになる．ここでは，心や体の面から知覚を研究するのではなく，音を聴くという現象と音楽を聴く際の思考過程をより明確に理解することだけに集中する．そうすることで，過去の作品をよりよく理解するための道具や，新たな音楽を作るための道具を作り出したいのである．それにはまず，組織立っていたりばらばらだったりする実在や概念を集めて切り分け，のり付けすると同時に，論理の細い糸を解きほぐす必要がある．その論理にはまちがいなく欠落があるだろうが，実際に存在しているというだけでも十分に価値があるのだ．

包括的な要素がたった一つだけある場合

今，始まりがあって終わりのある音響出来事があったとして，その出来事を全体として一つの存在と見なすことができ，当面はそう見なせば十分だとする．さらにまた，われわれは記憶を失っているので，その出来事は快でもなければ不快でもなく中立だとする．

仮定：どのような音響出来事に対しても，その質についての判断はいっさい下さない．その出来事のなかの——あるいは複数の出来事のあいだの——抽象的な関係と，それらの関係に課すことができる論理的操作だけを問題とする．したがって音響出来事を発するということはある種の言明であり，記銘であり，音による記号である．今これを端的に a という文字で表そう．

この出来事が一度しか起きないのであれば，それは現れては消える単一の存在でしかない．要するに，a が存在するというだけの話なのだ．

次に，この出来事が幾度か連続して起こったとすると，それらを比べてすべて同じだと結論できるが，それ以外にできることはない．つまり，繰り返しは同一性や反復を含んでいるのだ．ところがそれと同時に，まさにこの繰り返しのおかげで，もう一つの出来事の基礎となる現象——すなわち時間の抑揚——が生まれる．問題の音響出来事がモールス信号の音だったとすると，時間の横座標は音の外側に音とは独立に存在するものとしての意味を獲得することになる．つまり，反復によって同一性を推論できるようになるだけでなく，新たにある現象が生まれ，それが時間に刻み込まれ，時間に抑揚をつけるのである．

早い話が，時間の要素をいっさい考慮しないのであれば，単一の音響出来事はその出来事が起きたということを意味するにすぎない．その符号，その記号，その包括的な要素 a が発せられたというだけの話なのだ．そして実際に——あるいは心の中で——繰り返された音の出来事は，同一性および反復のみを意味するのである．

$$a \vee a \vee a \vee a \vee \cdots \vee a = a$$

この $\vee$ は「時間に関係なく隣り合わせにおく」ことを意味する作用素で，$=$ という符号は左右が同じものであることを意味する．単一の音響出来事でなし得ることは，これに尽きる．

包括的な要素が二つ以上ある場合

今ここに二つの音響出来事 a, b があって，a と b は同じではなく，ちょうど a, b という文字のようにまったくの別物で（この二つの文字を混同するとしたら，見ている人の目がよほど悪いか，字がひどく汚いかのどちらかだろう）簡単に聴き分けられるとする．

時間に関する事柄をいっさい考慮しないことにすると，この二つの要素を対と見なすことができる．その結果，最初に a が起きてから b が起きたとしても，最初に b が起きてから a が起きたとしても，これら二つの異なる出来事に関して得られる情報は，長い沈黙を挟んでおのおのが別々に聴こえた場合とまったく同じになる．さらに，この二つがどれくらい似ているかといったことや時間に関する事柄もいっさい考慮しないから，$a \neq b$ であるような a, b に関しては，

$$a \vee b = b \vee a$$

と書くことができる．つまり a と b を隣り合わせにしたからといって，新しいことはまったく起きず，前と同じ意味しかないのだ．よって，ここでは交換法則が成り立つ．

三つの異なる出来事 a, b, c がある場合には，そのうちの二つが組み合わさって別の要素となり，その要素が第三の要素と関連すると考えることができる．

$$(a \vee b) \vee c$$

しかしこのような結合操作を行ったとしても，新しいものは何も生まれないから，

$$(a \vee b) \vee c = a \vee (b \vee c)$$

となって，結合法則が成り立つ．

このように，時間の要素を排除することによって作曲に関する時間外の二つの法則——交換法則と結合法則——を得ることができる（この二つの法則を単一の出来事へと拡張することも可能である）．

ところが包括的な出来事 a, b, c が時間のなかで発現すると考えると，もはや交換法則が成り立たなくなる〔1〕．つまり，

$$a \top b \neq b \top a$$

なのである．ただし，$\top$ は「〜の前」を意味する記号である．

このような非対称性が生じるのは，われわれが大昔からの人間の経験に則って習慣的に出来事と時間を一対一対応させるからだ．ところが出来事抜きの時間——ということは結果として交換法則と結合法則：

$$a \top b = b \top a \quad \text{（交換法則）}$$

$$(a \top b) \top c = a \top (b \top c) \quad \text{（結合法則）}$$

がともに成り立つ計量時間でもある——を考えると，このような非対称性は存在しない．

距離（音程）の概念

包括的な要素，$a, b, c, \cdots$ を丸ごとの存在として考えているだけでは，あまり前に進めない．今述べたことをさらに明確にして活用するには，音響記号の内なる組織にまで踏みこむ必要があるのだ．

音響出来事はすべて，音の始まりから終わりまでの間に変わっていく一揃いの性質の集まりとして感知される．第一のレベルでは，音の高さや持続時間や音色やアタックや音の肌理（きめ）などが感じられる．さらにこれとは別のレベルで，音の複雑さや秩序の程度，ばらつきや密度や同質性や不安定さや厚みなどが感じられる．今ここで，これらの問題を解明するつもりはない．なぜならこれらの問題はほかの問題より難しく，しかも現時点ではさほど重要でないからだ．さほど重要でないというのは，一つには，音の性質の多くを（ざっとではあっても）強さに等級をつけて，完全に順序付けることができるからだ．そこでここからは，あまたある性質のうちの一つを選んで論じていくが，その性質に関していえることは，ほかのすべての性質にも拡張することができる．

ということで，今，音高しか識別できない一連の出来事があって，記憶をなくした観察者がそれを感じ取ったとしよう．このとき，二つの要素 a, b を与えられただけでは，距離——すなわち音程——の概念を作ることはできない．音程の概念を生み出すには，第三の項 c が必要なのだ．三つ目の項があれば，観察者は直接音高の違いを感知し，順繰りに比べることで，まず相対的な音高という概念（a および c と比べた b）を形成することができて（これは等級付けの萌芽でもある），さらに距離（すなわち音程）の概念を形成することができる．こうして頭の中であれこれ工夫すれば，音高だけでなく旋律の音程も完璧に順序付けて分類することが可能になる．

今，

$$H = (h_a, h_b, h_c, \cdots)$$

という音程の集合と，（等しいか大きいという）二項関係 S が与えられていて，

1. あらゆる $h \in H$ について，hSh，つまり反射法則が成り立つ．
2. $h_a = h_b$ でない限り，$h_aSh_b \neq h_bSh_a$，つまり非対称性が成り立つ．
3. h_aSh_b かつ h_bSh_c ならば h_aSh_c，つまり推移法則が成り立つ．

としよう．

すると，音響出来事が引き起こす感覚の異なる側面が，採用された距離の単

位に応じて最終的には完全な——あるいは部分的な——順序集合を形作る．たとえば音高の距離（＝音程）の単位として半音（＝ 2 の 12 乗根 ≒ 1.059）の関係ではなく 1.00001 の関係を採用すると，音高や音程の集合はきわめて曖昧になり，順序付けも完全ではなくなる．なぜなら人間の耳は音の高低の差をそこまで細かく聞き分けることができず，この関係を聞き取ることは難しいからだ．一般に単位距離を十分大きくとりさえすれば，音響出来事の性質の多くを完全に順序付けることができる．

今，われわれの直接的な聴覚経験に従って，音響出来事の究極の側面は（音高として捉えられる）周波数 (1) と強度と持続時間の三つであって，これらの要素をきちんと折り合わせればすべての音響出来事を構成することができると仮定する．ちなみにこの場合，要素の数を 3 より少なくすることはできない．音響出来事のミクロな構造に関するほかの前提については，序文と第 9 章を参照されたい．

音響出来事の質の構造 (2)

ここまでで，ごく素朴な音楽実践から出発して音程——つまり距離——の概念を定義することができたので，今度は音程の集合を細かく見ていくことにしよう．この集合は実は自然数の積集合 $\boldsymbol{N}\times\boldsymbol{N}$ の同値類と同型〔互いの演算を保存するような一対一対応が存在するということ〕である〔2〕．

1．今，（旋律的な）音高の距離の集合 H があるとき，内部合成則によって，各組 $(h_a, h_b)\in H$ に第 3 の要素を対応させることができる．この h_a と h_b の合成を，$h_a+h_b=h_c$ と記すことにしよう（ただし $h_c\in H$）．たとえばピッチが I, II, III の三つの音があって，(I, II) という対と (II, III) という対の差を半音で表した音程が $h_{(\mathrm{I,\,II})}$，$h_{(\mathrm{II,\,III})}$ だったとする．このとき，音 I と音 III を隔てる音程 $h_{(\mathrm{I,\,III})}$ は，残る二つの半音の和と等しくなる．したがって，結合した音程の内部合成則は加法的である．

2．この法則は結合法則を満たす．

$$h_a+(h_b+h_c)=(h_a+h_b)+h_c=h_a+h_b+h_c$$

3．あらゆる $h_a\in H$ に対して中立な元〔要素とも〕h_0 が存在して，次の式が成り立つ．

$$h_0+h_a=h_a+h_0=h_a$$

音高の中立元はユニゾン——ないしゼロ音程——と呼ばれる．強度のゼロ強度差には特に名前はなく，持続時間のゼロ時間差は同時性と呼ばれる．

4．すべての h_a に対して，逆元と呼ばれる特別な元 h'_a が存在して，次の式が成り立つ．

$$h'_a + h_a = h_a + h'_a = h_0 = 0$$

上昇する旋律的音程 h_a に対しては，下降する音程 h'_a があって，ユニゾンに戻る．また，（正のデシベル差で表される）強度が増す過程の前後に（負のデシベル差で与えられる）強度が減る過程が起こると互いの効果が相殺され，プラスの時間差に対してはマイナスの時間差があってその和はゼロ——つまり同時——になる．

5．この法則は交換法則を満たす．

$$h_a + h_b = h_b + h_a$$

今述べた五つの公理は，時間外の音高ではすでに確立されている．ところが，これらの公理はすでに例を通して音響出来事の残る二つの基本的要素にも拡張できているので，集合 H（音高の差），G（強度の差）と U（持続時間）には「加法に関する可換群構造」があるといえる．

時間集合 T と時間の外で吟味したほかの集合との関係を具体的にきちんと述べるために，また，集合 U（音響出来事を特徴付ける持続時間）と，たとえば集合 T に属する音響出来事を時系列的に分かつ時間差との混同を避けるために，ここまででわかったことを段階を追って要約しておく．

要　約

今，三つの出来事 a, b, c が続いて起きたとする．

第1段階：三つの出来事を区別する．以上終わり．

第2段階：「時間の連続」が認識される．つまり，出来事と時間の対応がつく．ここから，

$$a \text{の後に} b \neq b \text{の後に} a \quad \text{（非可換）}$$

という結論が得られる．

第3段階：三つの音響出来事が認識され，それらの音響出来事によって出来事の間の時間が二つに分けられる．これら二つの断片を比較して，ある単位の倍数として表すことができる．これによって時間に計量が入り，これらの断

片は集合 T の包括的要素となる．したがってこれらは可換である．

ピアジェによると，子どもの場合にはこの三つの段階を経て時間の概念が形成されるという．

第 4 段階：三つの音響出来事が区別されて時間の距離が区別され，音響出来事と時間の距離が独立であることが認識される．これによって，音響出来事については時間外の代数が，時間のインターバルについては副次的な時間の代数が認められるが，これら二つの代数は，ほかの点ではまったく同じである（いうまでもなく，音響出来事を隔てる時間のインターバルは集合 T を構成するが，この集合は加法について可換群である）．最後に，時間外の代数的関数と一時的な時間の代数的関数を一対一で対応させることができて，これらの対応が時間内の代数を構成することもある．

結局のところ，音楽の分析と構築はそのほとんどが，次の三つに基づいているらしい．

1. 実体，つまり音響出来事の研究．とりあえずの前提として，この実体には音高と強度と持続時間の三つの性質が集まっており，時間外の構造があるとする．
2. そのほかのもっと単純な実体である時間の研究．時間には一時的な構造がある．

そして，

3. 時間外の構造と一時的な構造との対応——つまり時間内での構造の研究．

ベクトル空間

集合 H（旋律的な音程），G（強度の差），U（持続時間），T（音響出来事自体とは独立な，音響出来事を隔てている時間差）には完全な順序が入っている．さらにこれらの集合は，ある条件下で実数の集合 $\boldsymbol{R}$ と同型で，各集合と集合 $\boldsymbol{R}$ との間に外的な合成法則が確立されているとする．つまり，どの要素 $a \in E$（E は今挙げた集合のいずれか）といかなる $A \in \boldsymbol{R}$ についても，$b = Aa$ を満たす E の要素 b が存在するのだ．これとは別のベクトル空間へのアプローチについては，第 8 章の 256 ページにある群と体の積としての音程の集合に関する議論を参照されたい．

$\boldsymbol{X}$ を，集合 H, G, U の要素に順に対応している三つの数 x_1, x_2, x_3 をある順序で並べた列とする．このとき $\boldsymbol{X}=(x_1, x_2, x_3)$ はベクトルとなり，x_1, x_2, x_3 はその要素となる．特に，どの要素もゼロであるようなベクトルをゼロベクトル $\boldsymbol{0}$ と呼ぶ．このベクトルは「座標の原点」と呼ばれることがあり，(x_1, x_2, x_3) を要素とするベクトルを，初等幾何学になぞらえて「座標が (x_1, x_2, x_3) の点 M」と呼ぶことがある．二つの点，すなわち二つのベクトルが同じ列で定義されている（つまり $x_i=y_i$ である）とき，それらのベクトルは等しいという．

これらの列の集合は，3 次元のベクトル空間 E_3 を形成する．E_3 には以下の二つの合成法則が存在する．

1. 加法と呼ばれる内部の合成法則.

$\boldsymbol{X}=(x_1, x_2, x_3)$，$\boldsymbol{Y}=(y_1, y_2, y_3)$ とすると，

$$\boldsymbol{X}+\boldsymbol{Y}=(x_1+y_1, x_2+y_2, x_3+y_3)$$

となる．

さらにこの合成法則には，次の三つの性質がある．

(a) $\boldsymbol{X}+\boldsymbol{Y}=\boldsymbol{Y}+\boldsymbol{X}$（交換法則）.

(b) $\boldsymbol{X}+(\boldsymbol{Y}+\boldsymbol{Z})=(\boldsymbol{X}+\boldsymbol{Y})+\boldsymbol{Z}$（結合法則）.

(c) 二つのベクトル $\boldsymbol{X}, \boldsymbol{Y}$ があるとき，$\boldsymbol{X}=\boldsymbol{Y}+\boldsymbol{Z}$ となるただ一つのベクトル $\boldsymbol{Z}=(z_1, z_2, z_3)$ が存在する．このとき $z_i=x_i-y_i$ が成り立ち，この $\boldsymbol{Z}$ は $\boldsymbol{X}$ と $\boldsymbol{Y}$ の差と呼ばれ，$\boldsymbol{Z}=\boldsymbol{X}-\boldsymbol{Y}$ で表される．特に $\boldsymbol{X}+\boldsymbol{0}=\boldsymbol{0}+\boldsymbol{X}=\boldsymbol{X}$ であって，どのベクトル $\boldsymbol{X}$ にも $(-x_1, -x_2, -x_3)$ を要素とする逆ベクトル $-\boldsymbol{X}$ が存在して，$\boldsymbol{X}+(-\boldsymbol{X})=\boldsymbol{0}$ が成り立つ．

2. スカラー乗法と呼ばれる外的な合成法則.

今かりに $p\in\boldsymbol{R}$ で $\boldsymbol{X}\in E_3$ なら，

$$p\boldsymbol{X}=(px_1, px_2, px_3)\in E_3$$

が成り立つ．

さらに $p, q\in\boldsymbol{R}$ とすると，この合成法則には次のような性質がある．

(a) $1\cdot\boldsymbol{X}=\boldsymbol{X}$.

(b) $p(q\boldsymbol{X})=(pq)\boldsymbol{X}$（結合法則）.

(c) $(p+q)\boldsymbol{X}=p\boldsymbol{X}+q\boldsymbol{X}$ かつ $p(\boldsymbol{X}+\boldsymbol{Y})=p\boldsymbol{X}+p\boldsymbol{Y}$（分配法則）.

ベクトル空間の基底と座標系

空間 E_n の p 個のベクトル $\boldsymbol{X}_1, \boldsymbol{X}_2, \cdots, \boldsymbol{X}_p$〔$p \leqq n$〕がいずれもゼロではなく，しかも

$$a_1\boldsymbol{X}_1 + a_2\boldsymbol{X}_2 + \cdots + a_p\boldsymbol{X}_p = \boldsymbol{0}$$

という式が成り立つのは p 個の値 $a_1, a_2, a_3, \cdots, a_p$ がすべてゼロの場合に限られるとき，これらのベクトルは線型独立であるという．

今，E_n のベクトルのなかで i 番目の要素だけが 1 で，残りはすべて 0 であるようなものを考える．するとこのベクトル $\boldsymbol{e}_i$ は，E_n の i 番目の単位ベクトルになる．このとき E_3 には三つの単位ベクトル――たとえば集合 H, G, U に対応する $\boldsymbol{h}, \boldsymbol{g}, \boldsymbol{u}$ というベクトル――が存在して，それらのベクトルは線型独立である．なぜなら，

$$a_1\boldsymbol{h} + a_2\boldsymbol{g} + a_3\boldsymbol{u} = \boldsymbol{0}$$

が成り立つのは，$a_1 = a_2 = a_3 = 0$ の場合に限られるからだ．さらに，E_3 に含まれるベクトル $\boldsymbol{X} = (x_1, x_2, x_3)$ はいずれも，これらの単位ベクトルを用いて

$$\boldsymbol{X} = x_1\boldsymbol{h} + x_2\boldsymbol{g} + x_3\boldsymbol{u}$$

と表すことができる．

ここからすぐに，E_3 には線型独立なベクトルが 4 本以上存在しないことがわかる．ちなみに，集合 $\{\boldsymbol{h}, \boldsymbol{g}, \boldsymbol{u}\}$ は E_3 の基底になっている．初等幾何学にならって，$\overrightarrow{O\boldsymbol{h}}, \overrightarrow{O\boldsymbol{g}}, \overrightarrow{O\boldsymbol{u}}$ を座標軸，この三つからなる集合を E_3 の一つの座標系と呼ぶことにする．このような空間では，すべての座標系が原点 O を共有している．

線型ベクトル空間

E_n に属する空でないベクトルの集合 V が以下の性質を持つとき，この集合を部分ベクトル空間と呼ぶ．

1. $\boldsymbol{X}$ が V のベクトルなら，スカラー量 q の値にかかわらず，すべてのベクトル $q\boldsymbol{X}$ が V に属する．

2. $\boldsymbol{X}$ と $\boldsymbol{Y}$ が V の二つのベクトルなら，$\boldsymbol{X} + \boldsymbol{Y}$ も V に属する．

この二つの条件から，

(a) すべての部分ベクトル空間はベクトル $\boldsymbol{0}$（$0 \cdot \boldsymbol{X} = \boldsymbol{0}$）を含み，

(b) V の p 個のベクトル〔$p \leqq n$〕の一次結合 $a_1\boldsymbol{X}_1 + a_2\boldsymbol{X}_2 + \cdots + a_p\boldsymbol{X}_p$ も，常に V に含まれることがわかる．

注　意

1. あらゆる音響出来事を，部分ベクトル空間として表すことができる．

2. 基底は $\boldsymbol{h}, \boldsymbol{g}, \boldsymbol{u}$ 一組に限られる．それ以外のあらゆる音の性質，およびより複雑な要素は，これら三つの単位ベクトルの一次結合に分解することができる．したがって V の次元は 3 である[3]．

3. 実は，スカラー量 p, q が取り得る値は限られている．なぜなら可聴領域の縛りがあるからだ．けれども，現実にこのような制約があるからといって，この議論とその応用の普遍性が損なわれるわけではない．

たとえば，$\overrightarrow{O\boldsymbol{h}}, \overrightarrow{O\boldsymbol{g}}, \overrightarrow{O\boldsymbol{u}}$ を座標系とする三つの面の原点を O として，基底 $\boldsymbol{h}, \boldsymbol{g}, \boldsymbol{u}$ の単位を次のように取る．

$\boldsymbol{h}$ は 1 単位 = 半音
$\boldsymbol{g}$ は 1 単位 = 10 デシベル（dB）
$\boldsymbol{u}$ は 1 単位 = 秒

さらに原点 O は――ちょうど温度計の零度を定めるのと同じように――すでに伝統となっている「絶対」音階から任意に選ぶ．というわけで，

$\boldsymbol{h}$ の原点 O を C_3（$A_3 = 440$ Hz）
$\boldsymbol{g}$ の原点 O を 50 デシベル
$\boldsymbol{u}$ の原点 O を 10 秒

としてみよう．このとき，

$$\boldsymbol{X}_1 = 5\boldsymbol{h} - 3\boldsymbol{g} + 5\boldsymbol{u}$$
$$\boldsymbol{X}_2 = 7\boldsymbol{h} + 1\boldsymbol{g} - 1\boldsymbol{u}$$

というベクトルを 1 秒 = ♪とする伝統的な記譜法で表すと，

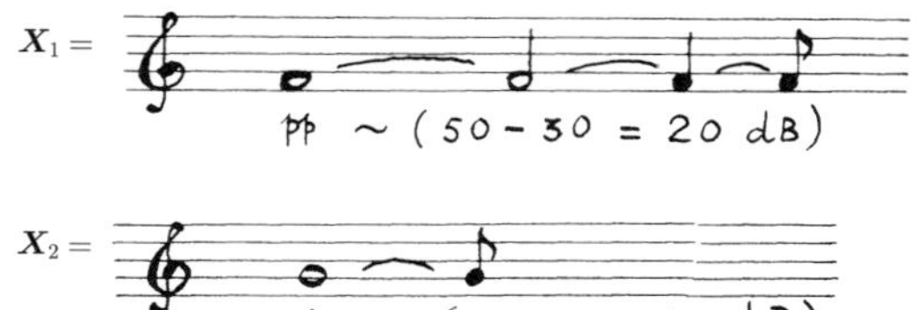

となる．また，

$$\boldsymbol{X}_1 + \boldsymbol{X}_2 = (5+7)\boldsymbol{h} + (1-3)\boldsymbol{g} + (5-1)\boldsymbol{u} = 12\boldsymbol{h} - 2\boldsymbol{g} + 4\boldsymbol{u}$$

を伝統的な記譜法で表すと，

$\boldsymbol{X}_1 + \boldsymbol{X}_2 =$

mp ~ (50 − 20 = 30 dB)

となる．さらにこれと同じやり方で，ここまでのすべての命題が正しいかどうかを確認することができる．

こうしてベクトル代数のおかげで有効な言語が手に入ったからには，この言語を用いて成分（集合 H, G, U の組み合わせ）の相互作用関数を立ち上げさえすれば，過去の作品を分析したり新たな作品を作ったりすることができるはずだ．実際，アナログ変換器付きコンピュータを用いた実験的な研究と代数的な研究を連動させれば，部分ベクトル空間の線型関係に関する情報を得ることができ，ひいては既存の楽器の音色や別のタイプの音響出来事の音色を得ることができるはずなのだ．

次に紹介するのは，ベートーヴェンのピアノソナタ第 23 番（熱情）の一部を分析したものである（図 6-1 を参照）．この場合，音色は考えに入れない．なぜならピアノの音色はただ一つで，問題の箇所で使われている音域の音色は均一と考えられるからだ．

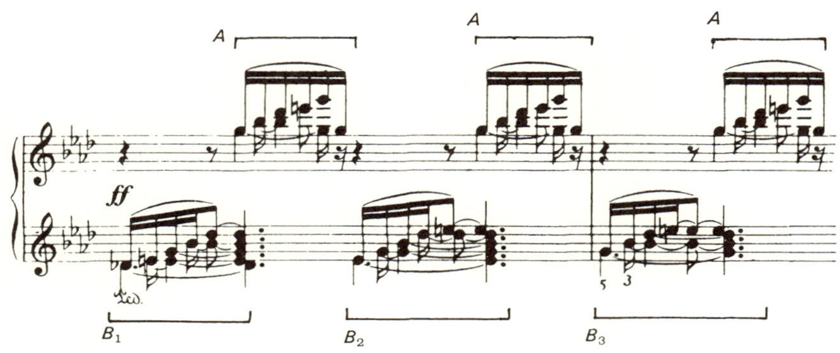

図 6-1

$\boldsymbol{h}$ の単位ベクトルは $\mathbf{1}$ = 半音

$\boldsymbol{g}$ の単位ベクトルは $\mathbf{1}$ = 10 デシベル

$\boldsymbol{u}$ の単位ベクトルは $\mathbf{1}$ = 16 分音符

とする．さらに原点は，

h 軸上の

g 軸上の ***ff*** $= 60$ デシベル（一定）

u 軸上の 0

とする．

時間外の代数（集合 A における操作と関係）

ベクトル $\boldsymbol{X}_0 = (18+0)\boldsymbol{h} + 0\boldsymbol{g} + 5\boldsymbol{u}$ は G に対応する．

ベクトル $\boldsymbol{X}_1 = (18+3)\boldsymbol{h} + 0\boldsymbol{g} + 4\boldsymbol{u}$ は B♭ に対応する．

ベクトル $\boldsymbol{X}_2 = (18+6)\boldsymbol{h} + 0\boldsymbol{g} + 3\boldsymbol{u}$ は D♭ に対応する．

ベクトル $\boldsymbol{X}_3 = (18+9)\boldsymbol{h} + 0\boldsymbol{g} + 2\boldsymbol{u}$ は E に対応する．

ベクトル $\boldsymbol{X}_4 = (18+12)\boldsymbol{h} + 0\boldsymbol{g} + 1\boldsymbol{u}$ は G に対応する．

ベクトル $\boldsymbol{X}_5 = (18+0)\boldsymbol{h} + 0\boldsymbol{g} + 1\boldsymbol{u}$ は G に対応する．

（図 6-2 を参照）さらに，自由ベクトル $\boldsymbol{v} = 3\boldsymbol{h} + 0\boldsymbol{g} - 1\boldsymbol{u}$ を認めると，ベクトル $\boldsymbol{X}_i$（$i = 0, 1, 2, 3, 4$）を $\boldsymbol{X}_i = \boldsymbol{X}_0 + i\boldsymbol{v}$ という形で表すことができる．

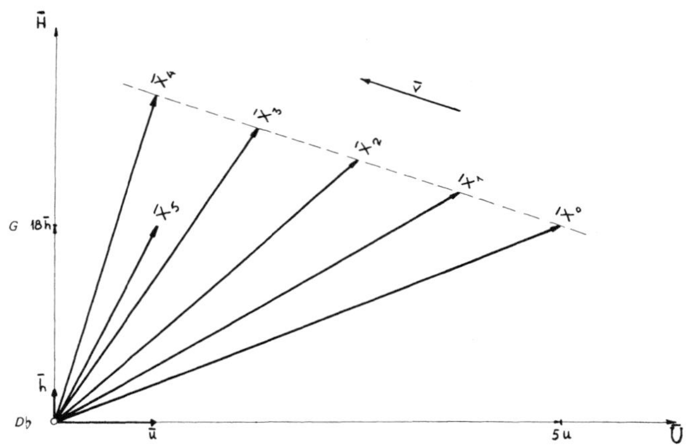

図 6-2

このとき A という集合は，加法で結びついた $\boldsymbol{X}_0$ と $\boldsymbol{v}$ の二つのベクトルの族で構成されていることがわかる．

A という集合（$i = 0, 1, 2, 3, 4$）には，二つ目の合成法則として等差数列が

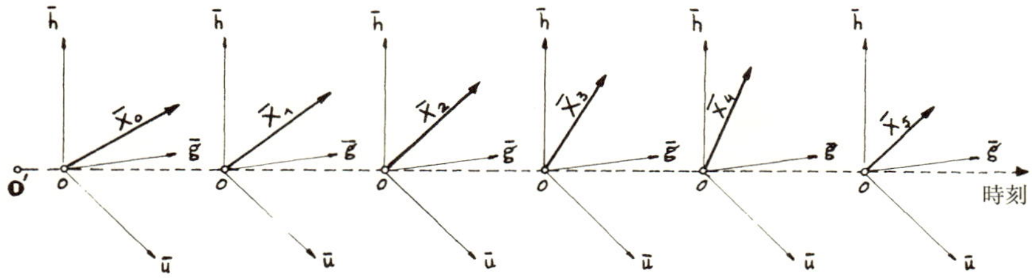

図 6-3

存在している．

最後にスカラーの i を使って，2 番目の $\boldsymbol{g}$ は変えずに，$\boldsymbol{X}_i$ の構成要素 $\boldsymbol{h}$ と $\boldsymbol{u}$ との非対称な変動を得ることができる．

（集合 T における）時間の代数

集合 A のベクトル $\boldsymbol{X}_i$ の音の発生は連続的で，

$$\boldsymbol{X}_0 \top \boldsymbol{X}_1 \top \boldsymbol{X}_2 \cdots$$

となっている．ただし，$\top$ は「〜の前」という作用素である．

これは一言でいうと，$A \cong E_3 \cong V$ の基底の原点 O が時間軸上で動かされることを意味しているが，この移動は基底の変更とは関係ない（基底の変更は，空間 E_3 における基底 $\boldsymbol{h}, \boldsymbol{g}, \boldsymbol{u}$ の操作なのである）．したがって，集合 A を記述する六つのベクトルのアタックが同時（＝和音）なら，変位はゼロになる．

図 6-3 の複数の $\boldsymbol{X}_i$ の原点 O が時間軸に割り当てる断片は等しく，集合 T における内部の合成法則である $\Delta t_i = \Delta t$〔＝16 分音符〕という関数に従う．あるいはさらに，時間軸上の原点 O' と Δt に等しい単位線分を考えたときに $t_i = a + i\Delta t$ が成り立つ．ただし，$i = 1, 2, 3, 4, 5$ である．

時間内の代数（空間 E_3 と集合 T の関係）

A のベクトル $\boldsymbol{X}_i$ には H, G, U という成分があり，これらの成分をパラメータ t_i の関数として表すことができるといってよい．ここでは $t_i = i\Delta t$ で，その値には辞書式順序が入っており，$i = 1, 2, 3, 4, 5$ というふうに添字が大きくなる順に定義されている．こうすることによって各成分を順序集合 T と関係付けることができる．したがってこれは，時間とは独立な音響出来事の代数化（時間外の代数）であると同時に，音響出来事の時間の関数としての代数化

(時間内の代数）にもなっている．

一般に，ベクトル $\boldsymbol{X}$ の成分が t の関数であるとき，ベクトル $\boldsymbol{X}$ は時間 t をパラメータとする関数である．これを式で表すと，

$$\boldsymbol{X}(t) = H(t)\boldsymbol{h} + G(t)\boldsymbol{g} + U(t)\boldsymbol{u}$$

となる．

これらの関数が連続であれば，その微分を考えることができる．では，時間 t の関数としての $\boldsymbol{X}$ の変動は，いったい何を意味しているのだろう．今，

$$\frac{d\boldsymbol{X}}{dt} = \frac{dH}{dt}\boldsymbol{h} + \frac{dG}{dt}\boldsymbol{g} + \frac{dU}{dt}\boldsymbol{u}$$

とする．このときに成分 G の変動を無視すると，次のような条件が成り立つ．すなわち，$dH/dt = 0$ つまり $H = c_h$，かつ $dU/dt = 0$ つまり $U = c_u$ であるならば，H と U は t の変動とは独立で，c_h および c_u がゼロに等しくなければ，音響出来事の音高や持続時間は変動しないのだ（図 6-4 を参照）．また，c_h および c_u がゼロなら，音はまったく存在しない（沈黙）．

$dH/dt = 0$ つまり $H = c_h$ で，$dU/dt = c_u$ つまり $U = c_u t + k$ の場合に，c_h および c_u がゼロでないとすると，ユニゾンを形成する無限個のベクトルが得られる（図 6-5）．$c_u = 0$ なら，音高が c_h で一定，持続時間が $U = k$ の単一のベクトルを得ることができる．

$dH/dt = 0$ つまり $H = c_h$ で，$dU/dt = f(t)$ つまり $U = F(t)$ の場合は，ユニゾンを形成する無限個のベクトルの族が得られる．

$dH/dt = c_h$ つまり $H = c_h t + k$ で，$dU/dt = 0$ つまり $U = c_u$ の場合は，$c_u < \varepsilon(t)$ で $\lim_{t\to\infty} \varepsilon(t) = 0$ であるとすると，単一の音による速度が一定なグリッサンドが得られる[4]．また，$c_u > 0$ であれば，持続時間が c_u の無限個のベクトルからなる和音（音程が広く速度が一定なグリッサンド）が得られる（図 6-6 を参照）．

$dH/dt = c_h$ つまり $H = c_h t + k$ で，$dU/dt = c_u$ つまり $U = c_u t + r$ の場合は，持続時間もピッチもまちまちな無限個のベクトルで構成された和音が得られる（図 6-7 参照）．

$dH/dt = c_h$ つまり $H = c_h t + k$ で，$dU/dt = f(t)$ つまり $U = F(t)$ の場合は，無限個のベクトルからなる和音が得られる（図 6-8 参照）．

$dH/dt = f(t)$ つまり $H = F(t)$ で，$dU/dt = 0$ つまり $U = c_u$ の場合は，$c_u < \varepsilon(t)$ で $\lim_{t\to\infty} \varepsilon(t) = 0$ であれば，速度が変化する音程の狭いグリッサンド

が得られる．また，$c_u > 0$ だとすると，無限個の持続時間が c_u のベクトルからなる和音（変動する音程の広いグリッサンド）が得られる（図6-9を参照）．

$dH/dt = f(t)$ すなわち $H = F(t)$ で，$dU/dt = s(t)$ すなわち $U = S(t)$ の場合は，無限個のベクトルからなる和音が得られる（図6-10を参照）．

先ほどのベートーヴェンの作品から引いた例では，ベクトル $\boldsymbol{X}_i$ の集合 A は t の連続関数になっていないが，この場合の対応を次のように表すことができる．

$$\downarrow \begin{array}{cccccc} \boldsymbol{X}_0 & \boldsymbol{X}_1 & \boldsymbol{X}_2 & \boldsymbol{X}_3 & \boldsymbol{X}_4 & \boldsymbol{X}_5 \\ t_0 & t_1 & t_2 & t_3 & t_4 & t_5 \end{array}$$

このような対応があるので，ベクトルは互いに可換でない．

集合 B も集合 A と似ている．この二つの集合は，A の基底に関連する形で空間 E_3 の基底が変わるという点で根本的に異なっているが，ここではこれ以上深入りしない．

注　意

問題の音楽空間が，音高－時間，音高－音の強さ，音圧－時間といった2次元の空間である場合には，複素変数を導入してみるのも一興だ．x を時間，y を音高として複素数平面上にその値を取ると，$z = x + yi$ は，x という瞬間にアタックする音高が y の音を表すことになる．そこで，$u = u(x, y)$，$v = v(x, y)$ で $w = u + vi$ であるような uv 平面を考えると，uv 平面の点と xy 平面の点を対応させる写像が定まる．一般に，w はすべて z の変換なのである．

このとき四つの旋律線（あるいは12音列）を，以下のような複素写像で表すことができる．

$w = z$，つまり $u = x$，$v = y$ で，これは恒等写像に対応する．（原型）

$w = |z|^2/z$，つまり $u = x$，$v = -y$ で，これは反行に対応する．

$w = -|z|^2/z$，つまり $u = -x$，$v = y$ で，これは逆行に対応する．

$w = -z$，つまり $u = -x$，$v = -y$ で，これは反逆行に対応する．

このとき，これらの変換はクラインの4元群〔位数4の可換群で，巡回群でない群のなかでは位数が最小〕を形成する[(3)]．

これとは別の，今日の音楽家ですら知らない変換を考えて，それらを任意の二つの音の特徴の集合の積に適用してもよい．たとえば，$w = (Az^2 + Bz + C)/$

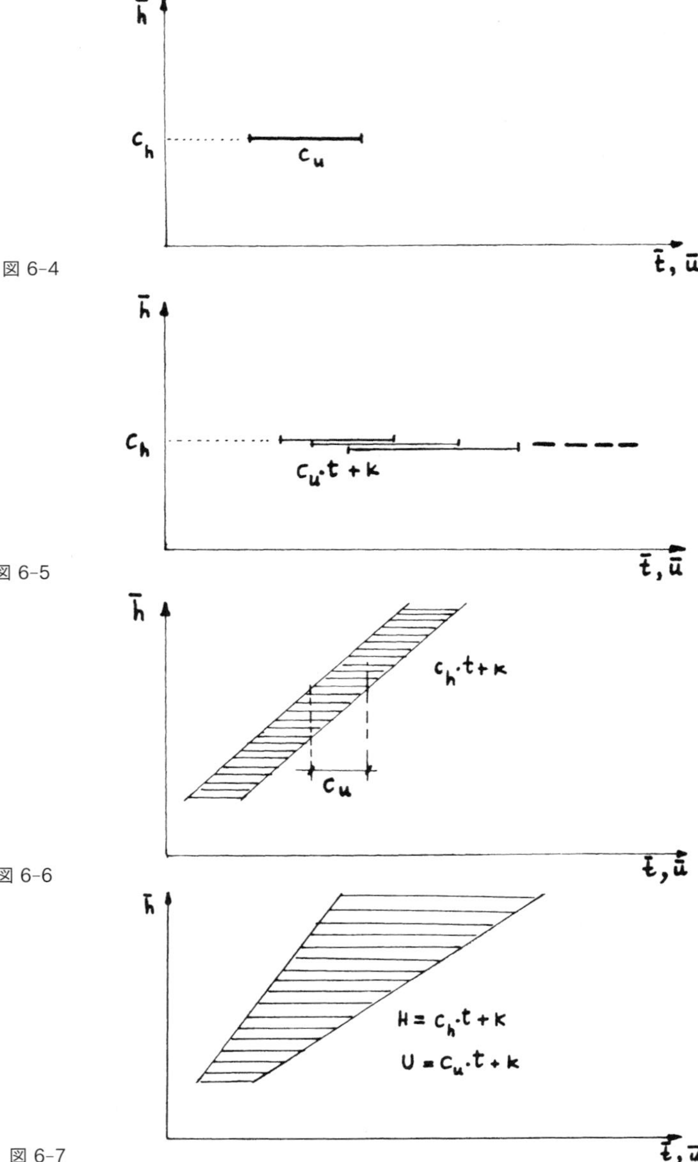

図 6-4

図 6-5

図 6-6

図 6-7

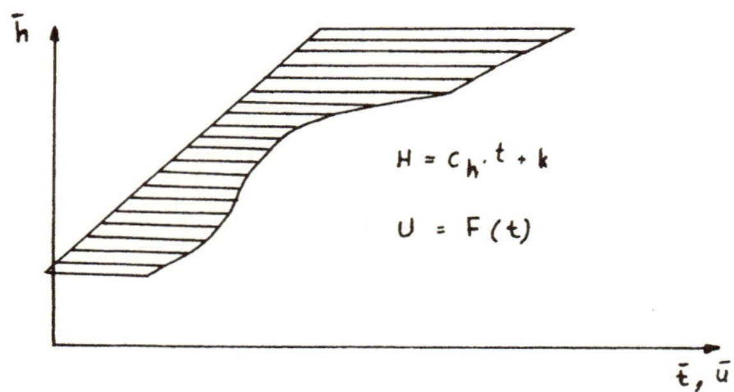

図 6-8

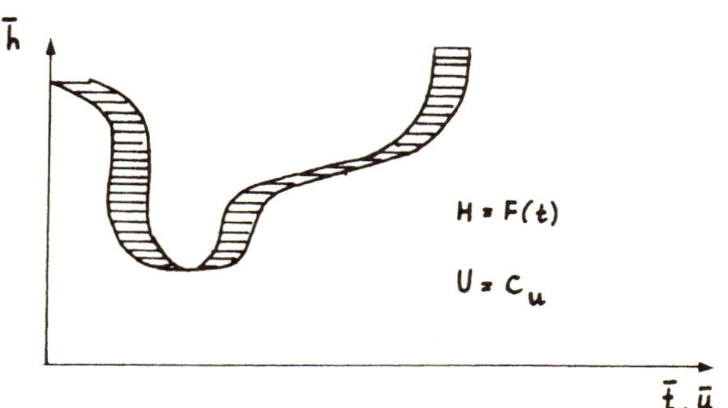

図 6-9

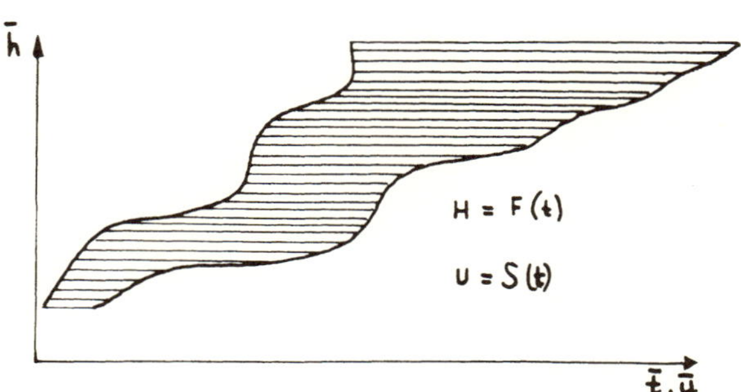

図 6-10

(Dz^2+Ez+F) を $\rho=\sigma^2$ という形の変換によって隔てられた二つの双一次変換の合成と考えることもできるし，音楽空間の次元が2を超えれば，4元数のような多元数の系を導入することもできる．

三つの代数の音響出来事の集合への拡張（応用）

ここまでで，3種類の代数があることがわかった．

1. ベクトルの言葉による，音響出来事の成分の代数．この代数は時間の進行とは独立なので，時間外の代数である．
2. 音響出来事が計量時間の軸の上に生み出す，ベクトル空間とは独立な一時的な代数．
3. ベクトルの集合 $\boldsymbol{X}$ の要素と計量時間の集合 T の要素との対応や関数関係から生じる，$\boldsymbol{X}$ の集合とは独立な時間内の代数．

これまで音響出来事自体やその成分や時間について述べてきたことは，すべて音響出来事の集合 $\boldsymbol{X}$ や時間集合 T にも一般化できる．

この章では，読者諸氏が集合の概念——なかでもブール代数で解釈される類(クラス)の概念——になじんでいることを前提としてきた．ここからはブール代数を使うことになるが，この代数は，実は集合の理論と同型である．

説明を単純にするために，まず具体例として，ピアノのすべての音からなる全体集合 R を考える．ここでは音高だけを考え，音色やアタックや音の強さや持続時間は，音高の集合に施す論理演算や関係の説明を明らかにするために用いられるものとする．

さてここで，ある特別な性質を持つキーの集合 A を考える．この集合 A は，ピアノのすべてのキーからなる R の部分集合である．この部分集合はあらかじめ選ばれたもので，その性質はいくつかのキーの選び方によって特徴付けられている．

今，記憶喪失の観察者にこの類を紹介するために，沈黙を間に挟みながらキーを一つずつ演奏していったとする．このとき観察者は，音の集まりか，あるいは数珠つなぎになった音を聴いた，という結論を導き出すだろう．さらに，いくつかのキーから成る別の類 B を選び，類 A に続いて類 B に属する音をピアノで弾いて，これを示す．

このとき，類 A, B を聴かされた人は，時間を巡る一つの事実に気がつく．A が B の前，つまり $A \top B$（$\top$ =「〜の前」）になっているのだ．さらにその人は，二つの類の要素（= 音）の関係に気づく．両方の類に共通なキーがあれば，これらの類は交わっているし，共通な要素がまったくなければこれらの類は互いに素で，B の要素がすべて A の一部と共通であれば，観察者は類 B が類 A に含まれていると考える．さらに，B の要素がすべて A に含まれ，A の要素もすべて B に含まれていれば，観察者は，これら二つの類は区別できない——つまり等しい——と結論するだろう．

今，A と B を，共通の要素を含むように選んだとする．観察者はまず A を聴いてから B を聴き，最後に共通部分を聴く．このとき観察者は，

1. まず A として選ばれたキーを聴き，
2. 次に B として選ばれたキーを聴き，
3. 最後に A と B に共通な部分が示された

と考えるだろう．

つまりここでは，「共通部分（論理積）をとる」という操作，

$$A \cdot B \text{ ないし } B \cdot A$$

が行われているのだ．この操作によって，A と B に共通する音を数え上げて記号化した新たな類が生まれたことになる．

さらに，観察者が A の次に B を聴き，続いて A と B のすべての要素を混ぜ合わせたものを聴いた場合も，新たな類——最初の二つの類の論理和で得られる類——が示されたと考えるはずだ．これは「合併（論理和）をとる」という操作で，

$$A+B \text{ ないし } B+A$$

で表される．

さらに観察者に対して，類 A を記号化するか音として発した後で，R の音のうちの A に属さない音だけを聞かせれば，観察者は A の R における補集合が選ばれたと考えるだろう．これは「否定をとる」という新たな操作で，補集合は $\overline{A}$ で表される．

というわけで，一つの思考実験を通して，

(1)（記号化を明確に行うように気をつければ）音響出来事の類を定義し，提示できるということ，

(2) 重要で基本的な三つの操作，論理積と論理和と否定を実行できるということ，

が示されたわけだ．

ところがそのいっぽうで，観察者がこれらの類や操作に基づいて演繹を行おうとすると，知的な作業が必要になる．ここまでわれわれは，直接的な理解のレベルで，視覚的な記号を音響出来事に置き換えてきた．そこで今度は，これらの出来事は抽象的論理関係を有する抽象的な存在の象徴であって，それらの関係を使って少なくとも類の論理の基本操作くらいは施せると考えることにする．ただし，類を示すために特別な記号を使うことは許されず，包括的な要素を音響によって列挙することだけが許されている．(もっとも，すでにどのような類であるのかがわかっていて，まったく曖昧なところがない場合には，記憶を助ける意味でも精神生理学的な支えにする意味でも，速記のような象徴化を行って簡略に示してよいとする．)

図のなかで $\cdot, +, \overline{}$ で表されている三つの操作に特別な音響記号を割り振ることは，許されていなかった．このため観察者にはこれらの操作で得られた類だけが示されることになり，その操作がどのようなものなのかは観察者自身が推理するしかなかった．これと同じように，二つの類が同一か否かといった関係や包含の概念に基づく含意の関係も，観察者が推し量るしかない．とはいえ，空である類をしかるべき沈黙を用いて記号化するくらいのことは，よしとしよう．つまり早い話が，類を明示することはできても，操作を明示することはできないのだ．次ページに示したのは，音の記号化と今定義したばかりの図を用いた記号化を対応させた一覧である．

この表を見ると，音を用いてわれわれの思考を特定することによって，推論が可能になることがわかる．この場合——手法をいたずらに煩雑にしてしまったり，すべての科学の基盤となっている直接的な直観から離れてしまったりといったことを避けるためにも $\cdot, +, \overline{}$ などの操作および $=, \rightarrow$ などの関係を記号化するための音響技法を提案しないでおきたい場合——にも，実はこの結論は正しく，A, E, I, O といった形の命題や定理は，音によって記号化されない．すなわち，三段論法や定理の証明は推測するほかないのである．

こういった論理的な関係や時間外の操作以外に，時間軸上のインターバル——つまり距離——を定める音の記号化からも時間の類（T 類）が得られることは，すでに見てきた．ここで改めて，時間の役割を新たな方法で定義しよ

図のなかの記号(シンボル)	音の記号(シンボル)
類 $A, B, C, \cdots$	性質 $A, B, C, \cdots$ を持つ包括的要素の音響による列挙（簡略に示すことも可能）
論理積（$\cdot$）	——
論理和（$+$）	——
否定（$\overline{\ \ }$）	——
含意（$\rightarrow$）	——
要素である（$\in$）	——
$\overline{A}$	R のなかの A に含まれない要素の音響による一覧
$A \cdot B$	$A \cdot B$ の要素の音響による一覧
$A + B$	$A + B$ の要素の音響による一覧
$A \supset B$	——
$A = B$	——

う．時間は，主としてわれわれが解明しなくてはならない関係を有する類が刻み込まれた空間，るつぼ，鋳型として機能する．時間がいわば紙であり黒板の面であって，包括的な要素（時間的な距離）やこれらの要素のあいだの関係や操作（時間的な代数）を運ぶものだという見方は，二次的なものでしかない．

こういった時間の類や時間外の類のあいだの関係や対応を確立することができれば，改めて，類のレベルでの時間内の操作や関係を理解することができるのだ．

これらの一般的な考察を受ける形で，類の代数を用いた作曲の例を示しておこう．そのためにはまず，必然——つまり興味の核——を捜す必要がある．

構　築

ブール代数では，三つの類 A, B, C の関数 $F(A, B, C)$ はすべて，たとえば加法標準形と呼ばれる次のような形で表現される．

$$\sum_{i=1}^{8} \sigma_i k_i$$

ただし $\sigma_i = 0$ または 1 で，$k_i = A \cdot B \cdot C, A \cdot B \cdot \overline{C}, A \cdot \overline{B} \cdot C, A \cdot \overline{B} \cdot \overline{C}, \overline{A} \cdot B \cdot C, \overline{A} \cdot B \cdot \overline{C}, \overline{A} \cdot \overline{B} \cdot C, \overline{A} \cdot \overline{B} \cdot \overline{C}$ のいずれかである．

n 変数のブール関数は常に，+，·，$\overline{}$ を最大で $3n\cdot 2^{n-2}-1$ 個用いた式で表現することができる．$n=3$ の場合にはその個数は 17 となり，17 個の操作が含まれる式としては，たとえば次の式がある．

$$F = A\cdot B\cdot C + A\cdot \overline{B}\cdot \overline{C} + \overline{A}\cdot B\cdot \overline{C} + \overline{A}\cdot \overline{B}\cdot C \qquad (1)$$

ちなみに，おのおのが残り二つの類と交わっている計三つの類では，関数（1）を図 6-11 のようなベン図で表すことができる．図 6-12 はこの場合の操作のフローチャートである．

あるいは同じ関数 F を，以下のようにたった 15 個の操作で得ることもできる．

$$F = (A\cdot B + \overline{A}\cdot \overline{B})\cdot C + (\overline{A\cdot B + \overline{A}\cdot \overline{B}})\cdot \overline{C} \qquad (2)$$

図 6-13 は，この場合の操作のフローチャートである．

類 A, B, C から関数 F を構成するまったく別の手順を定めたこの二つの表現を比べると，(2) よりも (1) のほうが優美なシンメトリーを含んでいる．

けれどもその一方で (2) のほうが無駄がない（操作の数は，15:17 である）．ピアノのための作品《ヘルマ》は，このような比較に基づいて作られた．図 6-14 は，2 枚の平行面上における (1) と (2) の操作の順序を示したフローチャートで，図 6-15 は，《ヘルマ》の厳密な構築プランである．

これら三つの類 A, B, C から，適切なピアノのキーの集合を得ることもできる．時間の集合 T において，音が発生する瞬間と音高の要素は推計学的に対応しており，しかも音の発する瞬間そのものが推計学的な法則に従っている．沈黙はもちろんのこと，音の強さや密度（ベクトルの本数/秒）を用いることで，作曲のレベルを明確にすることができる．1960-61 年に作られたこの曲は，1962 年 2 月に東京で卓越した日本人ピアニスト高橋悠治によって初演された．

結果としてこの議論は，かなり単純な包括的要素に基づいているといえよう．これよりはるかに複雑な包括的要素の場合にも，これと同じ論理関係や操作を記述することができる．要するに，レベルが変わるだけの話なのだ．したがってさまざまなレベルを横断する関係や横断的な操作を使うことによって，並行する複数のレベルでの代数が可能となるのである．

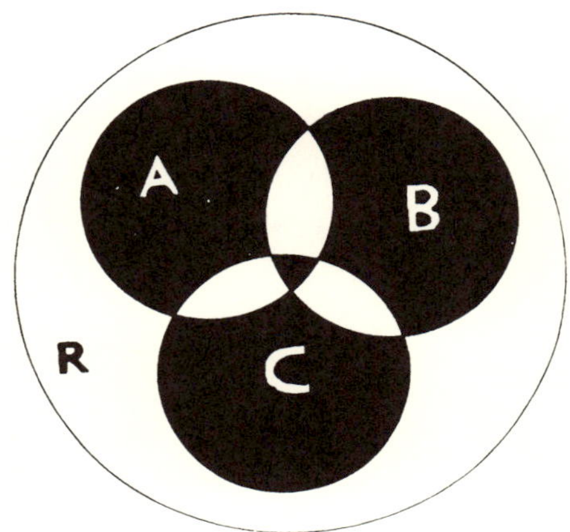

図 6-11

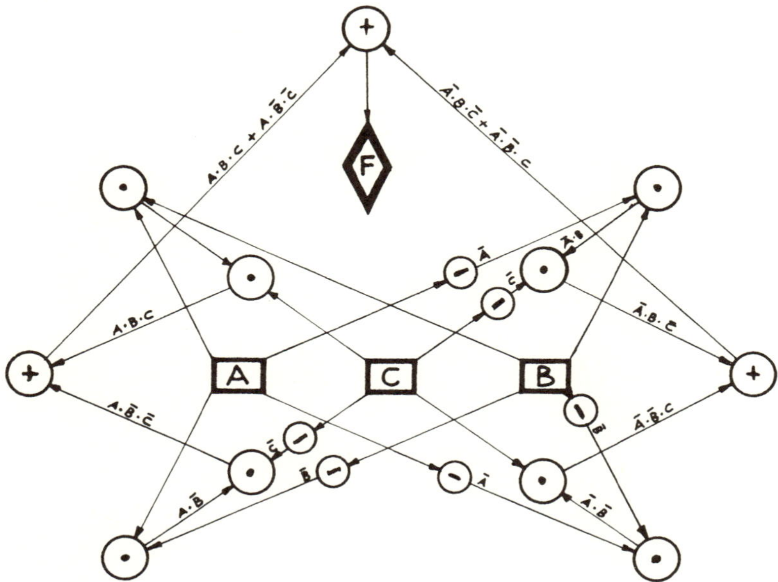

図 6-12

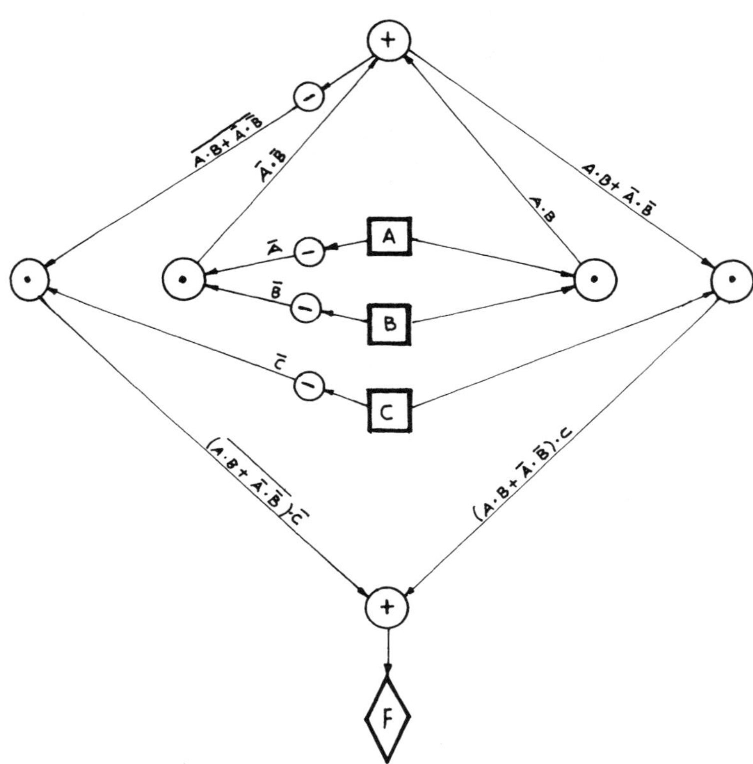

図 6-13

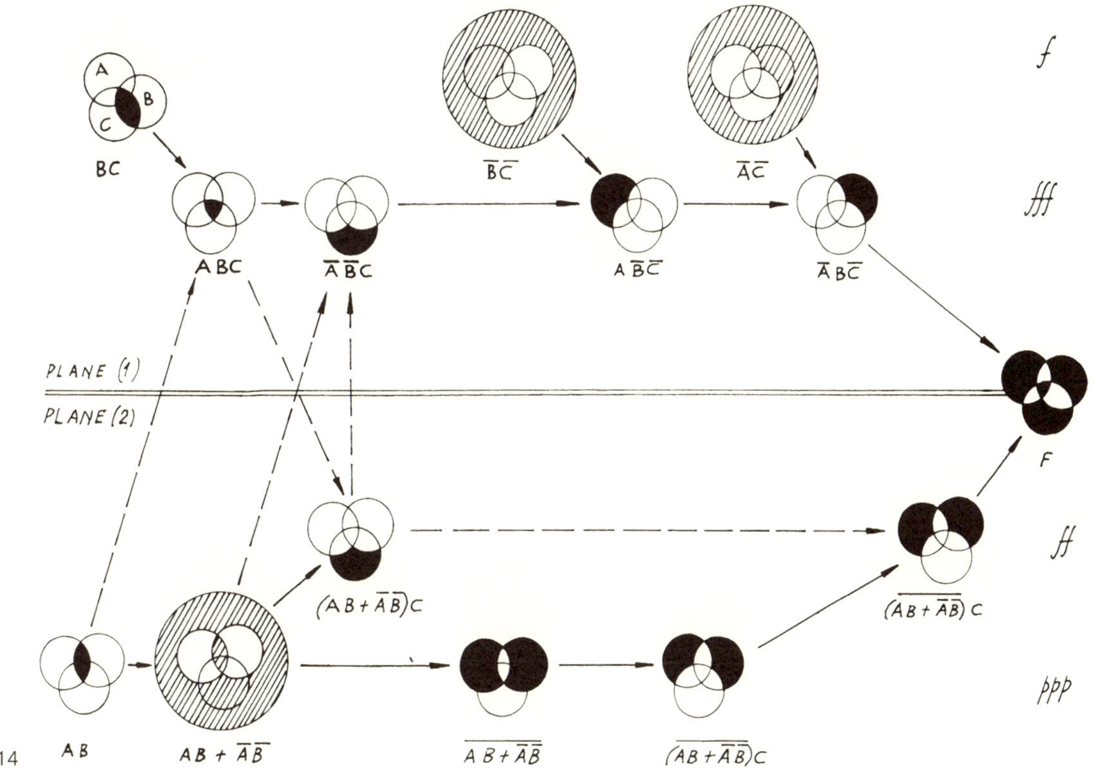
A
B
C
BC
ABC
$\overline{A}\,\overline{B}C$
$\overline{B}\,\overline{C}$
$A\overline{B}\,\overline{C}$
$\overline{A}\,\overline{C}$
$\overline{A}B\overline{C}$
f
fff
PLANE (1)
PLANE (2)
F
$(AB+\overline{A}\,\overline{B})C$
$\overline{(AB+\overline{A}\,\overline{B})}C$
ff
AB
$AB+\overline{A}\,\overline{B}$
$\overline{AB+\overline{A}\,\overline{B}}$
$\overline{(AB+\overline{A}\,\overline{B})}C$
ppp

図6-14

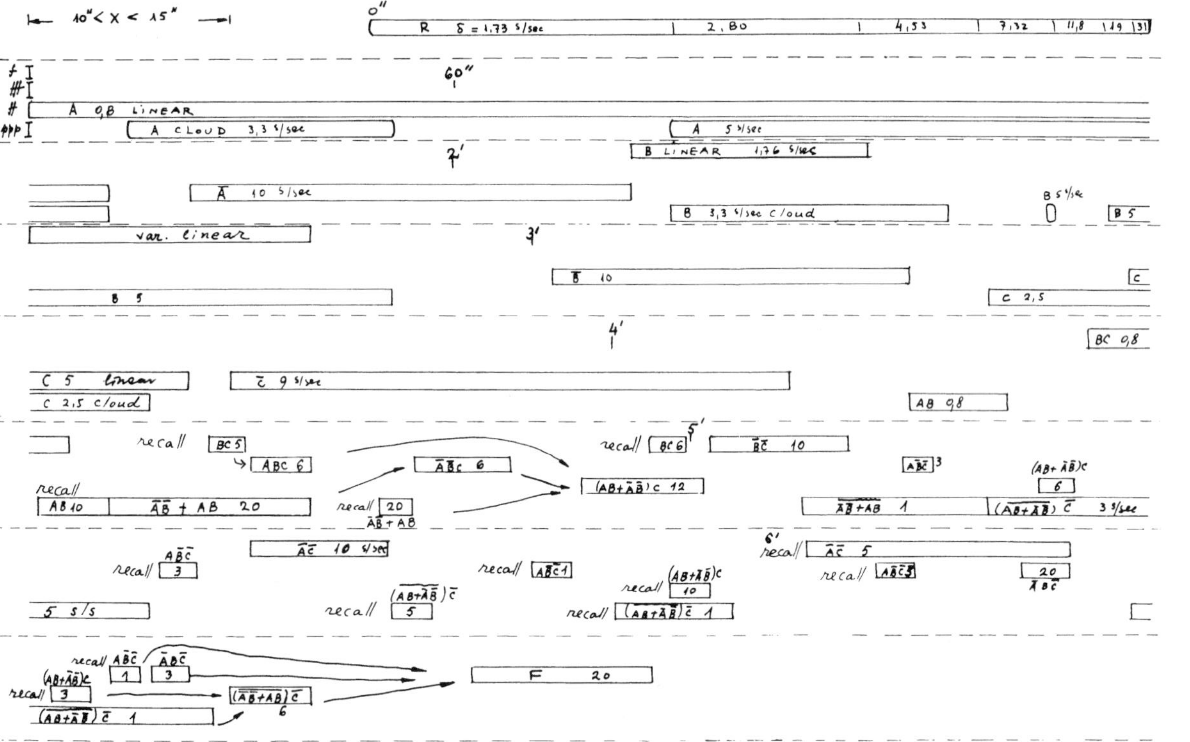

図 6-15 ピアノソロのための《ヘルマ》時間のフローチャート

原　注

(1) 音響学的な経験や音楽的な経験をさらに高いレベルで捉えようとすると，フーリエ解析を——ということはすなわち音の構成における周波数の優位を——放棄する必要がある．しかしこの問題については，第 9 章で取り上げる．

(2) ペアノの例に倣って音高の公理系を作り，「最初の音」と「音符」と「～の次の～」という三つの主要な単語を用いて半音階ないし全音階を構築し，五つの主な命題を構成することができる．

1. 最初の音は音符である．
2. 音符の次の音は音符である．
3. 次の音が同じ音符は同一である．
4. 最初の音はいかなる音符の次の音でもない．そして，
5. ある性質が最初の音に対して成り立ち，かつその性質がある音符に対して成り立てば次の音に対しても成り立つとき，その性質はすべての音符に対して成り立つ(数学的帰納法の原理)．

第 7 章 232 ページも見よ．

(3) 本書の初版に収録されていた，これら四つの同じ形を移動させるもう一つの方法を紹介しておく〔図 6-16 参照．順序が入れ替わっているだけで，方法自体は同じ〕．

$$z = x + yi$$
$$f_1 = x + yi = z = f_1(z) = \text{原型}$$
$$f_2 = x - yi = |z|^2/z = f_2(z) = \text{反行}$$
$$f_3 = -x - yi = -z = f_3(z) = \text{反逆行}$$
$$f_4 = -x + yi = -(|z|^2/z) = f_4(z) = \text{逆行}$$

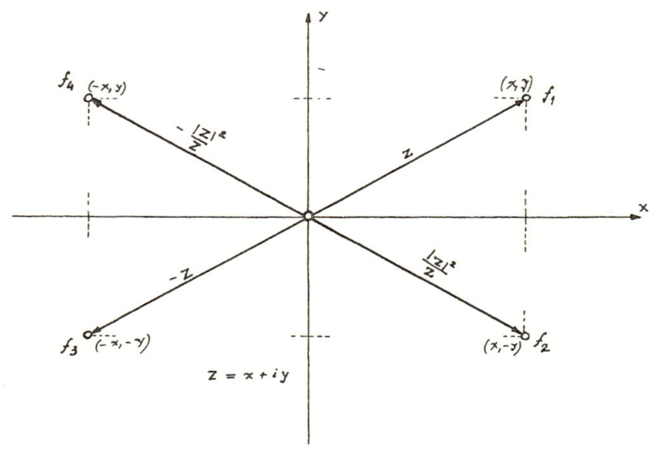

図 6-16

訳　注

〔1〕この例では重要なのは発現順序なので，結合法則は成り立つ．

〔2〕以下の記述は，記憶喪失状態を前提に楽典を数学の言葉で定義しているわけではない．楽典を既知として，その構造を数学の言葉で言い換えているにすぎない．

〔3〕音色，肌理，表情などは原理的にはその通りである．しかし，例えば「音の方向・空間性」は明らかに無理で，「テキストの聴き取りやすさ」も微妙である．厳密にはこの記述は「……一次結合に分解できるとする．すなわち V の次元は3の場合を考える」となる．

〔4〕$\varepsilon(t)$ が十分小さければ，各瞬間に音程の広がりは感じられず，単一の音の音程が上昇しているように聴こえる．

第1章から第6章までの結論と拡張〔1〕

筆者はこれまで，基本的な三つの側面で数学を用いた世界初の創作姿勢の一般的枠組についてざっと述べてきた．ちなみに三つの基本的な側面とは，

1. 存在とその進展の哲学的な要約．たとえばポアソンの法則．
2. ロゴスの定性的な基盤とメカニズム．たとえば記号論理や集合論や連鎖事象に関する理論やゲーム理論．
3. 音楽の探求，実現の可能性，知覚を研ぎ澄ます測定のための計算の道具．たとえばエントロピー計算や行列計算，ベクトル計算など．

である．

音楽を作るということは，音を用いて人間の知性を表現することである．これはもっとも広い意味での知性であって，そこには純粋論理の遍歴だけでなく，感情や直観の「論理」が含まれている．これまでに示してきた数々のテクニックは厳格な内部構造を有していることが多いが，それでもさまざまな抜け穴が残されていて，知性のもっとも複雑で神秘的な要素を浸透させることができる．これらのテクニックは，古くからある二つの極のあいだを着実に進んでいる．決定論と運命論，自由意志と無条件の選択．現代科学と哲学はこの二極を統合したが，日々の暮らしは，ときにはどうすることもできない宿命として，ときには修正可能なものとして，この二つの極の狭間を実に広範な浸透度で，ありとあらゆる解釈を伴いつつ進んでいる．

実際，形式化と公理化は，現代の思考にこそ相応しい手順上の道しるべなのだ．現代の思考があればこそ，音響芸術をより一般的な平面に置くことができ，ちょうど古代の偉大な文明の時代にそうであったように，音響芸術を星や数や人間の脳の豊かさと同じレベルに近づけることができる．音の動きがわれわれのなかになんらかの動きを引き起こし，「賢くない者には快楽を，賢い者にはより高尚な歓喜をもたらす．なぜなら，はかない動きのなかで神聖な調和が模倣されたのだから」（プラトン『ティマイオス』37）．

ここまでの章で擁護してきたのは仮の概略でしかないわけだが，実はこれらの主張はすでに応用され，展開されている．第2章で述べた一般化された推計学的作曲についてのあらゆる仮説が，視覚現象に応用されたところを想像してみていただきたい．その場合には，音響の粒子ではなく光の量子——すなわち光子——が問題となり，原子仮説としての音の成分——すなわち強度や周波数や密度や辞書式の時間など——を光の量子に応用することになる．

理屈からいえば，光子を一つだけ発する光子ガンを用いて特定の周波数やエネルギーや濃度の光子を放出すれば，先に述べた聴覚的なスクリーンを再現することができるはずだ．これによって音源から流れる音楽にも似た光の流れを作ることができ，さらにそこに空間座標を付け足せば，光の空間的音楽——ある種の光の立体が得られる．そのためには，輝かしい光に照らされた空間のすべての隅で，光子ガンを同時に稼働させればよい．このようなことが技術的に可能だとしても，現実には，画家たちが惰眠から目覚めて手にしていた絵筆を捨て去るとか，新たなタイプの視覚芸術家がこのような新たなアイデアや技能やニーズに手を伸ばすといった動きが必要になる．

なにはともあれ，このようにしてこれまでにない豊かな視覚芸術作品が生まれ，さらにその作品が（爆弾の製造や物価指標の計算だけでなく，未来の芸術生活にとっても欠かせないツールである）巨大な電子頭脳のコントロールの元で展開されていくことになるのだろう．総合的な視聴覚の顕現を作り出す知性を制御するこの機械は，別の機械に制御されているのだが，ではその機械を制御しているのはといえば——これまた科学的芸術のおかげをもって——ひとりの人間なのである．

訳　注

〔1〕この箇所は，仏語版の後書きに相当する．

第 7 章
メタ音楽に向けて

今日の技術者たちや技術を信奉する人々によれば，つまるところ音楽とは，作曲家（音源）が聞き手（受信者）に送るメッセージである．このような視点で情報理論に基づく公式を使うことによって，音楽をはじめとする芸術一般の本質に関する問題を解決できる，と彼らは主張する．どうやらこれらの人々は，音源と受信者の間でやりとりされる情報が何ビットなのか，量子にして何個分なのかを勘定しさえすれば，美的な価値を巡る「客観的」かつ科学的基準を得ることができると考えているらしい．しかし――たしかに技術の伝達には有効な――この理論の手に負えるのは，初歩的な統計データの処理くらいのもので，美的観点から見て J. S. バッハの楽曲に含まれる単純なメロディーにどのような特徴があるかといったことすら把握できないことは，すでに明らかである．音楽をメッセージ，通信，言語と見なして図式化してみても，生気もなければ理屈にも合わない結果に辿り着くのが関の山．アフリカのある種の太鼓〔1〕に関しては，確かにこのような批判が的外れだといえるが，それはあくまで例外であって，曖昧なところのある音楽を厳密きわまりない論理の鋳型に無理矢理はめ込むことは不可能なのだ．今日の理論がさらに洗練されて，やがて新たな理論が生まれれば，それが可能になるのかもしれないが…….

さて，情報理論やサイバネティクスを信奉する人々を一方の極とすれば，もう一方の極にいるのが直観主義者である．こちらの陣営は，大まかに次の二つのグループに分かれる．

1. 第一に「図形主義者」，つまり図式的な記号のほうが音で作られた音楽よりも上にあるとして，記号そのものを偏愛する人々．このグループでは，音符ではなく，なんでもよいから設計図を書くことが格好よいとされ，それらの図が美しいか美しくないかによって「音楽」の優劣が決まるとされる．この立場につながるものの一つに，いわゆる「偶然性の音楽」があるが，これは言葉の誤用であって，一皮剝けばその正体は，われわれの祖父の時代からある「即興の」音楽でしかない〔2〕．このグループの面々は，伝統的記譜法のような記号で表現されていようと，図を使って幾何学的に表現されていようと，はたまた数を用いて表現されていようと，結果として得られた図は所詮作曲家からオーケストラや機械への指示を能う限り忠実に表現したイメージでしかない，ということに気づいていない(1)．連中は，音楽を音楽の外に連れ出しているのである．

2．第二に，楽曲の演奏に見せ物——つまり音楽以外の劇的な行動——を付け加える人々．これらの人々は，ある種の芸術家たちの戸惑いの現れでしかない「ハプニング」に影響されて，身振りをはじめとする音楽以外の出来事に逃げ道を求め，自分自身の純粋音楽へのごく限られた信頼をも裏切る．結局のところ，彼らは己の音楽の負けを認めているのだ．

これら二つのグループに共通するのが，ロマン主義的な態度である〔3〕．彼らは即座に行動を起こすことこそが正しいと考え，その行動を精神でコントロールすることにはあまり関心を持たない．だが音楽を巡る活動には——凡庸な即興主義に陥ったり，不正確になったり，無責任になったりする危険を冒すつもりなら話は別だが——熟慮が欠かせない．したがってこれらの人々は，実は音楽を否定し，その固有の領域の外に引きずり出そうとしているのである．

線的思考

ここで，アリストテレスばりに中庸の道が最善だと主張する気はさらさらない．なぜなら政治と同じように音楽でも，中庸は妥協を意味するからで，それよりもむしろ，明快で容赦ない批判的思考——つまり行動と熟慮と音そのものによる自己変革——の道を選ぶべきなのだ．したがって，科学的な思考や数学的な思考を音楽——はもちろんのこと人間のあらゆる創作活動——に役立てようとするのなら，これらの思考と直観を弁証法的に融合させる必要がある．人は「一(いつ)にして全」であり，腹で考えて頭で感じるのである．ということで，まず筆者にとっての「音楽」という言葉の意味をはっきりさせておきたい．

1. 音楽とは，それについて考える者，それを作る者に必須のある種の行動様式である．

2. 音楽とは，個人の充溢（プレーローマ）〔グノーシス主義でいう神的力の完全さ〕であり，一つの実現である．
3. 音楽とは，（宇宙論，哲学等々における議論で）思い描かれた仮想現実を音によって定着させたものである．
4. 音楽は，規範的である．つまり音楽は，無意識のうちに共感から発する行動や存在のモデルになっている．
5. 音楽は，触媒である．あたかも催眠術師の水晶玉のように，音楽があるだけで，人間の内なる精神や心の変容が可能になる．
6. 音楽は，見返りを求めぬ子どもの遊びである．
7. 音楽は，神秘的（だが無神論的）な苦行である．それゆえ，悲しみや喜びや愛や劇的な状況の表現は，きわめて限られた特別な事例でしかない．

音楽の統辞論（シンタクス）はかなり大きな変動を蒙ってきており，今では無数の可能性が共存するまったくの混乱状態にあるように思われる．実際，それこそ掃いて捨てるほどの――（時には）個人的なスタイルや，おおむね時代がかった「楽派」の――理論が存在する．それにしても，人はどのようにして音楽をするのか．口伝を通していったい何を伝えることができるのか（音楽教育を改革しようと考える人間――今，フランスだけでなく世界中で，改革が必要とされている――にとって，これは差し迫った問題である）．

直観主義者はいうまでもなく，情報理論を信奉する人々やサイバネティクスの研究者たちが，何百年にもわたって蓄積されてきた――そしてさらに今日の展開によってまさに山積みとなった――まったく無価値なゴミを排斥することを信条とすべし，という問題提起をしてきたとは，とうていいえない．彼らは概して，こちらで論を立て，あちらで行動を主張しておきながら，その基礎についてはまったくの無知なのだ．しかし基盤となるものは確実に存在しており，その基盤から出発すれば公理主義的なシステムを打ち立てることができ，はるかな過去と現在と未来を統合する形式化を成し遂げることができる．そしてこのような形式化によってさらに，今なおばらばらなままのアジアやアフリカの音の宇宙を含む全地球的な規模での統合が実現されるのだ．

筆者は1954年に[(2)]線的思考（すなわちポリフォニー）を論難し，セリー音楽の矛盾を明らかにした．そしてそれに代わるものとして，音の塊（マス）や音響出来事の巨大な群れやクラウドが織りなす宇宙，密度や秩序の度合や変化の割合といった新たな特徴が支配する銀河を提案したわけだが，それには，確率論を用いた定義や実践が必要だった．こうして生まれたのが推計学的音楽だったのである．ところがこの膨大な数を伴う塊の概念は，実は線的ポリフォニーを一般化したものでもあった．なぜなら塊の特別な場合として，クラウドの密度を減らしたものがポリフォニーになるからだ．では，和声を一般化すると何になるのか．今はまだ，それを語る時ではない．

あれから15年以上が経った今日では，これらの考えとそれに伴う実践は世界をぐるりと一周し，その探究の道は事実上閉ざされているようにも思われる．しかし平均律の全音階——今日のあらゆる音楽の基盤である音楽の「確固たる大地（テラ・フィルマ）」——は，いかなる思想や音楽そのものによっても，微動だにしなかったらしい[3]．かくしてここから次の段階が始まる．すなわち，この音階を研究し，変容させることによって，大いに前途有望な新たな時代の幕を開けようというのだ．これがいかに重要で決定的な動きであるかを理解するためには，この全音階がキリスト教時代の到来以前にどこでどのように発生してどう展開していったのかを見ていく必要がある．というわけで，まず最初に古代ギリシャの音楽の構造に注目し，その目をさらにビザンチンの音楽へと転ずることにしよう．ビザンチンの音楽はギリシャ音楽を展開しつつ，その姉妹ともいうべき西の典礼歌——すなわち単旋律聖歌——よりはるかに忠実な最高の形でギリシャ音楽を保存してきた．この二つの音楽の論理的な抽象構造を現代的なやり方で示したうえで，単純かつ普遍的な数学と論理学の言語を用いて，時間（横断的な音楽学）と空間（比較音楽学）において何が正しかったのか，正しくあり得たのかを示していきたい．

そのためにまず，音楽のアーキテクチャ——つまりカテゴリー——を，「時間外のアーキテクチャ」[4]と「時間内のアーキテクチャ」と「一時的なアーキテクチャ」の三つに分けたい．たとえば，与えられた音程は，その要素を「水平」に組み合わせようと「垂直」に組み合わせようとアーキテクチャそのものは不変なので，時間外のアーキテクチャといえる．また，音響出来事そのもの——つまり実際の音を用いた音楽の実現——は「一時的なアーキテクチャ」のカテゴリーに属する．そして最後に，与えられた音階の旋律や和音は，「時間外のアーキテクチャ」と「一時的なアーキテクチャ」を関連づけることによって生み出される．旋律や和音は，時間外の構造物を時間の内で実現するものなのだ．すでにこれまでにもこのような区別を行ってきたが，ここで，これらのカテゴリーを用いて古代音楽やビザンチン音楽を分析する方法を示し，このアプローチがいかに一般的であるかを明らかにしておきたい．というのも，この手法を使えば音楽を普遍的に公理化することができ，この地球上の多種多様な音楽のさまざまな側面を形式化することが可能になるからだ．

古代音楽の構造

フクバルド〔9世紀から10世紀のベネディクト派修道士で音楽理論家〕を時代遅れだといって責めたジュール・コンバリュー〔19世紀のフランス人音楽者．古代音楽研究で有名〕をはじめとする人々にとってはあいにくなことに，元来グレゴリオ聖歌は，古代音楽の構造に則って作られたものだった．9世紀以降に西欧の音楽が急速に発展すると，単旋律聖歌は単純化されて個性を失い，理論は実践に置いてきぼりを食うことになる．とはいえ15世紀や16世紀の世俗音楽にも，古代の理論の断片を見てとることができる．そのいい証拠がヨハネス・ティンクトリス〔15〜16世紀フランドルの音楽理論家〕の『音楽用語定義集』である[(5)]．学者たちが古代を覗き見ようとすれば，グレゴリオ聖歌とその旋法というレンズを通すしかないが，肝心のグレゴリオ聖歌自体が理解されなくなってすでに久しい．かといって，単旋律聖歌の旋法を解明するためのほかの方策も，その姿がようやく垣間見えてきたところでしかない．今日のグレゴリオ聖歌の専門家によると，実はこの旋法は単に音階の元になっているのみならず，旋律の作り方によって特徴付けられていたという．筆者の知る限りでは，ジャック・シャイエ〔20世紀フランスの音楽学者で作曲家〕[(6)]だけが音階の概念を補う形でそれとは別の概念を導入しているが，どうやらそれは正しかったようである．この路線をさらに推し進めれば，古代の音楽が——少なくともキリスト教信仰が始まってから数百年のあいだは——オクターブを単位とする音階や「旋法」に基盤を置くのではなく，4音音列（テトラコード）と「音組織」に基づいていたことを確認できるはずだ．

今名前を挙げたシャイエは別にして，古代音楽の専門家たちの頭は中世以降の音楽の音階構造によって曇らされ，そのため，この基本的な現実が顧みられることはなかった．しかし古代ギリシャの人々が音楽で用いていたのは，この，連続する入れ子構造や特殊から一般への包含や交わりによって複雑さを増す階層的な構造だったのだ．実際アリストクセノス〔紀元前4世紀ギリシャの音楽理論家でアリストテレスの弟子，ピタゴラス派とは異なる音楽理論を展開〕の著作を辿ってみると，そのあらましが浮かび上がってくる(7)．

A．1次構造は，全音（トノス）とその分割である．全音は，5度（デイアペンタゴン）と4度（デイアテツサロン）の差として定まる音程である〔4〕．全音の半分は半音，3分の1は最小の陰影的微分音程（3分音），4分の1は最小のハルモニア的微分（デイエシス）音程（4分音）で，4分の1音より小さい音程は用いない．

B．2次構造としては，第一の協和音程である4度によって定められる4音音列（テトラコード）がある（ほかにも，第二の協和音程である5度によって定められる5音音列（ペンタコード）などがある）．4度の音程は全音二つ半，つまり12分音（これを「アリストクセノス分割（セグメント）」と呼ぶ）×30個に等しい．両端の音は常に協和音程である4度の距離を保つが，内側の2音は可動で，その音の位置によってテトラコードを3種類に分けることができる（5度やオクターブといったほかの協和音程ではこのようなことは起こらない）．ちなみにテトラコードの音の位置は，常にもっとも低い音から数える．

1．ハルモニア的な分割の4度は，二つのハルモニア的微分音程（4分音）を含み，残りの音程との総和は，3＋3＋24＝30セグメントになる．あるいはこれを，Xを全音として$X^{1/4}\cdot X^{1/4}\cdot X^{2}=X^{5/2}$と表すこともできる．

2．陰影的（クローマテイコス）な分割の4度はさらに以下の3種類に分かれる．

a．「柔らかい」分割には，最小の陰影的微分音程（3分音）が二つ含まれており，残りの音程との総和は4＋4＋22＝30セグメント，つまり$X^{1/3}\cdot X^{1/3}\cdot X^{(1/3+3/2)}=X^{5/2}$になる．

b．「一倍半（ヘミオロイ）」（＝セスキアルテラ）の分割には，微分音程（4分音）の1.5倍が二つ含まれていて，4.5＋4.5＋21＝30セグメント，つまり$X^{(3/2)(1/4)}\cdot X^{(3/2)(1/4)}\cdot X^{7/4}=X^{5/2}$になる．さらに

c．「全音的（デイアトニク）」な分割には，半音二つと3半音（＝全音＋半音）一つが含まれていて，6＋6＋18＝30セグメント，つまり$X^{1/2}\cdot X^{1/2}\cdot X^{3/2}=X^{5/2}$になる．

3．全音的な分割は，さらに以下の2種類に分かれる．

a．「柔らかい」分割には，半音一つとハルモニア的な微分音程（4分音）の3倍と5倍がそれぞれ一つずつ含まれていて，6＋9＋15＝30セグメント，つまり$X^{1/2}\cdot X^{3/4}\cdot X^{5/4}=X^{5/2}$となる．

b.「高い(シントノス)」分割には，半音一つと全音二つが含まれていて，6+12+12=30セグメント，つまり$X^{1/2}\cdot X\cdot X=X^{5/2}$となる.

C. 3次構造は音組織(システム)である．これは，先ほどの二つの階層の要素を組み合わせたもので，全音とテトラコードが，あるいは「連接(コンジャンクト)」され，あるいは全音一つ分離れて「離接(ディスジャンクト)」されている．これによって5音音列(ペンタコード)（外側の音程は完全5度）や8音音列(オクタコード)（外側の音程はオクターブで，時には完全オクターブになる）が得られる〔テトラコードを「連接」しただけではオクターブに達しないので，その場合はできあがったものの上か下に全音を一つつける〕．システムの分割はテトラコードの分割とまったく同じで，テトラコードのつなぎ方や協和音程によって定まる．

D. 4次構造は，様式(トロポス)，調，旋法である．これらは，音組織を終止形や旋律型，主要音や音域などで特徴付けたものでしかなかったと思われる．ビザンチンの音楽やインド音楽のラーガなどにも見られる構造である．

古代ギリシャ音楽の時間外の構造は，これですべてである．この点に触れているアリストクセノス以降の古代文書は，どれを見てもこれと同じ階層的な構成方法が載っている．これはおそらくアリストクセノスを手本にしたからなのだろう．ところが後に――早くも古代において――アリストクセノスと並行する別の伝統の影響を受けたり，不完全な解釈がなされたりするといったことが積み重なって，この階層がゆがみはじめた．そのうえアリステイデス・コインティリアノス〔紀元2世紀の古代ギリシャの音楽家〕やクラウディオス・プトレマイオス〔紀元2世紀の古代ローマの科学者．音楽理論ではアリストクセノスを批判した〕といった理論家たちは，どうやら音楽にほとんど馴染みがなかったようなのだ．

この階層構造を持つ「ツリー」を完成させたのは，一つの類から別の類へ，一つの音組織からほかの音組織へ，一つの旋法からほかの旋法へと移行するためのアルゴリズム，すなわち「メタボラ」だった．ちなみにメタボラは，中世以降の調性音楽における単純な移調や転調とは似ても似つかないものだった．

ペンタコードは，そこに含まれるテトラコードの種類に従って分類される．ペンタコードはテトラコードから生まれたものであるにもかかわらず，全音を決める際は，テトラコードと並ぶ基本概念として扱われる．このような循環論法が生じたのは，アリストクセノスが音楽的な経験にこだわって，あくまでそれに忠実であろうとしたからである．アリストクセノスにとって，テトラコードやそれらを組み合わせて得られる和音の体系全体の構造は，音楽的な経験だけに従って決めるべきものだったのだ．アリストクセノスの公理はすべてここから出発していて，その著作は方法論の手本となった．しかしそれでもまだ，4度（ディアテッサロン）という音程の絶対的な（物理的）値は定義されないままだった．一方ピタゴラス派はこの値を弦の長さの3/4という比で定義したわけだが，この事実は，むしろアリストクセノスの英知を示すものといえる．なぜなら3/4という比は，実は平均値でしかないのだから．

二つの言語

ここで，アリストクセノスが音程では足し算を使っている，という点に注意しておきたい．つまりアリストクセノスは，時代に先駆けて対数を予感していたのだ．これに対してピタゴラス派は幾何学的（＝指数的）な言語——すなわちかけ算——を使っていた．この点で，アリストクセノスの手法は基本的である．というのも，

1. その手法がその後1000年以上にわたって音楽理論を表現する際に用いられた二つの手法のうちの一つとなり，
2. 加法を使うことで，より効率的で簡単で音楽に適した「計算」手段が設定され，
3. 西欧で実際に平均律が使われはじめる約2000年も前に，早くも平均律の基礎が定められたからだ．

（足し算による）算術的な言語と（弦の長さの比から始まってかけ算という操作に至る）幾何学的な言語，これら二つの言語が何百年ものあいだ絶えず混じり合い浸食しあったために，音程や協和音の計算において——ひいては理論においても——さまざまな無用の混乱が生じることとなった．この二つの算法は，いずれも互いに異なる二つの操作を伴った群構造の表現であって，実は形式的には等価なのだが……(8)．

近年音楽学者たちは，愚かにも常軌を逸した指摘を繰り返している．曰く，「古代ギリシャ人たちによれば，音階は今日のように上昇するものではなく，下降するものだった」．しかし，アリストクセノスの著作にも，その衣鉢を継ぐコインティリアノス(9)やさまざまな様式の局面に関するさらに豊かな知見

をまとめたアリピオス〔紀元4世紀の著作家〕の著作にも，そのような痕跡はいっさい認められない．それどころか古代の著作家たちが音度を理論的に説明したり音階表を作ったりする際には，決まって低いほうから始めている．もう一つ，いわゆる「アリストクセノスの音階」もばかげた代物で，アリストクセノスの著作のどこを探しても，そのようなものは見あたらない(10)．

ビザンチン音楽の構造

次に，ビザンチン音楽の構造を見ていくことにしよう．そうすることで，古代の音楽や西欧の単旋律聖歌やヨーロッパ以外の音楽の伝統，さらには最近のヨーロッパ音楽の弁証法——とその誤った道筋や袋小路——への理解が飛躍的に進むはずだ．しかも，遙かな過去と電子技術に彩られた未来をともに見晴るかす観点に立って，未来を予見し，構築することが可能になる．かくしてこの新たな研究の方向はますますその価値を高め，そのいっぽうで，セリー音楽の欠陥が露呈している領域が存在するという事実や，セリー音楽の無知な独断によって音楽の進化が妨げられたという事実があぶり出されるのだ．

ビザンチンの音楽では，ピタゴラス派とアリストクセノスの計算方法，つまりかけ算と足し算が融合している(11)．4度は一弦琴の弦の3/4という比，あるいは（72セグメントをオクターブとして）30セグメントで表される(12)．さらに，「大」（9/8＝12セグメント）と「小」（10/9＝10セグメント），そして「最小」（16/15＝8セグメント）の3種類の全音が定義される〔5〕．さらにこれより小さい音程や大きい音程が作られたために，1次構造の基本単位はアリストクセノスの単位より複雑になった．ビザンチン音楽では，自然音階〔＝長音階〕（いわゆるアリストクセノスの音階）が特権的な地位を占めていて，第1音との音程を比で表すと，1, 9/8, 5/4, 4/3, 3/2, 27/16, 15/8, 2（セグメントでいうと，0, 12, 22, 30, 42, 54, 64, 72ないし，0, 12, 23, 30, 42, 54, 65, 72）になり，その音名はA, B, Γ, Δ, E, Z, Hで記される．Δはもっとも低く，ほぼG_2に相当する音である．この音階は遅くとも紀元1世紀にはディデュモス〔紀元1世紀，古代ギリシャの音楽理論家〕によって提案されている．さらに，プトレマイオスが2世紀にそのうちの項を一つ入れ替えてテトラコード（全音・全音・半音）をずらした，という記録が残っているが，以後その構成は変わっていない(13)．しかし，このような8度（ディアパゾン）（オクターブ）への関心を別にすれば，音楽のアーキテクチャは階層的で，以下に示すアリストクセノスのアーキテクチャのような「入れ子」になっている．

A．1次構造の元になるのは，9/8（大），10/9（小），16/15（最小）の三つの全音と「特に大きな（スーパーメジャー）」全音の7/6，3半音の6/5，もう一つ別の「大」全音15/14[6]，半音あるいはレイマの256/243，大全音を最小全音で割って得られる小全音（アプトーメ）の135/128，そして最後にコンマの81/80である[7]．ここまで複雑になったのは，二つの計算方法を混ぜたからだ．

B．2次構造は，アリストクセノスの理論で定義されているのと同じテトラコード，ペンタコード，オクタコードからなっていて，テトラコードは三つの類（ゲノス）に分けられる．

1．全音的な分割．これはさらに次の3種類に分かれる．

第一の作法（スキーム）は，12＋11＋7＝30セグメント，つまり(9/8)(10/9)(16/15)＝4/3で，Δ, Hなどから始まる．

第二の作法は，11＋7＋12＝30セグメント，つまり(10/9)(16/15)(9/8)＝4/3で，E, Aなどから始まる．

第三の作法は，7＋12＋11＝30セグメント，つまり(16/15)(9/8)(10/9)＝4/3で，Zなどから始まる．

ここでは，アリストクセノスの場合にははっきりしていなかった組み合わせ論的手法の展開が認められることに注意しておこう．用いられているのは，3音の組み合わせ計6種のうちの3種類だけである．

2．陰影的な分割．これはさらに次のように分類される(14)．

a．柔らかい分割は，全音的分割の第一の作法から生じるもので，7＋16＋7＝30セグメント，つまり(16/15)(7/6)(15/14)＝4/3であり，Δ, Hなどから始まる．

b．高めの，あるいは硬い分割は，全音的分割の第二の作法から生じ，5＋19＋6＝30セグメント，つまり(256/243)(6/5)(135/128)＝4/3であって，E, Aなどから始まる．

3．ハルモニア的な分割．これは全音的な分割の可動音を動かすことで生じるもので，次のように分類される．

第一の作法は12＋12＋6＝30セグメント，つまり(9/8)(9/8)(256/243)＝4/3で，Z, H, Γなどから始まる．

第二の作法は，12＋6＋12＝30セグメント，つまり(9/8)(256/243)(9/8)

$=4/3$ で，Δ, H, A などから始まる．

第三の作法は $6+12+12=30$ セグメント，つまり $(256/243)(9/8)(9/8)=4/3$ で，E, A, B などから始まる．

幕　間

さて，古代のハルモニア的分割が全音的分割に吸収されるという現象が起きたことははっきりしている．その現象が起きたのは，キリスト教の登場後数百年のあいだであったに違いない．おそらく，教会の神父たちが異教徒たちの信仰やそれらの信仰の芸術への反映と戦うなかで，このような現象が生じたのだろう．全音的分割は，常にほかの音階より落ち着いていて厳格で気高いとされていた．実際，すでにアリストクセノスをはじめとする理論家が指摘していたように，陰影的な分割やなかでもハルモニア的分割を行うにはかなり高等な音楽文化が必要となる．ところが，ローマの大衆にはそのような文化を求めるべくもなかった．そのため一つには組み合わせ的な推論から，そしてさらに実際的な慣習からも，ハルモニア的分割の特徴は消えて，陰影的分割――そのうちの１種類はビザンチン音楽では抜け落ちた――や「高い」全音的分割が優位に立つことになったのだ．これは，ルネサンス時代に起きた長音階によるさまざまな音階（あるいは旋法）の吸収にも匹敵する現象で，ここに古代の「高い」分割は不滅のものとなったのだった．

そうはいっても，このような単純化が起きたのはなんとも不思議なことで，なぜ，いかなる状況でこうなったのか，正確なところを調べてみるのも面白い．古代の音程との違い――というよりも変形――はさておき，ビザンチンの類型化は，古代の類型化に厳密に則っている．そしてビザンチンの音楽は，テトラコードを用いて次なる段階を作ったわけだが，その際に使われた定義は，アリストクセノスの音組織論を理解する際のまたとないヒントとなった．ちなみにアリストクセノスの音組織論のかなり詳しい一覧は，すでにプトレマイオスによって作られている(15)．

音　階

C. 3次構造を構成する音階は，協和音や不協和音やパラフォニア〔協和音と不協和音の中間とされる，伴奏として協和する音〕に関する同様の古代の規則に基づく音組織によって構築される．ビザンチン音楽では音組織の反復と並列の原理から明確な形で音階が生まれたわけだが，このような展開はアリストクセノスおよびその後継者のあいだでは——プトレマイオスは別にして——かなり曖昧だった．アリストクセノスにとっては，どうやらこの音組織そのものが規範(カテゴリー)であり目的であったらしく，音階の概念とその元になった手法は常に一体となっていた．ところがビザンチンの音楽では，音組織を音階構成法と呼んでいた．これはある種の反復操作であって，テトラコードおよびそこから派生したペンタコード，オクタコードという下部のカテゴリーから出発して，あたかも遺伝子に基づいて染色体が形成されるかのように，より複雑な有機体の連鎖が形成される．こうしてみると，音組織と音階の対は古代にはなかった達成段階に到達したといえそうだ．ビザンチンの人々にいわせれば，音組織とは「音階のなかの二つないし複数あるいはすべての音の，1回ないし複数回の反復」だった．ここでいう「音階」は，すでに組織化された音——たとえばテトラコードとその派生物——の連なりを意味している．ビザンチンの音楽では，以下の三つの音組織が使われていた．

オクタコード（あるいはディアパゾン）
ペンタコード（あるいは車輪(トロコス)）
テトラコード（あるいはトリフォニ）

音組織の要素は，連接ないし離接による並列によってまとめられる．二つのテトラコードを全音だけ離接して並列すると，完全8度のオクタコードができる．この完全8度のオクタコードをいくつか結合させると，おなじみの音階や旋法が得られる．いくつかのテトラコード（トリフォニ）を結合させて作った音階では，もはやオクターブはテトラコードの固定音ではなく可動音になる．さらにいくつかのペンタコード（トロコス）を連接並列させた場合も，これと同じことがいえる．

この音組織をテトラコードの三つの類やそれらの各部分に適用することも可能で，こうするとじつに豊かな音階が得られる．最後に（プトレマイオスの〔『ハルモニア論』に載っている〕表のように），異なる類のテトラコードを混ぜることもできて，こうするときわめて多種多様な音階が得られる．音階がかくも変化に富んだものになるのは，すでにきわめて多様になっている有機体——つまりテトラコードとその派生物——を反復して並べることで得られる組み合わせ——というよりも膨大なモンタージュ（和音）——の結果だからだ．こうして定義された音階は，中世や近代に作られた貧相な概念とはとうてい比べようもないほど豊かで普遍的な概念なのである．こうしてみると，音楽が本来持っているはずの膨大な可能性が失われたのは，平均律音階が登場したからではなく，全音的テトラコード（とそれに対応する音階）〔「高い」分割＝全音階〕がほかのすべてのテトラコードの組み合わせ，あるいはモンタージュ（和音）を吸収したからだといえそうだ（全音階は，二つの全音的分割がなされたテトラコードを全音一つ分隔てて離接したもので，ピアノの白鍵にあたる）．というわけで，今からこの感覚的で抽象的な可能性を現代的なやり方で復元できるかどうか，試してみよう．

以下に示すのは，ビザンチンの平均律セグメント（あるいは，完全4度が30セグメントに等しいから，アリストクセノス的セグメントというべきか）で表した音階の例である〔ただし，/はテトラコードの連接を，/12/は12セグメント（全音一つ分）を挟んだ離接を示す〕．

全音階：全音的テトラコード．つまりテトラコードを全音を挟んで離接で並列した音組織

下のΔから始まって 12, 11, 7/12/11, 7, 12

下のHかAから始まって 12, 11, 7/12/12, 11, 7

あるいは，全音的テトラコードと全音的ペンタコードを連接で並べた音組織

下のZから始まって 7, 12, 11/7, 12, 12, 11

あるいは，ペンタコード（トロコス）を連接で並べた音組織

11, 7, 12, 12/11, 7, 12, 12/11, 7, 12, 12

など．

陰影的音階：「柔らかい」陰影的テトラコード．つまり陰影的ペンタコード（トロコス）による音組織

Hから始まって 7, 16, 7, 12/7, 16, 7, 12/7, 16, 7, 12

など．

ハルモニア的音階：ハルモニア的テトラコードの第二作法．つまりテトラコードを全音を挟んで離接で並列した音組織

Δから始まって 12, 6, 12/12/12, 6, 12

これは，Dから始まってすべての白鍵を用いる旋法に対応する．

離接で並べた音組織によって構成されるハルモニア的音階は，すべてのキリスト教音楽の音階すなわち西洋の旋法，さらにはこれ以外の音階を形作ってい

る．たとえば，トリフォニの音組織による陰影的テトラコードの第一作法は，

下のＨから始まって 12, 12, 6/12, 12, 6/12, 12, 6/12, 12, 6

となる．

混合音階：全音的テトラコードの第一作法と「柔らかい」陰影的テトラコードを離接で並べた音組織．

下のＨから始まって 12, 11, 7/12/7, 16, 7

あるいは，「硬い」陰影的テトラコードと「柔らかい」陰影的テトラコードを離接で並べた音組織．

下のＨから始まって 5, 19, 6/12/7, 16, 7

など．

なお，ここではすべてのモンタージュが使われているわけではなく，不完全なオクターブが，協和音の基本法則にしたがって完全オクターブに吸収される現象が観察され，これが大きな制約条件となっている．

D．4 次構造は音の様式（トロポス），つまり旋法（エーコス）である．エーコスを規定する要素は以下の通り．

エーコスを構成するテトラコード（ないしその派生物）の類

それら〔テトラコードなど〕の並べ方〔つまり，離接か連接か〕

〔次に来る音を〕引きつける力

根音すなわち主音

属音

終止形（カデンツ）（またはカタレークシス）

旋法を導入するメロディー，つまりアペーケーマ

古来の定義に従った特性（エトス）

ここでは，この 4 次構造の細部に立ち入ることなく，以上をもって，ビザンチン音楽における時間外の構造の分析に関する簡潔な説明とする．

メタボラ

そうはいっても，区分けされた階層がありさえすれば時間外の構造ができる，というわけではなかった．全音とその分割のあいだ，多種多様なテトラコードのあいだ，さまざまな類のあいだ，音組織のあいだ，そして旋法のあいだを自由に動き回れるようでなくてはならなかったのだ．したがってここでは，時間内の構造を概観する必要がある．今から実際に，それをざっと見ていこう．第一に，位置の変化や移調や転調といったメタボラ（変化）を扱うための記号が存在する．これらの記号は，全音やテトラコードや音組織（あるいは音階）やエーコスのフトラおよびクロアイを表す．

音のメタボラ

・メタセシス〔音位転換〕：30 セグメントのテトラコード（完全４度）からほかの 30 セグメントのテトラコードへの移動
・パラコルディ：30 セグメントのテトラコードに相当する音程を，それより大きな音程にゆがめること，ないしその逆の移動．あるいは，ゆがめられたテトラコードから別のゆがめられたテトラコードへの移動．

類のメタボラ

・音名を変えないその類に特有なフトラ
・音名の変更
・パラコルディによる変化
・クロアイによる変化

音組織のメタボラ

・ここまでで述べたメタボラによる，ある音組織から別の音組織への移動

エーコスのメタボラでは，「マルティリアのフトラ」(martyrike phthora) という特殊な記号を用いるが，この記号は旋法の始まりを変えることを意味する．

メタボラは複雑なので，持続低音（イソクラティマ〔字義通りには「ホモフォ

ニー〕）を「無学者に任せる」ことはできない．イソクラティマそのものが一つの技術となるのは，それによって〔ビザンチン音楽の〕聖歌が持つ時間外の構造の時間の内でのすべての変動が拾われ，強調されるからだ．

最初のコメント

こうしてみると，このような時間外の構造の完成が単旋律の生み出しうるもっとも複雑で洗練されたものであることは明らかだ．ポリフォニーでは展開できなかったものが見事なまでに豊かに花開き，その結果，それらの音楽に親しむには長い年月をかけた実践的な研究——アジアの高度な文明で歌い手や器楽奏者が行っているような実践的研究——が必要となった．それにしても，ビザンチン音楽の専門家が誰一人この構造の重要性を認識していないというのは，一体どうしたことなのか．どうやら古代の記譜法を解釈することにすっかり気をとられ，ビザンチン教会の生きた伝統を無視して，まちがった意見に与するようになったらしい．ところが今から数年前に，ようやくある専門家[16]がグレゴリオ聖歌学者の意見を踏襲して，エーコスには伝統的な学校で教え込まれてきた西洋の音階と異なる特徴がある，と主張することになった．そしてついに専門家たちも，エーコスにある種の特徴的なメロディーの定石が——あたかも澱(おり)のように——含まれていることに気づいた．しかし彼らは，そこからさらに歩を進めて写本に囲まれた心地よい逃避の場から出ることができず，また，出ようともしなかった．

ポリフォニーが展開したために，古代音楽——ビザンチン音楽とグレゴリオ聖歌に由来する音楽——が忘れ去られ，理解されずにきたことは，まずまちがいない[17]．ポリフォニーは，東西教会が分裂した後に西洋の粗野な蛮族がもたらしたきわめて独創的な発明だった．さらに何百年もの時が過ぎてビザンツ帝国〔東ローマ帝国〕が消滅すると，このような忘却と断絶は動かしがたいものとなった．そんなわけで，たとえ西洋のごく普通の「専門家」たちが今日の音楽のおかげで全音に基づく思考の暴力的支配から部分的に逃れることができたとしても，長音階やオクターブ音階よりはるかに複雑で洗練された「ハルモニア」の言語を感じ取ることは，とうてい不可能なのだ．ところがここに一つだけ例外がある．極東の音楽の専門家たちは[18]決して音楽の実践から切り離されることなく，音楽を生きたものとして取り扱ってきたおかげで，12 個の半音の調性とは別の和声を探す力を持ち続けることができた．ビザンチンのメロディー[19]を平均律を用いて西洋の記譜法に書き直すなどという行為は，西洋人の間違いもここに極まれり！　といったところで，こうして記譜された何千曲ものメロディーはすべてまちがっているのである．とはいえビザンチン研究家を責めるとしたら，ほんとうは，東方教会の偉大な音楽の伝統にまったく取り合おうとせず，この抽象的で感覚的な建造物——複雑で見事なまでに（ハルモニア的に）絡み合った，古代ギリシャの伝統の成熟した名残にして純粋な達成ともいうべき建造物——の存在を無視したという点を，非難すべきなのだろう．こうして専門家たちは音楽学の，

古代，
単旋律聖歌，
ヨーロッパの民族音楽，特に東欧の民族音楽[20]
ほかの大陸で展開した文明の音楽文化

の領域における研究の足を引っ張り，それによって，西欧における中世から現代までの音楽の進化の理解の深化と，音楽がこの先もさらに豊かなものとして生きのびていくための統語法的展望の獲得を阻んできたのだ．

第二のコメント

古代と——そしてまちがいなくほかの文化とも——結びついたこの建築法を紹介したのは，これが，時間外のカテゴリー（であり代数であり音楽構造）として定義しようと試みてきたものの生きた優美な証拠であるからだ．ちなみにこのカテゴリーは，時間内のカテゴリーや一時的なカテゴリーと対立する．音楽では時がすべて，とはよくいわれてきたことだ（ストラヴィンスキーやメシアンをはじめとする人々も然り）．このような見解を口にする人々は，——たとえば「『ヴェーベルン以前，ないしヴェーベルン以後』のセリー音楽」という言い回しのように——個人の発する言葉がどんなに単純化されていたとしても，そこには常に基盤となる構造が存在する，という事実を忘れている．普遍的な過去や現在を理解し，そして未来に備えるためにも，対象の構造や建築法や音組織と時間のなかでのそれらの表現を区別しなければならない．そのためには，「スナップ写真」——時間の経緯に従ったほんものの断層写真——を撮ってそれらを比べ，互いの関係や建築法を解明する必要があるのだ．さらにいえば，時間を計量することは可能だから，時間外の構造を時間に盛り込むことができ，最終的な分析では，時間そのもののむき出しの本当の性質——直接的

な現実の性質，瞬間的な生成の性質――を一時的なカテゴリーにのみ残すことができるのだ．

こうしてみると，時間は記号や関係やアーキテクチャや抽象的な組織を書き込むことができるまっさらな黒板だといえそうだ．そして書き込まれた組織のアーキテクチャが現実と衝突した瞬間に，真の意識の根源となる性質が立ち現れるのである．

古代ギリシャやビザンチンのアーキテクチャは，音高（単音の主要な特徴）と関係している．リズムもまた組織化されるが，こちらははるかに単純なので，ここでは取り上げない．たとえこれらの古代ギリシャおよびビザンチンのモデルを手本にして真似たりコピーすることは不可能だとしても，現代の（＝中世以降の）ポリフォニーの一時的なアーキテクチャによって踏みにじられた，基本的な時間外のアーキテクチャを明らかにするうえでは役に立つ．こういったポリフォニーの音組織が――セリー音楽のポリフォニーも含めて――今なお一時的な構造と時間外の構造とが混じりあって混沌としたマグマのような状態のままであるのは，未だかつて誰ひとりとして，これらの組織を解きほぐし整理しようとしなかったからなのだ．とはいえ，ここでそのような解明を行うことはできない．

時間外の構造の漸進的な退化

古代を忘れ去ってポリフォニーに突き進んだために生まれてきた調性組織は，その本質からいって一時的なカテゴリーに大きく傾いており，その和声機能の階層は，時間内のカテゴリーとして定められていた．これに対して時間外のカテゴリーはかなり貧弱で，その「倍音構造」はオクターブ音階一つ（長調であればハ長調，短調の場合はイ短調〔これらは平行移動で一致する〕）にまで狭まっていた．これは，ピタゴラス派の伝統の「高い」音階，あるいはビザンチンの第一作法のテトラコード二つを離接したもの（＝ハ長調），あるいは第二作法と第三作法のテトラコードを離接したもの（＝イ短調）に基づくビザンチンのハルモニア的音階に相当する．ちなみに，移調（音階の平行移動）と転調（同じ音階の異なる音度への基音の移動）の二つのメタボラは保存される．ただし，半音を２の 12 乗根を使って未熟な形で平均化したために，もう一つ損失が生じた．すなわち，３度音程によって協和音が豊かになりはしたものの，その３度が――ドビュッシーが登場するまでは――伝統的な完全４度と完全５

度をほぼ閉め出すことになったのだ．この退化は，19 世紀末から 20 世紀初頭にかけて最終段階を迎え，ロマン主義の理論および音楽によってお膳立てされた無調主義が登場すると，時間外の構造は事実上すべて放棄された．そこにさらに追い打ちをかけるように，新ウィーン楽派が独断的な弾圧を行ったのである．実際この楽派は，平均律半音階の究極の「完全順序」しか受け入れようとしなかった．音列(セリー)の四つの形〔原型，逆行，反行，反逆行〕のなかで，時間外の構造と関係があるのは，音程の反行形だけである．このような損失は当然——意識したかどうかはさておき——察知され，音列の音を選択する際には全体としての半音階に音程間の対称関係が接ぎ木されることになったが，それさえも，時間内のカテゴリーのなかでのことだった．そしてそれ以来，「ポスト・ヴェーベルン」の音楽の状況はほぼ変わっていない．中世後期に始まったこのような音楽の時間外の構造の退化は，西欧音楽の進化におけるもっとも特徴的な事実といえよう．そしてこの退化ゆえに，一時的な構造や時間内の構造が前代未聞の異常な形で増殖することとなったのだ．これはまさに西欧の音楽の独自性であり，普遍的な文化への貢献でもあるわけだが，それゆえに西欧の音楽が貧しくなって活力を失ったのもまた確かな事実で，このままでは早晩行き詰まることになるだろう．ヨーロッパの音楽もここまで発展してしまうと，もはや全地球的規模の普遍的な表現分野を提供するという役割を担うには不向きで，むしろこのまま孤立して，己を歴史の必然から切り離してしまうことにもなりかねない〔8〕．つまり，われわれ作曲家がしっかりと目を見開いて，現在の西洋音楽とほかの文化とのあいだに，さらには音楽思想の直近の未来とのあいだに橋を架けようと努めなければ，コンピュータによる作曲や器楽のレベルに適用される電子技術によってその息の根を止められ，この世から消えることにもなりかねないのだ〔9〕．

推計学を用いて改めて時間外の構造を導入する

確率計算を導入すること（推計学的音楽）により，今日の時間外の構造と非対称とのささやかな地平は完全に踏破され，囲い込まれた．ところが推計学が導入されたことによって，逆に音楽思想に弾みが付き，この囲みを飛び越えて音響出来事のクラウドへ，あるいは統計的に明示された大数による造形へと向かった．そこではもはや「垂直」と「水平」の区別はなく，時間内の構造の非決定論が音楽の殿堂に堂々と参入することになったのだ．そしてヘラクレイトスの弁証法に加えて非決定論までもが，具体的な推計学的関数によって色を帯び，構造化されて，実に豊かに組織化されていった．さらにこの広がりに決定論を，そしていささか曖昧ではあったが過去の時間外の構造をも含めることができた．音楽史のなかで不均等に融合していた時間外と時間内と一時的の三つのカテゴリーが，突然その基本的な意味を取り戻し，ここにはじめて過去と現在と未来を通じて一つにまとまった普遍的統合体を作ることができるようになったのだ．これが単なる可能性ではなく最適な方向であることを，ここで大いに強調しておきたい．さらにその次の段階へ進むには，もっと鋭い道具や公理を手に入れて厳格な公理化・形式化を行う必要があるが，まだそこまでは至っていない．

ふるい理論

まず，平均律半音階の全順序構造（加法群の構造＝アリストクセノスの加法的構造）を公理化する必要がある(21)．平均律半音階の公理の元になるのは，ペアノによる数の公理である．

基本的な述語

- O：原点
- n：点
- n'：n の基本変位で得られる点
- D：実際の音の特徴（音高，密度，強さ，持続時間，速度，無秩序……）の値の集合．これらの値は移動による点と同一視される．

基本命題（公理）

1. 点 O は D の要素である．
2. 点 n が D の要素なら，新しい点 n' も D の要素である．
3. 点 n と m は D の要素であるとして，点 n と m とが同一であるとき，そのときに限って新しい点 n' と m' は同一である．
4. 点 n が D の要素であるなら，その点は原点 O とは異なる．
5. D に属する要素がある特別な性質 P を有し，点 O もその性質を有していて，さらにこの性質を有するすべての D の要素 n について新しい点 n'

がこの性質を有するのであれば，D のすべての要素が性質 P を有する．

これによって音高だけでなく，上に述べた集合 D に含まれる音のすべての性質（密度，強度など）の「平均律半音階」が定義されたことになる．しかもこの抽象的な音階には――いじみくもバートランド・ラッセルがペアノの数の公理について述べたように――何らかの絶対的な大きさと関連づけられた，あるいはあらかじめ定められた変位の単位，すなわち基本変位は存在しない．したがってこの音階を構成する際にはその単位として，平均律の半音でも，アリストクセノスのセグメント（12分音）でも，ディデュモスのコンマ（81/80）でも，4分音でも，全音でも，3度でも，4度でも，5度でも，オクターブでも，はたまた完全オクターブを割り切らない音程でも採用することができるのである．

さてここで，この音階に基づいてもう一つ同等な音階――ただし基本変位が最初の音階の倍数であるような音階――を定めることにしよう．このとき第二の音階を，m を法とする合同という概念を使って表すことができる．

定義：二つの整数 x, n について，m が $x-n$ を割り切るとき，これらは「m を法として合同である」といい，$x \equiv n \pmod{m}$ という式で表すことができる．つまり二つの整数は，その差がちょうど m の（正または負の）倍数になっているとき，そのときに限って m を法として合同なのだ．たとえば $4 \equiv 19 \pmod{5}$ であり，$3 \equiv 11 \pmod{8}$ であり，$14 \equiv 0 \pmod{7}$ である．

したがってあらゆる整数は，m を法として以下の n のいずれか一つの値と合同になる．

$$n = 0, 1, 2, \cdots, m-2, m-1$$

これら n 個の数は，それぞれが m を法とする剰余類を成している．実際これらの数は，m を法とした負ではない最小の剰余〔＝余り〕になっているのだ．したがって $x \equiv n \pmod{m}$ であることと，k を整数として（つまり $k \in \boldsymbol{Z} = \{0, \pm 1, \pm 2, \pm 3, \cdots\}$ として）$x = n + km$ であることは同等である．

このとき x という数はその定義からいって，与えられた n に対して，m を法とする剰余類 n に属している．そこでその類を m_n で表そう．

さて，この発想と音楽とを関連づけるために，現在使われている音階の平均律半音階を基本変位とする．そのうえで改めて先ほどの公理を適用すると，いったいどうなるか．たとえば，基本変位を半音四つ分（長3度）とすると[22]，新たな音階が定義される．最初の平均律半音階がD♯から始まっていたとすると，新たな音階では4半音のすべての倍数が得られて，長3度の音階ができる．具体的にはD♯, G, B, D♯′, G′, B′ となるわけだが，これらはいずれも最初の平均律半音階の4を法とした序数が0に等しい音である．つまりどの音も4を法とする剰余類0に属しているのだ．さらに4を法とする剰余類1, 2, 3を考えれば，平均律半音階のすべての音を網羅することができる．そこでそれらの類を次のように表そう．

4を法とする剰余類0：4_0
4を法とする剰余類1：4_1
4を法とする剰余類2：4_2
4を法とする剰余類3：4_3

ここで取り上げているのは基本となる音階（基本変位は半音一つ）のふるい分けであって，各剰余類は，連続する半音階のなかのある決まった要素だけを残すふるいになる．この考え方をさらに押し広げて，元になる半音階全体を1_0というふるいで表すことにしよう．このとき5_n（$n=0, 1, 2, 3, 4$）というふるいでは4度の音階が得られ，剰余類の種別を表す添字nを変えるごとに，この音階の移調が起きる．さらにドビュッシーの全音音階は2_n（$n=0, 1$）で表すことができて，次の二つの移調があることがわかる．

2_0 → C, D, E, F♯, G♯, A♯, C′……
2_1 → C♯, D♯, F, G, A, B, C♯′……

さらに，基本となるこれらのふるいを元にして，類の論理の三つの演算——∨で表される論理和と，∧で表される論理積と，ふるいの法のうえのバーで表される否定——を使うと，さらに複雑な音階——思いつく限りの音階——を作ることができる．このとき，

$2_0 \vee 2_1$ → 半音全体（1_0と表してもよい）
$2_0 \wedge 2_1$ → 無音，つまり空のふるい．$\varnothing$で表す．
$\overline{2}_0 = 2_1$であり，$\overline{2}_1 = 2_0$

が成り立つ．さらに，長音階は次のような操作で得られる．

$$(\overline{3}_2 \wedge 4_0) \vee (\overline{3}_1 \wedge 4_1) \vee (3_2 \wedge 4_2) \vee (\overline{3}_0 \wedge 4_3)$$

〔$\overline{3}_2 \wedge 4_0 \rightarrow$ E&C，$\overline{3}_1 \wedge 4_1 \rightarrow$ F&A，$3_2 \wedge 4_2 \rightarrow$ D，$\overline{3}_0 \wedge 4_3 \rightarrow$ G&B なので，全部合わせると長音階になる．〕

定義からいってこの表記法では，ピアノの白鍵を使った「旋法」同士を区別することができない．なぜなら今定義しているのはあくまでも音階であって，「旋法」はこうして定義された音階のうえに立つ建築物であるからだ．そのためＤからはじまる旋法ＤとＣから始まる旋法Ｃは同じ表記になる．それでも「旋法」を区別したいというのであれば，論理的な表現を非可換にすることが可能だ．いっぽう，この音階の 12 種類の移調はすべて，法を３ないし４とするふるいの剰余類の類別を表す添字の巡回置換を組み合わせたものになる．したがって半音上に移調した（右にずらした）長音階は，次のような操作で表される．

$$(\overline{3}_0 \wedge 4_1) \vee (\overline{3}_2 \wedge 4_2) \vee (3_0 \wedge 4_3) \vee (\overline{3}_1 \wedge 4_0)$$

さらにこれを一般化して，

$$(\overline{3}_{n+2} \wedge 4_n) \vee (\overline{3}_{n+1} \wedge 4_{n+1}) \vee (3_{n+2} \wedge 4_{n+2}) \vee (\overline{3}_n \wedge 4_{n+3})$$

と書くことができる．ただし剰余類を表す添字の n は０から 11 までの任意の値を取ることができて，これに各ふるい（法）の定められた添字の値を加えてから対応するふるいを法として簡約したものが，新たな添字になる．したがってＤから始まる音階をＣを起点としたものは，

$$(3_n \wedge 4_n) \vee (\overline{3}_{n+1} \wedge 4_{n+1}) \vee (\overline{3}_n \wedge 4_{n+2}) \vee (\overline{3}_{n+2} \wedge 4_{n+3})$$

という操作で得ることができる．

音楽学

さてここで，ふるいの基本単位を４分音に変えてみよう．すると長音階は次のような操作で得られる．

$$(8_n \wedge \overline{3}_{n+1}) \vee (8_{n+2} \wedge \overline{3}_{n+2}) \vee (8_{n+4} \wedge 3_{n+1}) \vee (8_{n+6} \wedge \overline{3}_n)$$

ただし，法は３または８，$n=0, 1, 2, \cdots, 23$.

これと同じ音階をさらに細かいふるい（１オクターブ =72 アリストクセノスのセグメントとしたふるい）を用いて得ようとすると，次のようになる．

$$(8_n \wedge (9_n \vee 9_{n+6})) \vee (8_{n+2} \wedge (9_{n+3} \vee 9_{n+6})) \\ \vee (8_{n+4} \wedge 9_{n+3}) \vee (8_{n+6} \wedge (9_n \vee 9_{n+3}))$$

ただし，８または９を法として，$n=0, 1, 2, \cdots, 71$〔10〕.

ビザンチン混合音階の一つである，硬い陰影的テトラコードと全音的テトラコードの第二スキームを全音一つ分隔てて離接した音組織の音階は，アリストクセノスのセグメントを用いると 5, 19, 6/12/11, 7, 12 と書くことができるが，

これは次のような論理演算によって得られる．

$$(8_n \wedge (9_n \vee 9_{n+6}))\vee(9_{n+6} \wedge (8_{n+2} \vee 8_{n+4})) \vee(8_{n+5} \wedge (9_{n+5} \vee 9_{n+8}))\vee(8_{n+6} \wedge 9_{n+3})$$

ただし，法は 8 か 9 で，$n=0, 1, 2, \cdots, 71$.

アンダラ・サンプルナ（上行 5 音音階，下行 7 音音階）(23) 類のラーガ・バイラーヴィ〔インド音楽の旋法の一種〕をアリストクセノスの基本ふるい（オクターブの周期は 72）を用いて表すと，

5 音音階は

$$(8_n \wedge (9_n \vee 9_{n+3}))\vee(8_{n+2} \wedge (9_n \vee 9_{n+6}))\vee(8_{n+6} \wedge 9_{n+3})$$

7 音音階は

$$(8_n \wedge (9_n \vee 9_{n+3}))\vee(8_{n+2} \wedge (9_n \vee 9_{n+6})) \vee(8_{n+4} \wedge (9_{n+4} \vee 9_{n+6}))\vee(8_{n+6} \wedge (9_{n+3} \vee 9_{n+6}))$$

となる．ただし，法は 8 か 9 で，$n=0, 1, 2, \cdots, 71$.

さらにこれら二つの音階を，ディデュモスのコンマ（81/80 で，56 周期で 1 オクターブになる（$(81/80)^{55.8}=2$)）を基本単位とするふるいを用いて表すと，

5 音音階は

$$(7_n \wedge (8_n \vee 8_{n+6}))\vee(7_{n+2} \wedge (8_{n+5} \vee 8_{n+7}))\vee(7_{n+5} \wedge 8_{n+1})$$

7 音音階は

$$(7_n \wedge (8_n \vee 8_{n+6}))\vee(7_{n+2} \wedge (8_{n+5} \vee 8_{n+7}))\vee(7_{n+3} \wedge 8_{n+3}) \vee(7_{n+4} \wedge (8_{n+4} \vee 8_{n+6}))\vee(7_{n+5} \vee 8_{n+1})$$

となる．ただし，法は 7 か 8 で，$n=0, 1, 2, \cdots, 55$〔11〕.

このように，ふるい理論を使うと任意の音階を論理的（ということは機械化可能）な関数で表すことが可能になり，より高い階層の構造に関する研究を全体の秩序の研究と統合することが可能になる．そのうえこの手法はまったく新たな時間外の構造を構築する場合にも役に立つ．そこで次に，オクターブを形成しない複雑なふるいを考えてみよう (24)．基本単位は，平均律の 4 分音とする．1 オクターブには 4 分音が 24 個含まれるから，問題の複合ふるいの周期は 24 および 24 の倍数を除く値でなくてはならない．つまりその周期は，24 を法として（$k=0, 1, 2, \cdots$ としたときに）$k \cdot 24$ と合同ではないのだ．そこでたとえば，11 と 7 を法とする（周期は $11\times 7=77$ で，$\neq k \cdot 24$）$\overline{(11_n \vee 11_{n+1})} \wedge 7_{n+6}$ というふるいを考えてみよう．このふるいを使うと，陰

影的な 4 分音音階のうえに非対称な分布を作ることができる．あるいはまた，周期が可聴領域の限度を超えるような合成ふるいを使うことも可能である．そのようなふるいとしては，たとえば $17\times18=306>11\times24$〔12〕であることから，17 と 18 を法とする論理関数 $f[17,18]$ が考えられる．

上部構造

合成ふるいのうえにさらに厳密な構造を作ること，あるいは確率関数を用いて要素を選択することも可能で，そうやって得られた半音階全体の統計的な色づけは，さらに複雑になる．

メタボラを用いた構造

ふるいの剰余類を表す添字の巡回組み合わせ（移調），あるいは一つないし複数のふるいの法の変更（転調）といった操作の一つ一つからメタボラが得られることはすでにわかっている．そこでメタボラを用いた変換の例として，ある正の数 r と互いに素な最小の剰余を考えよう．このときこれらの剰余は，剰余を掛け合わせて得られた積を r を法とする最小の正の剰余に落とす，という操作を合成法則とするアーベル（可換）群になる．具体的な数値でいうと，たとえば $r=18$ とすると，1, 5, 7, 11, 13, 17 という剰余は 18 と互いに素で，これらの剰余の積を 18 を法として減じたときに得られる値〔積を 18 で割った余り〕もまた，この群に属している（つまり閉じている）．この合成法則の具体例としては，たとえば次のような計算がある．

$$5\times7=35,\ \ 35-18=17;$$
$$11\times11=121,\ \ 121-(6\times18)=13\quad \text{などなど.}$$

ちなみに剰余 1, 7, 13 は，位数 3 の巡回部分群を構成する．次に，法が 5 と 13 のふるいを用いた次のような論理式を考える．

$$L(5,13)=\left((\overline{13_{n+4}\vee13_{n+5}\vee13_{n+7}\vee13_{n+9}})\wedge5_{n+1}\right)$$
$$\vee\left((\overline{5_{n+2}\vee5_{n+4}})\wedge13_{n+9}\vee13_{n+6}\right)$$

このとき，先ほど定義したアーベル群を出発点にして，法を対にして変換する操作が考えられる．その（時間内の）運動を図示すると以下のようになり，

$$L(5,13)\to L(11,17)\to L(7,11)\to L(5,1)\to L(5,5)\to\cdots\to L(5,13)$$

やがて最初の項に戻る（つまり，閉じている）(25)．

この「ふるい」理論はさまざまな形で組織化することができ，類の包含関係や交わりを次々にとることによって，いくらでも複雑なふるいを作ることができる．つまり，選択する際に決めるべきことや近傍のトポロジー的性質に関して決めるべきことが増す方向に向かうのだ．

その結果，たとえば剰余類を表す添字や法や基本変位の変化の関数——つまり時間をパラメータとする論理関数の連動——のような一時的な時間の関数を用いることによって，この紛れもない時間外の音楽の組織構造を時間内の「実践」に移すことができる．

ふるい理論はきわめて一般的で，このほかの全順序構造が入る音の特徴——強度や継続時間や密度，秩序の度合，速度など——にも応用できるが，これに関してはすでに別の箇所でふるいの公理として述べてきた．しかもそれだけでなく，この手法を視覚のスケールに応用することが可能で，未来の視覚芸術にも使えるはずなのである．

さらにいえば，われわれはじきに，この理論が精査され，コンピュータを使って広く活用されるのを目の当たりにすることになるだろう．なぜならこの手法を丸ごと自動化することができるからで，こうなれば次なるステップとして，たとえば音色の分類に見られる部分順序構造を格子やグラフ理論などを用いて研究する，といった動きが始まることになるだろう．

結　　論

思うに，今日の音楽が己の殻を破りたいのなら，これまで一時的なカテゴリーに支配され萎縮させられてきた時間外のカテゴリーを研究する必要がある．しかもそうすることによって，アジア，アフリカ，ヨーロッパのあらゆる音楽の基本構造の表現を一つにまとめることができる．しかもこの手法の強みはそれだけではなく，この手法を自動化すれば，あらゆる種類の試行やモデル化をコンピュータで行うことが可能になる．そしてその結果，音楽の科学は大きく発展するのだ．

実際，われわれの目の前ではすでに，好むと好まざるとに関わらず音楽の産業化がはじまっている．そしてそれらの産業化された音楽が，世界中のさまざまな公共の場所や店やラジオやテレビや航空機の中で人々の耳になだれ込んでいる．音楽は産業化されることによって，未だかつてない膨大な規模で消費されるようになった．しかしそれらの音楽は，音楽的知性の底に澱のように溜まった陳腐で時代遅れな常套手段によって作られるもっとも低いレベルのものでしかない．とはいえ，このような侵略を止められるかどうかが問題なのではない．なぜなら結局のところこのような侵入のおかげで，たとえ受け身であるにせよ，人々と音楽との関わりが増えたのだから．むしろ，音楽に関わる人々の考え方や音楽作法をラディカルに，しかも建設的に批判することで，これらの音楽の質を変える手助けをすることが肝要だ．音楽家たちがそのような方法——ここではその一つのモデルを示そうと試みた——を取らない限り，人々の耳に注ぎ込まれる毒をコントロールして変えることはできない．ぐずぐずしている暇はないのだ！　しかも，世界の至るところで（すべての国の音楽関連の国民協議会は注目せよ！）まずは小学校から，同様の手法で音楽教育を根本から変える必要がある．すでに 10 進法以外の記数法や集合論を教えている国があるくらいなのだから，この章で概観してきた新たな音楽理論の応用を学校で教えることも，決して不可能ではないはずだ．

原　注

（1）Xenakis (1965).

（2）I. Xenakis (1955, 1956) および《メタスタシス》と《ピソプラクタ》の楽譜（Boosey and Hawkes, London, 1956）と録音（Le chant du monde, L. D. X. A. -8368〔CD 番号も同一〕）を参照されたい．

（3）ここでは，ある種の今日の音楽では 4 分音や 6 分音が使われていることには触れなかった．それらは実は調性の全音階的な領域から逃れてはいないからである〔安定した調性を前提にした，「調子外れな効果」としての微分音の使用にすぎないという意味〕．

（4）第 6 章を参照．

（5）Tinctoris (1951).

（6）Chailley (1956).

（7）Westphal (1883). ドイツ語の序文が付いているが，本文はギリシャ語である．

（8）Guilbaud (1963).

（9）Quintilianus (1963).

（10）アリストクセノスの音階は，古代の全音階の実験的バージョンの一つと思われるが，256/243（半音）×9/8（全音）×9/8（全音）＝4/3（完全 4 度）であるピタゴラス派の音階〔13〕や，6＋12＋12＝30 セグメントであるアリストクセノスの理論的バージョンとは一致しない．28/27（半音）×8/7（長全音）×9/8（全音）＝4/3（完全 4 度）となるアルキタス〔紀元前4世紀，古代ギリシャのピタゴラス派の音楽理論家〕のバージョンないしユークリッドのバージョンが重要である．いっぽうツァルリーノ〔16世紀イタリアの音楽理論家〕の音階〔14〕こそがいわゆるアリストクセノスの音階なのだが，この音階は実際にはプトレマイオスやディデュモスまでしか遡れない．

(11) Evthymiadis (1948).

(12) コインティリアノスとプトレマイオスは，完全4度を均（なら）して60の等しい部分に分けた〔15〕．

(13) プトレマイオスが言及したテトラコードの移動，リュカノス（16/15），メセー（9/8），パラメセー（10/9）の三つ組（トリテー）（『ハルモニア論』第2巻第1章）に関しては，Westphal (1883)，pp. XLVI ff. を参照〔アリストクセノス『ハルモニア原論』とプトレマイオス『ハルモニア論』の邦訳は，アリストクセノス／プトレマイオス（山本建郎訳）『古代音楽論集』（京都大学学術出版会，2008）に収録されている〕．

(14) プトレマイオスの著書では，陰影的分割のテトラコードの名前が入れ替わっている．柔らかい陰影的分割には6/5のインターバルが，硬い，あるいは高い，あるいはシントニック（syntonon）な陰影的分割には7/6のインターバルが含まれる．Westphal (1883)，p. XXXII を参照．

(15) シントニックな陰影的分割（22/21, 12/11, 7/6）とトニアイオンな全音的分割（28/27, 8/7, 9/8）の混合，柔らかい全音的分割（21/20, 10/9, 8/7）とトニアイオンな全音的分割（28/27, 8/7, 9/8）の混合など．Westphal (1883)，p. 395 を参照．

(16) Wellesz (1961)，pp. 71ff. 70ページにも，古代の音階が下降していたという神話が登場している．

(17) 古代ヘレニズム文化の研究者にも同じような手抜きが見られる．たとえば，ルイ・ラロワが1904年に著した古典的論文（Laloy (1904)，p. 249）を参照．

(18) アラン・ダニエルー（Alain Daniélou）は長年インドで暮らし，インドの楽器の奏法を習得した．マントル・フッド（Mantle Hood）もインドネシアに暮らし，彼の地の楽器の奏法を習得している．また，伝統的なベトナム音楽の演奏家であり作曲家であり理論家のタン・ヴァン・ケー（Than Van Khé）も忘れてはならない存在である．

(19) 前掲の Wellesz (1961) を参照．さらに，もう一人の偉大なビザンチン学者，C. ホゥ（C. Höeg）でも，構造の問題は無視されている．

(20) ビザンチンの音楽記述法が今もルーマニアの伝統的な民族音楽で使われていることを知ったときの「専門家」たちの当惑をご想像いただきたい．*Rapports* (1961)，p. 76 を参照．これらの専門家たちは同じことがギリシャでも起きていることを無視していると見てまちがいない．

(21) ル・シャン・デュ・モンド社が出したレコード L. D. X. A-8368〔16〕に添えられた筆者のテキストを参照．Xenakis (1965)，および本書第6章〔音響出来事の質の構造〕での説明も見よ．

(22) これらの音階では，基本的な移動はいわば整数のようなもので，同じ公理系の要素として定義されている．

(23) Daniélou (1954), p. 72 を参照.

(24) これによって，らせん音階――つまり完全なオクターブにならない5度周期――を作りたいというエドガー・ヴァレーズの願いが満たされたことになるのだろう．この情報は，残念ながらかいつまんだ形ではあったが，オディール・ヴィヴィエ氏によってもたらされた.

(25) この最後の構造は16管楽器のための《アクラタ》(1964) と，チェロ独奏のための《ノモス・アルファ》(1965) で用いられた.

訳　注

〔1〕情報伝達の手段として用いられるトーキング・ドラムを指している.「アフリカの民族音楽には高尚な美的特徴はない」というような意味ではない.

〔2〕すなわちクセナキスは，即興的要素を排除するために図形楽譜を用いる，ケージらの米国実験主義音楽を理解していない（あるいは「音楽」とは認めていない）．彼は自らの方法論の独自性を主張するために「セリー派」を批判するが，基本的な音楽観はヨーロッパ戦後前衛の主流派に近いことがわかる.

〔3〕方法論の科学的客観性や「純粋音楽」の絶対性を信奉する態度も，ロマン主義の裏返しに過ぎないことに気付いていないあたりも，ヨーロッパ戦後前衛の主流派に近い.

〔4〕5度$=3/2$，4度$=4/3$．従って 全音$=3/2\times3/4=9/8$．ただし以下で説明されるように，アリストクセノスはあえて協和音程の絶対的な値は定義しない.

〔5〕以下の2次構造の説明には，大全音$=12$ セグメント，小全音$=11$ セグメント，最小全音$=7$ セグメント の方が整合的.

〔6〕原文ママ．実際には以下の2次構造の説明にある通り，15/14 はもう一つの最小全音である.

〔7〕小全音$=(12-7=)5$ セグメント$=(9/8)/(16/15)$，コンマ$=(12-11=)1$ セグメント$=(9/8)/(10/9)$，半音$=$最小全音$-$コンマ$=(7-1=)6$ セグメント$=(16/15)/(81/80)$ で各々の比は得られる．だが6セグメント$=256/243<135/128=5$ セグメント であり，実は振動数比と矛盾する.

〔8〕現実には，ヨーロッパ的平均律が世界の音楽を吞み込む傾向が続いている．古代ギリシャ音楽の時間外構造よりもビザンチン音楽の時間外構造の方が単純な理由を，クセナキスはローマの民衆の音楽的受容力の限界に求めたが，音楽の大衆化が世界規模で進行している状況では，同様の理由で単純な規範が好まれる.

〔9〕コンピュータによる作曲もまた人間の営為だ，という前章の結論とは矛盾しているように思われる.

〔10〕音階の構成音を，72の互いに素な因数8と9を用いて $8_p\wedge9_q$ の形で書き，その7音の論理和を取った式である．以下の一見複雑な式も同様に求められる.

〔11〕このふるいは，ディデュモスのコンマを基本単位とする等分平均律から得られたものだが，元々このコンマはアリストクセノスの1セグメントに相当する振動数比として導かれた．すなわち，1オクターブ$=72$ セグメント は伸び縮みする音階を理

解するための便宜的な分割であり，構成音が対応するわけではない 56 等分平均律に焼き直す操作の音楽的な意味は疑わしい．一連の記述はむしろ，クセナキスの思考は等分平均律に囚われていることを示している．

〔12〕人間の大雑把な可聴域は 20 Hz～20 kHz であり，最高音と最低音の振動数比は $1000 \fallingdotseq 2^{10}$ である．すなわち，11 オクターブあれば可聴域を超える．

〔13〕ピタゴラス音階ではあらゆる音程を完全 5 度とオクターブの組み合わせで作る．半音上昇は完全 5 度 5 回降下 + オクターブ 3 回上昇なので $(2/3)^5 \times 2^3 = 256/243$，全音上昇は完全 5 度 2 回上昇 + オクターブ降下なので $(3/2)^2 \times (1/2) = 9/8$.

〔14〕ここで意図されているのは，16/15（半音）× 9/8（大全音）× 10/9（小全音）= 4/3（完全 4 度）と分割するいわゆる純正律である．この調律では長 3 度が $9/8 \times 10/9 = 5/4$，短 3 度が $16/15 \times 9/8 = 6/5$ といずれも純正になるが，全音が 2 種類あり，転調が困難なのが問題である．ツァルリーノはこの純正律の特徴を踏まえ，全音の音程を大全音と小全音の間に取った（完全 5 度を純正より狭く取った）上でピタゴラス音階と同様に完全 5 度とオクターブの組み合わせで音階を作る，中全音律の一種を提唱した．

〔15〕本文では完全 4 度=30 セグメントだが，陰影的なヘミオロイ分割では 0.5 セグメントが現れるので，60 分割しておく必要がある．

〔16〕本章原注 2 参照．

第 8 章

音楽の哲学に向けて

予備的な作業

ここでは手短に,

1. 音楽の「歴史ある伝統」の正体を暴いたうえで[(1)],

2. 一つの音楽を構築したいと思う.

ヒトが,自由を獲得し成長する過程において踏み出すことができたもっとも大きな一歩,それは,現象を「推論する」という行為であった.されぱこそ,タレスやアナクシマンドロス〔いずれも紀元前 7〜6 世紀の人物.タレスは「万物の根源は水である」とし,アナクシマンドロスは「万物の根源は無限なものである」とした〕やアナクシメネス〔紀元前 6 世紀の人物.「万物の根源は空気である」とした〕といったイオニアの〔自然哲学の〕先駆者たちは,真の文化——すなわち「理性」の文化——への出発点ともいうべき存在なのだ.ここで「理性」といっているのは,議論における論理的な筋道や三段論法や弁論術のからくりではなく,疑問を抱き,好奇心を持って問いを発するという並外れた特質,すなわちエレンコス(ἔλεγχος)〔=吟味,論駁〕のことである.これはほとんど思い描くことすら難しいくらいの飛躍であって,それゆえイオニアでは,宗教や強力な神秘主義(これらもまた「推論」の初期の形であったのだが)に抗う形で,無からの宇宙論が生まれたのだった.たとえばピタゴラス派に大きな影響を与えたとされるオルペウス教〔伝説の詩人オルペウスを開祖とする古代ギリシャの密儀教〕の教えによると,人間の魂は実は堕落した神であって,エクスタシス〔ἔκστασις〕——すなわち己からの離脱——によってのみその真の性質を明らかにすることができるという.さらに,カタルモイ(καθαρμοί)——すなわち浄化——とオルギア(ὄργια)——すなわち秘儀——のおかげで人間の魂は失っていた優位を取り戻し,「生存の車輪(τροχός γενέσεως,仏教でいう有輪(うりん))」——すなわち,再びこの世に動物や植物として蘇る運命——を逃れることができるのだという.このような神秘主義を引用するのは,こういった思考形態がきわめて古く，しかも広く受け入れられていると思われるからだ．事実，ちょうどこれと同じ頃，インドのヒンズー教にも同じ概念が，まったく独立に存在していたのである (2)．

ここではまず，イオニアの人々によって開かれたこの道が，最終的にあらゆる神秘主義や（キリスト教を含む）宗教を凌駕した，という点に注目すべきだろう．この哲学の精神は，未だかつてこれほど広まったことが無く，今日アメリカや中国やロシアやヨーロッパなどで先頭に立つ主役たちが，声をそろえてこの哲学を標榜しているのを見ると，むしろ気がかりにさえなってくる．

ところがこの問い——すなわちエレンコス——は，確立されたとたんに独自の生存の車輪を表すものとなり，ソクラテス以前のさまざまな学派は，爾来(じらい)今日に至るまで，哲学の展開を規定することによって栄えてきた．思うに，イオニアの先駆者たちの時代の頂点をなすものは，二つあった．ピタゴラスの数の概念と，パルメニデスの弁証法．いずれも，同一の関心事を独自のやり方で表現したものである．

ピタゴラス派は紀元前 4 世紀にかけて，時代に適応しながら「万物は数である」，「あらゆる事物に数が備わっている」，「あらゆるものは数と同じである」と主張してきた．この申し立ては，（とりわけ音楽家にとって興味深い話なのだが）オルペウス教が説く妙なるカタルシスを得るための音程の研究から生まれた．というのもアリストクセノスによると，ピタゴラス派の人々は薬で体を清めるように，音楽で魂を清めていたからだ．これと同じやり方は，プラトンが『法律』（対話篇）で述べているコリュバンテス〔大地の女神キュベレの従者〕の秘儀(オルギア)をはじめとするさまざまな秘儀のなかにも見てとることができる．そしてピタゴラス派のこれらの主張は，ギリシャからビザンツ帝国を経て，あるいは西欧へ，あるいはアラブへとあらゆる形で伝わり，すべての西洋思想に浸透していったのだった．

アリストクセノスからフクバルド〔217 ページ参照〕，ツァルリーノ〔16 世紀イタリアの対位法や調律法の理論に大きく寄与した音楽理論家〕，ラモー〔和声や調性を体系的に理論化した 17～18 世紀フランスのバロック音楽理論家．作曲家としても名高い〕に至るすべての音楽理論家は，実はまったく同じテーマを——ただしその時代の表現に彩られた形で——取り上げていた．それにしても不思議なことに，芸術を含むあらゆる知的活動は，実は数の世界にどっぷりと浸かっている（ここでは，懐古的な動きや反啓蒙主義的な動きは除外する）．DNA は幾何学的・組み合わせ論的な構造を持っているから，ピタゴラスが予想したように，やがて遺伝学を用いてわれわれの意のままに生存の車輪を変えることができるようになるだろう．いつの時代にも最高の目標の一つであった「次なる生まれ変わりをコントロールすること」（遺伝的な再生（パリンゲネシア））に達する際に必要なのは，（オルペウス教やヒンズー教や道教の）恍惚（エクスタシス）ではなく，まさにこのような「理論」の力——人間の行動の真髄ともいうべき「問いの力」——なのであって，それがもっとも顕著に表れているのがピタゴラスの思想なのだ．われわれはみな，ピタゴラス派なのである[3]．

一方パルメニデスはヘラクレイトスとは逆に，変化を否定することによって変化の問題の核心に迫ることに成功した．パルメニデスは排中律や自同律を発見し，その威力にすっかり圧倒された．そしてこれらを用いて，移ろいやすい感覚の変化のなかから，一にして動かず宇宙を満たし生まれもしなければ滅亡もしない「在るもの」の概念と，有限で球状でしかも存在しない「在らぬもの」の概念を切り出したのだった（ちなみにメリッソス〔紀元前 5 世紀に活躍したエレア派の哲学者〕は「在らぬもの」の概念を理解することができなかった）．

> なぜならどこまでいっても，在らぬものがあることを証明することはできないから．だが，汝はその思考を探求の道から引き離すのだ……
>
> かくして，語られるべき道は一つしか残されない．すなわち，在るものはある．この道にはたくさんのしるしがあって，それが生まれたものでもなければ滅びることもないことを示している．なぜならそれは，欠けるところが一つもなく，びくともせず，果てしないからだ．そしてそれはあったことがなく，あるであろうこともない．というのもそれは今，一にしてすべてにして連続しているからだ．このようなものがどのように誕生するというのか．いかにしてどこから育ったというのか．それが在らぬものからきたということは，考えることすら許されない．なぜなら在らぬものは，言葉で表せず，考えることもできないのだから．それに，どのような必要がそれらを駆り立てて，より後に，あるいはより先に，無から生まれるよう促したというのか．かくしてそれは，まったく在るかまったく在らぬかのいずれかでなくてはならないのだ．
>
> 〔パルメニデスの著作断片 7, 8 より〕[4]

直截で濃密な思考の形態もさることながら，この「問い」の方法は絶対的である．この手法を用いた結果，知覚される世界——「二つの顔を持つ者」とされる人間が平然と受け入れる，見せかけでしかない矛盾した世界——は否定されて，現実の概念そのものが唯一の正しいものとして提示される．ところが抽象的な論理法則を用いて立証されたこの概念にとって必要な概念は，その逆である「在らぬもの」の概念だけであって，その「無の概念」自体も，じかに表現したり考えたりすることはできない．

この明快な公理論は，神の存在や根本元素に基づく宇宙起源説(5)を凌駕し，パルメニデスの同時代人たちに途方もない影響を及ぼすこととなった．これはまさに世界初の絶対的で完璧な唯物論だったのだ．この思考の影響を直に受けたことから，たとえばアナクサゴラス〔イオニアからアテナイに哲学を持ちこんだ紀元前5世紀のギリシャ哲学者〕はすべては連続であると主張し，レウキッポス〔原子論を創始した紀元前5世紀のギリシャ哲学者〕はすべては非連続な原子からなっていると主張した．そして今日に至るまで，すべての知的な活動がこの厳格な公理にどっぷりと染められてきたのである．それにしても，物理学におけるエネルギー保存の法則のすばらしさは，特筆に値する．エネルギーは電磁気や運動，さらには（エネルギーと等価の）物質といった形で宇宙を満たしているが，これこそまさに，ずば抜けた「在るもの」なのだ．ここでいう「保存」とは，宇宙全体としては光子一つ分の変動もなく，未来永劫同じ状態でありつづけ，エネルギーは同じであるということだ．しかもその一方でまったく同じ推論により，論理的な真は恒真命題(トートロジー)になる．つまり，論理的に確認されたものはすべて，代替物を考えることができない真理（ウィトゲンシュタイン）なのである．近代の知は真空の存在を受け入れているが，それはほんとうに「在らぬもの」なのか，それともまだ解明されていない残りの部分をそう呼んでいるだけのことなのか…….

19世紀にいくつかの大きな失敗を経験してからというもの，科学的思考にはかなり懐疑的で実利的な態度がついてまわるようになった．だからこそ，科学的な思考はとことん現実に順応して，展開できるようになったのだが，「すべては，あたかも……であるかのように起こる」という言い回しには，このような確固とした楽観的疑念が含まれている．人は新たな理論をとりあえず信用するが，全体と折り合いをつけながら行動手順をうまく説明できるさらに有効な理論が見つかったとたんに，さっさとそちらに乗り換える．このような態度は実は後退であり，ある種の運命論の表れなのだ．このため今日のピタゴラス主義は，芸術をはじめとするあらゆる分野で（まさにパルメニデスの公理論のように）相対的なのである．

芸術は何百年もの時間をかけて，人間の思考が生み出したひじょうに重要な二つの原理——階層化の原理と数値化の原理——にも匹敵する大きな変容を遂げてきた．もっといえばこれらの原理が，音楽——なかでもルネサンス以降今日までの作曲手法——を牛耳ってきたのだ．音楽学校では統一感が重視され，主題やその展開にまとまりを保たせることが奨励される．一方，セリー音楽のシステムではこれとは別の階層化が行われ，それ自体のトートロジーのうえに打ち立てられた永久変奏の原理と音列（セリー）として現れるトートロジー的統一感が重視される．早い話が，われわれの生活の特徴となっているこれらすべての公理の原則は，パルメニデスが今から25世紀前にはじめて発した「在るものについての問いかけ」と見事に符合するのだ．

ここで，あらゆるものがすでに発見されていて，もはや盗作するほか自分たちの道はない，と主張するつもりはもうとう無い．なぜなら明らかに，それはナンセンスだから．繰り返しなるものは存在したためしがなく，生存の車輪に乗っているはずの「在るもの」の移ろいにあまねく広がるある種のトートロジー的本質のみが，存在するのである．おそらく，移ろいやすい分野とそうでもない分野があって，実際にこの世のある領域はきわめてゆっくりと変化するということなのだろう．

パルメニデスは「詩」のなかでそれとなく，必然性や必要性や因果性や正義が論理と同一視されることを認めている．さらに，「在るもの」がこの論理から生じる以上，「在らぬもの」と同じく純粋な偶然もあり得ないとしている．このような認識は，「どのような必要がそれらを駆り立てて，より後に，あるいはより先に，無から生まれるよう促したというのか」という一節に，特にはっきり表れている．そしてこの認識は，その後千年にわたって人々の思索を支配してきた．ではここで，これとは別の側面——実際の弁証法の行動計画においてもっとも重要であると思われる側面——である決定論へとアプローチしてみよう．論理がある以上，必然的に偶然は存在し得ないというのなら，論理によってすべてがわかり，なにもかもが成し遂げられるはずだ．したがって，選択の問題も決定の問題も未来の問題も存在しないことになる．

だが，決定論に基づいて作り上げたものに，ほんのわずかでも偶然の要素が混じったとたん，すべてがご破算になることは明らかだ．だからこそ，古今東西のあらゆる宗教や哲学は，絶えず偶然を宇宙の果てのそのまた向こうに押し戻そうとしてきたのだ．しかも，宗教や哲学は古来「偶然」を利用してさまざまなことを占ってきたが，この場合の「偶然」は，実はほんものの偶然とはまったく別の，往々にして矛盾しながらも己の欲するところを知り抜いている神が送りつける謎めいた合図のネットワークであって，えり抜きの預言者だけがその意味をくみ取ることができるとされてきた．それらの合図は，たとえば中国の易経や，飛んでいる鳥の様子から未来を予言する占いや，生け贄となった動物の内臓から未来を読み解く占い，カップに残った紅茶の葉のパターンで未来を読む占いなど，実にさまざまな形を取りうる．このような純粋な偶然を認めまいとする姿勢は，現代数学の確率論にもしっかり染みついているのだが，それでも確率論は，偶然を決定論的で論理的な法則に見事に組み込みおおせた．こうして純粋な偶然と純粋な決定論は一つの実在の両面でしかなくなったわけだが，これについてはこのすぐ後で例を挙げよう．

筆者の知る限り，思索の歴史において純粋な偶然の正体が「暴かれた」ことは，これまでに一度しかなかった．エピクロス〔紀元前 4〜3 世紀の古代ギリシャの哲学者．エピクロス派の始祖〕はあえてそこに踏み込み，原子論者やプラトン主義者やアリストテレスの逍遙学派，さらにはストア派と戦った．決定論陣営に属するこれらの人々は，けっきょくは人間の自由意志を否定して，ヒトは自然の意のままになるしかないと考えていた．というのも，宇宙のなかに，そして宇宙の産物である人間の体のなかに存在するあらゆるものが論理に従い，秩序立っているとすれば，当然人間の意志もこの論理に従っているはずであって，そうなると人間の自由が存在する余地はなくなるからだ．たとえばストア派は，ほんのわずかではあっても，地球上のすべての動きが宇宙のもっとも遠い星にまで波紋を広げるということを認めていた．今風に表現すると，関係のネットワークはコンパクトかつ敏感で情報の損失は起こりえない，とでもいったところだろうか．

この時代は，多種多様な詭弁術の最盛期として，今や不当に軽視されているが，実はメガラ派〔ソクラテスの弟子エウクレイデスを始祖とし紀元前 4 世紀頃に栄えた，論争と論争法に長けた哲学の学派〕が論理計算をはじめたのも，ストア派がアリストテレスの集合論理学とは別の様相論理学を作ったのも，この頃のことだった．さらにいえばキリスト教は，実は視野が広く豊かで道徳に関する主張を持つストア派に基づいて作られた，と見てまずまちがいはない．そのキリスト教がストア哲学に取って代わることができたのは，キリスト個人が人間の罰を肩代わりするとか，最後の審判で永遠の報いがもたらされるといった神話——人間にすれば，じつにすばらしい慰めだ！——のおかげだったのだ．

エピクロスは，人間の自由意志が存在するという説に公理的で宇宙論的な基礎を与えるために，まず原子が存在するという仮説から出発して，「虚空を抜けて原子を運ぶまっすぐな落下のなかで……原子はある定かではない瞬間にほんの少しだけ垂直から逸れる……しかしその逸脱はごくわずか——最低限——でしかなく，人は斜めになっているはずのその動きを感じることすらできない」（ルクレティウス著『物の本質について』を参照）ことを認めた[(6)]．これは，ルクレティウス〔紀元前１世紀の共和制ローマの哲学者で詩人〕が示したエンクリシス（ἔγχλισις，ラテン語ではクリナメン〔＝原子の予測不能な逸脱〕）の理論である．こうして決定論に基づく壮大な原子構造に「非常識な」原則が導入され，エピクロスは宇宙の構造を決定論（原子の厳然たる平行な落下）とともに非決定論（エンクリシス）の上に据えたのだった．この理論とダニエル・ベルヌーイの提唱になる〔気体分子の〕運動理論を並べてみると，顕著な類似点に気がつく．というのも，ベルヌーイが物体の微粒子としての性質に基づいて打ち立てたその理論は，決定論と同時に非決定論にも立脚しているからだ．事実，エピクロス以降ベルヌーイが登場するまでは，誰も偶然を原則にしたり，ある種の振る舞いとして活用しようとしなかった．

そもそも偶然を理解したり活用したりする際の原則ですら 1654 年にようやく登場したくらいのもので，パスカルとフェルマー——特に後者——はこの年に，サイコロやトランプゲームなどの「偶然のゲーム」について調べるなかで，偶然の扱いに関する原則を打ち立てることとなった．フェルマーは，乗法と加法を用いた二つの主たる確率の合成法則を提示した．そして 1713 年にはジャック・ベルヌーイ〔＝ヤコブ・ベルヌーイ〕が確率論の基礎ともいうべき著書『推測術』を発表し[(7)]，そのなかで大数の法則と呼ばれる普遍的な法則を明らかにした．フランスの数学者エミール・ボレル〔1871-1956，測度論の先駆者として有名〕によると，それは次のような法則だった．「p を好ましい結果の確率，q を好ましからざる結果の確率とし，ε を任意の小さな正の数とする．このとき観察で得られた好ましい出来事と好ましくない出来事との比と理論的な比 p/q の差の絶対値が ε より大きくなる確率は，試行の総数 n が無限に大きくなるにつれて，ゼロに近づく」[8]．たとえばコイン投げのゲームを考えたときに，コインが完全に対称なら——つまり完璧に正確であれば——表が出る確率 p（好ましい結果）と裏が出る確率 q（好ましくない結果）はいずれも 1/2 で，p/q は 1 になる．そこで今実際にコインを n 回投げたところ表が P 回，裏が Q 回出たとすると，一般には P/Q は 1 と等しくない．ところが大数の法則によると，投げる回数を増やしていく——つまり n という数が大きくなる——と，P/Q という比は 1 に近づくというのだ．

ところでエピクロスは「不確定な瞬間に何かが生まれる必要」を認めたがために，今日に至るまでのすべての思想と対立し，（おそらくハイゼンベルクは別にして）完全に孤立した存在であり続けることとなった．というのもアンリ・ポアンカレの完璧な定義にもあるように，真に推計学的で偶発的な出来事は，無知を受け入れた結果であるからだ．確率論において，かりにコイン投げの毎回の結果が不確かであることを認めるならば，その不確かさを吸収するには二つの方法がある．第一にあくまでも仮定として捉える立場に立って，不確かなのは軌跡がわからないからだとするやり方．そしてもう一つは，決定論的な立場に立って，大数の法則を用いて時間（か空間）を加味することで不確かさを消すというやり方だ．ところがコイン投げをさらに詳しく見ていくと，予測不可能であるという性質と対称性とのあいだにきわめて密接な関係があることがわかる．問題のコインが完全に対称，つまりまったく均質で質量が一様に分布していれば，毎回の投げ上げにおける不確かさ[9]は最大になり，二つの面が出る確率はおのおの 1/2 になるはずだ．ところがアルミの面を一部プラチナに変えるなどして（プラチナの質量はアルミの 8 倍である）コインの素材が不均一になる，つまり非対称になるようにすると，コインは重いほうの面を下にして落ちやすくなるのだ．これによって不確かさは減り，両面の確率は等しくなくなる．今かりに，たとえばアルミの面を一枚の紙に，逆の面を丸々プラチナにするなどして素材が極端に偏るようにすると，不確かさはますますゼロに近くなり，コインはほぼ確実に軽いほうを上にして落ちる．つまり，不確かさとシンメトリーは逆関係にあるのだ．この所見はまるで恒真命題（トートロジー）のようにも聞こえるが，これこそが数学的な確率の定義であって，要するに「確率」とは，あらゆる結果の起こりやすさがどれも等しいとしたときの，起こりうるすべての結果の数に対する望ましい結果の数の比なのである．確率は今や公理によって定義されているが，それでもこの困難を解消することはできず，ただ迂回しているだけなのである．

音楽的な構造――その無から（エクス・ニヒロ）の創造

つまりわれわれは――ここまで考えを進めてきても――あいかわらず2500年前に導入されてからというもの人間の活動基盤をもっとも効果的に決定してきた（と思われる）力線からは逃れられずにいるわけだ．そしてここから，無知の闇に沈むわれわれがなんとかしたいと考えている――決定論か偶然(10)か，スタイルの統一か折衷主義か，計算可能なのかそうでないのか，直観主義か構成主義か，先験的かそうでないのか，音楽で形而上学をめざすのか音楽を単なる娯楽とするのかといった――問いが生じる．

ところが実はここに，自問すべきことが二つある．

1．ピタゴラス的－パルメニデス的な領域を知ることによって，作曲に何がもたらされるのか．

2．何かがもたらされるとして，それはどのようにもたらされるのか．

その答えは次の通り．

1．「在るもの」についてじっくり考えることで，作曲の基本的な与件を能う限り「無から（エクス・ニヒロ）」，じかに再構成することができるようになる．そしてなによりも，これまで精査（エレンコス（ἔλεγχος）またはディゼーシス（δίζησις）〔＝チェック，コントロール，証明〕）されてこなかったすべての与件を捨て去ることが可能になる．

2．その再構成は，現代の公理的手法によって促進される．

いくつかの前提に基づいて，もっとも一般的な音楽の体系を作ることができるはずであって，たとえばバッハやベートーヴェンやシェーンベルクも，公理に基づく整理や再構築によって可能となったこの巨大な唯一の仮想現実の具現なのだ．

第６章や第７章でもすでに述べたように，音楽を構築する作業を，以下の二つに分ける必要がある．

1. 実在ないし構造を，時間という「順序構造」に適用する，時間に付随した作業.

2. 時間による生成とは独立な作業.

したがって，そこには時間内と時間外の二つのカテゴリーが存在することになる．ちなみに時間外のカテゴリーには，持続時間，および時間軸に属していて時間軸上に表せる要素（点，距離，関数）を対象とする構造物（関係や操作）が含まれ，一時的なカテゴリーには瞬間的な創造が含まれる．

第7章では，タラス〔タレントゥムとも〕のアリストクセノス自身が残した文書や現在のビザンチン音楽の手引書に基づき，時間外での組み合わせによって単旋律音楽の構造がいかに豊かになりうるかを概観した．この構造は，時間外のカテゴリーとして理解すべきものの優れた例になっている．

時間外のカテゴリーは，ポリフォニーによって西欧の音楽家たちの意識下へと押し戻されこそすれ，完全に消えてしまったわけではなかった．そもそもそんなことは，できるはずがなかったのだ．モンテヴェルディ以降約300年にわたり，中央および西ヨーロッパ全体は主として調性（あるいは旋法）的機能で表された時間内のアーキテクチャに支配されていた．ところがフランスでドビュッシーが全音音階を発明したことから，時間外のカテゴリーへの関心が蘇ることとなった．なぜこのようなことが起きたかというと，西欧が，東方で保守されてきた古代の伝統を保ち続ける三つの音楽——消えたと思われていたところをソレムの大修道院長たちによって再発見された単旋聖歌と，ムソルグスキーの作品に見られるビザンツの伝統の一部と，極東の音楽——に出会ったからだ．

このような復興はメシアンの「移調の限られた旋法」や「逆行不可能なリズム」を通してさらに推進されたが，だからといって時間外のカテゴリーが広く必須のものとして注目を浴びたわけではなく，音階の枠を超えたわけでもなかった．そのうえメシアン自身もが，セリー音楽の圧力に屈して，この鉱脈を放棄してしまったのだった．

何かを歴史のなかに正しく位置づけるには，数学や論理学などの強力なツールを持ち込んで，それらの事物——すなわち音楽思想や作曲の構造など——を底の底まで探ってみる必要がある．第6章と第7章で試みたのはまさにそれで，この章ではさらに《ノモス・アルファ》の分析を通してその試みを展開するつもりである．

ただしここでは，フランスのドビュッシーとメシアン[11]こそが，時間外のカテゴリーが退化して時間内の構造[12]が優位に立つという全体の展開に直面しながらも時間外のカテゴリーを再導入した人物であった，という点を強調しておきたい．実際に，無調性はさまざまな音階を排斥し，時間外での半音階に基づく平板な時間外構造を是認している[13]（おまけにこのような状況は，50年にわたりほぼ変わっていない）．シェーンベルクはこの貧困な状況を埋め合わせようと，時間内の秩序〔12音技法〕を導入した．後に筆者自身が作曲に推計学的な手順を導入したことによって，時間内のカテゴリーは手に負えぬほど肥大し，ついに袋小路に入りこんだ．今もこの袋小路で蠢いているのが，即興音楽や図形楽譜による音楽，そして不当にも偶然という形容詞がついた音楽なのである．

音楽家たちは時間外のカテゴリーにおける選択の問題を，まるで耳が聞こえず考えることもできないといったふうに，無視し続けている．早い話が，音楽家たちはただふわふわと漂って，己が何のこだわりもなしに経験している音楽の表面的な流行の揺らぎにもてあそばれているだけなのだ．しかし，深いところには時間外の構造というものがきちんと存在しており，それらの構造を維持するだけでなく，あるいは構築し，あるいは乗り越えることもまた，人間の特権なのだ．

構造を維持するとは？　そう，まさに構造を維持するのであって，このような秩序が存在することを示す基本的な証拠があればこそ，ピタゴラスやパルメニデスの領域に己の名を刻むこと，そして過去や（けっきょくのところ，人間は何百万年もの時間の産物なのである），未来や（人間は同時に未来の産物でもある），音を巡るほかの文明とのあいだに洞察と理解の橋を架けるための土台を作ることが可能になる．ちなみに，今日の音楽学によるこれらの音響文明の説明がひどくお粗末なものであるのは，筆者たちが親切にも提示した独創性に富むツールを使おうとしないからだ．

ここで二つの公理系を提示し，《ノモス・アルファ》の分析を例として，それらの公理系によって新たな扉が開かれることを示したい．そのためにまず，音の知覚を巡るごく素朴な立ち位置――ヨーロッパでもアフリカでもアジアでもアメリカでも素朴とされる立ち位置――からスタートしよう．これらの大陸に住む人々は，何十年，何百年，いや何千年も前に，（長すぎず短すぎない音である限り）音高や持続時間や音の大きさ，肌理（きめ）や変化の速さや色や音色といった特徴を判別することができるようになった．それだけでなく，今挙げた最初の三つの特性の間隔，差についても論じることができるのだ．

まず，第一の公理系から，考え得るすべての音階を構築する．音の特徴のなかでももっとも馴染みがあるのは音高なので，ここからは音高について論じるが，この先の議論は，同様の性質を持つ音の特徴すべてに（持続時間にも，音の強さにも，肌理の粗さにも，密度にも，無秩序の程度にも，変化の速さにも）通用する．

ここでは，人間は（ある限界内であれば）二つの音高の変更（移動）が同じか否かを認識することができる，という明白な前提からスタートする．たとえば，C から D に移るのと F から G に移るのは同じである．この変更を「基本変位」と呼ぶことにする（この基本変位は，コンマでも半音でもオクターブでもかまわない）．これによって，あらゆる「平均律の半音階」のふるいを定義することができる[(14)]．さらに同じ公理系で基本変位を変えれば，新たな平均律の半音階ができる．とはいえここまでの素材とペアノの公理だけでは，これ以上前進することができない．そこで今度は，論理積（「かつ」，記号 ∧，集合でいうと交差），論理和（「または」，記号 ∨，集合でいうと合併），否定（「〜でない」，記号 $\overline{}$，集合でいうと補集合）の三つの論理操作（ジョージ・ブール〔1815-64，ブール代数を提唱したイギリスの数学者〕の目から見たアリストテレスの論理学）を導入し，これらを使って音高の集合（＝さまざまな平均律の半音階）を作る．

次に示すのは，第 7 章で示した方法を用いて論理的に表現したものである．

長音階（基本変位＝ 4 分音）：

$$(8_n \wedge \overline{3}_{n+1}) \vee (8_{n+2} \wedge \overline{3}_{n+2}) \vee (8_{n+4} \wedge 3_{n+1}) \vee (8_{n+6} \wedge \overline{3}_n)$$

ただし，法は 3 または 8 で，$n=0, 1, 2, \cdots, 23.$

（「有理数のメタボラ」を用いて基本変位をいじることもできて，たとえば基本変位が 4 分音に等しい長音階の論理関数の基本変位を 3 分音などの別の長さにすることができる．これら二つのふるいを三つの論理演算と順繰りに組み合わせて，さらに複雑な音階を作ることも可能である．最後に，基本変位の「無理数のメタボラ」を導入することもできるが，「無理数のメタボラ」を適用できるのは，器楽以外の音楽に限られる．その場合は基本変位を実数体〔すべての実数（＝有理数および無理数）がなす代数的構造〕から取ることができる．）

オリヴィエ・メシアンの移調の限られた旋法[(15)]4 番と 7 番（基本変位＝半

音）：

$$\left(\overline{3}_n \wedge (4_{n+1} \vee 4_{n+3})\right) \vee \left(\overline{3}_{n+1} \wedge (4_n \vee 4_{n+2})\right)$$
$$(4_{n+1} \vee 4_{n+3}) \vee \left(\overline{3}_{n+1} \wedge (4_n \vee 4_{n+2})\right)$$

ただし，法は3または4で，$n=0, 1, 2, \cdots, 11$.

次に第二の公理系から，ベクトル空間を導入することによって，音を図や数で表現することが可能になる(16).

二つの音程 a, b を音楽的な操作で組み合わせて，新たな音程 c を作ることができる．そこでこの操作を加法と呼ぼう．音程には上行と下行があるが，いずれにしても，ある音程に別の音程を加えて，結果として完全1度（ユニゾン）にすることができる．このとき2番目の音程は最初の音程と対称である〔逆元の存在〕．完全1度をほかの音程に加えても変化しないので，完全1度は中立的な音程である〔中立元の存在〕．また，結合法則を使って複数の音程を加えてみても，その結果は変わらない〔結合法則〕．そして最後に，音程を作る順序を逆にしても，その結果は変わらない〔可換性．これらについては下の1〜5を参照〕．というわけで，地球上のあらゆる場所で音楽家たちが大昔から積み重ねてきた素朴な経験（アリストクセノスの著作を参照されたい）に基づいて，音程全体が可換群になっていることが示されたわけだ．

そこで今度は，この群と体と呼ばれる構造〔加法について可換群で，ゼロ元以外の元が乗法についても群をなす代数的構造〕を組み合わせることができる．体としては，実数の集合 $\boldsymbol{R}$ とこれと同型な〔＝演算を保存する一対一対応が存在する〕直線上の点の集合の，少なくとも二つを考えることができる．さらに，音程の可換群と複素数体 $\boldsymbol{C}$ あるいは指標 p の体〔どの元でも p 回足し合わせるとゼロ元になるような有限の体〕を組み合わせることもできる．音程の群と体を組み合わせると，以下の定義によりベクトル空間が形成される．すでに述べたように，音程の群 G には加法と呼ばれる内部の合成法則がある．今，a, b をこの群の二つの要素とすると，以下のことが成り立つ．

1. $a+b=c$,　$c \in G$
2. $a+b+c=(a+b)+c=a+(b+c)$（結合法則）
3. $a+0=0+a$,　$0 \in G$ は中立元（完全1度）
4. $a+a'=0$,　a' は $-a$ すなわち a と対称な音程（逆元）
5. $a+b=b+a$（可換性）

今，G の要素と体 C の要素の外部合成法則を点・で表し，$\lambda, \mu \in C$（C はたとえば実数の体）とすると，次のような性質が成り立つ．

6. $\lambda \cdot a$，$\mu \cdot a \in G$
7. $1 \cdot a = a \cdot 1 = a$（1 は C のかけ算に関する中立元）
8. $\lambda \cdot (\mu \cdot a) = (\lambda\mu) \cdot a$（$\lambda, \mu$ の結合法則）
9. $(\lambda + \mu) \cdot a = \lambda \cdot a + \mu \cdot a$
   $\lambda \cdot (a + b) = \lambda \cdot a + \lambda \cdot b$（分配法則）

記譜法と符号化

ある種の音の特性の差にベクトル空間の構造を導入すると，その要素を数学的に扱うことができて，一組の数による音の表現（このような表現はコンピュータとのやりとりに欠かせない）や，直線上の点による音の表現（このような図形による表現もまた，きわめて有効であることが多い）が可能になる．

前節で述べた二つの公理系を，同様の構造を持つ音の特性すべてに適用することができるはずである．たとえば，当面は音色の尺度について語ることは無意味だが，この尺度にも，音高や音の長さや強さの尺度のような普遍性がある．これに対して，時間や強度や密度（単位時間あたりの出来事の数）や（エントロピーで測った）秩序や無秩序の量などを実数の集合 $\boldsymbol{R}$ や直線上の点の集合と一対一対応させることが可能なのだ（図 8–1 を参照）．

さらに，音響現象は音の特性の対応関係であって，結果としてはそれらの軸の対応関係でもある．もっとも単純なのが直交（デカルト）座標（図 8–2 の二つの軸がこれらの座標軸）で示される対応で，点 H および点 T から各々直線 t および h に平行に引いた線の交点としてただ一つ定まる点 (H, T) が，音高 H，時間 T の音に対応する．

ここで，多くの人を悩ませ，あるいは誤った指標として使われてきたいくつかの事実を取り上げておきたい．われわれが知っている伝統的な記譜法は古代ギリシャに始まり，以後何千年もの努力によって完成されたものである．しかるに筆者が先ほど示したのは，従来のものとは異なる新たな二つの音の表記法——数の組を使って代数的に表す方法と，幾何学的な方法（またはグラフによる図式的な方法）——である．

しかしこれはあくまでも，音を符号化する際の方法が三つあるというだけの話であって，紙面を埋め尽くす数字や一面の音符に怖じ気づく必要も，見事に

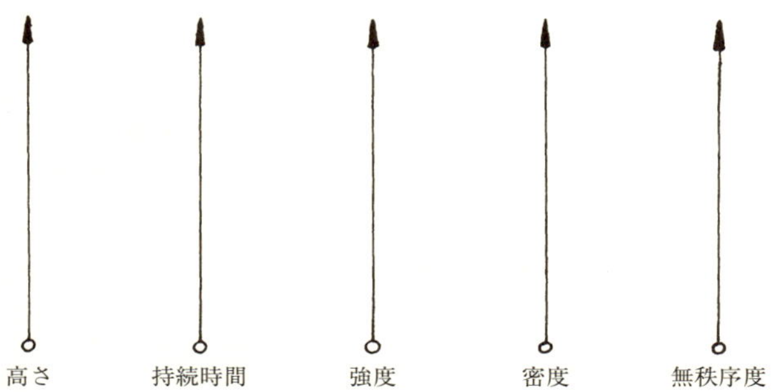

図 8-1

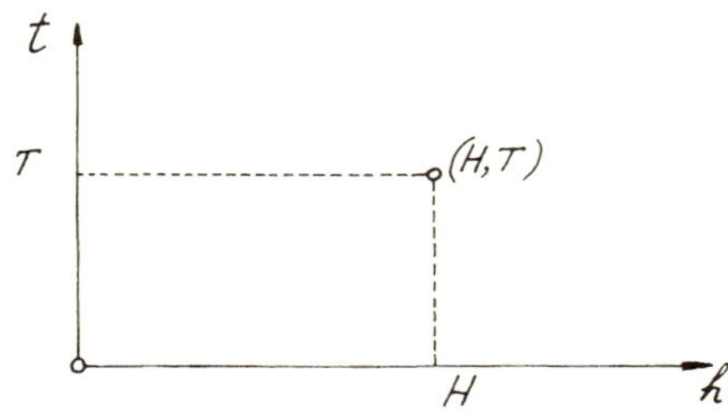

図 8-2

工夫されたグラフを前に，感服してひれ伏す必要もない．どの符号化の方法にも一長一短があるが，古典的なクラシック音楽の記譜法はきわめて正確で洗練されており，いわばあとの二つの符号を統合したものといえる．音符による記譜法しか知らない器楽奏者に図形楽譜や（神秘的な見せかけやごまかしなどのある種の退化は，ここでは無視する），コンピュータがはき出した一面数値だらけの紙を渡して（2 進法で表された結果を音符に翻訳する特別な変換機が添えられていれば話は別だが）それらを解読しろと迫るなど，まさにナンセンスなのだ．とはいえ理屈からいって，どのような音楽でもこの 3 種類の方法で符号化することが可能であり，図 8-3 のグラフと表は，そのような対応の一例となっている．何はともあれこれら三つの符号が，それ自体も記号として捉えられた聴覚的な実在を視覚的に表した記号でしかない，という事実を肝に銘じておく必要がある．

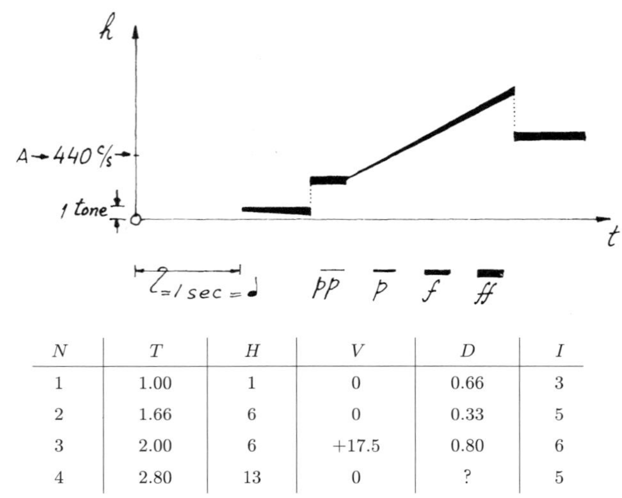

N	T	H	V	D	I
1	1.00	1	0	0.66	3
2	1.66	6	0	0.33	5
3	2.00	6	+17.5	0.80	6
4	2.80	13	0	?	5

N：音符の通し番号
H：半音を単位とする音高．ただし $+10 = \mathrm{A} = 440\,\mathrm{Hz}$ とする
V：半音/秒単位で表したグリッサンド（もし存在すれば）の勾配．
上昇なら正で，下降なら負となる
D：秒を単位とする持続時間
I：強度記号の一覧に対応する数値

図 8-3　ピアノソロのための《ヘルマ》冒頭のグラフによる表記

マクロな構造を図を使って符号化する

さて，一部とはいえ音の符号化の歴史や公理的な再構成を明らかにしたからには，これ以上説明を続けるのは無駄というものだろう．そうはいってもこの説明を締めくくる前に，きわめて複雑なものを研究する際に図がいかに絶大な威力を発揮するのかを，一つの例で示しておきたい．

今，直線——たとえば弦のグリッサンド——で構成された形状を思い描いてみよう[17]．このとき，はたしていくつかの基本的な形状を区別することができるものなのか．図 8-4 に挙げたのは，このような線織図のいくつかの例である．実はこれらの線織図を，より大きな配置に組み込まれた要素として捉えることができる．さらに，ある要素から別の要素へとつながる中間のステップ（連続かもしれず不連続かもしれない）を定義して，それらを次々に段階を踏んで用いる——とりわけ第一の要素から最後の要素までを多少なりとも乱暴

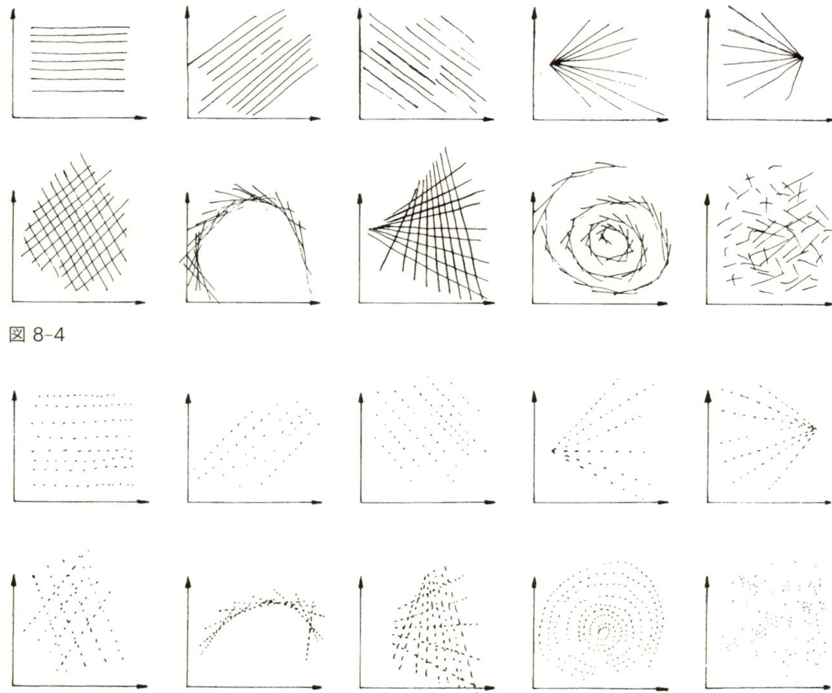

図 8-4

図 8-5

なやり方でつなぐ——のも面白いそうだ．これらの音響領域をよく観察してみると，次のような一般的性質を読み取ることが可能で，それらに手を加えた上で，これらの基本的な一般形と組み合わせることができる．

1. 音域（中程度，甲高いなど）
2. 全体の密度（大規模なオーケストラ，小規模なアンサンブルなど）
3. 全体の強さ
4. 音色の変化（コル・アルコ，スル・ポンティチェロ〔駒留の近くを弾いて軋んだ音を出す奏法〕，トレモロなど）
5. 絶え間ない変動（上記 1〜4 の部分的な変化）
6. 一般的な形状の進展（ほかの基本形状への変換）

7. 秩序の程度（完全な無秩序は，気体分子運動理論に従って計算された場合にのみ意味を持つ．これを研究するには，図を使った表現がもっとも便利である．）

次に，今度は逆に不連続なやり方——たとえば弦のピチカートのような音の点——で構成された形を考える．するとここまで連続性について述べてきたことが，この場合にもそっくりそのまま当てはまる（図 8-5）．今指摘した七つの性質もすべて成り立つ．つまりここでの抽象化はきわめて一般的なものなのである．ちなみに，不連続なものと連続なものを混ぜれば，さらに新たな広がりを獲得することができる．

一般的な事例

時間外での組織化

集合 U と，$\psi(U, f)$ で表される U と U の対比（直積 $U \times U$）を考える．すると，$\psi(U, f) \subset U \times U$ が成り立ち，$u, u_f \in U$ であるようなあらゆる組 $(u, u_f) \in U \times U$ について，$(u, u_f) \in \psi(U, f)$ か $(u, u_f) \notin \psi(U, f)$ が成り立つ．さらに，$u, u_f \in \psi(U, f)$ のときには $(u \sim u_f) \Rightarrow (u_f \sim u)$ が成り立ち，$u, u', u_f \in \psi(U, f)$ のときには $(u \sim u_f$ かつ $u_f \sim u') \Rightarrow (u \sim u')$ が成り立ち，この関係は反射律を満たす．

よって $\psi(U, f)$ は同値類となり，特に U が有理数の集合 $\boldsymbol{Q}$ と同型であるときには，任意の Δu_f について $|u - u_f| \leqq \Delta u_f$ なら $u \sim u_f$ となる．

そこで今度は，$\psi(U, f)$ を U の弱い値の集合，$\psi(U, m)$ を中程度の値の集合，$\psi(U, p)$ を強い値の集合とすると，

$$\psi = \psi(U, f) \cup \psi(U, m) \cup \psi(U, p) \subseteq U \times U$$

が成り立つ．ただし ψ は，ψ による U の商集合である．ψ の部分集合は共通部分を持つ場合もあれば持たない場合もあり，$U \times U$ の分割〔互いに重ならない部分に分けること〕を作ることもあれば作らないこともある．このとき $\prec$ という関係を使って，$\psi(U, f)$ と $\psi(U, m)$ と $\psi(U, p)$ の間に，$\psi(U, f)$ の要素が $\psi(U, m)$ の要素より小さく，その $\psi(U, m)$ の要素が $\psi(U, p)$ の要素より小さくなるような，

$$\psi(U, f) \prec \psi(U, m) \prec (U, p)$$

という形の順序を入れることができる．このとき，

$$\psi(U, f) \cap \psi(U, m) = \varnothing, \qquad \psi(U, m) \cap \psi(U, p) = \varnothing$$

となる．

そこで各部分集合において，$u_f^i \sim (u_f^i)'$ と見なしたときの $\psi^i(U, f)$ という新たな四つの同値関係（およびそこから導かれる四つの部分類）を定める．ただしこの同値関係が成り立つのは，$i=1, 2, 3, 4$ で，$\psi^i(U, f) \subset \psi(U, f)$ が成り立ち，さらに先ほどと同じ関係式 $\prec$ で $\psi^1(U, f) \prec \psi^2(U, f) \prec \psi^3(U, f) \prec \psi^4(U, f)$ という順序付けがなされていて，

$$u_f^i, (u_f^i)' \in \psi(U, f) \quad \text{として} \quad |u_f^i - (u_f^i)'| \leqq \Delta u_f^i$$

となっているとき，そのときに限られる．さらに $\psi(U, m)$ や $\psi(U, p)$ にもこれと同じ関係および部分類を定める．

そのうえで，簡単のために，

$$u_i^f = \{u : u \in \psi^i(U, f)\}$$

と書き，u_j^m, u_k^p も同じように略記する．

次に同じやり方で，残る二つの集合 G, D のなかに同値部分類を作る．ここでは U は時間の値の集合を，G は強さの値の集合を，D は密度の値の集合を表すとし，$i, j, k=1, 2, 3, 4$ のときに，

$$U = \{u_i^f, u_j^m, u_k^p\}$$
$$G = \{g_i^f, g_j^m, g_k^p\}$$
$$D = \{d_i^f, d_j^m, d_k^p\}$$

となっている．

今，点 $(u_n^\tau, g_i^\rho, d_j^\sigma)$ からなる三重積 $U \times G \times D$ の一部を取ってきて，$i=1, 2, 3, 4$ としたときの経路（パス）$V1 : \{u_i^m, g_i^p, d_i^f\}$，$V2 : \{u_i^f, g_i^p, d_i^m\}$，…，$VS : \{(u_1^p, u_2^f, u_3^m, u_4^p), (g_1^f, g_2^m, g_3^f, g_4^p), (d_1^m, d_2^f, d_3^p, d_4^m)\}$ を考えよう．VS は，三重積 $U \times G \times D$ の $4^3 = 64$ 個の異なる点に分割された部分集合である．

これらすべての部分集合で，n 個の点 K_j^λ（$j=1, 2, \cdots, n; \lambda = V1, V2, \cdots, VS$）で定義される新たな部分集合 K_j^λ を選び，これら n 個の点を正多面体の n 個の頂点と考える．このとき，その多面体を変えない変換――つまりその多面体に対応する群――を考える．

すると早い話が，次のような包含関係の鎖が得られる．

$$\omega \in S^{K_j^\lambda} \subset K_j^\lambda \subset \lambda \subset \psi \subseteq U \times G \times D$$

ただし，ω：$U\times G\times D$ の要素

$S^{K_j^\lambda}$：多面体 K_j^λ の頂点

K_j^λ：多面体の頂点の集合

λ：経路（$U\times G\times D$ の部分集合）

次に，残る二つの集合――H（音高）の集合と X（音素材，演奏法など）の集合――を考える．計 n 個の音の形，音響複合体ないし音響のタイプ C_i（たとえば音の点のクラウドやグリッサンドのクラウド）の集合を C として積 $H\times X\times C$ を作り，この積 $H\times X\times C$ を多面体 K_j^λ の頂点に射影する．

1. 複合体 C_i は固定された頂点を巡って変換の群を生み出すので，これを操作 θ_0 と呼ぶ．

2. 複合体 C_i は対応する頂点（これらは固定されている）と結びついているが，$H\times X$ は頂点を巡ってやはり変換の群を生み出す．そこでこの操作を θ_1 と呼ぶ．

3. 積 $H\times X\times C$ は頂点を巡って多面体の変換群を生み出すが，この積の定義は多面体の変換によって変わるので，この操作を θ_μ と呼ぶ．

時間内での組織化

この最後の写像を時間のなかに埋め込む方法は次の二つがあって，それらを通してこの多面体群あるいはそれと同型な対称群の特徴を明らかにすることができる．具体的には，演算 t_0 では多面体の頂点を次々に表していくことになり（対称群のモデル），演算 t_1 では頂点が一度に表される（n 声部）ことになる．

積 $t_0\times\theta_0$：

頂点 K_i^λ は順次，以下のものによって表される．

1. 常に同じ単一の音響複合体 C_r，たとえば音の点のクラウドのみ，

2. K_i^λ の頂点の指標と一対一で結びついた最大でも n 個の音響複合体，

3. 登場の順序が多面体群の操作によって表現される（$U\times G\times D$ で定義された頂点 i は常に同じ順序で現れる）いくつかの音響複合体，

4. 頂点 i の順序は変換群によって再現される形で，常に決まった順で現れるいくつかの音響複合体，

5. 多面体の頂点とは独立に変化するいくつかの音響複合体,

積 $t_0 \times \theta_1$：

この積が作り出す一覧は，前の一覧の C_i を $H \times X$ で置き換えることで得られる．

積 $t_0 \times \theta_\mu$：

この一覧は簡単に作ることができる．

積 $t_1 \times \theta_j$（$j = 0, 1, \mu$）は，ここまでの例から類推すればよい．

たとえば《テルレテクトール》や《ノモス・ガンマ》のように音源が特殊なやり方で空間に分布している場合は，これらの時間内の演算で得られた積に空間内での演算を付け加える必要がある．

〔以下 264 ページから 277 ページまで，左ページの「時間外での組織化」と右ページの「時間内での組織化」が対応する．〕

《ノモス・アルファ》の分析

時間外での組織化

三つの集合 D（密度），G（強さ），U（持続時間）を，三つのベクトル空間ないし一つの三次元ベクトル空間へ写像する．経路 $V1$ と呼ばれる同値類の選択方法（部分集合）は次の通り．D（密度）は強，G（強さ）は強，U（持続時間）は弱で，これらの類には，順序立った明確な値が与えられている．

集合 D	a	b (要素数/秒)	c	集合 G		集合 U	秒
d_1	1.0	0.5	1	g_1	***mf***	u_1	2
d_2	1.5	1.08	2	g_2	***f***	u_2	3
d_3	2.0	2.32	3	g_3	***ff***	u_3	4
d_4	2.5	5.00	4	g_4	***fff***	u_4	5

経路 $V2$ と呼ばれるもう一つの選択方法（部分集合）では，D 強，G 中間，U 強，となっていて，以下の順序立った明確な値が与えられている．

集合 D	要素数/秒	集合 G		集合 U	秒
d_1	0.5	g_1	***p***	u_1	10
d_2	1	g_2	***mp***	u_2	17
d_3	2	g_3	***mf***	u_3	21
d_4	3	g_4	***f***	u_4	30

次に，$D \times G \times U$ という三重積から八つの「点」を選ぶ．$V1$ としては，

$$K_1^r = d_1g_1u_1;\ K_2^r = d_1g_4u_4;\ K_3^r = d_4g_4u_4;\ K_4^r = d_4g_1u_1;$$
$$K_5^r = d_2g_2u_2;\ K_6^r = d_2g_3u_3;\ K_7^r = d_3g_3u_3;\ K_8^r = d_3g_2u_2$$

を選ぶ．ただし r は集合 D の表の a, b, c のいずれかの列（部分類）である（$r = a, b, c$）．また，経路 $V2$ としては次を選ぶ．

$$K_1 = d_4g_3u_2;\ K_2 = d_3g_2u_1;\ K_3 = d_2g_4u_4;\ K_4 = d_1g_2u_3;$$
$$K_5 = d_4g_1u_4;\ K_6 = d_3g_2u_3;\ K_7 = d_2g_3u_2;\ K_8 = d_1g_4u_1$$

I. これら八つの点がしっかりとつながって立方体を形成していると見なすことができる（この八つの点を立方体の頂点に写す写像が存在する）．このとき，これら八つの点の置換からなる群（4 次対称群 S_4 と同型）を組織化の原理とする（図 8-6 を参照）．

《ノモス・アルファ》の分析

時間内での組織化

I. 要素 K_i^r によって与えられる立方体の対称変換は，4 次対称群 S_4 と同型な正 6 面体群を形成する．時間内の状況についての規則は次の通り．

1. 一対一対応なので，各変換ごとに立方体の頂点が連続的に音響化される．

2. 変換そのものも連続である（《ノモス・ガンマ》のようにもっと大規模な器楽合奏の場合には，何らかの同時性を取り入れることができる）．これらの変換は今問題となっている群の内部構造に固有なさまざまなグラフ（運動学的図式）に従う（図 8-6〜8-8 を参照）．

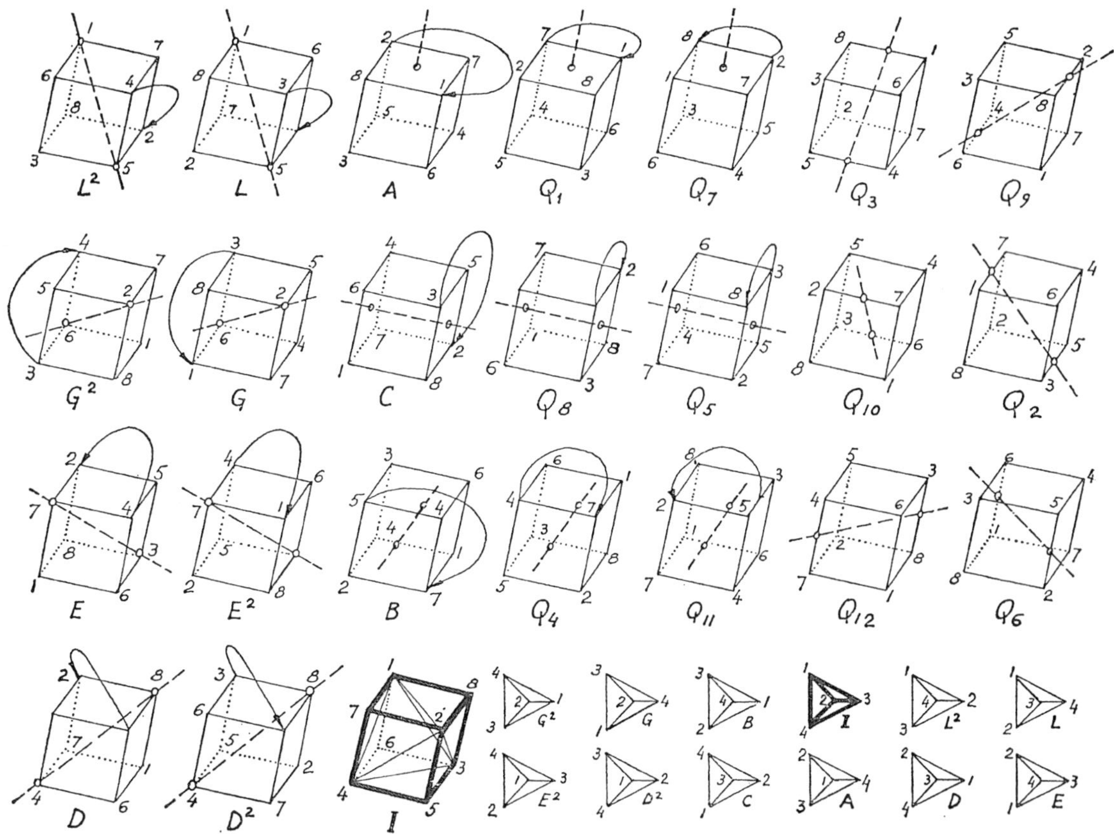
L²
L
A
Q1
Q7
Q3
Q9
G²
G
C
Q8
Q5
Q10
Q2
E
E²
B
Q4
Q11
Q12
Q6
D
D²
I
G²
G
B
I
L²
L
E²
D²
C
A
D
E

↓	I	A	B	C	D	D^2	E	E^2	G	G^2	L	L^2	Q_1	Q_2	Q_3	Q_4	Q_5	Q_6	Q_7	Q_8	Q_9	Q_{10}	Q_{11}	Q_{12}
I	I	A	B	C	D	D^2	E	E^2	G	G^2	L	L^2	Q_1	Q_2	Q_3	Q_4	Q_5	Q_6	Q_7	Q_8	Q_9	Q_{10}	Q_{11}	Q_{12}
A	A	I	C	B	G	L	G^2	L^2	D	E	D^2	E^2	Q_7	Q_4	Q_5	Q_2	Q_3	Q_{12}	Q_1	Q_{10}	Q_{11}	Q_8	Q_9	Q_6
B	B	C	I	A	L^2	E	D^2	G	E^2	L	G^2	D	Q_6	Q_9	Q_8	Q_{11}	Q_{10}	Q_1	Q_{12}	Q_3	Q_2	Q_5	Q_4	Q_7
C	C	B	A	I	E^2	G^2	L	D	L^2	D^2	E	G	Q_{12}	Q_{11}	Q_{10}	Q_9	Q_8	Q_7	Q_6	Q_5	Q_4	Q_3	Q_2	Q_1
D	D	L^2	E^2	G	D^2	I	C	L	E	A	B	G^2	Q_3	Q_6	Q_4	Q_1	Q_{11}	Q_{10}	Q_8	Q_9	Q_7	Q_2	Q_{12}	Q_5
D^2	D^2	G^2	L	E	I	D	G	B	C	L^2	E^2	A	Q_4	Q_{10}	Q_1	Q_3	Q_{12}	Q_2	Q_9	Q_7	Q_8	Q_6	Q_5	Q_{11}
E	E	L	G^2	D^2	B	L^2	E^2	I	A	D	G	C	Q_{11}	Q_5	Q_6	Q_8	Q_7	Q_9	Q_2	Q_{12}	Q_3	Q_1	Q_{10}	Q_4
E^2	E^2	G	D	L^2	G^2	C	I	E	L	B	A	D^2	Q_{10}	Q_7	Q_9	Q_{12}	Q_2	Q_3	Q_5	Q_4	Q_6	Q_{11}	Q_1	Q_8
G	G	E^2	L^2	D	L	A	B	D^2	G^2	I	C	E	Q_5	Q_{12}	Q_2	Q_7	Q_9	Q_8	Q_{10}	Q_{11}	Q_1	Q_4	Q_6	Q_3
G^2	G^2	D^2	E	L	C	E^2	L^2	A	I	G	D	B	Q_9	Q_3	Q_{12}	Q_{10}	Q_1	Q_{11}	Q_4	Q_6	Q_5	Q_7	Q_8	Q_2
L	L	E	D^2	G^2	A	G	D	C	B	E^2	L^2	I	Q_2	Q_8	Q_7	Q_5	Q_6	Q_4	Q_{11}	Q_1	Q_{10}	Q_{12}	Q_3	Q_9
L^2	L^2	D	G	E^2	E	B	A	G^2	D^2	C	I	L	Q_8	Q_1	Q_{11}	Q_6	Q_4	Q_5	Q_3	Q_2	Q_{12}	Q_9	Q_7	Q_{10}
Q_1	Q_1	Q_7	Q_{12}	Q_6	Q_9	Q_5	Q_8	Q_2	Q_{11}	Q_{10}	Q_3	Q_4	A	L^2	D^2	E^2	L	B	I	G^2	G	E	D	C
Q_2	Q_2	Q_{11}	Q_9	Q_4	Q_{10}	Q_6	Q_1	Q_8	Q_3	Q_{12}	Q_7	Q_5	E	I	G	C	L^2	D^2	L	E^2	B	D	A	G^2
Q_3	Q_3	Q_8	Q_5	Q_{10}	Q_7	Q_{11}	Q_9	Q_6	Q_{12}	Q_2	Q_4	Q_1	L^2	G^2	I	L	B	E^2	D	A	E	C	D^2	G
Q_4	Q_4	Q_9	Q_{11}	Q_2	Q_8	Q_{12}	Q_7	Q_{10}	Q_5	Q_6	Q_1	Q_3	G^2	A	D	B	E^2	L	D^2	L^2	C	G	I	E
Q_5	Q_5	Q_{10}	Q_3	Q_8	Q_1	Q_9	Q_{11}	Q_{12}	Q_6	Q_4	Q_2	Q_7	E^2	E	A	D^2	C	L^2	G	I	G^2	B	L	D
Q_6	Q_6	Q_{12}	Q_7	Q_1	Q_2	Q_{10}	Q_3	Q_9	Q_4	Q_5	Q_8	Q_{11}	C	D	E	G	G^2	I	B	L	E^2	D^2	L^2	A
Q_7	Q_7	Q_1	Q_6	Q_{12}	Q_{11}	Q_3	Q_{10}	Q_4	Q_9	Q_8	Q_5	Q_2	I	E^2	L	L^2	D^2	C	A	E	D	G^2	G	B
Q_8	Q_8	Q_3	Q_{10}	Q_5	Q_{12}	Q_4	Q_2	Q_1	Q_7	Q_9	Q_{11}	Q_6	D	L	B	G^2	I	G	L^2	C	D^2	A	E	E^2
Q_9	Q_9	Q_4	Q_2	Q_{11}	Q_5	Q_1	Q_6	Q_3	Q_8	Q_7	Q_{12}	Q_{10}	D^2	B	E^2	A	D	E	G^2	G	I	L^2	C	L
Q_{10}	Q_{10}	Q_5	Q_8	Q_3	Q_6	Q_2	Q_4	Q_7	Q_1	Q_{11}	Q_9	Q_{12}	G	D^2	C	E	A	D	E^2	B	L	I	G^2	L^2
Q_{11}	Q_{11}	Q_2	Q_4	Q_9	Q_3	Q_7	Q_{12}	Q_5	Q_{10}	Q_1	Q_6	Q_8	L	C	L^2	I	G	G^2	E	D	A	E^2	B	D^2
Q_{12}	Q_{12}	Q_6	Q_1	Q_7	Q_4	Q_8	Q_5	Q_{11}	Q_2	Q_3	Q_{10}	Q_9	B	G	G^2	D	E	A	C	D^2	L^2	L	E^2	I

図 8-7　例：$DA=G$，つまり変換 D〔第 5 列〕を A〔第 2 行〕に施すと G になる（列から行）．

図 8-6（左ページ）

4 次の対称群 S_4：(1, 2, 3, 4) の置換

I	12345678	G^2	32417685	Q_8	68572413
A	21436587	G	42138657	Q_6	65782134
B	34127856	L^2	13425786	Q_1	87564312
C	43218765	L	14235867	Q_5	75863142
D^2	23146758	Q_7	78653421	Q_9	58761432
D	31247568	Q_2	76583214	Q_{10}	57681324
E^2	24316875	Q_3	86754231	Q_4	85674123
E	41328576	Q_{11}	67852341	Q_{12}	56871243

立体の数字〔1～4〕が S_4 に対応している．

よって位数〔変換の総数〕は 4!．

II. 巨視的な音響複合体から取ってきた八つの要素は文字 C_i のうえに α, β, γ の三通りのやり方で写像される.

α β γ

C_1 C_1 C_1 = 音の点の無秩序なクラウド

C_7 C_2 C_5 = 音の点のわりと秩序だった上行ないし下行するクラウド

C_3 C_3 C_6 = 音の点のわりと秩序だった上行でも下行でもないクラウド

C_5 C_5 C_2 = スライドする音の無秩序な領域

C_6 C_6 C_3 = スライドする音のわりと秩序だった上行ないし下行する領域

C_2 C_7 C_4 = スライドする音のわりと秩序だった上行も下行もしない領域

C_8 C_8 C_8 = チェロの疑似ユニゾンの干渉で表される原子

C_4 C_4 C_7 = ピチカートを伴うチェロの干渉で表されるイオン化原子

III. これらの文字 C_1～C_8 は, 二つ目の立方体の八つの頂点に一対一で写像される. こうして二つ目の正 6 面体群が組織化の原理として採用される.

時間内での組織化

II. 八つの音の形から文字 C_i の上への写像は，$\alpha, \beta, \gamma, \alpha, \cdots$ というふうに立方体の 3 回の置換ごとに周期的に変わる．

III. 同様の周期性は，文字 C_i の立方体についても成り立つ．

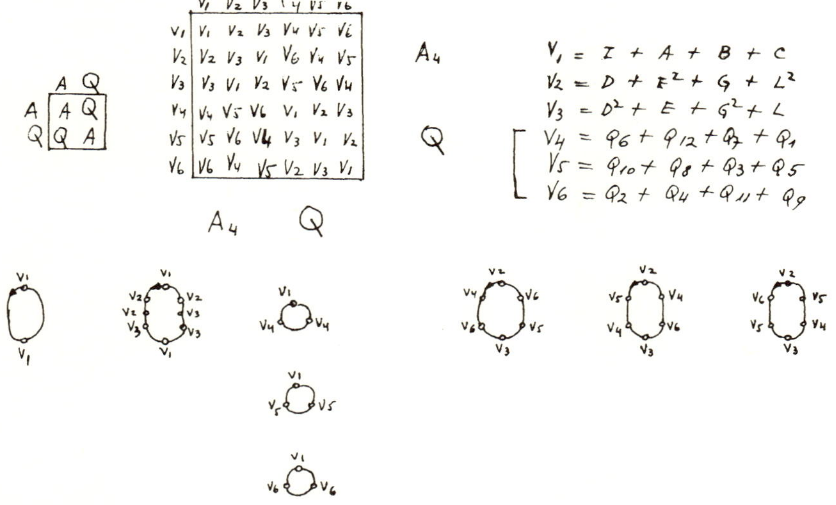

図 8-8

IV. 積 $K_i^T \times C_j$ と $K_l \times C_m$ をとり，さらに集合の積 $H \times X$ をとってくる．集合 H は音高のベクトル空間であり，集合 X は C_i の演奏方法の集合である．この積を，縦横の見出しがついた次のような表にまとめる．

きわめて高い												
ほどほどに高い												
ほどほどに低い												
きわめて低い												
	pizz.	f. c. l.	an	pizz. gl.	an	a trem.	harm.	hr trem.	asp	asp trem.	an	a interf.
	C_1, C_2, C_3				C_4, C_5, C_6						C_7, C_8	

pizz. ＝ピチカート　　f. c. l. ＝弓の木の部分で打つ
an ＝普通のアルコ　　pizz. gl. ＝ピチカート・グリッサンド
a trem. ＝トレモロの付いた普通のアルコ　　harm. ＝ハーモニクス（倍音奏法）
hr trem. ＝トレモロの付いたハーモニクス　　asp ＝スル・ポンティチェロのアルコ
asp trem. ＝トレモロの付いたスル・ポンティチェロのアルコ
a interf. ＝干渉のあるアルコ

表からわかるように，$C_1, \cdots, C_8$ という形にさまざまな演奏法が割り当てられる．1 行目と 4 行目の最高音領域と最低音領域は経路 $V2$ のためにとっておく．経路 $V1$ には H の部分空間 H' を割り当てるが，$V1$ はこの表の 2 行目と 3 行目を各々 2 分割したものから構成されている．これら四つの部分は，対応する列の演奏の音域によって定まる．

V. C_1 の積集合 $H \times C$ への写像は相対的に独立で，時間内に設定する瞬間の動きのグラフによって決まる．

VI. 積 $K_i^T \times C_i \times H' \times X$ と，$K_j \times C_l \times H^{\text{両端}}$〔先ほどの表の 1 行目と 4 行目に相当〕$\times X$ を作る．

時間内での組織化

IV. 積 $K_i^r \times C_j$ と $K_l \times C_m$ は，立方体のそれ自身のなかへの閉じた変換の二つのグラフの積である．このグラフの写像は一対一で，連続的に音響化される．たとえば，

$$\begin{array}{ccc} \downarrow \; C_i & \longrightarrow & \downarrow \; \text{グラフ} \; (\overrightarrow{D \quad Q_{12}}) \\ K_j & & \text{グラフ} \; (\overrightarrow{D \quad Q_3}) \end{array}$$

(図 8-9, 8-10 を参照)

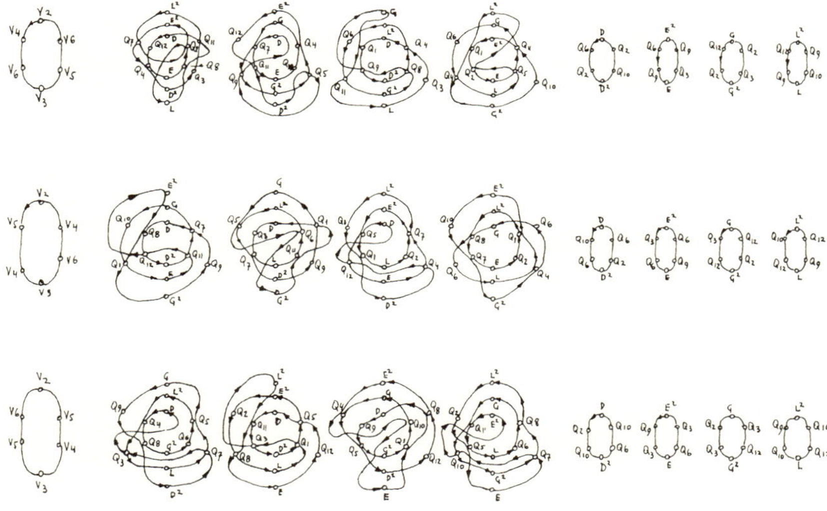

図 8-9

V. 各 C_i は二つの原理——拡張の最大化（繰り返しの最小化）と，コントラストの最大化（類似の最小化）——に従って，$H \times X$ のいずれか一つのセルに写像される（図 8-11 を参照)．

VI. 経路 $V1$ の積 $K_i^r \times C_j \times H' \times X$ の要素は連続的に音響化されるが，経路 $V2$ の積 $K_i \times C_i \times H^{\text{両端}} \times X$ の要素が挿入される場合には，これとは違って断続的に音響化される．

	α	β	γ	
d_1:	1.0	05	1	events/sec
d_2:	1.5	1.08	2	
d_3:	2.0	2.32	3	
d_4:	2.5	5.00	4	

PATH V1

$(\sigma_i = C_i)$

$i(\sigma)$ D	σ_2	σ_3	σ_1	σ_4	σ_6	σ_7	σ_5	σ_8
$i(k)$ D	k_2	k_3	k_1	k_4	k_6	k_7	k_5	k_8
$\overset{\beta}{\Lambda}(11,13)$								
$L(11,13)$	2.25	225	1.0•	10.0	3.72	7.98	2.83	6.08
	fff	fff	mf	mf	ff	ff	f	f
$i(\sigma)$ Q_{12}	σ_5	σ_6	σ_8	σ_7	σ_1	σ_2	σ_4	σ_3
$i(k)$ Q_3	k_8	k_6	k_7	k_5	k_4	k_2	k_3	k_1
	6.08	3.72	7.98	2.83	10.0	2.25	22.5	1.00
	f	ff	ff	f	mf	fff	fff	mf
$i(\sigma)$ Q_4	σ_6	σ_7	σ_8	σ_5	σ_2	σ_3	σ_4	σ_1
$i(k)$ Q_7	k_8	k_7	k_5	k_6	k_4	k_3	k_1	k_2
	6.08	7.98	2.83	3.72	10.00	22.5	1.00	2.25
	f	ff	f	ff	mf	fff	mf	fff

$i(\sigma)$ E	σ_2	σ_4	σ_3	σ_1	σ_6	σ_8	σ_7	σ_5
$i(k)$ L	k_1	k_3	k_4	k_2	k_5	k_7	k_8	k_6
$\overset{\gamma}{\Lambda}(13,11)$	2	14	8	4.5	5.24	10.32	7.86	6.88
$L(13,11)$	mf	fff	mf	fff	f	ff	f	ff
$i(\sigma)$ Q_8	σ_7	σ_5	σ_8	σ_6	σ_3	σ_1	σ_4	σ_2
$i(k)$ Q_{11}	k_8	k_5	k_6	k_7	k_4	k_1	k_2	k_3
	7.86	5.24	6.88	10.32	8	2	4.5	14
	f	f	ff	ff	mf	mf	fff	fff
$i(\sigma)$ Q_2	σ_7	σ_6	σ_5	σ_8	σ_3	σ_2	σ_1	σ_4
$i(k)$ Q_6	k_6	k_5	k_7	k_8	k_2	k_1	k_3	k_4
	6.88	5.24	10.32	7.86	4.5	2	14	8
	ff	f	ff	f	fff	mf	fff	mf

図 8-10

For Path γ1

$K_1^{\alpha} = 1 \cdot mf \cdot 2$	$= 2\ mf$	$K_1^{\beta} = 0.5 \cdot mf \cdot 2$	$= 1.0\ mf$	$K_1^{\gamma} = 1.0 \cdot mf \cdot 2.0$	$= 2.0 \cdot mf$
$K_2^{\alpha} = 1 \cdot fff \cdot 4.5$	$= 4.5\ fff$	$K_2^{\beta} = 0.5 \cdot fff \cdot 4.5$	$= 2.25\ fff$	$K_2^{\gamma} = 1.0 \cdot fff \cdot 4.5$	$= 4.5 \cdot fff$
$K_3^{\alpha} = 2.5 \cdot fff \cdot 4.5$	$= 11.25\ fff$	$K_3^{\beta} = 5.0 \cdot fff \cdot 4.5$	$= 22.5\ fff$	$K_3^{\gamma} = 4.0 \cdot fff \cdot 4.5$	$= 18.0 \cdot fff$
$K_4^{\alpha} = 2.5 \cdot mf \cdot 2$	$= 5\ mf$	$K_4^{\beta} = 5.0\ mf\ 2$	$= 10.0\ mf$	$K_4^{\gamma} = 4.0 \cdot mf \cdot 2.0$	$= 8.0 \cdot mf$
$K_5^{\alpha} = 1.5 \cdot f \cdot 2.62$	$= 3.93\ f$	$K_5^{\beta} = 1.08 \cdot f \cdot 2.62$	$= 2.83\ f$	$K_5^{\gamma} = 2.0 \cdot f \cdot 2.62$	$= 5.24 \cdot f$
$K_6^{\alpha} = 1.5 \cdot ff \cdot 3.44$	$= 5.15\ ff$	$K_6^{\beta} = 1.08\ ff\ 3.44$	$= 3.72\ ff$	$K_6^{\gamma} = 2.0 \cdot ff \cdot 3.44$	$= 6.88 \cdot ff$
$K_7^{\alpha} = 2.0 \cdot ff \cdot 3.44$	$= 6.88\ ff$	$K_7^{\beta} = 2.32\ ff\ 3.44$	$= 7.98\ ff$	$K_7^{\gamma} = 3.0 \cdot ff \cdot 3.44$	$= 10.32 \cdot ff$
$K_8^{\alpha} = 2.0 \cdot f \cdot 2.62$	$= 5.24\ f$	$K_8^{\beta} = 2.32\ f\ 2.62$	$= 6.08\ f$	$K_8^{\gamma} = 3.0 \cdot f \cdot 2.62$	$= 7.86\ f$

$i(\sigma)\ E^2$	σ_4	σ_1	σ_3	σ_2	σ_8	σ_5	σ_7	σ_6
$i(k)\ L^2$	k_1	k_4	k_2	k_3	k_5	k_8	k_6	k_7
α								
$\Lambda(11,5)$ / $L(11,5)$	2	5	4.5	11.25	3.93	5.24	5.15	6.88
	mf	mf	fff	fff	f	f	ff	ff

$i(\sigma)\ L^2$	σ_1	σ_4	σ_2	σ_3	σ_5	σ_8	σ_6	σ_7
$i(k)\ G$	k_3	k_2	k_4	k_1	k_7	k_6	k_8	k_5
γ								
$\Lambda(7,5)$ / $L(7,5)$	14	4.5	8	2	10.32	6.88	7.86	5.24
	fff	fff	mf	mf	ff	ff	f	f

$i(\sigma)\ Q_7$	σ_8	σ_7	σ_5	σ_6	σ_4	σ_3	σ_1	σ_2
$i(k)\ Q_5$	k_6	k_8	k_5	k_7	k_2	k_4	k_1	k_3
	5.15	5.24	3.93	6.88	4.5	5	2	11.25
	ff	f	f	ff	fff	mf	mf	fff

$i(\sigma)\ Q_7$	σ_8	σ_7	σ_5	σ_6	σ_4	σ_3	σ_1	σ_2
$i(k)\ Q_5$	k_6	k_8	k_5	k_7	k_2	k_4	k_1	k_3
	6.88	7.86	5.24	10.32	4.5	8	2	14
	ff	f	f	ff	fff	mf	mf	fff

$i(\sigma)\ Q_4$	σ_6	σ_7	σ_8	σ_5	σ_2	σ_3	σ_4	σ_1
$i(k)\ Q_7$	k_8	k_7	k_5	k_6	k_4	k_3	k_1	k_2
	5.24	6.88	3.93	5.15	5	11.25	2	4.5
	f	ff	f	ff	mf	fff	mf	fff

$i(\sigma)\ Q_2$	σ_7	σ_6	σ_5	σ_8	σ_3	σ_2	σ_1	σ_4
$i(k)\ Q_6$	k_6	k_5	k_7	k_8	k_2	k_1	k_3	k_4
	6.88	5.24	10.32	7.86	4.5	2	14	8
	ff	f	ff	f	fff	mf	fff	mf

$i(\sigma)\ D^2$	σ_3	σ_1	σ_2	σ_4	σ_7	σ_5	σ_6	σ_8
$i(k)\ D^2$	k_3	k_1	k_2	k_4	k_7	k_5	k_6	k_8
β								
$\Lambda(5,7)$	22.5	1	12.25	10	7.98	2.83	3.72	6.08
$L(5,7)$	fff	mf	fff	mf	ff	f	ff	f

$i(\sigma)\ L$	σ_1	σ_3	σ_4	σ_2	σ_5	σ_7	σ_8	σ_6
$i(k)\ G^2$	k_4	k_2	k_1	k_3	k_8	k_6	k_5	k_7
α								
$\Lambda(5,11)$ / $L(5,11)$	5	4.5	2	11.25	5.24	5.15	3.93	6.88
	mf	fff	mf	fff	f	ff	f	ff

$i(\sigma)\ Q_3$	σ_8	σ_6	σ_7	σ_5	σ_4	σ_2	σ_3	σ_1
$i(k)\ Q_9$	k_5	k_8	k_7	k_6	k_1	k_4	k_3	k_2
	2.83	6.08	7.98	3.72	1	10	22.5	2.25
	f	f	ff	ff	mf	mf	fff	fff

$i(\sigma)\ Q_8$	σ_7	σ_5	σ_8	σ_6	σ_3	σ_1	σ_4	σ_2
$i(k)\ Q_{11}$	k_8	k_5	k_6	k_7	k_4	k_1	k_2	k_3
	5.24	3.93	5.15	6.88	5	2	4.5	11.25
	f	f	ff	ff	mf	mf	fff	fff

$i(\sigma)\ Q_8$	σ_8	σ_5	σ_6	σ_7	σ_4	σ_1	σ_2	σ_3
$i(k)\ Q_1$	k_7	k_8	k_6	k_5	k_3	k_4	k_2	k_1
	7.98	6.08	3.72	2.83	22.5	10	2.25	1
	ff	f	ff	f	fff	mf	fff	mf

$i(\sigma)\ Q_{11}$	σ_8	σ_5	σ_6	σ_7	σ_4	σ_1	σ_2	σ_3
$i(k)\ Q_1$	k_7	k_8	k_6	k_5	k_3	k_4	k_2	k_1
	6.88	5.24	5.15	3.93	11.25	5	4.5	2
	ff	f	ff	f	fff	mf	fff	mf

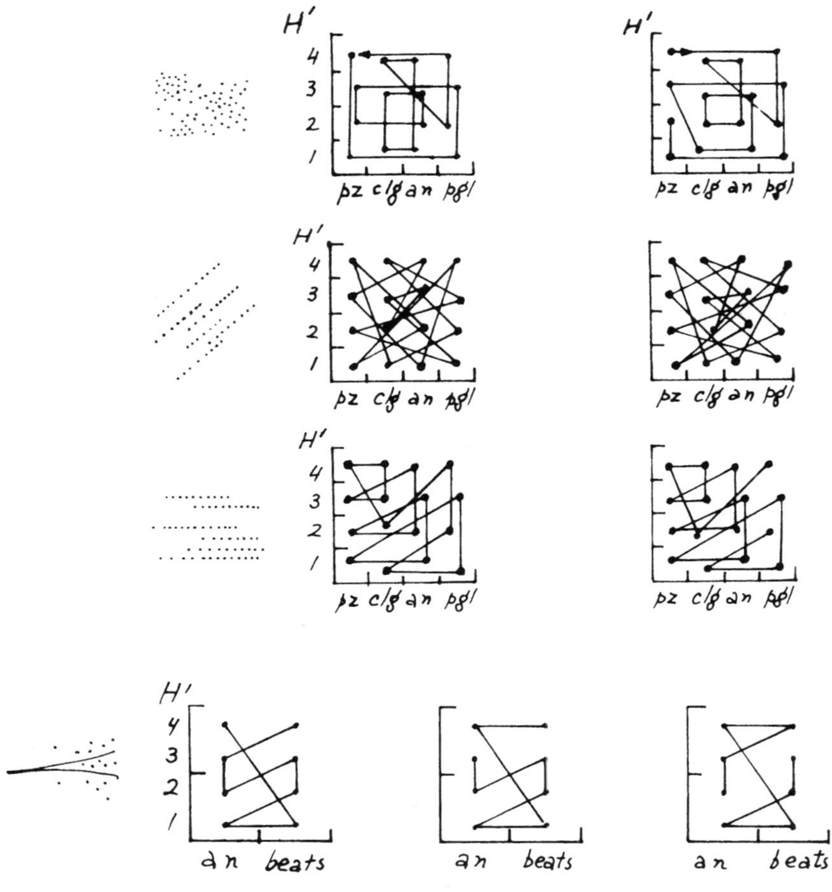

pz = ピチカート

clg = コル・レーニョ

an = 通常のアルコ

pgl = ピチカート・グリッサンド

図 8-11　集合 C_i のなかの積 $H' \times X$

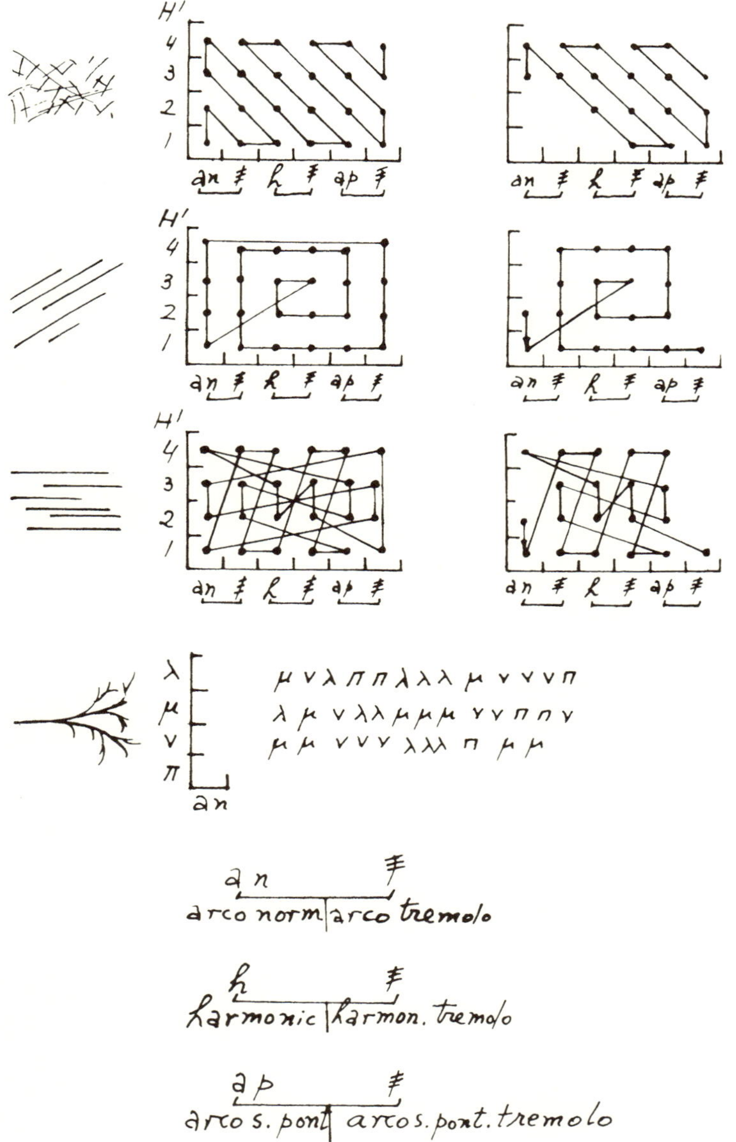
H'
4
3
2
1
an
h
ap
λ
μ
ν
π
μ ν λ π π λ λ λ μ ν ν ν π
λ μ ν λ λ μ μ μ ν ν π π ν
μ μ ν ν ν λ λ λ π μ μ
an
arco norm
arco tremolo
h
harmonic
harmon. tremolo
ap
arco s. pont
arcos. pont. tremolo

VII. この曲には次の論理関数の集合（a）を用いている．その法〔m と n〕の値は，18 を法とする素の剰余類にかけ算を施して 18 を法として既約することで得られた部分集合からとられている．

$$L(m,n)=(\overline{n_i \vee n_j \vee n_k \vee n_l}) \wedge m_p \vee (\overline{m_q \vee m_r}) \wedge n_s \vee (n_t \vee n_u \vee n_v) \quad \text{(a)}$$

その要素は，次の五つから展開される．

1.

$$L(11,13)=(\overline{13_3 \vee 13_5 \vee 13_7 \vee 13_9}) \wedge 11_2 \vee (\overline{11_4 \vee 11_8}) \wedge 13_9 \\ \vee (13_0 \vee 13_1 \vee 13_6)$$

という初期関数．

2. 法（モデュル）のメタボラ．ここでいうメタボラとは，先ほどの部分集合（18 と互いに素な数）の要素を二つずつ組み合わせた図式のことで，これによって $L(11,13)$, $L(17,5)$, $L(13,11)$, $L(17,7)$, $L(11,5)$, $L(1,5)$, $L(5,7)$, $L(17,11)$, $L(7,5)$, $L(17,13)$, $L(5,11)$, $L(1,11)$ という関数が得られる（右ページの「ふるい関数とそのメタボラの表」を参照）．

3. 添字〔＝剰余類〕の置換を巡る三つの法則．

法則 a：$m_0 \rightarrow n_{0+1}$.

法則 b：一対の丸括弧のなかのすべての添字が等しい場合，その次の関数 $L(m,n)$ によってそれらを対応するふるいを法とした等差数列の形にする．

法則 c：法のメタボラによって得られる添字〔＝剰余類〕の変換（右ページの「法則 c の表」を参照）．〔法を変換すると，添字も次のように変わる．〕

$$m_j \rightarrow n_x,\ x=j(n/m);\ \text{たとえば}\ 7_4 \rightarrow 11_x,\ x=4(11/7) \fallingdotseq 6.$$

4. 基本変位（経路 $V1$ では 4 分音，経路 $V2$ では 4 分音 3 つ分）のメタボラ．

集合 $L(m,n)$ の要素を生成するこれら 2 種類のメタボラは，時間外で使うこともできれば，時間内に書き込むこともできる．最初の例，すなわち時間外では要素の総体が得られ，2 番目の例，すなわち時間内では時間順に要素が現れる．とはいえ最初の例の裏にも時間順序の構造が潜んでいる．

5. 関数 $L(m,n)$ を構成するふるいの基点に異なる音を同時に割り当てる特殊なメタボラ．

時間内での組織化

VII. 二つの立方体 K_i と C_j，そして論理関数 $L(m, n)$（図 8-10 参照）の置換は各々，剰余類の対を掛け合わせて 18 を法として既約した群から展開された運動図にしたがって変わる（図 8-11 を参照）．

ふるい関数とそのメタボラの表

$$
\begin{aligned}
L(11,13) &= (\overline{13_3 \vee 13_5 \vee 13_7 \vee 13_9}) \wedge 11_2 \vee (\overline{11_4 \vee 11_8}) \wedge 13_9 \vee 13_0 \vee 13_1 \vee 13_6 \\
L(17,5) &= (\overline{5_1 \vee 5_2 \vee 5_3 \vee 5_4}) \wedge 17_1 \vee (\overline{17_7 \vee 17_{13}}) \wedge 5_4 \vee 5_1 \vee 5_0 \vee 5_2 \vee 11_2 \vee 11_1 \vee 11_4 \\
L(13,11) &= (\overline{11_2 \vee 11_4 \vee 11_7 \vee 11_9}) \wedge 13_0 \vee (\overline{13_5 \vee 13_{10}}) \wedge 11_9 \vee 11_2 \vee 11_1 \vee 11_4 \\
L(17,7) &= (\overline{7_1 \vee 7_3 \vee 7_5 \vee 7_6}) \wedge 17_1 \vee (\overline{17_6 \vee 17_{13}}) \wedge 7_6 \vee 7_1 \vee 7_0 \vee 7_3 \\
L(11,5) &= (\overline{5_0 \vee 5_2 \vee 5_3 \vee 5_4}) \wedge 11_0 \vee (\overline{11_4 \vee 11_8}) 5_4 \vee 5_0 \vee 5_1 \vee 5_2 \\
L(1,5) &= (\overline{5_1 \vee 5_2 \vee 5_3 \vee 5_4}) \wedge 1_1 \vee (\overline{1_1 \vee 1_1}) \wedge 5_4 \vee 5_1 \vee 5_2 \vee 5_3 \\
L(5,7) &= (\overline{7_1 \vee 7_3 \vee 7_4 \vee 7_6}) \wedge 5_0 \vee (\overline{5_0 \vee 5_1}) \wedge 7_6 \vee 7_1 \vee 7_3 \vee 7_4 \\
L(17,11) &= (\overline{11_2 \vee 11_5 \vee 11_6 \vee 11_9}) \wedge 11_1 \vee (\overline{17_1 \vee 17_3}) \wedge 11_9 \vee 11_2 \vee 11_5 \vee 11_6 \\
L(7,5) &= (\overline{5_1 \vee 5_2 \vee 5_3 \vee 5_4}) \wedge 7_0 \vee (\overline{7_0 \vee 7_1}) \wedge 5_4 \vee 5_1 \vee 5_2 \vee 5_3 \\
L(17,13) &= (\overline{13_3 \vee 13_5 \vee 13_8 \vee 13_{10}}) \wedge 17_1 \vee (\overline{17_1 \vee 17_2}) \wedge 13_{10} \vee 13_3 \vee 13_5 \vee 13_8 \\
L(5,11) &= (\overline{11_3 \vee 11_4 \vee 11_7 \vee 11_8}) \wedge 5_0 \vee (\overline{5_0 \vee 5_1}) \wedge 11_8 \vee 11_3 \vee 11_4 \vee 11_7 \\
L(1,11) &= (\overline{11_3 \vee 11_4 \vee 11_7 \vee 11_8}) \wedge 1_1 \vee (\overline{1_1 \vee 1_0}) \wedge 11_8 \vee 11_3 \vee 11_4 \vee 11_7
\end{aligned}
$$

法則 c の表

n/m：				
	$5/5=1$			
	$7/5=1.4$	$7/7=1$		
	$11/5=2.2$	$11/7=1.57$	$11/11=1$	
	$13/5=2.6$	$13/7=1.85$	$13/11=1.18$	$13/13=1$
	$17/5=3.4$	$17/7=2.43$	$17/11=1.54$	$17/13=1.30$

通常のかけ算を行った後で 18 を法として既約する〔18 で割って余りを求める〕ことによって得られた既約剰余類の群と部分群.

×	1	5	7	11	13	17
1	1	5	7	11	13	17
5	5	7	17	1	11	13
7	7	17	13	5	1	11
11	11	1	5	13	17	7
13	13	11	1	17	7	5
17	17	13	11	7	5	1

×	1	7	13
1	1	7	13
7	7	13	1
13	13	1	7

楽譜の冒頭部分の詳しい分析（$L(11,13)$ の場合）[18]

時間外における組織化の 5 のメタボラで $\mathrm{A}_3 = 440\,\mathrm{Hz}$ とすると，$L(11,13)$ の一部であるふるい $(\overline{13_3 \vee 13_5 \vee 13_7 \vee 13_9}) \wedge 11_2 \vee (\overline{11_4 \vee 11_8}) \wedge 13_9$ の起点は $\mathrm{A}\sharp_3$ で，残りの部分にあたる $13_0 \vee 13_1 \vee 13_6$ の起点は A_3 になる．したがって $L(11,13)$ というふるいから以下の音が得られる.

…，C𝄲$_2$，$\mathrm{C}\sharp_2$，D_2，D𝄲$_2$，F_2，F𝄰$_2$，G_2，G𝄰$_2$，A_2，B𝄲$_2$，C_3，C𝄰$_3$，$\mathrm{D}\sharp_3$，D𝄰$_3$，F𝄲$_3$，$\mathrm{F}\sharp_3$，$\mathrm{G}\sharp_3$，A𝄲$_3$，$\mathrm{A}\sharp_3$，B_3，C𝄲$_4$，D𝄲$_4$，E_4，E𝄲$_4$，G_4，A_4，$\mathrm{A}\sharp_4$，A𝄰$_4$，…〔𝄲 は 1/4 音上昇，𝄰 は 3/4 音上昇〕

音響複合体（S_n）と密度と強さと持続時間の組み合わせ（K_n）の順序は変換 β に従う.

$S_1 =$	$K_1 = 1$	***mf***
$S_2 =$	$K_2 = 2.25$	***fff***
$S_3 =$	$K_3 = 22.5$	***fff***
$S_4 =$	$K_4 = 10$	***mf***
$S_5 =$	$K_5 = 2.83$	***f***
$S_6 =$	$K_6 = 3.72$	***ff***
$S_7 =$	$K_7 = 7.98$	***ff***
$S_8 =$	$K_8 = 6.08$	***f***

（前出の C_n を S_n に改めた）

第一連（図 8-13 の楽譜の 1〜2 行目）

	1	2	3	4	5	6	7	8
	↓	↓	↓	↓	↓	↓	↓	↓
$D(S_n) =$	S_2	S_3	S_1	S_4	S_6	S_7	S_5	S_8
$D(K_n) =$	K_2	K_3	K_1	K_4	K_6	K_7	K_5	K_8
	2.25	22.5	1	10	3.72	7.98	2.83	6.08
	fff	***fff***	***mf***	***mf***	***ff***	***ff***	***f***	***f***

この部分は C 音のピチカートによる滑行音 ***ppp*** で始まり，強さは ***fff***（ただし始まりは ***ppp***）である．滑降する音程の勾配ははじめはゼロで，その後もひじょうに小さい（2.5 秒につき 1/4 音）．

S_3 はコル・レーニョにより C♮C♯D を連打し，その強さは ***fff***（中央は ***p***）である．S_8 では，G♯ から A に「ずりあがる」形でうなりが使われる[1]．

第二連は，Q_{12}/Q_3 から始まる（図 8-13 の 3 行目（第 2 小節）〜5 行目（第 2 小節））．

	1	2	3	4	5	6	7	8
	↓	↓	↓	↓	↓	↓	↓	↓
$Q_{12}(S_n) =$	S_5	S_6	S_8	S_7	S_1	S_2	S_4	S_3
$Q_3(K_n) =$	K_8	K_6	K_7	K_5	K_4	K_2	K_3	K_1
	6.08	3.72	7.98	2.83	10	2.25	22.5	1.0
	f	***ff***	***ff***	***f***	***mf***	***fff***	***fff***	***mf***

前の部分のように，持続時間の縮小があらかじめ計算されていることに注意されたい．

S_1 は無秩序で，1 秒以上続く．

第三連は Q_4/Q_7 から始まる（図 8-13 の残りの部分）．

	1	2	3	4	5	6	7	8
	↓	↓	↓	↓	↓	↓	↓	↓
$Q_4(S_n) =$	S_6	S_7	S_8	S_5	S_2	S_3	S_4	S_1
$Q_7(K_n) =$	K_8	K_7	K_5	K_6	K_4	K_3	K_1	K_2
	6.08	7.98	2.83	3.72	10	22.5	1.0	2.25
	f	***ff***	***f***	***ff***	***mf***	***fff***	***mf***	***fff***

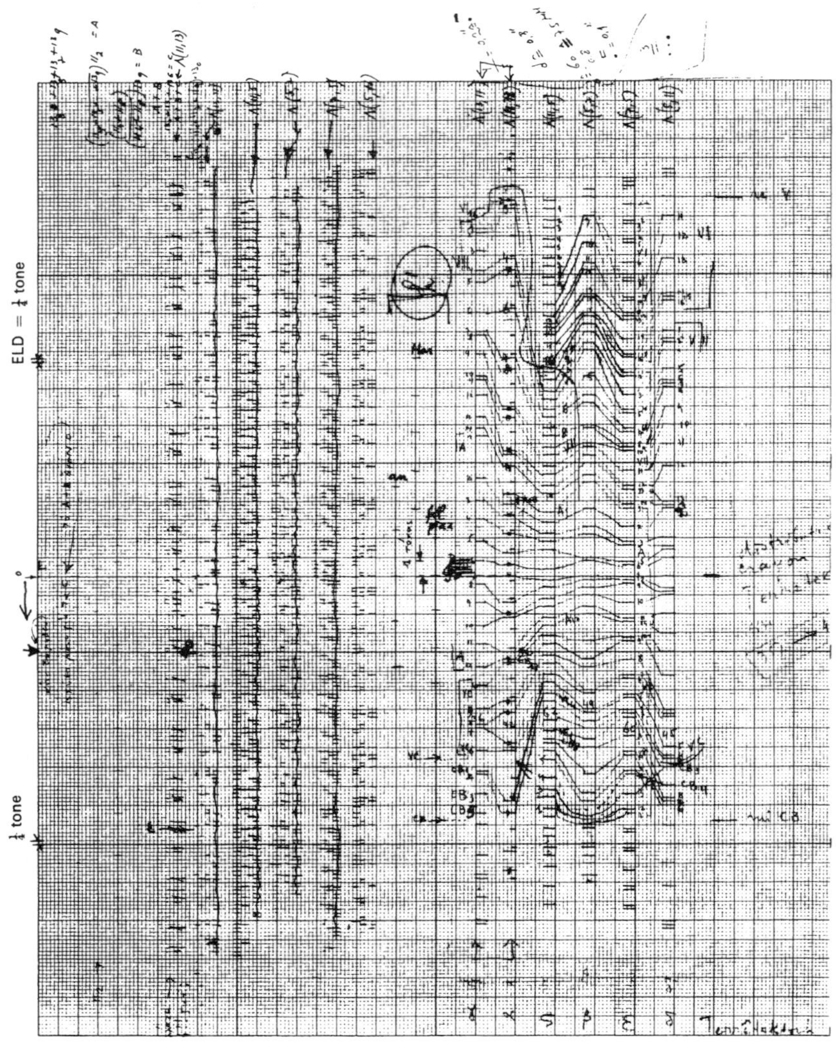

図 8-12 《ノモス・アルファ》のふるい

図 8-13 《ノモス・アルファ》の冒頭部分

S_8 では，反対向きのグリッサンドの勾配が互いに打ち消し合う〔つまり音高は変化しない〕．S_4 が三段譜になっているのは，下声部が移動してうなりが導入されているからだ．クラウドはC弦のピチカートで導入される．ちなみに丸括弧の音を出すには，左手の人差し指を弦の上のかぎ括弧の音を出す位置に置き，左の親指で糸巻きと左人差し指のあいだの弦をはじけばよい[2]．

《ノモス・ガンマ》——《ノモス・アルファ》の一般化

《ノモス・アルファ》では，一本のチェロによって演奏された，有限群で表現される有限組み合わせ論に基づいた構造が，《ノモス・ガンマ》(1967/68) ではフルオーケストラによって演奏される．しかも，聴衆のあいだに98名の演奏家を散らばらせることによって，《ノモス・アルファ》の構造はさらに拡大された．オーケストラを散らすという手法を最初に思いついたのは，《ノモス・ガンマ》より前の《テルレテクトール》(1965/66) という曲を作った時で，その際筆者は，二つの根本的な変更を提案した．

a. 第一に，オーケストラの演奏家たちを聴衆のあいだに疑似確率論的にまき散らすこと．これによってオーケストラは聴衆に紛れ，聴衆もオーケストラに紛れる．聴衆は動きまわってもよく，会場の入り口で手渡される折りたたみ椅子に座ってもよい．オーケストラの団員たちは一人ずつ，譜面台と楽器を持って共鳴しない台に腰掛ける．この作品を演奏する際には，ホールのなかの目や耳の邪魔になりそうなもの（座席，ステージなど）はできるだけ取り外しておく．あらゆる種類の現代音楽を演奏するのに適した新しい建物がなければ，（円形の）差し渡しが最低でも45ヤード〔40メートル強〕の大舞踏場を使ってもかまわないが，円形競技場や普通の劇場やコンサートホールは不適である．

   こうして演奏家を散らばらせることで，音楽に，現代のいかなる電子音響的な手法をも凌ぐ斬新な運動学的概念を持ちこむことができる[19]．というのも，音楽ホール全体に90個のスピーカーを分散させて，そこに90トラックの磁気テープ再生装置をつなぐとなると想像もできないが，90名の団員からなるクラシック・オーケストラなら，いともたやすく90個の音源をばら撒くことができるからだ．こうしてその楽曲は，空間の観点からも動きの観点からも，会場のあらゆる場所でひじょうに豊かなものとなる．音の動きの速度や加速度が現実のものとなり，対数らせんやアルキメデスらせんなどのかつてない強力な関数を時間内で幾何学的に使う，あるいは秩序ある音の塊や無秩序な音の塊が互いに波のようにぶつかり合うといったことが可能になる．

つまり《テルレテクトール》は，音の粒子を加速し，音の塊を分解したり統合したりする「音装置（ソノトロン）」[3]なのだ．ソノトロンは，聞き手の前後左右の至る所に音や音楽を置いて聞き手に迫り，それによって，遠くの台に置かれている演奏家——それ自体が箱に入っていることも多い——と聞き手とを隔てる心理的聴覚的なカーテンを引き裂くのである．かくしてオーケストラの演奏家たちは改めて，芸術家としての責任と個人としての責任を発見する．

b. 次に，オーケストラの音色をノイズに満ちた乾いた音の領域に移行すること．これによって音調の幅が広がり，先に述べた分散の効果は最大になる．そのために90名の演奏家は，それぞれが通常の弦楽器や管楽器だけでなく，ウッドブロックとマラカスと鞭の3種類の打楽器と音域が三つあって炎のような音がする小さなサイレン・ホイッスルを携える．これにより必要に応じて，一人一人の聴衆を雹が降る音や松林のざわめき——あるいはそれ以外の動的だったり静的だったりするさまざまな雰囲気や線的概念——でくるみ込むことができ，聴衆はついに各自がばらばらに，四方八方から吹きすさぶ嵐の真ん中で山頂にいる自分や大海原でひ弱な小舟に揺られている自分，あるいは音の小さな星が点在する宇宙でちっぽけな星雲に囲まれていたり，ただ一人で動いていたりする自分に気づくことになる(20)．

さて，《ノモス・ガンマ》の核心というかテーゼになっているのは，音の特性集合の時間外における有限な対応関係の組み合わせ論的組織化である．使われるのは，位数6の巡回群や，長方形の（クライン）群，正3角形群，正方形群，正5角形群，正6角形群，さらには正4面体群，正6面体群といったさまざまな群で，それらの群の内部構造や相互依存関係が，音楽を通して浮き彫りにされる．

その際の同型写像は，さまざまなやり方で確立される．つまり，今挙げた一つ一つの群を異なる集合や対応関係で表すことで，互いに関連するいくつかのレベルにおける構造を確立するのだ．さまざまな群が絡まり合い，混ざり合い，撚り合わさって，本質的に時間に依存することのない巨大な音のタペストリーができあがる（ついでながら時間そのものや持続時間の組織化も，あくまで偶発的に含まれている）．このタペストリーの作成には空間も関わっていて，空間も，より抽象的な音響要素の集合と同じように有機的に扱われる．

かくして，一つの強力な「有限で決定論的な仕掛け」が発表されたわけだが，はたしてこの仕掛けは，すでに提案されている推計学的な仕掛けと対称なのだろうか．純粋な偶然と純粋な決定論，この二つの極は人間精神のなかで（そしておそらくエピクロスやハイゼンベルクの望み通り，自然においても）弁証法的に溶け合う．したがって人間の精神は絶えず易々としかも優美に，決定論と非決定論を分かつ壁——不合理さが引き起こした無秩序の奇妙な壁——を通り抜けて行き来できるはずである．

ではここで，いくつかの例を見ていこう．いうまでもなく，《ノモス・ガンマ》にまつわる事柄すべてが群の変換によって規定されているわけではない．第５章で取り上げた推計学的プログラムに由来する楽曲はさておき，筆者のそれ以外の作品すべてについていえることだが，この作品にもさまざまな個人の裁量による決定がちりばめられている．とはいえ《ノモス・ガンマ》は，このタイプの問題をコンピュータを用いて自動化する際の一つの段階を表すものといえる．

1 小節から 16 小節まで（3 本のオーボエと 3 本のクラリネット）

時間外の構造

音高の集合：$H=\{H_1, H_2, H_3, H_4, H_5\}$．原点：$D_3$，G♯$_3$，$D_4$，G♯$_4$，$D_5$ で，それぞれの範囲は ±3 半音．

持続時間の集合：$U=\{U_1, U_2, U_3, U_4\}$．原点：𝅗𝅥‿♪，𝅝，𝅝‿♩‿♪，𝅝‿𝅗𝅥‿♩で，それぞれが ± 二分音符プラス十六分音符（約 1 秒）の幅を持つ．

強さの集合：$G=\{G_1, G_2, G_3, G_4\}$．$G_1=\{\boldsymbol{ppp}, \overset{>}{\boldsymbol{ppp}}, \boldsymbol{pp}, \overset{>}{\boldsymbol{pp}}, \overset{\substack{>\\>}}{\boldsymbol{pp}}, \boldsymbol{p}\}$，$G_2=\{\overset{>}{\boldsymbol{p}}, \overset{\substack{>\\>}}{\boldsymbol{p}}, \boldsymbol{mp}, \overset{>}{\boldsymbol{mp}}, \overset{\substack{>\\>}}{\boldsymbol{mp}}, \boldsymbol{mf}, \overset{>}{\boldsymbol{mf}}\}$，$G_3=\{\overset{\substack{>\\>}}{\boldsymbol{mf}}, \boldsymbol{f}, \overset{>}{\boldsymbol{f}}, \overset{\substack{>\\>}}{\boldsymbol{f}}, \overset{\substack{>\\>}}{\boldsymbol{sf}}, \boldsymbol{ff}, \overset{>}{\boldsymbol{ff}}\}$，$G_4=\{\overset{\substack{>\\>}}{\boldsymbol{ff}}, \overset{>}{\boldsymbol{sff}}, \boldsymbol{fff}, \overset{>}{\boldsymbol{fff}}, \overset{\substack{>\\>}}{\boldsymbol{fff}}, \overset{>}{\boldsymbol{sfff}}, \overset{\substack{>\\>}}{\boldsymbol{sfff}}\}$．ただし原点はそれぞれ $\boldsymbol{pp}$，

$\overset{>}{\boldsymbol{mp}}$, $\overset{\geqq}{\boldsymbol{f}}$, $\overset{>}{\boldsymbol{fff}}$.

積集合：$K = H \times U \times G$. 積集合の各点は，n を法とするふるいとその単位，つまり基本変位によって決まる．ただし，ここでのふるいは加法群の要素と見なされている（たとえば $n=3$ のとき，$\cdots \to 3_0 \to 3_1 \to 3_1 \to 3_2 \to 3_0 \to 3_2 \to 3_2 \to 3_1 \to \cdots$）.

	$K_1 = H_4 \times G_2 \times U_1$			$K_2 = H_4 \times G_3 \times U_2$			$K_3 = H_4 \times G_1 \times U_1$		
法：	2	2	2	2	2	2	2	2	2
基本変位：	$\frac{1}{4}$ 音		$\frac{1}{8}$ 秒	$\frac{1}{4}$ 音		$\frac{1}{5}$ 秒	$\frac{1}{4}$ 音		$\frac{1}{6}$ 秒
	$K_4 = H_4 \times G_3 \times U_1$			$K_5 = H_4 \times G_2 \times U_2$			$K_6 = H_4 \times G_3 \times U_3$		
法：	3	2	3	3	2	3	3	2	3
基本変位：	$\frac{1}{4}$ 音		$\frac{1}{8}$ 秒	$\frac{1}{4}$ 音		$\frac{1}{5}$ 秒	$\frac{1}{4}$ 音		$\frac{1}{6}$ 秒

さらに K_2 と K_3 は，平行移動や H の値の相似変換によってゆがめられる．

今，積 $H \times U \times G$ の三つの点 K_1, K_2, K_3 を取って，これらを時間のなかの連続する三つの瞬間に一対一対応で写す．すると次のような要素からなる正 3 角形群が定まる．

$$\{I, A, A^2, B, BA, BA^2\} \Leftrightarrow \{123, 312, 231, 132, 213, 321\}$$

時間内の構造

3 角形の変換のそれぞれの頂点を K_1, K_2, K_3 で表す．この三つはオーボエとクラリネットにより，上の置換群と $BA, BA^2, A, B, BA^2, A^2$ という回路にしたがって次々に演奏される．

16 小節から 22 小節まで（3 本のオーボエと 3 本のクラリネット）

時間外の構造

C_i を演奏法として，積 $K_i \times C_i$：$K_1 \times C_1$，$K_2 \times C_2$，$K_3 \times C_3$ を作る．ただし，$C_1 =$ ビブラートをかけない滑らかな音，$C_2 =$ フラッタータンギング，$C_3 =$ クィリスマ（不規則な音の高さのゆれ）〔4〕である．

今，3 本のオーボエおよび 3 本のクラリネットをそれぞれの頂点とする二つの正 3 角形を考えて，$K_i \times C_i$ の値を頂点の名前とする．$K_i \times C_i$ の名前を 3 本のオーボエないし 3 本のクラリネットの空間の三つの位置に写す一対一写像は，全体として一つの正 3 角形群を形成する．

時間内の構造

$K_i \times C_i$ という名前の変換群のそれぞれが，オーボエとクラリネットで交互に，いずれも 3 本の楽器で同時に演奏される．巡回経路は，$I, BA, BA, I, A^2, B, BA, A, BA^2$ と I, B, B である．

404 小節から 442 小節まで――音のタペストリー

弦楽合奏（第一ヴァイオリンが 16 梃，第二ヴァイオリンが 14 梃，ヴィオラが 12 梃，チェロが 10 梃，コントラバスが 8 梃）を，各八つの楽器からなる 2×3 チーム，$\varphi_1, \varphi_2, \varphi_3, \psi_1, \psi_2, \psi_3$ に分割する．残りの弦 12 梃は，いちばん近くに座っている楽器と同じことをする．ここから先は，φ_i と ψ_i が対として同値（$\varphi_i \sim \psi_i$）だと見なして，φ_i だけを扱うことにする．

第 1 層：時間外の構造

各 φ_i に含まれる八つの楽器の位置をわざと考慮に入れて，集合 $X=\{$駒の上のトレモロ，駒の上のトレモロとトリル，なめらかなスル・ポンティチェロ，トレモロのスル・ポンティチェロ，なめらかな自然倍音，弓の木部を使った不規則で密な打音，通常の弓によるトレモロ，上行ないし下行のピチカート・グリッサンド$\}$に含まれる八つの演奏方法をこれらの位置（楽器）に一対一で写す．すると，KVBOS 1 という立方体ができあがる．

φ_i の同じ八つの位置（楽器）に，$g_\lambda=\{$***ppp***cresc，***ppp***dim，***pp***cresc，***pp***dim，***ppp***cresc，***ppp***dim，***pp***cresc，***pp***dim$\}$，$g_\mu=\{$***mf***cresc，***mf***dim，***f***cresc，***f***dim，***ff***cresc，***ff***dim，***fff***cresc，***fff***dim$\}$，$g_\xi=\{$***p***cresc，***p***dim，***mp***cresc，***mp***dim，***mf***cresc，***mf***dim，***f***cresc，***f***dim$\}$の三つの集合からとってきた八つの強弱の形を一対一で写す．これによって二つ目の立方体 KVBOS 2 ができる．

第 1 層：時間内の構造

これらの立方体の一つ一つが，正 6 面体群の運動図式に従ってそれ自身のなかに写される（271 ページの《ノモス・アルファ》を参照）．たとえば，KVBOS 1 は $D^2Q_{12}\cdots$ に従い，KVBOS 2 は $Q_{11}Q_7\cdots$ に従う．

第 2 層：時間外の構造

次に，三つの分割 $\varphi_1, \varphi_2, \varphi_3$ を空間のなかの三つの点の組と見なして，そこに異なる音高の領域，$H_\alpha, H_\beta, H_\gamma$ を一対一に写す．先ほどの立方体に含まれる器楽奏者たちは，これらの領域で演奏を行うものとする．これにより，3 角形 TRIA 1 が得られる．

さらにこれと同じ 3 点に，（持続時間 × 強度）の積 $U \times G = \{2.5$ 秒 $\times g_\lambda$，0.5 秒 $\times g_\mu$，1.5 秒 $\times g_\xi\}$ に含まれる三つの要素を一対一で写す．これにより，二つ目の 3 角形 TRIA 2 が得られる．

第 2 層：時間内の構造

二つの立方体が第 1 層の変換を行うと同時に，二つの 3 角形が正 3 角形群の変換を行う．今かりに I, A, A^2, B, BA, BA^2 を群の要素とすると，TRIA 1 は運動図式 $A, B, BA^2, A^2, BA, BA^2$ に，TRIA 2 は A, BA^2, BA, A^2, B, AB に従って，同時に進行する．

第 3 層：時間外の構造

三つの巨視的な類——$C_1 =$ グリッサンドの網のクラウド，$C_2 =$ 音点のクラウド，$C_3 =$ クィリスマがある音のクラウド——の積 $C_i \times M_i$ を作る．さらに，法 $M=3$ の三つのふるい，$3_0, 3_1, 3_2$ を取ってくる．この積のなかから五つの要素，$C_1 \times 3_0 = I$，$C_1 \times 3_1 = A$，$C_1 \times 3_2 = A^3$，$C_2 \times 3_0 = A^4$，$C_3 \times 3_1 = A^5$ を選ぶと，これらは位数 6 の巡回群に属している．

第 3 層：時間内の構造

第 1 層と第 2 層の入れ子変換を積 $C_i \times M_j$ に埋め込む．ちなみにこれらの積は，任意に定めた 20 秒，7.5 秒，12.5 秒，12.5 秒，7.5 秒という持続時間のあいだに，順次 $C_1 \times 3_2, C_2 \times 3_0, C_1 \times 3_1, C_3 \times 3_1, C_1 \times 3_0 \longleftrightarrow A^3, A^4, A, A^5, I$ を経巡る．

第 4 層：時間外の構造

弦楽オーケストラをチーム φ_i, ψ_j に分割する際には，密集（コンパクト）と拡散の二つのモードがある．密集モードは，それ自体がさらに密集モード I と密集モード II の二つのケースに分かれる．たとえば，密集モード I では，$\varphi_1 = \{\mathrm{VI}_{13}, \mathrm{VII}_1, \mathrm{VII}_2, \mathrm{VII}_{14}, \mathrm{A}_7, \mathrm{VC}_2, \mathrm{VC}_6, \mathrm{CB}_4\}$

密集モード II では，$\varphi_1 = \{\mathrm{VI}_1, \mathrm{VI}_7, \mathrm{VI}_8, \mathrm{VI}_9, \mathrm{VI}_{10}, \mathrm{A}_8, \mathrm{VC}_3, \mathrm{CB}_2\}$

拡散モードでは，$\varphi_1 = \{\mathrm{VI}_2, \mathrm{VI}_3, \mathrm{VI}_6, \mathrm{VII}_1, \mathrm{VII}_6, \mathrm{VII}_{11}, \mathrm{CB}_3, \mathrm{CB}_7\}$

となる（VI_i は i 番目の第一ヴァイオリン，VII_i は i 番目の第二ヴァイオリン，A_i は i 番目のヴィオラ，VC_i は i 番目のチェロ，CB_i は i 番目のコントラバス）．

これらの分割を同時に行うことはできない．

第４層：時間内の構造

第１層，第２層，第３層で生じたすべての仕掛けを，上に述べたさまざまな φ_i, ψ_j チームの定義に，密集モード I で持続時間 27.5 秒，拡散モードで 17.5 秒，密集モード II で５秒，拡散モードで５秒，密集モード I で５秒，というふうに順次埋め込んでいく．

運命の指標

かくしてわれわれは，音楽を対象とする「探求」により，精神のもっとも深い部分に導かれることとなる．現代の公理主義がここでもまたより正確なやり方で，「過去」によって人間存在という名の岩に刻み込まれてきた意味ありげな溝から人間を解放するのだ．それらの精神的前提は，何十億年にもわたる記号の蓄積や破壊を裏付け，正当化するものなのだが，その限界や閉鎖性に気づいてしまった以上，壊すしかない．

突如として，人間の精神が幼少期に時間と空間の概念を形成したきりで，決してそれを変えようとしないなどということはあり得ない，と思えてくる[(21)]．こうして〔プラトンの述べた〕洞穴の奥の壁は，人間の背後にあるものの影を写す平面ではなくなり，宇宙の核心にあるものをぼんやりと浮かび上がらせるすりガラスとなる．ヒトはそのガラスを打ち破らなければならないのだ．

結　　論

1. 時間と空間の秩序だった構造や論理の構造などを変える必要がある．

2. 芸術とそれに付随する科学は，この変革を実行しなければならない．

ここで，必滅にして永遠でもあるという二重性を解決しよう．未来は過去のなかにあり，過去は未来のなかにある．現在は消えることなく，同時にすべての場所にある．ここはまた，20 億光年の彼方でもあるのだ…….

野心的なテクノロジーが作り出したいかなる宇宙船を使って，いかに遠くまでヒトを運ぼうとも，その精神が手枷足枷から解き放たれることはない．それは，芸術＝科学がピタゴラスやパルメニデスの領域でヒトに向かって開いてみせる夢のような展望なのである．

原　注

(1) この「歴史ある伝統の正体を暴く」という言葉は，エトムント・フッサールの意味〔邦訳では「歴史的伝統の露呈」〕で用いられている．Husserl (1954) 参照.

(2) Coomaraswamy (1943) で参照されている「ウパニシャッド」と「バガヴァガッド・ギーター」を見よ．

(3)「おそらく近代科学のもっとも奇妙な点は，ピタゴラスの教えに戻っていることである」，*The Nation* 紙〔政治を取り上げた週刊新聞〕に掲載されたバートランド・ラッセルの論評（1924 年 9 月 27 日）〔5〕より．

(4) これらの詩の断片は，元々のギリシャ語のテキストと，Burnet (1962) の英訳と，Beaufret (1955) の仏訳を参考に翻訳した．

(5) 元素は常に，実際に存在する．(地，水，空気)＝(物質，火)＝エネルギー．ヘラクレイトスはすでに，これらが等価であることを予言していた．

(6) Lucretius (1924) より．

(7) 推計学的（ストカスティック）という単語はこの著作ではじめて使われた．今では確率（プロバビリティ），アレアトリー〔aleatory，ヨーロッパ戦後前衛音楽の文脈における「偶然性」〕，チャンス〔chance，米国実験音楽の文脈における「偶然性」〕といった言葉の同義語になっている．

(8) Borel (1950)，p.82.

(9) 情報理論のエントロピーで測られた不確かさは，確率 p と $(1-p)$ が等しいときに最大となる．

(10) I. Xenakis (1955, 1956).

(11) 筆者はメシアンの「移調の限られた旋法」の新たな解釈を用意しており〔図 8-14～16 を参照〕，1966 年に刊行される選集に含める予定だったが，この選集は未刊である．

(12) ド・ベルタ（A. de Bertha）は 1870 年頃に全音と半音が交互に登場する「等音

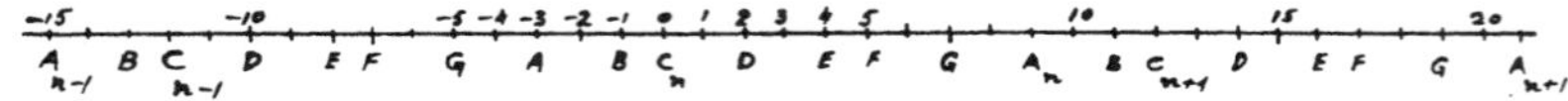

図 8-14　ハ長調の音階

図 8-15　メシアンの「移調の限られた旋法」4 番

図 8-16　メシアンの「移調の限られた旋法」4 番

音階第一・第二」(gammes homotones première et seconde）と呼ばれる音階を作った．その音階をここでの表記法で表すと $(3_n \vee 3_{n+2})$, $(3_n \vee 3_{n+1})$ となる．

(13) ボルドー音楽院のロカン（Anatole Loquin）教授は 1895 年の時点ですでに，オクターブの 12 音が等価であることを予想していた．

(14) 以下に，第 6 章および 7 章の公理系より自然な新たな「ふるい」の公理系を示しておく[6]．

基本となる前提

1. 感覚は（音高，音価，強度，……に関する）離散的な特徴，値，停留点を作りだし，これを点で表すことができる．

2. 感覚自体および感覚同士の比較によって，今挙げた特徴——つまり点——のあいだに差が生じる．この差をある離散的な特徴から別の特徴への——つまり点から点への——動き，移動，ステップとして叙述することができる．

3. 今述べたステップを繰り返し，反復し，連結することができる．

4. 反復には，より多くの反復とより稀な反復の二つの方向が考えられる．

形式化

集合．上に述べた基本的な前提から，$\Omega, \Delta, \mathrm{E}$ の三つの基本集合が生じる．第一の前提からいって，特徴はさまざまな具体的な領域 Ω に属することになる．第二の前提からいって，具体的な領域 Ω における変位，つまりステップは集合 Δ に属するが，この集合は Ω とは独立である．第三の前提からいって，Δ の要素を連結したり反復したりすることで集合 E が形成される．また，第四の前提で示された二つの方向をプラスとマイナスで表すことができる．

積集合．$\mathrm{a}: \Omega \times \Delta \subseteq \Omega$（音高を表す点と変位を組み合わせると，音の高さを表す点が得られる）．

$\mathrm{b}: \Delta \times \mathrm{E} \subseteq \Delta$（変位と反復ないし連結を組み合わせると，変位が得られる）．E は，自然数とゼロからなる集合 $\boldsymbol{N}$ と容易に同一視できる．しかも第四の基本前提からいって，E からじかに整数の集合 $\boldsymbol{Z}$ を定義することができる．

こうして（第 6 章と第 7 章で導入した）ペアノの公理系を直接使うまでもなく，（ふるいとして定義された）「平均律の半音階」を作ることができる．実際，集合 Δ に属する任意の基本変位を選んで，積 $\{$ 基本変位 $\} \times \boldsymbol{Z}$ を作ればそれでよい．一方で，（たとえば旋律の差の）集合 Δ は群の構造を持っている．

(15) Messiaen (1944).

(16)「……したがって必要とされる音より高い音は，当然そうあるべき姿として，動きの短縮によって緩み（低くなり），必要とされる音より低い音は，当然そうあるべき姿として，動きをつけ加えることによって緊張する（高くなる）．したがって音はばらばらな断片で構成されていなければならない．なぜなら音は，付加や削減によってあるべき姿になるからだ．ばらばらな断片で構成されたものはすべて，互いの数値比を考えることができる．よって音同士も数値比によって結ばれる．しかし数のあいだには乗法的な比もあれば，エピモリオスな〔n 対 $n+1$ のように差が 1 の〕比（$1+1/x$）も，あるいはエピメリスな（整数+1 以外の分母を持つ分数の形の）比もあるといわれている．であれば音もまた，これらの比を持つといわねばなるまい……」．Menge (1916) に収録されているユークリッドの『カノンの分割』(12–24) より．このすばらしい文書ではすでに，音と数との対応を公理的に確立する試みがなされている．だからこそ，この論文でユークリッドに触れたのだ．

(17) Corbusier (1955) 所収の筆者自身の《メタスタシス》の分析を参照されたい．

(18) Boosey and Hawkes 社から刊行された譜面（録音は Pathe-Marconi レーベルないし Angel レーベルから〔7〕）を参照されたい．

(19) 1970 年の大阪万博における日本鉄鋼連盟のパビリオン「鉄鋼館」のために筆者が委嘱を受けて作った《ヒビキ・ハナ・マ》では，800 台のスピーカーを天井や床下にばらまき，それらを 150 ほどの独立したグループに分けた．そのうえで，音がさまざまな運動図にしたがってこれらのグループを横断するように設計した．このパビリオンは音を空間に位置づける試みとして，1958 年にブリュッセル万博で作られたフィリップス・パビリオン以降もっとも先進的なものだった．とはいえ，使うことのできた独立の磁気トラックは 12 本（同期させた 6 トラックのテープレコーダーが 2 台）だけだった．

(20) Bois (1967).

(21) Piaget (1946, 1948).

訳　注

〔1〕268 ページなどに「干渉」とあるのは，このように微分音程差のある音を同時に鳴らしてうなりを発生させることを指す．

〔2〕開放弦以外の低音と同時に中高音を出すには，駒留側ではなく糸巻き側の弦を鳴らせばよいという発想．

〔3〕素粒子の円形加速器は，サイクロトロンやシンクロトロンと呼ばれていたことか

らの造語.

〔4〕音楽用語の「メリスマ」の 4 分音版を意味する造語.

〔5〕量子力学は 1925-26 年に定式化されており，この日付は無視できない.

〔6〕第 6，7 章の本文は 60 年代に書かれた原論文を踏襲し，この原注で改良版を示した.

〔7〕ここで参照されているのは，ピエール・ペナッソーによる最初の録音（1967 年）. CD 化されている（EMI Classics，50999 6 87674 2 6）. 20 世紀後半を代表する無伴奏チェロ曲として，その後も多くの録音が行われている.

第9章
微細音響構造に関する新たな提案

フーリエ級数——基礎として重要であるが十分ではない

音響学における物理的数学的な装置や器官は[(1)]弾性媒体のなかを伝播するエネルギーに関する理論にどっぷりと浸かり，調和解析がその理論の土台となっている．

さらに，それらの装置は電気回路設計のユニットを実際の媒体として実現され，チェックされる．

ラジオやテレビの放送技術が猛烈に発展したことによって，フーリエ級数を用いた調和解析は，きわめて広範で種々雑多な領域へと展開していった．そしてまったく縁遠い理論——たとえばサーボ機構の理論や確率論——までが，必須の裏付けをフーリエ級数に求めるようになったのだ．

いっぽう音楽の世界では，長い歴史を持つ音階の研究や弦楽器や管楽器の共鳴に関する研究から，円関数〔＝三角関数〕とその線型結合に辿り着いた[(2)]．そのため人工的に音を作る際に，なかなか今述べた物理的数学的電子的装置の思考の枠組を越えることができない．しかるにこれらの装置は，いずれもフーリエ級数に依存しているのである．

実際，ピタゴラス派のアクースマティコイ〔ピタゴラス派に属し，師の姿を見ることなくひたすら音に集中してその教えを聞き続けた専門の聞き手たち〕が辿ってきた長い道のりも，どうやらその自然な落ち着き処が見つかったらしく，音楽理論学者たちは，フーリエ級数を直接間接の基盤として，調性の自然倍音に基づく協和の理論を打ち立ててきた．さらに20世紀に入ると，新たな音楽言語を非難する人々が調性を定義する際に，弾性体と媒質の振動の理論——早い話がフーリエ解析——にその論拠を求めるようになったのだが，これによってある矛盾が生じた．音楽をあくまで直観的で本能的な領域に留めることを目標としながら，自分たちが考える調性の世界の正当性を物理学や数学の言葉を使って示したのだ.

調和解析の行き詰まりとその原因

以下の二つの大きな困難を見れば，これからは従来と別の考え方をせざるを得ないということがわかる.

1. 旋律や対位法を考える際の基礎は円関数のみに限るべし，とする理論は，新たな言語の攻撃に負けた．たとえばグリッサンドのクラスタのような，近年の電子音響音楽や器楽音楽に見られる和音形態が正しいということを示すには，どうすればよいのか．ヒンデミットなどはシェーンベルクのシステムを懸命に説明しようとしたのだが，かくして調和解析の回路はショートしてしまったのだった(3)．これまで音楽界が主張してきたことが実際の生活や新たな音の冒険によって激しく揺さぶられているにもかかわらず，音楽学校ではいまだにこれらの主張が（むろん初歩的な形で）教えられている．したがって過去60年間にわたる「音楽の崩壊」は，音楽とその「規則」が実は社会文化や歴史が課した条件にすぎず修正可能であるという事実を裏付ける新たな証拠と見るのが自然なのだ．ちなみにこれらの条件は，どうやら大まかに以下の三つに基づいているらしい.

a. 人間の感覚の絶対的な限界とそれをひずませる力（たとえば，フレッチャーの等ラウドネス曲線).

b. 人間の精神構造というカンヴァス（その一部である順序付けや群などは，これまでの章ですでに取り上げた).

c. 音の作り方（オーケストラの楽器によるのか，電子音響で音を合成するのか，アナログのサンプリング変換システムを使うのか，コンピュータとデジタル／アナログ変換器を用いてデジタルな音を合成するのか).

社会的な事実には明らかにある種のエントロピーとしての惰性が備わっているが，それでもこの三つの条件のうちのどれか一つを変えれば，社会的文化的な条件付けもまた変わるはずなのだ.

2. 電子的発振回路が誕生してから今に至るまでの，音を再構成しようとする試みすべてが，（オーケストラの楽器の単純な音ですら）明らかに破綻している〔1〕.

a. いずれも第二次世界大戦の前に作られたトラウトニウム〔1930年代にオ

スカー・サラが作った鋼線をバーに押しつけて演奏する楽器〕やテルミン〔1919 年にレフ・テルミンが作った世界初の電子楽器．非接触型〕やオンド・マルトノ〔1928 年にモーリス・マルトノが作ったリボンと鍵盤を用いた電子楽器〕といった楽器が，その何よりの証拠である．

b．第二次世界大戦以降に作られた「電子」音楽は一つ残らず——50 年代に大いに期待が高まりはしたものの——周波数発生器を使って作られたいわゆる「電子純音」を発展させて電子音響音楽を作り出すことに失敗した．電子純音だけに基づいた電子音楽は音響がいかにも単純で，まるでラジオの空電かヘテロダイン〔ラジオや信号処理で異なる周波数の信号を合成するなどして生み出される新たな周波数の信号〕のような響きが特徴となっている．さらに，電子音楽の作曲家たちが盛んに使ってきたセリー・システムをもってしても，このような事態を改善することはできなかったわけだが，それは，セリー・システム自体があまりに初歩的だったからだ．そうはいっても「純粋な」電子音をはるかに豊かで興味深い別の「具体（コンクレート）」音で縁取れば，（エドガー・ヴァレーズ〔1883-1965，フランスに生まれ米国に帰化した作曲家〕，ピエール・シェフェール〔1910-95〕，ピエール・アンリ〔1927-2017，シェフェールとともに GRM を創設したミュジック・コンクレートの先駆者〕に感謝！）電子音楽もきわめて強力になり得るのだが〔2〕．

c．ごく最近になって，現代技術の精華ともいうべきコンピュータと変換器を組み合わせて用いる試みが始まった．しかし，わりとましな例がいくつかあるにしても(4)，結果として得られた音の響きは，10 年前に古典的な電子音響スタジオで周波数発生器とフィルタと調整器と反響ユニットを用いて作った音よりも凡庸である〔3〕．

これらの批判に基づいて，なぜ今挙げたような失敗が起きたのかを考えると，たとえば次のような理由が浮かび上がってくる．

1．マイヤー＝エプラー〔1913-60，ドイツの物理学者．1951 年にはじめて電子音楽を発表した〕の研究(5)によると，もっとも単純なオーケストラの音ですら，（当分のあいだは，これが基準系になると思われる）スペクトル解析を行ってみると，周波数と振幅の両方に多様なスペクトルラインが現れる．ところがこれらの小さな（副次的）変動こそが，周波数発生器で作った基音や倍音を足しただけの「死んだ」音と，オーケストラの楽器が同じ基音や倍音の和を奏でたときの音との差を生みだす原因の一つになっているのだ．音のなかの固定的で恒久的な部分に生じるこれらの小さな変動を扱おうとすると，まずまちがいなく，これまでとは異なる関数やより高いレベルでの調和解析——たとえば確率過程やマルコフ連鎖や相関関係や自己相関関係——さらにはパターン認識や形状認識を用いた新たなアプローチによる理論が必要になる．いずれにしても，オーケストラの音を分析して理論化するには(6)，きわめて長く複雑な計算が欠かせない．したがってこのようなオーケストラの音をコンピュータや調和解析を用いてシミュレーションしようとすると膨大な計算時間が必要になるが，これは当面不可能である〔4〕．

2. 音色の認識という点では——そして音楽一般においても——音の恒久的な部分よりも一過性の部分のほうがはるかに重要であるらしい(7)．実は，音楽が「ノイズ」のような複雑な響きに近づけば近づくほど，音の一過性の部分が増えて複雑になる．そのため三角関数を用いた合成は途方もなく困難になり，コンピュータにすれば，恒久的な部分以上にやっかいで受け入れ難い〔5〕．まるで，曲がりくねった山のシルエットを円弧だけを使って表現しようと試みるようなもの——いや，その何千倍も複雑な作業になるのだ．聡明な耳が求めるものは際限なくふくれあがり，情報への飽くなき欲を満たすことは，とうてい不可能なのである．音楽におけるこの「膨大な計算量」の問題には，19 世紀の古典力学で，気体分子運動論を生み出すことになった問題に通じるものがある．

3. 調和解析に依拠するか否かはさておき，三角関数を用いて合成された曲線を形態や形状の認識に読み替えることができるパターン認識論や形状認識論は，現実には存在しない．たとえば，オシロスコープの曲線としてはてんでんばらばらでありながら耳には同じ音として聞こえる音を同じ類に区分することができる同値類の基準を定めることは，不可能なのだ．そのうえ，聴覚理論では識別される特徴（たとえば音の位相の差や音に対する感受性の差）であるにもかかわらず耳では聴き分けられない場合があり，逆に耳では聴き分けられるのに聴覚理論では識別できない特徴が存在するのだ．

有限の要素の並列に関するまちがった概念

このような困難が生じるのは，つまるところ有限の概念と無限の概念がその都度即興で絡んでくるからなのだろう．たとえば正弦波振動では，2π の区間に含まれる変動が単位となって，この有限の変動が無限に繰り返されることになる．このようなやり方は，手間を省くという意味ではある種の最適化である．ある有限な時間の流れ（一周期）で苦労をしておけば，その後はほぼ手間をかけずに，できあがったものを延々と繰り返すだけで事足りる．つまり，手持ちのメカニズム（たとえば正弦関数）で時間的に有限な対象物を作り，あとはそれを好きなだけ繰り返すのだ．そこで今度は，この延々と続く長い対象物を新たな単位と見なして，同じような対象物と並列してみる．こうしてすでにできている要素を有限個重ね合わせる（和をとる）ことによって，ある一つの変数（例えば，音響の変動を反映した大気圧）のすべての変動を，時間の関数として描くことができるのではないか．このような作業を続ければ，「ノイズ」に近づくにつれて複雑さが増すような不規則な曲線を得ることができるはずなのだ．そこで，こうしてできた波をオシロスコープで見てみると，きわめて複雑な形をしている．ところが，問題の曲線を目で追って，そこに何か特別な形や対称性がないかどうかを調べようとしても，たとえば10マイクロ秒間のサンプルでは，まずもって判断を下せない．なぜならその波の速度が，何らかのパターンを見つけるには速すぎるとも，遅すぎるともいえるからだ．もっといえば，人間がふつうにものを見て認識する速度と比べると速すぎ，瞬間の判断を大局的な形や色の知覚レベルに埋め込むテレビにとっては遅すぎるのだ．ところが，これと同じ持続時間のサンプルを耳で聞くと，何らかの形やパターンを認識することができて，さまざまな理解のレベルで，圧力曲線の断片同士の相関を感じ取ることができる．今関心の対象となっているもっと複雑で一般的な音に関していうと，このような耳の能力にどのような法則があるのかは，まだまったくわかっていない．それでも，正弦波を重ね合わせて作った音の場合には，複雑さがある範囲に収まっていさえすれば，もつれあった構成要素をヒトの耳で十分聞き分けることができる．ところが，その範囲を超えたとたんに聞き取ったものが音色や色や力や動きや肌理や無秩序の度合などに変換される，というところまではわかっているのだが，その先は五里霧中なのだ．一言でいうと，単純な要素（純音，正弦関数）を慎重に積み上げていけば，望みの音（圧力曲線）を——きわめて不規則で，ほぼ推計学的に不規則といってもよさそうな音でも——意のままに作れると思われる．さらにこの議論は，反復単位の要素を正弦関数以外の関数からとってきた場合にも成り立つ．一般にこの手順を，単位要素をどのような関数にするかに関係なく，「有限の要素並列による合成」と呼ぶことができる．だが筆者にいわせれば，この手法は深い矛盾をはらんでいるので，使用は避けるべきである [8]．

確率分布に基づいた新たな微細音響構造の提案

ここで，ある矛盾を生じさせたい．なぜならそうすることによって，微細音響合成の研究に新たな道——既知の音をなぞることができるふりをすることなく，音楽やその精神生理学や音響学をきわめて興味深く意外な方向へ導くはずの道——を切り開けるかもしれないからだ．

単位要素とそれらの要素の根気強い反復，さらにはこれらの単位要素を反復しながら不規則に重ね合わせるといった概念ではなく，無秩序の概念から出発して，その無秩序の程度を増したり減らしたりする手法を，作曲に取り込むことができるはずである．これはいわば道を逆に辿るようなもので，不連続な単位要素（建物を造るための煉瓦＝正弦関数ないし別の関数）を用いて複雑な音の殿堂を打ち立てることではなく，単位要素が存在するはずもない連続的な変化を基盤にして音を構築することを目指す．その場合に用いられるのは，音圧力の推計学的な変動である．実際，平衡点のまわりを気まぐれに，圧力座標に沿って決定論的でない形で動く粒子が生み出す圧力の変動を思い描くことができるわけで，それならさまざまな「ランダムウォーク」とその組み合わせを利用することができるはずだ．

方法 1．どの確率密度関数もすべて具体的な推計学的変動であって，それ自身の性格（粒子の独自な振る舞い）がある．そこでそのうちのどれか一つの性質を使うことにする．その性質は連続かもしれないし，不連続かもしれない．たとえばポアソン分布かもしれず，指数分布（ce^{-cx}）かもしれず，正規分布かもしれず，一様分布かもしれず，コーシー分布（$t/\pi(t^2+x^2)$）かもしれず，アークサイン分布（$1/\pi\sqrt{x(1-x)}$）かもしれず，ロジスティック分布（$\alpha e^{-\alpha x-\beta}/(1+e^{-\alpha x-\beta})^2$）かもしれない．

方法 2．ランダムな変数 X とそれ自身の組み合わせを確立することができる．例：$f(x)$ が X の確率密度関数だとすると，（$f(x)$ のそれ自身との n 重たたみ込みによって）$S_n = X_1 + X_2 + \cdots + X_n$，すなわち $P(k)_n = X_1 \cdot \cdots \cdot X_n$

を作ることができ，そのほかにも変数 X の任意の線型関数や多項式関数を作ることができる．

方法 3. ランダムな変数（圧力，時間）はほかの変数（弾性力）――場合によってはランダムな変数――の関数になっている可能性がある．たとえば，圧力変数 x は遠心力か求心力 $\varphi(x,t)$ の影響を受けている．一例として，もしも粒子（圧力）が力 wx（w は定数）の影響を受けていて，しかもウィーナー - レヴィ過程〔もっとも基本的な連続時間確率過程〕になっているとすると，その密度は，

$$q_t(x,y)=\sqrt{\frac{w}{\pi(1-e^{-2wt})}}\exp\left[-\frac{w(y-xe^{-wt})^2}{1-e^{-2wt}}\right]$$

になる．ただし，x,y はそれぞれ時刻 $0,t$ での変数の値である（この確率過程は，オルンシュタイン - ウーレンベック過程とも呼ばれている）．

方法 4. 二つの反射する（弾性）障害物のあいだを動くランダムな変数を考えることができる．たとえば，この場合も a（>0）とゼロに二つの反射する障害物のあるウィーナー - レヴィ過程であるとすれば，このランダムウォークの密度は，

$$q_t(x,y)=\frac{1}{\sqrt{2\pi t}}\sum_{k=0}^{\pm\infty}\left(\exp\left[-\frac{(y-x+2ka)^2}{2t}\right]+\exp\left[-\frac{(y+x+2ka)^2}{2t}\right]\right)$$

になる．ただし，x,y はそれぞれ時刻 $0,t$ での変数の値で，$k=0,\pm1,\pm2,\cdots$ である．

方法 5. 確率密度関数のパラメータを，ほかの確率密度関数の変数と見なすことができる（ランダム化，あるいは混合）[9]．

例 a：t はポアソン分布 $f(k)=\dfrac{(\alpha t)^k}{k!}e^{-\alpha t}$ のパラメータで，指数密度 $g(t)=\beta e^{-\beta t}$ のランダムな変数であるとする．このときその組み合わせは

$$\begin{aligned} w(k) &= \int_{-\infty}^{+\infty} f(k)g(t)dt \\ &= \int_{-\infty}^{+\infty} \frac{(\alpha t)^k}{k!} e^{-\alpha t} \beta e^{-\beta t} dt \\ &= \frac{\beta}{\alpha+\beta}\left(\frac{\alpha}{\alpha+\beta}\right)^k \end{aligned}$$

となって幾何分布になる．

例 b：p と q を，ジャンプ幅が ± 1 のランダムウォーク（ベルヌーイ分布）の確率とする．連続するジャンプの時間間隔は，共通密度 e^{-t} のランダム変数（ポアソン分布）になっている．このとき，時刻 t，位置 n における確率密度は，

$$f_n(t) = I_n(2t\sqrt{pq})e^{-t}(p/q)^{n/2}$$

で，

$$I_n(x) = \sum_{k=0}^{\infty} \frac{1}{k!\Gamma(k+n+1)}\left(\frac{x}{2}\right)^{2k+n}$$

は次数 n の第一種変形ベッセル関数である〔ただし $\Gamma(x) = \int_0^{\infty} t^{x-1}e^{-t}dt$ はガンマ関数〕．

方法 6．確率密度関数 f_i の線型ないし多項式結合を，（分布の族やバナッハ空間での変換や従属関係などが混じり合った）合成関数と見なすことができる．

例 a：A と B は線上の二つの区間で，$Q(A, B) = \mathrm{prob}\{X \in A, Y \in B\}$，$q(x, B) = \mathrm{prob}\{X = x, Y \in B\}$（ただし q は通常の適切な条件下で，与えられた x と固定された B での x の連続関数に対しての連続分布，つまり，$X = x$ のときの出来事 $\{Y \in B\}$ の条件付き確率）で，$\mu\{x\}$ は $x \in A$ の確率分布だとする．このとき $Q(A, B) = \int_A q(x, B)\mu\{dx\}$ は分布族 $q(x, B)$ の混合を表すが，この $Q(A, B)$ は，μ をランダム化されたパラメータの分布とするパラメータ x に依存している[10]．

例 b：確率分布の絡み合い（信号値変換）．$f_1, f_2, \cdots, f_n$ が，それぞれランダムな変数 $X_1, X_2, \cdots, X_n$ の確率分布であるとき，

$$S^i_{\sigma_i} = X^i_1 + X^i_2 + \cdots + X^i_{\sigma_i} \text{ と } S^n = \sum_{i=1}^{n} S^i_{\sigma_i} = S^1_{\sigma_1} + S^2_{\sigma_2} + \cdots + S^n_{\sigma_n}$$

や,

$$P^k_{\gamma_k} = X^k_1 \cdot X^k_2 \cdot \cdots \cdot X^k_{\gamma_k} \text{ と } P^n = \prod_{k=1}^{n} P^k_{\gamma_k} = P^1_{\gamma_1} \cdot P^2_{\gamma_2} \cdot \cdots \cdot P^n_{\gamma_n}$$

や，これらの和や積を（関数的，あるいは推計学的に）組み合わせたものを作ることができる．さらに，独立した決定論的関数や独立した推計学的手順，あるいは相関する決定論的な手順や非決定論的な手順で σ_i と γ_k を作ることができる．そしてときには——たとえば σ_i を待ち時間 T_i と考えれば——再生過程の理論を得られる場合がある．見方を変えれば，これらの例のなかに統計の時系列解析に対応するものが存在するといえるのだ．事実，耳は与えられた音色やゆらぎや偶発的な不規則性を伴った基音の音高を認識する際に，このような解析を実行しているらしい！ 実は作曲家が時系列解析を発明していたとしても，決しておかしくはなかったのである．とはいえそれには，以下のものが必要である．

例 c：劣後化〔レヴィ過程のある種の時間変更〕(11)．$\{X(t)\}$ を，

$$Q_t(x, \varGamma) = \mathrm{prob}\{X(T(t+s)) \in \varGamma | X(T(s)) = x\}$$

という連続遷移確率を持つマルコフ過程（マルコフ核は s からは独立）とする．さらに，$\{T(t)\}$ は非負の独立増大過程である．そのとき $\{X(T(t))\}$ は，

$$P_t(x, \varGamma) = \int_0^\infty Q_s(x, \varGamma) U_t\{ds\}$$

という遷移確率を持つマルコフ過程である．ちなみに U_t は $T(t)$ の無限に分割可能な分布である．このとき P_t は，操作時間 $T(t)$ を指揮過程として $\{X(t)\}$ を劣後化したものであるという．

方法 7．確率密度関数を母関数の曲線の形状にしたがって類別することができ，さらにこれらの類をより高次の集合の要素と見なすことができる．このような分類を行うには，以下に示す少なくとも三つの（互いに相関する可能性がある）基準が必要になる．

a：派生する確率分布の解析的な起源．ガンマ分布，ベータ分布，…と，関連する密度（カイ2乗分布の密度（ピアソン），スチューデントの t 分布の密度，マクスウェル分布の密度など）．

b：たとえば安定性や無限分割の可能性といったこれとは別の数学的な基準．

c：その曲線の図としての特徴．レベル0ではランダム変数の値がそのまま受け入れられるが，レベル1ではその値が累積されるといったことなど．

マクロな作曲

方法8．第7の方法で得られた分布の類をさらに操作することによって，マクロな作曲の領域に足を踏み入れることになる．だがここではこれ以上の考察は行わない．なぜなら，ここまでの章で明らかにしたさまざまな事柄を有効に用いることができることは明らかだからで，たとえば上の方法で作られた音の分子を第5章で紹介したマクロ構造を形成するためのST（＝stochastic）プログラムに導入することができる．また，2章や3章（マクロレベルでのマルコフ過程）についても同じことがいえる．6章と8章（記号を用いた音楽や群の操作）に関しては，複雑な微細プログラムを作るのはそう簡単なことではないが，もしもそのようなプログラムを作ることができれば，予想外の可能性をはらんだ豊かなものとなるであろう．

ここまでに述べた新たな提案はすべて，現在インディアナ州のブルーミントンにあるインディアナ大学音楽学校とパリのコレージュ・ド・フランスの核物理研究センターが共同で設立した「数学的自動音楽研究センター」(CMAM)[6]——どちらの場所でも，速度が毎秒$0.5 \cdot 10^5$サンプル，感度限界が16ビットのデジタル／アナログ変換器が使える——で吟味中である．

図9-1〜9-8はインディアナ大学のリサーチ・コンピューティング・センターにおいてコーネリア・コリヤー氏の監督のもとで計算され，プロットされたものである．これらのグラフは8ミリ秒の持続の間の音圧に対応している．

原　注

(1) Stevens (1948), Beranek (1954).
(2) Appelman (1967).
(3) Hindemith (1942).
(4) Risset (1969).
(5) Meyer-Epler (1959).
(6) Von Foester and Beauchamp (1969).

(7) Schaeffer (1966).

(8) このような批判はさておき，マックス・ヴァーノン・マシューズ〔1926-2011，アメリカ生まれのコンピュータ音楽の先駆者〕のすばらしい操作言語，Music V の存在を指摘しておきたい．この言語のおかげで，この手順の最後の段階が成し遂げられ，自動化された（Mathews (1969)）．この言語によって 50 年代の電子音楽作曲家たちの夢が実現されたことはまちがいない．

(9) Feller (1966).

(10) 同上.

(11) 同上.

訳　注

〔1〕要求水準の取り方によるが，この言説は本章が書かれた 70 年代初頭時点のものであり，80 年代のデジタル音響合成の発展でほぼ過去のものになった．そもそも，身近な音響を「単純」とみなす考え方（この見方では，人声はさらに「単純」）は，アナログ音響への慣れに由来する偏見にすぎない．

〔2〕「マルコフ連鎖を用いた推計学的音楽」の章（第 2, 3 章）で扱われたクセナキスの電子音響音楽作品も，彼らやリュック・フェラーリ（1929-2005）らと同時期に具体音を素材に GRM で制作された．

〔3〕アナログ電子音楽で大きな成果を挙げた作曲家がデジタル電子音楽にも挑んだ例は少なく，クセナキス，湯浅譲二（1929-），ベルナール・パルメジアーニ（1932-2013）は例外的である．シュトックハウゼンやフェラーリは，終生アナログ時代の発想で作り続けた（製作機器の変化には柔軟に対応したが）．

〔4〕この計算量の壁がコンピュータの性能向上で突破されたのが，80 年代のデジタル音響合成の発展に他ならない．

〔5〕複雑な電子音響を生成するにはフーリエ合成よりもホワイトノイズのフィルタリングの方が適切だという発想は，電子音楽の世界では湯浅譲二が創始者であり，アナログシンセサイザーも同様の発想に基づいて作られた．

〔6〕本稿執筆時の暫定的な略称．その後，母音を挿入した CEMAMu が正式な略称になった．

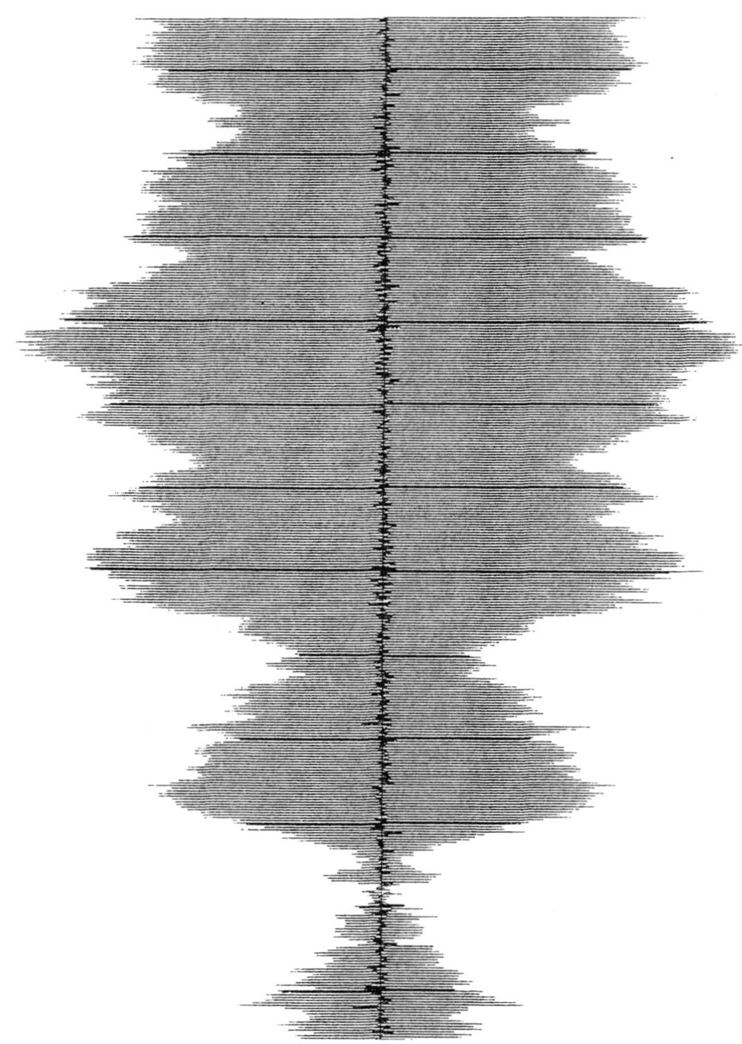

図 9-1　障害があるロジスティック分布の密度

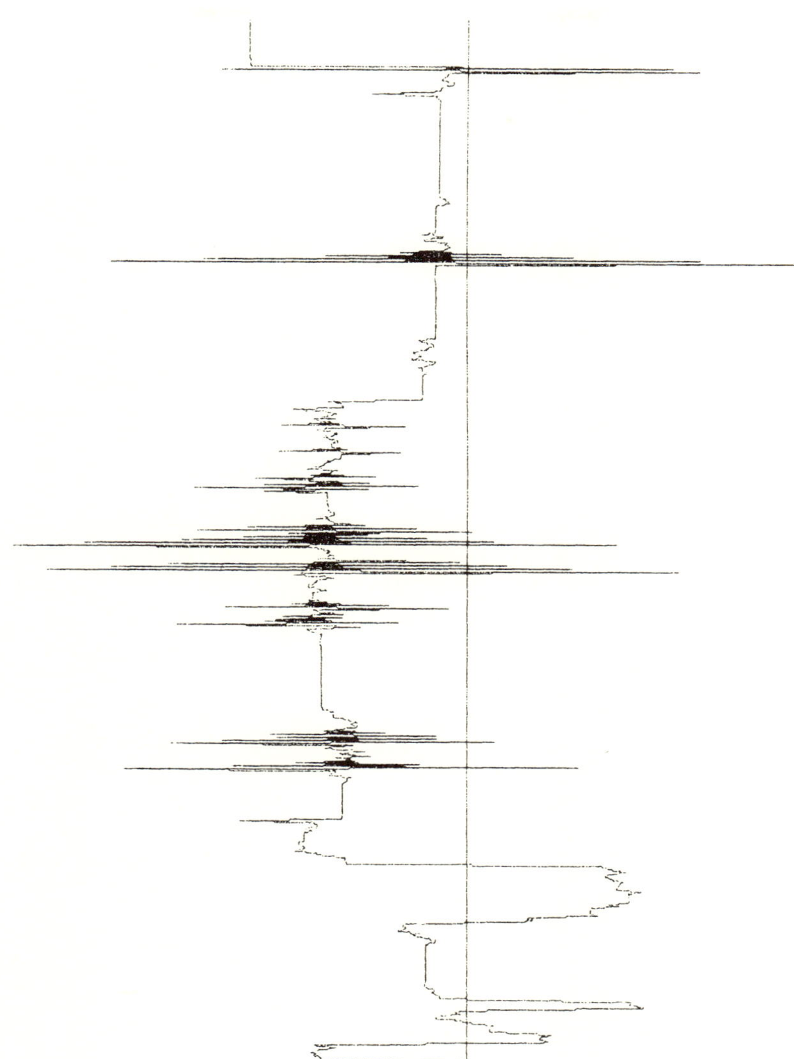

図 9-2　時間はランダムで障害がある，指数分布とコーシー分布の混合分布の密度

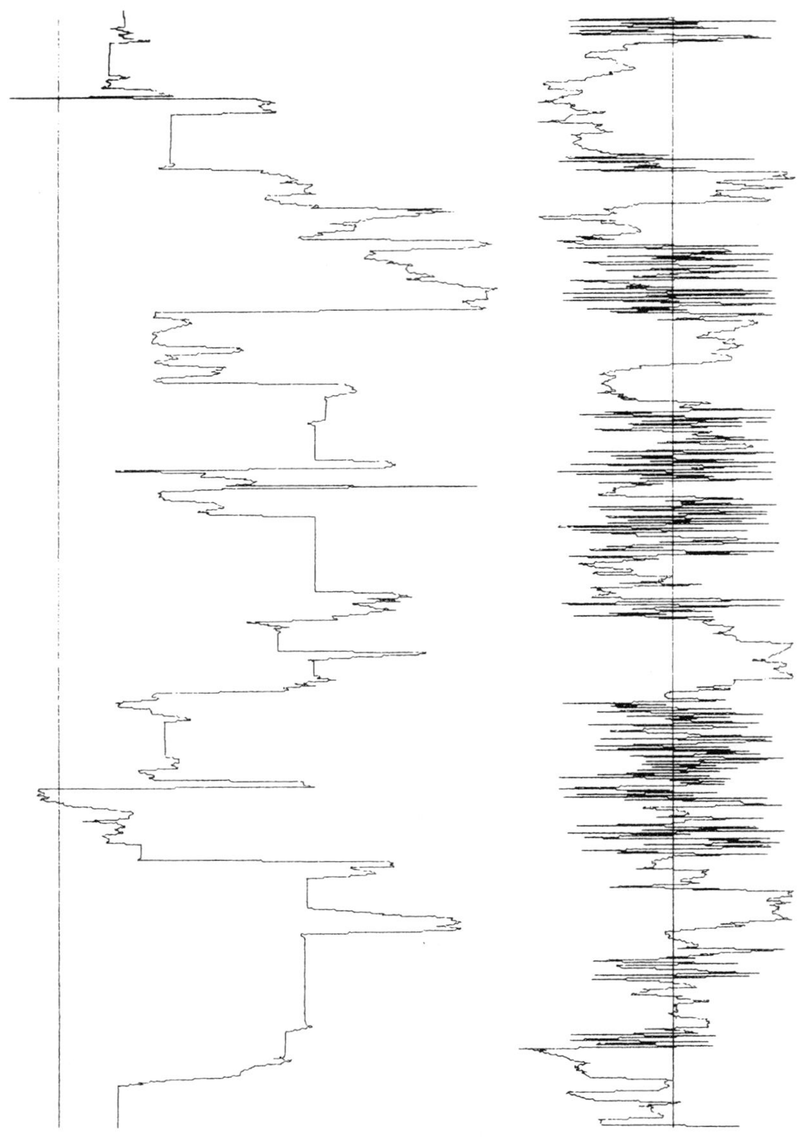

図 9-3（左），図 9-4（右） 時間はランダムで障害がある，指数分布とコーシー分布の混合分布の密度

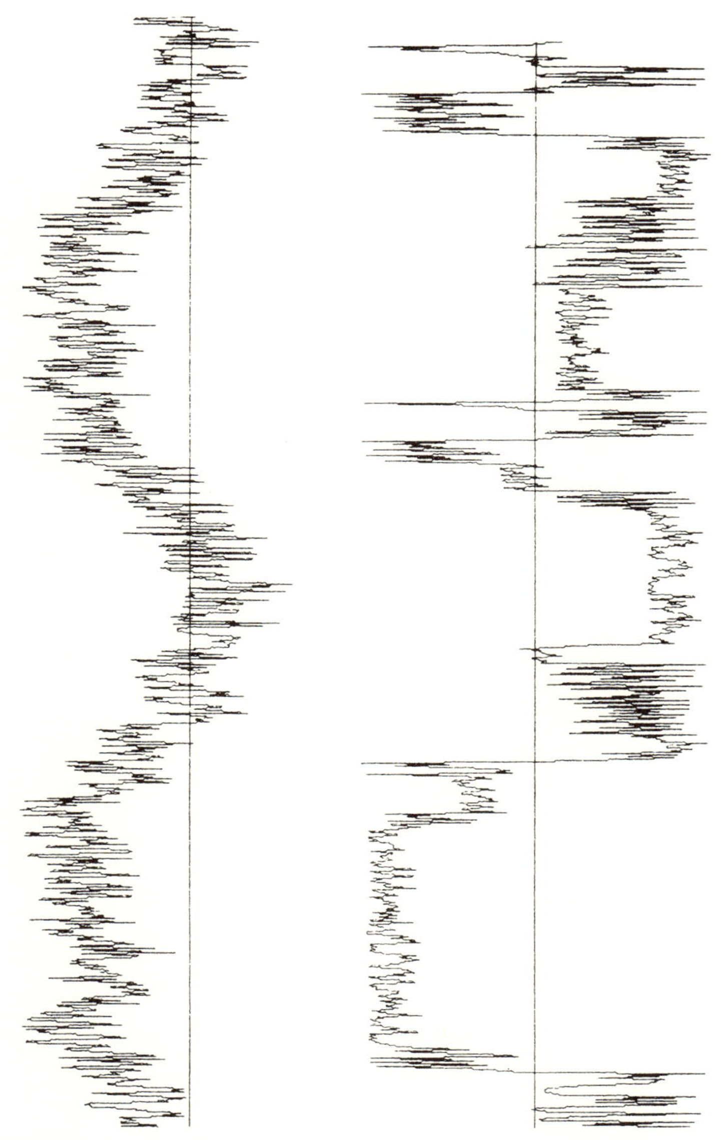

図 9-5（左），図 9-6（右） 時間は決定論的で障害がある，双曲コサイン分布と指数分布の混合分布の密度

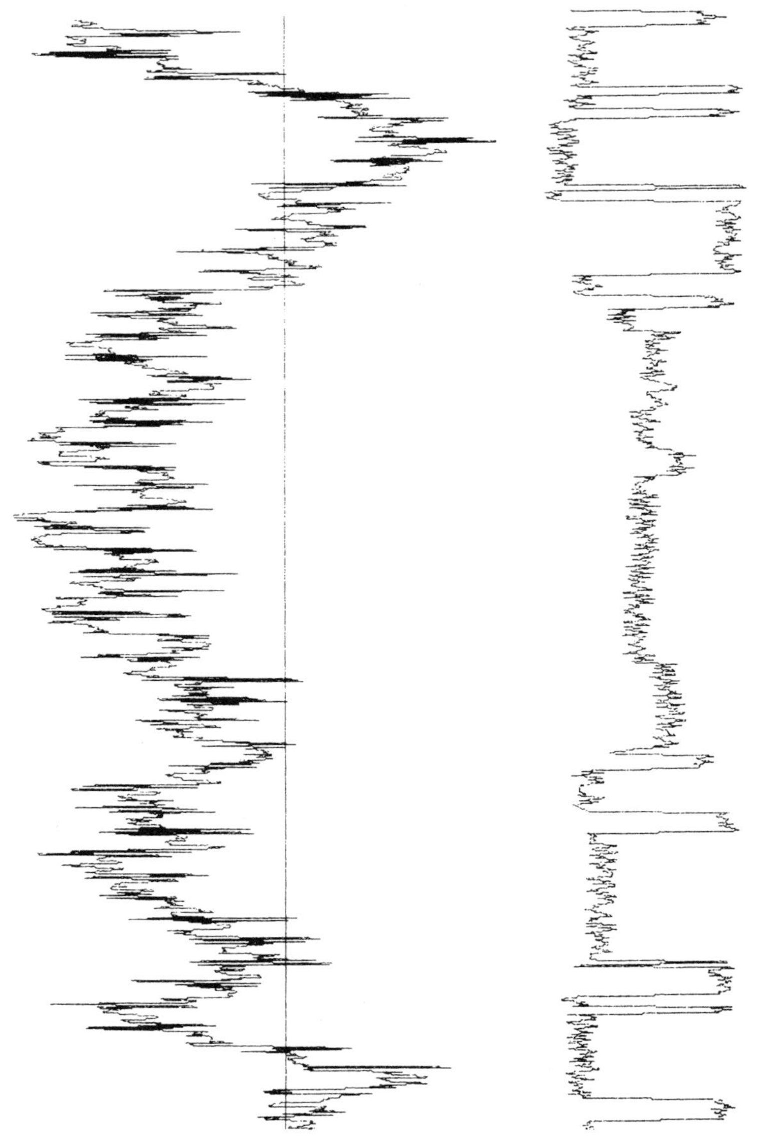

図 9-7（左） 時間は決定論的で障害がある，双曲コサイン分布・指数分布・コーシー分布の混合分布の密度
図 9-8（右） 時間はランダムで障害がある，ロジスティック分布と指数分布の混合分布の密度

第 10 章

時間と空間と音楽について[1]

作曲家とは何か

それは，音という存在を通して自らを表現する思索家であり，造形芸術家である．この二つの領域が，その存在のすべてを覆うといってよい．

科学および音楽における時間と空間に関する二，三の収束点

第一点

筆者は 1954 年に，作曲の世界にはじめて確率論と解析学を持ち込んだ．この二つを拠り所として，音の塊（マス）を生みだし展開する過程を制御しようとしたのだ．こうして多声音楽（ポリフォニー）やセリー音楽，広く「離散化された音楽」よりグローバルな，まったく新しい音楽の道が開けたのだった．これについては後ほどまた取り上げるつもりだが，いずれにしてもその際の基盤となったのは，ボルツマンやシャノン[2]が定式化したエントロピーの概念だった．もちろん，作曲家があたかも神のごとく音の塊（マス）の現象を可逆なものとして，エディントン〔1882–1944，相対性理論を巡る業績で有名なイギリスの天文物理学者〕のいう「時間の矢」を逆向きにする場合もあるだろう[3]．現在筆者は確率分布を，コンピュータを援用したミクロレベルおよびマクロレベルでの音の合成や器楽曲の作曲に使っている．しかしそこで用いる確率の法則は時に埋め込まれていることが多く，時とともに変わっていく．そのうえ時そのものが，美学的にも興味深い推計学的ダイナミクスを生み出す．この手順は事実上イリヤ・プリゴジン〔1917–2003，散逸構造の理論でノーベル化学賞を受賞したロシア出身のベルギーの科学者．散逸構造の理論や時間の不可逆性に関する著作は，経済学や社会学にも応用され，哲学や社会思想にも影響を与えた〕が示した「非ユニタリ変換に関するリウヴィル方程式の数理解析」とよく似ている[4]．すなわち，微視的なエントロピー M が存在すれば，$M = \Lambda^2$ が成り立つというのだ．ただし Λ は，分布関

数か密度行列に作用する．この Λ が非ユニタリであるということは，その力学系が時間発展するときに問題となっている状態の確率の大きさが維持されない，ということを意味するが，それでいて観測可能な物理量の平均値は保たれる．これはつまり，そのシステムが平衡状態に逆戻りできないということであって，時間が不可逆であることを意味する．

第二点

第二点と音楽との関係は必ずしも明確ではない．しかしここでは，ローレンツ－フィッツジェラルド－アインシュタイン変換をマクロな作曲に使うことができるという点を指摘したうえで(5)，これらの変換に関するいくつかの見解を述べておきたい．

特殊相対性理論やローレンツ－フィッツジェラルド－アインシュタインの方程式のことは誰もが知っている．これらの式によると，光の速さに限りがあるために，空間と時間は結びついている．ということはつまり，時間は絶対ではないということだ．そのくせ時間は常に存在している．空間の一点から別の一点に行くには，たとえ観測者に対して動いている基準座標系次第でその時間が変わるにしても「時間がかかる」のだ．空間内の一点から別の点に瞬間的に飛び移ることはできず，ましてや「空間遍在」などあり得ない．つまり，ある出来事や対象物が空間の二つの位置に同時に存在することはないのだ．むしろ逆に，移動の概念は事実であると断定できる．となると，局所的な基準座標系のなかでの移動はいったい何を意味しているのか．移動の概念のほうが時間の概念より基本的であるとすれば，マクロやミクロのあらゆる変換を分解し，必ずやごく短い移動の連鎖にすることができるはずだ．こうなると，（これは自由に推し進めることができる仮定なので，）受け入れられてからすでに何十年も経っている量子力学とその理論が意味するところを信じるのであれば，量子化された空間という概念とそこから導かれる量子化された時間という概念を認めるしかないということになる．しかしそうなると，量子化された時間や空間はいったい何を意味するのか．ひょっとして，隣接という概念をはぎ取られた時空間なのか．宇宙にびっしり敷き詰められた石と石のあいだに，まったく近づきがたく何をもってしても満たしえない永遠の隙間があるとしたら，それでも敷き詰めているといえるのか．コロンビア大学のT. D. リー〔李政道，1926-，後述するC. N. ヤン（楊振寧，1922-）との共同研究が名高い〕は，すでに時間が量子化された構造を持つという説を提唱している．

ここで，持続時間としての時間の概念に戻ることにしよう．パリティの対称性（P）が破れている[6]，というヤン・リーの仮説〔ふたりはこれによりノーベル物理学賞を受賞〕が実証実験によって証明された今も，あいかわらず電荷（C）と時間（T）の対称性，つまり未だ完全には破れきっていない対称性についてはCPT 定理〔すべての物理現象でCPT 対称性が保存されるという定理〕が成り立っているように思われる．たとえある種の粒子の弱い相互作用において「時間の矢」が不可逆のように見えたとしても，この定理は成り立つのである．それに，ファインマンの詩的な解釈[7]によると，一つの陽電子（電子と同時に作られる正の電荷を持つ粒子）が一つの電子と衝突すると，実は陽電子は最初の電子の一時的逆行でしかないから，三つの基本粒子ではなくただ一つの電子だけが存在することになるという．さらに忘れてはならないのが，プラトンの『ポリティコス〔政治家〕』で紹介されている——そして遠い未来に，宇宙が収縮を始めた時に起きる——時間逆行の理論〔『ポリティコス』268D〜274E〕である．実にみごとな想像力ではないか！

量子力学にとって，時間の可逆性を発見することは——この理論をボルツマンの「エントロピーの矢」の可逆性と混同せぬようくれぐれも注意されたい——おそらく困難だろう．それがいかに難しいことなのかは，ある種の物理学者が光子の二つの状態，すなわち粒子と波の「遅延選択」と呼ばれる現象を説明するために展開している主張からもわかる．光子の状態がもっぱら観測に依存することは，これまでに幾度となく，量子力学の主張を裏付けるかたちで証明されてきた．ところがその説明には「現在が過去に介入する」ことを匂わせるところがあって，それでは因果関係を逆転させることはできないという量子力学の事実に反することになる．というのも，観測する際に粒子を検知できるように条件を整えると，絶対に波の状態を探知することができず，波を検知できるように条件を整えると，今度は絶対に粒子を探知できないからだ．ちなみに，少し前にハンス・ライヘンバッハ〔1891-1953，科学哲学者．ここで述べているのはその時空論〕が因果関係という概念の不可逆性と非同時性を巡って，これと同じような議論を行っている[8]．

これとは別にもう一つ，単一の原子から逆方向に放出された二つの光子の動きの相関に関する基本的な実験がある．これら二つの光子が，ともに偏光フィルムを通過するか両方ともブロックされるかのいずれかで，片方だけが通過することはない，という事実をどのように考えたらよいのか．これではまるで，各光子が片割れの光子の振る舞いを瞬時に「察知している」としか思えないが，そうなると，特殊相対性理論に矛盾してしまう．

さて，この実験を出発点として，時間の後ろ盾から解放された空間にさらに深く根ざした性質を吟味することができる．この場合にはひょっとすると量子力学の「非局所性」を，依然として時間が絡む「隠れた変数の存在」という仮説ではなく，非時間的な空間のたとえば「空間遍在」のような，とっぴで意外な性質で説明できるかもしれない．

ここでさらにもう一歩前進してみよう．空間は，エネルギー伝播の無限の連鎖を通してはじめて知覚できるものだから，実は空間そのものがこの連鎖の現れにすぎない，という可能性も大いにある．そこで，光子の動きを考えてみる．今，動きが移動を意味するとしたときに，この移動を光子自身の（連続的だったり量子化されていたりする）軌跡の各段階での自然発生と捉えることができるのか．このような連続的な光子の自己創造が実は空間である，ということは考えられないのか．

第三点：無から何かを生み出す事例

楽曲は，独自性（オリジナリティ）に基づいて構築されるべきものである．ここでいう独自性とは，極端（かつ非人間的？）にいえば，能う限り斬新な，未だ知られておらず予見もできない法則を創出することを意味している．つまりその法則はいかなる因果関係とも無縁で，無から生まれたものなのだ．

しかし無から何かを構築する——すなわちまったくのオリジナルを作り出す——にしても，どのみち，しかるべく絡み合った無限の法則の塊が必要になる．しかもその塊は，われわれ自身の宇宙とは異なる宇宙の法則をカバーしている必要がある．今，音を構成するための法則が構築されたとしよう．するとそのような作曲には，アプリオリに「調的機能」が含まれる．さらに，曲を作るということは楽器が定める形で存在物や音に働きかけることなので，組み合わせの概念も含まれている．たいして独自でもないこのレベルからさらに先に進もうとすると，別の機能を作り出すか，あるいはまったく機能が存在しない状態を想定するしかない．つまり作曲家は，従来の思考とはまったく無関係な思考——形を限られることもなく果てしない思考——から形を作り出さなくてはならないのだ．こうなると，絡み合った法則が織りなす無限の網をこつこつと編みあげていくほかない．しかも組み合わせ論の領域では，その定義からいって音の連続体はすべて排除されるから，残された作業はこれだけになる．ところがここに連続性を持ち込むと，網の目は詰み，その広がりはさらに増す．また，音の領域でとうてい生み出し得ないものを生み出そうとすると，管楽器や弦楽器や打楽器などの音を出す装置のための規則とは別の規則を定める必要が出てくるが，幸いなことに，今やコンピュータとそれに付随する技術のおかげでそのような規則を作ることも可能である．そうはいっても，技術は思考の似姿で，思考を具体化したものでもあるから，この議論では副次的な現象でしかない．楽曲を構築する際には，もはやフーリエ級数から派生した音の合成法則を基盤とするのはやめて，別の法則を作るべきなのだ．

別の展望

ここまで，「独自性」——すなわち個人の記憶はおろか人類の記憶にもない法則を作ること——と作曲がどう結びつくのかを見てきたが，そこでは，法則の概念はひとまず棚上げになっていた．そこで次に，この概念を論じることにしよう．法則とは，連続ないし「離散的な」要素に適用される常に同一の有限ないし無限の手順のことである．この定義には，暗黙のうちに反復や時間内での回帰，あるいは時間外の領域における対称性が含まれている．したがって，ある法則が存在するには，その法則を永遠の空間と時間のなかで幾度か適用できなくてはならない．なぜならかりに法則が存在したとしても，それがたった一度だけなら，時間と空間の巨大な広がりに飲み込まれ，やがて一点となって観測できなくなるからだ．法則は，無限回繰り返せてはじめて観測が可能になるのだ．

補足的な問い

人はある一つの現象を繰り返すことができるのか．（ヘラクレイトス〔BC5 世紀，万物は流転すると考えたギリシャの哲学者〕の「同じ川に二度踏みこむことはできない」という言葉と，クラテュロス〔(アリストテレスによると) プラトンに最初に知的影響を与えた人物〕の「一度たりともできない」〔アリストテレス『形而上学』1010a12–15 参照〕という言葉を参照されたい．）

しかしそれでも，

(a) 当面，宇宙は法則と手順によって作られていると思われ，

(b) これらの法則と手順が繰り返される

という事実は残る.

まるで,(パルメニデスの意見には反するが,)「在るもの」があり続けるためには死なねばならず,いったん死んでしまうと,今度は再びそのサイクルを始めなければならないとでもいった具合で,このため存在は,点線のようなものなのである.

ついにこれで,無から生まれた無限小のミクロ規模の法則を思い描くことが可能になったのだろうか.物理学がまだこれに類するものを見いだしていないにしても,そして(この宇宙の各点が,仮想の粒子と反粒子の対のなかで沸き立っていると見る)「ラムシフト」〔原子中の電子のエネルギー準位がわずかにずれる現象〕が存在するにもかかわらず,人は偶発事——すべての因果関係から切り離されているという点で純粋に偶然な出来事と同じ性質を持つ偶発事——を考えることができる.

宇宙は前例のない存在に向かって開かれており,その存在は無から始まり無へと消えていく真に創造的な回転運動のなかで絶えず形作られては消えている,という結論を信じなくてはならない.そしてこれと同じことが,人間の運命についても,芸術の基盤についてもいえる.

ではここで,エドワード・トライオン〔アメリカの宇宙論学者〕,アレキサンダー・ヴィレンキン〔ソヴィエト出身のアメリカの物理学者〕,アラン・グース〔宇宙インフレーション理論を最初に提唱したアメリカの宇宙物理学者〕,ポール・スタインハート〔循環型(サイクリック)宇宙モデルを提唱しているアメリカの理論物理学者〕といったビッグバン理論を支持している宇宙物理学者の主張を紹介しよう.

> もしも大統一理論の予想が正しく,バリオン数が保存されないのであれば,観察された宇宙が無から進化したということを妨げる保存則は皆無となる.宇宙のインフレーション・モデルが提供するメカニズムによって,観察されている宇宙は微小の領域から進化するのだ.よってさらに一歩前に進んで,宇宙全体が文字通り無から展開した,と考えたくなる.(『サイエンティフィック・アメリカン』1984年5月号)

モスクワ出身のアンドレイ・リンデ〔1948-,ソ連出身のスタンフォード大学の物理学教授〕が主張するインフレーションで生じた宇宙が複数あるという説もまた，実に魅力的だ(9)．

さらに続いて，ビッグバンの筋書きと対抗する説を紹介しよう．この研究は，ブリュッセル大学の物理学者ロベール・ブラウト，エドガー・ギュンジク，フランソワ・アングレール，フィリップ・スピンデルによって行われた．

> 彼らの主張によると，宇宙は爆発によって生まれたのではなく，ミンコフスキー空間の量子的真空の不安定性によって「無から（エクス・ニヒロ）」立ち現れたという．すなわち時空間にはいかなる物質も存在せず，平坦，つまりいかなる曲率も持たなかったのだ．（ピーター・V. コヴニー著「時間の不可逆性」（“L’irreversibilité du temps”，*La Recherche*，No. 190，février 1989）より）(10)

なんと驚いたことに，これら二つの説はいずれも，ビッグバンのあるなしはさておき，無から——あるいはほぼ無から——の始まり，それも周期的な再創造を伴う始まりを認めている．ここでごく謙虚に，筆者が1958年に打ち立てた科学的音楽の展望と，特に今紹介したビッグバンを否定する説とを引き比べてみたい．当時筆者は新たな作曲の法則を作るために，それまで継承されてきたすべての法則を捨て去りたいと考えていた．ところがそうなると，出来事の発生の法則に基づかない音楽に意味があり得るのか，という問いが生じる．言葉を変えれば，法則の不在である．次に，この思考過程のいくつかの段階を紹介しておこう．

「考えるのと存在するのとは同じ」（パルメニデスの詩より）

筆者自身の言葉で置き換えると

「存在と非存在は同じ」

存在を巡って

無の宇宙のなかで，短い波，終わりと始まりが重なるくらい短い波（無に等しい時間）の連なりが，どこまでもほぐれていく．

無が抑え込み，無が作り出す．
無が「在るということ」を生み出すのだ．

時間，因果関係

この文章はまず，偉大なる指揮者ヘルマン・シェルヘンが発行していた『グラヴェザーノ誌』の第 11/12 号（1958 年）に発表された．あの当時筆者はこの問題を，確率分布を用いた独特の音楽を作ることによってひとまず解決していた．「ひとまず」というのは，各確率関数には独自の最終状態があって，決して無ではないからである[(11)]．

さらにもう一つの問い

現在の知識の状況は，約 150 億年に及ぶ宇宙の進化を表しているように思われる[(12)]．つまりこれらの知識は，この膨大な時間が作り出してきた人類の歴史の分泌物なのだ．この仮説を認めたとたんに，個人あるいは集団としての人間の脳が生み出したすべての着想，理論，専門技能が，人間の精神構造がもたらした出力にすぎなくなる．そしてその精神構造は，地球の進化や太陽系の進化，宇宙の進化，さらには擬人化という変化のなかで，その文化の無数の歴史によって形作られてきたものなのだ．こうなると今度は，人間の知識や専門技能の「真の客観性」に関する根本的な恐ろしい疑問が生じる．なぜなら，すでに展開しはじめているバイオテクノロジーによって，このような（人間自身の）精神構造や遺伝形質を変えることが可能になれば，結果として，ある種の前提や論理や論理の体系に基づく今日の脳の機能の法則そのものが変わってくるからだ．仮にもそのような改変が成功すれば，あたかも奇跡のように，我らが宇宙に関するもう一つの展望——今日のわれわれの想像を超える理論や技能のうえに打ち立てられた展望——を得ることができるはずだ．

この考えをさらに推し進めてみることにしよう．思うに，人類はすでにその方向に進んでいるらしい．すでにその進化の新たな局面へと第一歩を踏み出していて，そうなると脳に変異が生じるだけでなく，現在人間を取り巻いているものとはまるで別の宇宙の創造がはじまるのだ．そしてこの過程は，人類——あるいはもっと広くこの地球に立ち現れる種——によって，成就されることになる．

ヒト——つまり人類——にとっての音楽は，あまたある径（みち）の一つであって，その径を通ってまずは別の宇宙を思い描き，さらには幾世代もかけて，既存の宇宙を人間が一から作ったその宇宙と置き換える．実際，人間，つまりヒトという種がその宇宙の似姿であるのなら，ヒトは，無から生まれて無へ消えるという原理（を設定せざるを得なかったのだが）のおかげで，己が利用することのできる環境としての宇宙を，己の創造の本質と調和するように定義し直すことができるのだ．

音楽において

この先の議論では，まだ腹案でしかない音楽や観測された音楽の観点から時間を見ていく．だからといって，これまで述べてきたことが音楽家と無関係であったわけではない．むしろ逆に，音楽が「在るもの」自体やその進展や出現を巡って哲学的概念と科学的概念のぶつかり合う場でなければならないとするならば，少なくとも作曲家は，この種の疑問に真摯に考えを巡らす必要がある．さらにいえば，筆者はこれまでわざとより高いレベルから見た心理学的な時間の評価——たとえば交響曲や電子音楽を聴いているときの時間の面でのダイナミックな経験の影響など——には触れてこなかった．

それにしても，音楽家にとって時間とはいったい何なのか．目に見えず，触れることもできずに通り過ぎていく時の流れとは，いったいどのようなものなのだろう．実のところ人間が時を把握する場合には，知覚の基準となる出来事が欠かせない．つまり，それらの出来事が跡形もなく消えたりはせずにどこかに刻み込まれる，という条件が満たされたときにのみ，間接的に時を把握することが可能となるのだ．ただし，その基準は脳裏——つまり記憶——に刻まれていさえすればよい．ここで重要なのは，基準となる現象が記憶に痕跡を残すことなのであって，そうでなければ基準は存在しない．さらにいえば，ヘラクレイトスのいう「触れられない流れ」——すなわち時間——は，それを観測する人（＝自分）との関係においてのみ意味を持つことが基本前提となっていて，それ以外の者には何の意味もない．かりに個人からは独立した客観的時間の流れなるものが存在したとしても，その流れを理解するのは人間の主観——つまりわたし自身——であって，その流れをまずは基準となる現象に従って感じ取り，さらに記憶に刻むこととなる．しかもそれだけでなく，混乱を避けるためにも，こうして刻み込まれたものは分離され，個別にきちんと刻印されている必要がある．そうはいっても，己の記憶に痕跡を残した現象を基準となる目印とするだけではまだ足りず，そのような現象が残した像を基準にするには，「～の前」という概念が必要になる．ところがこの概念もまた流れと同じくらい不可解で，定義しようとすると循環論法に陥ってしまう．この概念は，実は「流れ」の同義語なのだ．というわけで，ほんの少しだけ視点を変えることにしよう．出来事や現象が——というよりも考え得るすべての出来事が——共時的である〔一定時の静止した構造として存在する〕とすると，「～の前」という概念はなくなり，宇宙における時間も存在しなくなる．同様に，出来事が絶対的に滑らかで始めも終わりもなく，そのうえその内側にも「認知できるような」ざらつきや変形がまったくなければ，やはり時間は存在しない．つまり，互いに強く関連しあっている「分離」や「迂回」や「差異」や「非連続性」といった概念なしには，「～の前」という概念は存在することができないようなのだ．「～の前」という概念が存在するためには，存在するものを互いに区別できて，それによって何かから別の何かに「行け」なくてはならない．したがって宇宙が滑らかで連続であれば時間はなくなるともいえるし，なめらかで連続なもののなかでは時間は判別不能となり，近寄りがたいものになる，ともいえる．というわけで連続性は，時間と空間を満たす唯一の全たきものとなる．こうしてわれわれは，再びパルメニデスに戻ることになる．なぜ空間は判読不可能なものに分類されるのか．なぜなら空間がざらついていないからだ．分離できないから，拡張もできないし，距離もない．かくして宇宙の空間は，数学的には次元を持たない一つの点に凝縮することになる．もっといえば，空間と時間を満たしているパルメニデスの「在るもの」は，どこまでも滑らかな「数学的点」でしかないのである．

さてここで，分離可能という概念に戻ることにしよう．まずは時間の分離可能性について．分離可能であるということは，少なくとも同時ではないということを意味する．ところがここにもまた「～の前」という概念が絡んでくる．しかもそれが，時間の順序付けという概念と一体になっている．「～の前」という形で順序が付くのであれば，いかなる空孔——つまり虚無——も許されない．分離可能な存在はかならず次の存在と隣り合っているはずで，そうでなければ時間が混乱する．隣り合う出来事の連鎖が２本あったとして，その２本に共通の鎖が一つもない場合，その２本は前後になっているかもしれず，同時に起きているかもしれない．さらにここでも，これらの連鎖によって表される二つの宇宙の時間的関係においては，時間が無効となる．これに対して局所的な時計は切れ目のない鎖として機能するが，それはあくまで局所での話なのだ．生物としての人間も，局所時計を発達させてはきたものの，常にそれが有効なわけではない．しかも記憶というのは，時間（因果）の鎖を空間に翻訳したものなのだ．これについては，また後ほど述べよう．

先ほど切れ目のない鎖の話をしたが，筆者の知る限り現時点では，素粒子物理学や宇宙物理学において，局所的な切れ目はまだ見つかっていない．さらにアインシュタインは，時間の相対性に関する理論で，暗黙のうちに局所的な時間の鎖には切れ目がないという仮説を受け入れ，空間のなかの分離可能な場所と場所のあいだにも切れ目のない特殊な鎖を構築した．ただしここでは，素粒子物理学における最近の発見に照らして部分的に検証された時間の可逆性は，関心の埒外にある．なぜなら可逆性があるからといって，時間がなくなるわけではないからだ．

では次に，分離可能性——すなわち空間における不連続性——の概念を細かく見てみよう．人間は直接の意識（精神的なカテゴリーとでもいうべきもの？）を通して分離された存在を思い浮かべることができるが，それには接近という概念が必要になる．その意味で虚無は，時間とはまったく逆の一なるものであってその虚無のなかでは，ヒトはこれまで受け継いだり獲得してきたりした精神的な概念があるために，時間を共有する実在や，原始の流れとしての時間の不在や時間の消失を感じることができない．流れは，存在するか存在しないかのどちらかなのである．しかるに人間は存在する，したがって流れも存在する．当面人間は，時間の停止を思い描くことができない．これらの記述はいずれもデカルトの言い直しではなく，もっといえばパルメニデスの言い直しでもなく，現時点では超えることのできない限界なのだ．（であるとすれば，今一度パルメニデスの言葉を借りて，乗り越えることにしよう．「考えるのと存在するのとは同じ」（τὸ γὰρ αὐτὸ νοεῖν ἐστίν τε καὶ εἶναι.））

ここで話を空間に戻すと，虚無を無限に希薄でまったく密度を持たない実在（現象）として思い描くことができる．その一方で，実在からほかの実在への移動にはスケールが絡んでくる．移動するものが小さければ，全体としての実在——すなわち宇宙——を一度に網羅することはできない．だが移動するものが巨大なら，ちょうど太陽を遠くから見るのと同じで，視線を動かすことなく宇宙を一望できる．

そして実在は，時間的でなく連続で密な網のなかで一瞬にして一つになり，そっくりそのまま宇宙全体に広がる．文字通り，一瞬のうちに．つまり，実在の空間における関係およびその広がりの形や構造は，その一瞬だけは本質的に時間の外にあるのだ．いかなる形でも，時間の流れがそこに介入することはない．そして，現象として観測される実在が人間の記憶に残す痕跡についても，まさに同じことがいえる．よって，現象の痕跡の地理的な地図もまた，時間の外に存在するのである．

音楽は，時間外の空間と時間の流れの両方に関与する．したがって音高の間隔や教会旋法〔中世から16世紀までのヨーロッパ音楽の音組織．基本的には全音階上の8種の1オクターブ音列〕の音階やより高いレベルでの形態論――つまりアーキテクチャ，フーガの構造，音響や音楽を作り出す数式など――は，紙上でも記憶のなかでも時間の外に存在する．こうなると，時間の流れに抗ってでもしがみつく必要がきわめて大きくなり，結果として，交換可能な持続時間といったいくつかの時間の側面までが，時間の外に引き上げられる．時間のスキームはいずれも――あらかじめ考えられたものにしろ後になって考えられたものにしろ――現象や実在が刻まれた時間の流れの時間外での現れなのだ．

「〜の前」という原則のおかげで，時間の流れは，局所的に数学でいう「全順序構造」を備えている．したがって人間の脳内における時間のイメージ――つまり一連の出来事の鎖によって構成されたイメージ――を整数と一対一対応させることができて，うまく一般化すれば，実数（有理数および無理数）と対応させることもできる．つまり時間を数えることができるのだ．科学では一般に時間を数えており，音楽も，自身の時計であるメトロノームを用いて時間を数える．このように，時間に全順序構造があればこそ，線上の点に一対一対応させることができる――つまり書き下すことができる――のだ．

科学では実際にそういったことが行われており，音楽でも同じことが行われている．そのため近代的な意味での「時間のアーキテクチャ」であるリズムを作ることが可能となる．ここで，時間外に置かれた一時的な時間の構造をひとまず公理化してみよう．

1. われわれは時間的な出来事を知覚する．

2. それらの出来事は分離可能だから，時間の流れのなかの基準点と見ることができ，これらの点は，その痕跡が記憶に刻まれたとたんに時間の外に引き上げられる．

3. 点の痕跡を比べることによって，それらの点に間隔，差，持続時間を割り当てることができる．間隔を空間の観点に立って読み替えると，変位，ステップ，一点から別の点へのジャンプ，時間とは無関係なジャンプ，空間的な距離になる．

4. これらのステップを繰り返すことができ，鎖のようにつなげることができる．

5. 反復には，ステップを蓄積するか否かの二つの方向性がある．

ここから，線上に均等に配分された点で表され，添字ゼロがついた番号1という記号で示される対象物 $1_0 = \{\cdots, -3, -2, -1, 0, 1, 2, 3, \cdots\}$ を作ることができる．これは，整数に対応する規則的なリズムである．これまでの命題ではステップの大きさは定義されていなかったので（ペアノの自然数に関する公理を巡るバートランド・ラッセルの考察を参照されたい）[13]，こうしてできた対象物に，命題4のみを用いて次のような「ふるい」と呼ばれる対象物をつけ加えることができる．

$$2_0 = \{\cdots, -4, -2, 0, 2, 4, 6, \cdots\},\ 2_1 = \{\cdots, -3, -1, 1, 3, 5, \cdots\},$$
$$3_0 = \{\cdots, -3, 0, 3, 6, 9, \cdots\},\ 3_1 = \{\cdots, -5, -2, 1, 4, 7, \cdots\},$$
$$3_2 = \{\cdots, -4, -1, 2, 5, 8, \cdots\}$$

などなど．

これらの対象物とその法としての性質に基づき，さらに次の三つの論理演算，

論理和：たとえば，$2_0 \vee 2_1 = 1_0$

論理積：たとえば，$2_0 \wedge 2_1 = 0$

否定：　たとえば，$\overline{2_0} = 2_1$

を用いると，論理関数 L を作ることができるが，時間を十分長くとると，これは線上にあたかもランダムに分布しているかのような，きわめて複雑なリズムのアーキテクチャになる．さらに一段高いレベルでは，複雑さと単純さの絡み合いがそのまま，基準点を定義するもう一つの方法になる．ちなみにこの方法は解放と緊張の対と並置されるので，美学的観点からいって確実に重要な役割を果たすはずである．

論理関数 L の例としては，たとえば次のようなものがある．

$$L = (\overline{M_k \wedge N_j \wedge P_l}) \vee (N_r \vee Q_s \vee \cdots \vee T_y) \vee \cdots$$

ただし大文字のアルファベットは法を，下付き文字はゼロという基準点からの移動を示している．

これまでは，人間が注意を傾けたり意識したりすることで知覚される時間だけを見てきた．つまり，数十分から1/24秒までのオーダー・レベルでの形状や構造を取り上げてきたのだ．たとえば弓による弦の一ストロークを基準の出来事とすると，1秒より短い継続時間を定めることができる．ところがもっと下のレベルになると，複数のレベルで閾下（サブリミナル）の出来事が見られる．たとえばそのような出来事として，変動しない正弦波形の音のうえのきわめて細かく区切られた振幅のエンベロープが作りだす時間の分割がある．音の持続時間が長ければ（約1分），このビートのリズムは心地よく動くビブラートのように感じられる．持続時間がわりと短いと（たとえば3秒），人間の耳や脳はこのリズムを音色として解釈する．つまり，意識下で意識されることなく数え上げが行われたときには，その結果の性質が変わって，音色として認識されるのだ．

ここで，音の波形——つまり音色——や周波数を認識する内耳と脳のメカニズムについて考えてみよう．人が音の波形や周波数を認識するにあたって基本的な役割を果たすのは，どうやら基底膜の変形であるらしいのだが，その一方で人が音色を探知する際に，ニューロンの電気放電によるある種の時間的モールス信号を統計的に考慮していることがわかっている．つまり，人は無意識に，複雑な時間の数え上げを見事に行っているのだ．そうはいっても，音響学のこの分野に関する知見は，まだごく限られたものでしかない．

このような閾下のレベルでは，これとはまた別の不愉快な現象が見られる．この現象〔＝問題〕をもたらしたのは，実はコンピュータによる音の合成を巡る新たな理論——筆者が15年前に導入し，フーリエ級数による調和解析的合成を回避するために，今や至る所で使われている理論——だった[14]．曰く，任意の形の基本波からはじめて，繰り返しのたびに抽象的なブラックボックスの形で適宜選ばれ履行されるある確率密度（ガウス分布，コーシー分布，ロジスティック分布，……）に従ってその波をわずかずつ変形していったときに，いったい何が起きるのか．このような変形の結果は，微細構造（音色），小規模構造（音符），中規模構造（複合拍子（ポリリズム），旋律の音階や強度），大規模構造（数十分のオーダーでの曲全体の進展）のすべてのレベルで感じ取ることができる．

今かりにサンプリングレートが1秒につき約44.1 kHz（商業標準）ではな

く 1000 kHz から 2000 kHz だったとすると，音のフラクタル効果が現れて，予測不能な音響効果を得ることができる．

ではここで，音楽がどの程度まで時間——（a）微細な流れの形をした時間と，（b）記憶によって可能となる時間外の凍り付いた時間——に染まっているのかを見てみよう．時間は，現象および人間が暮らす宇宙の時間外での関係を書き記すための黒板である．ちなみに関係とは，アーキテクチャであり構造であり〔1〕規則のことである．では，反復のない規則を思い描くことができるのかというと……むろんそんなことは不可能だ．このテーマについてはすでに論じたし，そもそも絶対的な永遠の時空間のなかの単一の出来事は，意味を成さない．それでもなお，一つ一つの出来事は，地球上の一人一人の人間と同じように唯一の存在（ユニーク）である．だがこの独自性は，一歩ごと——各瞬間——に待ち受ける死と等しい．そしてある出来事の反復（できる限り忠実な再現）は，このような消滅（無）との苦闘に対応している．ちょうど宇宙全体が，あらゆる瞬間に不断に再生することで存在，「在ること」にしがみつこうと懸命に戦ってきたように……．こうしてパルメニデスとヘラクレイトスは一つになる．生きとし生ける種はすべて，ビッグバンによって始まったとされる不活発な宇宙（ほんとうに不活発なのだろうか．その法則になんの変化もないというのはほんとうなのか？）におけるこのような生と死の苦闘の例なのだ．これと同じような弁証法的な戦いの原理は至る所に存在し，至る所で立証可能である．変化——なぜなら休息はないから——と死と生の対は，宇宙を複製によって多少なりとも正確なコピーへと導く．この「多少なりとも」が，厳密に決定された振り子のような周期的宇宙（たとえ決定論的カオスであっても）と，絶対的に予測不可能でカオス的な非決定論的宇宙の分かれ目なのだ．思考はどこまでも予測不可能である．思考が予測できないということは，まず無からの誕生に対応し，同時に消滅や無への死にも対応している．どうやら宇宙は，当面この二つの亀裂の狭間にあるようだが，それはまた，別の研究のテーマとなる．ここではただ，作曲が哲学的にも技術的にも美学的にも絶えず独自性を持たねばならない，という深い必然が存在することを明記しておきたい(15)．

この先の章では，すでに述べた公理を受けて，「ふるい」（線の上の一連の点）を実際に作るときに生じる問題をさらに細かく調べていく．法（周期）の論理関数を元にして，あるいは逆に線上の点を元にして，与えられた列を生み出す法の論理関数を作る方法を見ていこう．その際には，ある音楽空間から取った音高の列を用いる．

原　注

（1）この章の一部は，まず『時の再発見』（*Redecouvrir le Temps*, Editions de l'Université de Bruxelles, 1988）にフランス語で発表され，さらにその英訳が『新音楽展望』誌（*Perspectives of New Music*, Vol. 27, No. 1, 1988）に発表された．

（2）Shannon and Weaver (1949).

（3）Eddington (1929).

（4）Prigogine (1980).

（5）Born (1965).

（6）Morrison (1957).

（7）Gardner (1967).

（8）Reichenbach (1958).

（9）A. D. Linde, "Chaotic Inflation", *Physics Letters*, Vol. 129B, p. 177(1983).

（10）Coveney (1988) も見よ．

（11）同じ問題の少々異なる解釈が，本書の 32 ページに載っている．〔原著編者による注〕

（12）赤方偏移（宇宙の膨張）がある以上ビッグバンが起きたはずだ，という考えをすべての物理学者が受け入れているわけではない．Stavroulakis (1987) 参照．

（13）Russell (1961).

（14）本書第 9 章を参照．

（15）Restagno (1988).

訳　注

〔1〕第 6 章では時間の「構造」と書かれていた概念は，第 7 章では時間の「アーキテクチャ」と書かれるようになり，この箇所でついに，「アーキテクチャ」は一般的な「構造」とは別の意味で使われていたことがわかる．ここでの「アーキテクチャ」は，コンピュータ用語として生まれた「ハードウェアの基本構成」という意味であり，「根源的で変更不可能」というニュアンスを伴っている．この用語がコンピュータ技術者の間で使われ始めたのは，第 6 章の原論文が書かれたのと同時期であり，当然第 6 章には登場しない．この用語が現代思想等で広く使われるようになるのは，コンピュータが一般に普及した 1980 年代以降だが，コンピュータ支援作曲のパイオニアの一人であるクセナキスはこの用語に早くから馴染み，第 7 章の原論文が書かれた 1967 年には既に使いこなしていた．

第 11 章

ふるい[1]

音楽では，コンピュータを用いた音の合成から作品の構造に至るすべてのレベルにおいて，対称性（シンメトリー）（空間における同一性）の問題と周期性（時間における同一性）の問題が基本的な役割を果たす．したがって，作曲家の意のままに複雑な対称性を構築することができる理論を定式化し，またその逆に，空間や時間のなかの与えられた出来事や対象物の列からその列の基になっている対称性を抽出することが必要になる．ここでは，そのような対称性をもつ出来事の列を作り出すツール（操作）を「ふるい」と呼ぶことにしよう[2]．

今から論じることはすべて，音の特徴の集合のすべて，音の構造の整列集合のすべて——特に，すべての要素がある単位の倍数で，加法操作が定義されている集合，すなわち自然数の集合 $\boldsymbol{N}$ の部分集合——において成り立つ．具体的にどのような集合かというと，たとえば音高の集合，点としての時間の集合，音の大きさの集合，密度の集合，秩序の度合いの集合，局所的な音色の集合などである．音高について考える場合は，ふるいで作られる音階と旋法〔音階に主音，終止音，音域などの規定が加わったもの〕を区別しなければならない．実際，ピアノの白鍵全体は独自の音階を構成しており，そのうえにハ長調，ニ調，ホ調，ト調，イ調（自然的短音階）などの旋法が形成されている．インド音楽のラーガ〔伝統的な旋律定型〕やオリヴィエ・メシアンの「移調の限られた旋法」のように，旋法は，終止形や和音などの定型によって定義される．

ところで，整列集合はすべて，起点となる基準点と単位距離となる長さ u を与えれば直線上の点で表すことができる．これが，「ふるい」によって生み出される集合（音階）なのだ．歴史的に見てもっとも重要なのは，ルネサンス期にあったとされる平均律半音階の発明である．なぜならこれによって，リズムの領域ではすでに行われていた肥沃で普遍的な標準化が，音高の領域でも可能になったからだ．ただし，音楽の世界に数論の道を切り開くこのアプローチが，まず最初に紀元前 4 世紀にタラスのアリストクセノスの著書『ハルモニア原論』で論理的に試みられていたことを，忘れてはならない[3].

ふるいの構築

ではいよいよ，シンメトリー（反復）から出発して，ふるいを用いて音階を構築していくことにしよう．旋律的な例として，ピアノの白鍵からなる全音階を構築する．

$u=1$ 半音 $=1$ ミリとして任意の音——たとえば C_3——を基準点ゼロと定め，グラフ用紙の上にミリ単位で全音階的（ディアトニック）なふるいによる音階を記録する．つまり，基準点ゼロから左右に，$2, 2, 1, 2, 2, 2, 1, 2, 2, 1, 2, 2, 2, 1, \cdots$（左から右へ）ミリ間隔で点を取っていくのである．またはこのふるいを，論理演算記号を使って，$L=12_0 \vee 12_2 \vee 12_4 \vee 12_5 \vee 12_7 \vee 12_9 \vee 12_{11}$ と表してもよいだろう．ただし 12 というのは u を半音としたときのオクターブの対称性（周期）の法である．基準点ゼロの両側で法 12 が繰り返されるので，このふるいですべての$\cdots$, C, D, $\cdots$, B, $\cdots$を得ることができる．ちなみに法 12 に添えられた 0, 2, 4, 5, 7, 9, 11 という数字は，法 12 におけるゼロ点の右側への移動量を意味しており，同時に 12 を法とする合同の剰余類を表している．

単位距離の値 u をたとえば 4 分音に変えても，全音階と同じ構造を得ることができるが，できあがった列の周期はもはやオクターブではなく，半分の増 4 度になる．

同じように考えると，たとえば，3, 3, 2 という周期的なリズム

を生み出すふるいを，$L=8_0 \vee 8_3 \vee 8_6$ で表すことができる．ちなみにこの二つの例では，法とその移動で決まる点の論理和（「または」）を $\vee$ で表している．

全音階的なふるいによる音階の周期性は，ふるいそのものに内在するのではなく，法が 12（オクターブ）であるために生じたものである．これに対してふるい内部の対称性を調べようとすると，12_I という項の（ゼロからの移動と剰余類を表す）添字 I に注目することになる．とはいえ，12 という法をさらに単純な 3 や 4 といった法（対称性，周期性）に分解して[4]，（もし存在する

のなら）そこに潜んでいる対称性をあぶり出すのも一興だろう．このような分解を行うことによって，異なるふるいを比較し，ふるい同士がどれくらい違うのかを調べ，距離の概念を定義することが可能になる．

ではここで，3_0 と 4_0 という基本的なふるいを考えてみよう．3_0 と 4_0 の二つのふるいの論理和を取ると，$3_0 \vee 4_0 \rightarrow H_1 = \{\cdots, 0, 3, 4, 6, 8, 9, 12, 15, 16, 18, 20, 21, 24, 27, 28, \cdots\}$ という列が得られる．そこで C をゼロとして $u =$ 半音とすると，H_1 は $\{\cdots$, C, D♯, E, F♯, G♯, A, C, D♯, E, $\cdots\}$ という列になる．一方，3_0 と 4_0 の論理積を取ると，$3_0 \wedge 4_0 \rightarrow$ 列 $H_2 = \{\cdots, 0, 12, 24, 36, \cdots\}$ が得られる．ただし $\wedge$ という記号は，これらの法とその反復移動で決まるふるいの論理積（「かつ」）を表している．

したがって，法 $12 = 3 \cdot 4$ とオクターブを与える論理表現 $L = 12_0$ を使うことによって，列 H_2 を定義することができる．12 は，3 と 4 という互いに素な――つまり最大公約数が 1 であるような――数の最小公倍数である [5]．

次に，基本的なふるい 2_0 と 6_0 を考えよう．この場合にはこの二つの論理和を取ることによって $G_1 = 2_0 \vee 6_0 = \{\cdots, 0, 2, 4, 6, 8, 10, 12, \cdots\}$ という列が得られ，論理積を取ることによって $G_2 = 2_0 \wedge 6_0 = \{\cdots, 0, 6, 12, 18, \cdots\}$ という列が得られる．ところがこれらは，もはや前の例のようなオクターブの列にはなっていない．

この現象を理解するために，さらにもう一つ基本的な法として，$M_1 = 6$, $M_2 = 15$ の例を考えてみる．そのうえで，添字を $I_1 = 0$，$I_2 = 0$ として $6_0 = (M_1, I_1)$ と $15_0 = (M_2, I_2)$ の対を作る．

論理和 $(M_1, I_1) \vee (M_2, I_2)$ は，$K_1 = \{\cdots, 6, 12, 15, 18, 24, 30, 36, 42, 45, \cdots\}$ という列を生み出し，その論理積 $(M_1, I_1) \wedge (M_2, I_2)$ は，$K_2 = \{\cdots, 0, 30, 60, \cdots\}$ という列を生み出す．この列の周期は明らかに 30 であって，6 と 15 の最大公約数 D は 3（これは，かけ算によって M_1, M_2 と部分的に合同である），最小公倍数は $M_3 = 30$ である．いま，6 を最大公約数 D で割ったものを C_1 とするとこれは 2 に等しく，15 を最大公約数 D で割ったものを C_2 とするとこれは 5 に等しくなる．そこでこれを一般化すると，二つの法 M_1, M_2 の共通点の周期はこれら二つの法の最小公倍数 M_3 になる．したがって $I_1 = I_2 = 0$ で $M_3 = DC_1C_2$，ただし $C_1 = M_1/D, C_2 = M_2/D$ とすると，$I_3 = 0$ すなわち $(M_1, I_1) \wedge (M_2, I_2) = (M_3, I_3)$ となるのだ．

さらに，二つの基本的な法 M_1 と M_2 の（$\vee$ で表される）論理和は，二つの法の周期点を同時に考慮するという意味で，累積的であることに注意しておこう．いっぽう（$\wedge$ で表される）論理積は，二つの法に共通な点のみを取るから還元的である．

複数の法 $M_1, M_2, M_3, M_4, \cdots$ によって生み出される点を混ぜる際に，

(a) 論理和を行うと，基本となる法によっては，得られる列が濃密かつ複雑になる．

$$P_1 = (M_1, I_1) \vee (M_2, I_2) \vee (M_3, I_3) \vee \cdots$$

(b) 論理積を行うと，得られる列は基本となる法より薄くなるが，場合によっては共通点が存在せず，点が一つも含まれないこともある．

$$P_2 = (M_1, I_1) \wedge (M_2, I_2) \wedge (M_3, I_3) \wedge \cdots$$

(c) 上の二つの論理操作を組み合わせて一度に行うと，きわめて複雑な列が得られる．

$$\begin{aligned} L &= \{(M_{11}, I_{11}) \wedge (M_{12}, I_{12}) \wedge \cdots\} \vee \{(M_{21}, I_{21}) \wedge (M_{22}, I_{22}) \wedge \cdots\} \vee \cdots \\ &= \sum_{i=1}^{k_0} \left(\prod_1^{k(i)} \right) \qquad (0) \end{aligned}$$

〔1〕

波括弧のなかの各対の論理積は，最終的に（もし存在するとすれば）ただ一つの対にまとまる．最後にこうして得られた対は論理和によって結ばれているので，このふるいによって求める列が得られる．

さてここで，周期 M_1 と M_2 がそれぞれ I_1, I_2 から始まるとしたときに，二つの法 (M_1, I_1) と (M_2, I_2) の論理積の計算を厳密に定式化する方法を細かく見ていくことにしよう．まず，M_1, M_2 を法として I_1 と I_2 を既約にする．すなわち，$I_1 = \mathrm{mod}(I_1, M_1)$，$I_2 = \mathrm{mod}(I_2, M_2)$ である(6)〔2〕．

周期がある程度進むと，やがて最初の一致点が現れて，

$$S = I_1 + \lambda M_1 = I_2 + \sigma M_2 \qquad (1)$$

となる．ただし λ と σ は $\boldsymbol{N}$ の元（つまり自然数）で，最大公約数 D を用いて $M_1 = DC_1$，$M_2 = DC_2$ と書けば C_1 と C_2 は互いに素なので，一致点の周期は $M_3 = DC_1C_2$ になる．このとき（1）から，

$$I_1 - I_2 = \sigma M_2 - \lambda M_1 = \sigma DC_2 - \lambda DC_1$$

となり，両辺を D で割って

$$\frac{I_1 - I_2}{D} = \sigma C_2 - \lambda C_1$$

が得られる．

さて，等号の右辺は整数であるはずだから，当然左辺も整数になる．しかし（いずれかの I_1, I_2 で）I_1-I_2 が D で割り切れない場合には一致点はなくなって[3]，(M_1, I_1) と (M_2, I_2) の論理積として得られる集合は空になる．また，I_1-I_2 が D で割り切れる場合は，

$$\begin{aligned}&(I_1-I_2)/D=\psi\in\boldsymbol{Z}\ \text{（整数），そして}\\&\psi=\sigma C_2-\lambda C_1,\ \text{つまり}\ \psi+\lambda C_1=\sigma C_2\end{aligned}\tag{2}$$

となる．ところがバシェ・ド・メジリアック〔17 世紀フランスの数学者〕の定理（1624 年）によると，x と y が互いに素であるためには，以下のような関係を満たす二つの整数 ξ と ζ が存在することが必要十分条件になる．

$$1+\zeta x=\xi y\quad\text{あるいは}\quad\zeta' x=\xi' y+1\tag{3}$$

ただし，ξ と ζ' は次のような再帰式で得ることができる．

$$\mathrm{mod}(\xi C_2, C_1)=1,\ ^{(7)}\tag{4}$$

$$\mathrm{mod}(\zeta' C_1, C_2)=1\tag{5}$$

また，このとき ξ と ζ' は連続する値，$0, 1, 2, 3, \cdots$ を走る（$C_1=1, C_2=1$ の場合は除く）．

ところが今，C_1 と C_2 は互いに素なので，(2) と (3) から，

$$\frac{\lambda}{\psi}=\zeta,\quad\frac{\sigma}{\psi}=\xi,\quad\frac{\lambda}{-\psi}=\zeta',\quad\frac{\sigma}{-\psi}=\xi'$$

で，しかも $(M_1, I_1)\wedge(M_2, I_2)=(M_3, I_3)$ だから，

$$\begin{aligned}&I_3=\mathrm{mod}((I_2+\xi(I_1-I_2)C_2), M_3)\ \text{あるいは，}\\&I_3=\mathrm{mod}((I_1+\zeta'(I_2-I_1)C_1), M_3)\end{aligned}\tag{6}$$

となる．ただし，$M_3=DC_1C_2$ である．

例 1：$M_1=60$，$I_1=18$，$M_2=42$，$I_2=48$，$D=6$，$C_1=10$，$C_2=7$，$M_3=6\cdot 10\cdot 7=420$ で，C_1 と C_2 は互いに素．

このとき，(3) と (4) から $\zeta'=5$ となり，(6) から，

$$I_3=\mathrm{mod}(18+5\cdot(48-18)\cdot 10, 420)=258$$

となる．

例 2：$M_1=6$，$I_1=3$，$M_2=8$，$I_2=3$，$D=2$，$C_1=3$，$C_2=4$，$M_3=24$ で，C_1 と C_2 は互いに素．

(4) から $\xi=1$ であることがわかり，(6) から $I_3=\mathrm{mod}((3+1\cdot(3-3)\cdot 4), 24)=3$ である．つまり，$I_1=I_2$ であれば $I_3=I_1=I_2$ となる．この場合には

$M_3=24$, $I_3=3$ である．

今の例で $I_1=3, I_2=4$ とすると，I_1 と I_2 は等しくなくなる．この場合は $I_1/D=1.5$ で $\boldsymbol{Z}$ の元でなくなる，つまり整数ではなくなるので，一致点は存在せず，$M_3=0, I_3=0$ となる．ところが，今かりに $I_1=2$ で $I_2=16$ だとすると，$(I_1-I_2)/D=-7\in\boldsymbol{Z}$ だから，(4) より $\xi=1$ で，(6) から $I_3=\mathrm{mod}(16+1\cdot(2-16)\cdot 4, 24)=8$ となり，$(M_3, I_3)=(24, 8)$ となる．

論理積 $(M_1, I_1)\wedge(M_2, I_2)=(M_3, I_3)$ の計算

M_1, M_2, I_1, I_2 が与えられていて，$I_i=\mathrm{mod}(I_i, M_i)\geqq 0$ とする．また，

$$D = M_1 \text{ と } M_2 \text{ の最大公約数},$$
$$M_3 = M_1 \text{ と } M_2 \text{ の最小公倍数},$$
$$C_1 = M_1/D,\ C_2 = M_2/D,\ M_3 = DC_1C_2$$

とする．

このとき，L の方程式 (0) の波括弧のなかの式を二つ一組にして計算していくと，いくつかの連立した論理積（一致点）を得ることができる〔図 11-1 参照〕．たとえば，

$$\begin{aligned} L &= \sum_{i=1}^{k_0}\left(\prod^{k(i)}\right) \\ &= \{(3,2)\wedge(4,7)\wedge(6,11)\wedge(8,7)\}\vee\{(6,9)\wedge(15,18)\} \\ &\quad \vee\{(13,5)\wedge(8,6)\wedge(4,2)\}\vee\{(6,9)\wedge(15,19)\}, \\ &\quad \text{ただし } k_0 = 4 \end{aligned}$$

である．

最初の波括弧のなかの式では，まず $(3,2)\wedge(4,7)=(12,11)$ を計算して，さらに $(6,11)=(6,5)$ と添字〔剰余類〕を既約にしてから $(12,11)\wedge(6,5)=(12, 11)$ という計算を行い，次に $(12,11)\wedge(8,7)=(24,23)$ という計算を行う．さらに二番目以降の波括弧でも同じように計算を進めると，結局，

$$L = (24,23)\vee(30,3)\vee(104,70)\vee(0,0)$$
$$\text{ただし，} k_0 = 4,\ k(1) = 4,\ k(2) = 2,\ k(3) = 3,\ k(4) = 2$$

となる．この論理表現をうまくスキャンすると，そのふるいによって次のような形の点列が得られる．

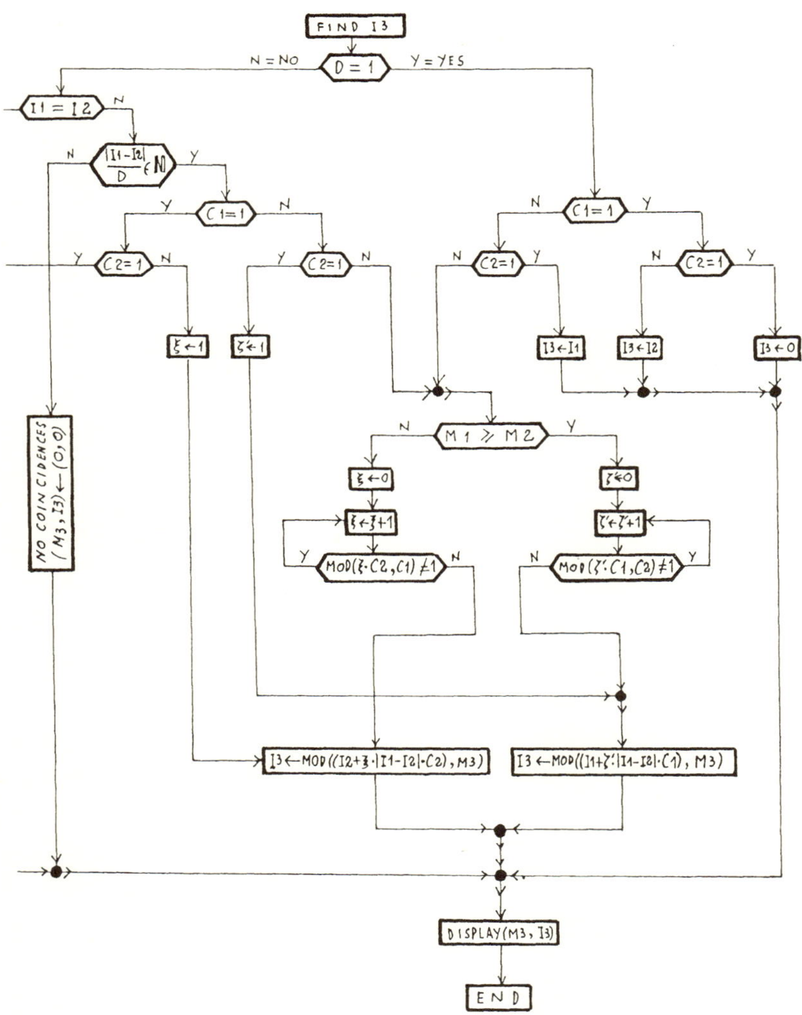

図 11-1　〔本章のアルゴリズムのフローチャート〕

周期 $P=1560$ で

$$H=\{\cdots, 3, 23, 33, 47, 63, 70, 71, 93, 95, 119, 123, 143, 153, 167, \cdots, 479, \cdots\}$$

この音列のゼロ点は音高の集合のなかから任意に取ることができるから，$\mathrm{C}_{-2}=8.25\,\mathrm{Hz}$ とし，u を半音として 10 オクターブ上（$2^{10}\cdot 8.25=8448\,\mathrm{Hz}$）までとると，$\mathrm{D}\sharp_{-2}, \mathrm{B}_{-1}, \mathrm{A}_0, \mathrm{B}_1, \mathrm{D}\sharp_3, \mathrm{A}\sharp_3, \mathrm{B}_3$ といった音を得ることができる．

ゼロは C_{-2} のままで u を 4 分音にすると，この列から C𝄰$_{-2}$, B𝄲$_{-2}$, E𝄲$_{-1}$, B𝄲$_{-1}$, G𝄲$_0$, B_0, A𝄰$_1$, B𝄲$_1$, B𝄲$_2$, C𝄰$_3$ といった音を得ることができる．

逆の事例

次に，与えられた点列ないし直観的に構成された点列から出発して，その対称性を推定してみよう．つまりそれらの列の法と移動の組 (M_j, I_j) を突き止めて，その点列を生み出すふるい，すなわち論理表現 L を作ろうというのである．その手順は次の通り．

(a) 各点を，法の出発点（$=I_n$）と見なす．

(b) この出発点に対応する法を探すために，ひとまず法の値を $Q=2$ としてみる．そのうえでその倍数を順々に作って，与えられたふるいに属していながらまだその倍数と出くわしていない点と重なったところで，その法を用いて (M_n, I_n) という対を作る．さらに，どの倍数も列の点と重ならない場合は，Q ではなく $Q+1$ を法にする．与えられた列のすべての点が取り尽くされるまで，この手順を繰り返す．

(c) 与えられた Q に対して，それらの点 (Q, I_k) すべてを別の対 (M, I) の元に集める．すなわち，集合 (Q, I_k) が (M, I) に含まれる場合は，(Q, I_k) を無視して次の点 I_{k+1} に移る．

(d) 同様に，与えられた列のなかのまだ重なっていない点を生み出しはするものの，剰余類 I を作る段階で与えられた列に属さない余計な点を与える (Q, I) も，すべて無視する．

たとえば，先ほどの列 H のなかの 3 から 167 までの数だけを抜き出すと，そこから次のような論理和を作ることができる．

$L=(73, 70)\vee(30, 3)\vee(24, 23)$　ただし，周期 $P=8760$〔4〕．

ところが同じ列 H の 3 から 479 までを含むようにすると（この場合の点の

数は 40 個)，その列は，

$$L=(30,3)\vee(24,23)\vee(104,70)$$

によって生成されることになる．ただし法 30 によってカバーされる点の数は 16 個，法 24 でカバーされる点の数は 20 個，法 104 でカバーされる点の数は 4 個である．関数 L は前に与えられたものと同じで，周期は 1560 である．

一般に，法 (M_j, I_j) の論理和で定義された論理表現から生じる点列の周期を求めるには，括弧のなかの法の論理積を二つずつ合成していけばよい．

たとえば $M_1=12, M_2=6, M_3=8$ なら，$M_1\wedge M_2=D_1C_1C_2=6\cdot2\cdot1=12=M$；$M\wedge M_3=DC_1C_3=4\cdot3\cdot2=24$ となる．

一般に，より正確な論理表現 L を得るには，なるべく多くの点を考慮に入れる必要がある．

ふるいのメタボラ

ふるいにメタボラ（変化）を起こす方法は実にさまざまである．

(a) ゼロ点からの移動を表す法の剰余類を変える．たとえば，周期 $P=105$ の $L=(5,4)\vee(3,2)\vee(7,3)$ から は $H=\{\cdots,2,3,4,5,8,9,10,11,14,17,19,20,23,24,26,29,31,\cdots\}$ という列が得られるが，各法の移動をすべて整数 n だけ増やすと，たとえば $n=7$ の場合には表現 L が，$L'=(5,11)\vee(3,9)\vee(7,10)$ となり，さらにこれらの添字〔＝剰余類〕を法で既約にすると，同じく周期 $P=105$ の，$L'=(5,1)\vee(3,0)\vee(7,3)$ が得られる．

ちなみにこの最後の式 L' から得られる列 $H'=\{\cdots,0,1,3,6,9,10,11,12,15,16,17,18,21,24,26,27,30,\cdots\}$ は，列の間隔は列 H と同じで，出発点だけが異なる．つまりこの H' という列の出発点は表現 L' の最小の添字〔剰余類〕で示されており，列 H の項の間隔をそっくりそのまま n だけ移動したものになっているのだ．実際，列 H の間隔は M の最小の法の添字〔剰余類〕の値である 2 から始まっているが，列 H' の間隔は $2+7=9$ から始まっている．これは，音楽家が「上行移調」と呼ぶもので，変奏の技法の一つである．一方，それぞれの添字に任意の整数を加えると，周期性を保ったままでふるいの間隔の構造が変わる．たとえば L の三つの法の添字にそれぞれ $3, 1, -6$ を加えてから既約にすると，周期 $P=105$ の $L=(5,2)\vee(3,0)\vee(7,4)$ が得られて，$H=\{\cdots,0,2,3,4,6,7,9,11,12,15,17,18,21,22,24,25,27,30,32,\cdots\}$ という列が生成される.

(b) 論理法則を用いるなり数学の法則を用いるなりして，または全く恣意的に，論理演算を変更する.

(c) 単位 u を変える．たとえば，全音階（白鍵）に基づく国歌を，半音を 4 分音や 8 分音に変えて歌う．このメタボラは旋律や和音ではめったに使われないが，音のほかの特徴，たとえばテンポを変えるといった時間的な特徴では，有史以来ずっと行われてきた.

結　論

暫定的な結論として，ふるい理論は，直観的に構成されたり，観察によって得られたり，完全な法の反復で生み出されたりした点列の内部の対称性の研究といえるだろう.

ここまでは器楽曲を例にして話を進めてきたが，この理論をコンピュータによる音の合成に適用することも大いにあり得る．その場合には，音信号の振幅か時間，あるいはこの両方をふるいで規定することになる．こうして作り出された精妙な対称性によって，さらに探究すべき新たな分野が開かれることになるはずだ.

原　注

(1) 本章は *Perspectives of New Music* 誌の近刊号に収録予定である〔Xenakis (1990) 所収〕. 以下の議論で用いた素材は，ジョン・ラーン氏の個人的なご助力によって得たものである．記して感謝する.

(2)「ふるい」に関する筆者の初期の論文は，Xenakis (1965b, 1967, 1968, 1970) および本書の初版〔本書第 7 章〕に収録されている.

(3) 西欧以外の文明世界におけるリズムについては，Arom (1988) 参照.

(4) 今 (M, I) の M が $M = m^k \cdot n^l \cdots r^j$ という形をしているとすると，ときにはこれを，

$$(m^k, I_m) \wedge (n^l, I_n) \wedge \cdots \wedge (r^j, I_r) = (M, I)$$

と分解する必要があり，またこのように分解することができる.

(5) ユークリッドのアルゴリズム（互除法）〔次の原注 6 も参照〕.

y, x を二つの正の整数とする．まず $D = \mathrm{mod}(y, x)$ として，次に y を x で，x を D で置き換える．D がゼロでなければ，同じ手順を最初から繰り返す．だが，$D =$

0 ならば，最後の値が最大公約数になる．最後の y を D と呼ぼう．
二つの数，y, x を取ってくる．

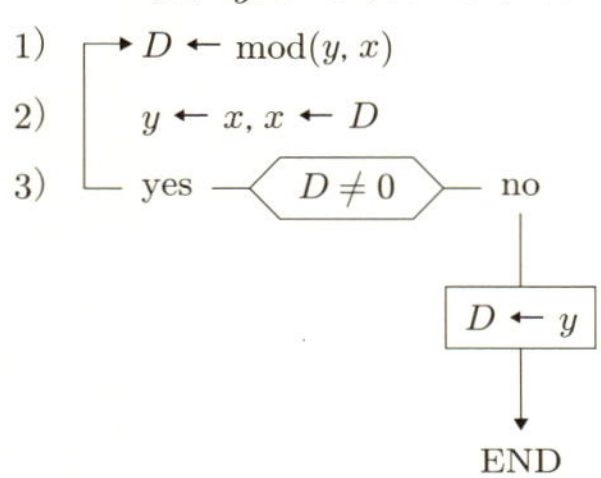

例：$y = 30, x = 21$ とする．

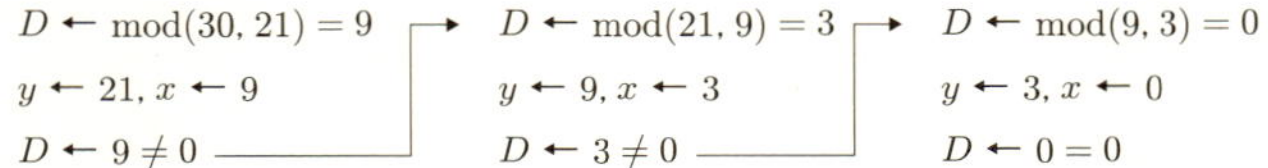

therefore
$D \leftarrow y = 3$
END

(6) $\mathrm{mod}(a, b)$ で表される「法を b とする a の値」は，a を b で割った余りに等しい．a, b, e, r が自然数 N の元であるとき，問題の余りを r とすると，$a/b = e + r/b$ となっている．

(7) $\mathrm{mod}(\xi C_2, C_1) = 1$ は，次の整数方程式を表している．

$$\xi C_2 / C_1 = v + 1/C_1$$

訳　注

〔1〕論理和を和記号，論理積を積記号で表した象徴的な表記．

〔2〕この = は等号ではなく，プログラム言語での「右辺を左辺に代入する」．

〔3〕$I_1 - I_2 = 0$ の場合も，「D で割り切れる」に含まれている．

〔4〕「数が少ないと周期 P が長くなる」のではなく，数が少ないと元々の L と違うものを取ってもボロが出ないということである．

第 12 章
「ふるい」のユーザーズガイド

まず，CEMAMu でともに仕事をしてくれたプログラマ，ジェラール・マリーノ氏の業績を称え，心から謝意を表したい．氏は，筆者が BASIC で書いたプログラムを C 言語に書き換えてくれた[1]．

このプログラムは以下の二つの部分に分かれている．

A 「ふるい」の論理式に基づく直線上での点の生成．

B 直線上の点列に基づく「ふるい」の論理式の作成．

A の実行例[2]

```
SIEVES: user's guide

A. GENERATION OF POINTS ON A STRAIGHT LINE FROM
  THE LOGICAL FORMULA OF THE SIEVE

Example:

----------------------
DEFINITION OF A SIEVE:
 L =  [()*()*...*()]
    + [()*()*...*()]
    + ...
    + [()*()*...*()]

In each parenthesis are given in order: modulus, starting point
                              (taken from the set of integers)
[]+[] is a union
()*() is an interseetion

---------------------------------
Given the formula of a sieve made out of unions and intersections of
moduli, the program reduces the number of intersections to one and
keeps only the given unions. The abscissa of the final points of
the sieve are computed from these unions and displayed.
```

```
NUMBER OF UNIONS? = 2

--------------------------------
union 1: number of modules ? = 2
                   modulus 1 ? = 3
                   start?      = 2
                   modulus 2 ? = 4
                   start?      = 7

--------------------------------
union 2: number of modules ? = 2
                   modulus 1 ? = 6
                   start?      = 9
                   modulus 2 ? = 15
                   start?      = 18

--------------------------------

FORMULA OF THE SIEVE:
 L = [ (3,2) * (4,7) ]
   + [ (6,9) * (15,18) ]

--------------------------------
REDUCTION OF THE INTERSECTIONS:

union 1
     [ (3,2) * (4,7) ] = (12,11)

   decomposition into prime modules?
   (press 'y' for yes, any other key for no):y

   (12,11) = (4,3) * (3,2)

union 2
     [ (6,9) * (15,18) ] = (30,3)

   decomposition into prime modules?
   (press 'y' for yes, any other key for no):y

   (30,3) = (2,1) * (3,0) * (5,3)

---------------------------------

SIMPLIFIED FORMULA OF THE SIEVE:
   L = (12,11) + (30,3)
```

```
--------------------------------
POINTS OF THE SIEVE CALCULATED WITH THIS FORMULA:
rank of first displayed point? = 0
press <enter> to get a series of 10 points

   Rank |

      0 |     3    11    23    33    35    47    59    63    71    83

     10 |    93    95   107   119   123   131   143   153   155   167

     20 |   179   183   191   203   213   215   227   239   243   251

     30 |   263   273   275   287   299   303   311   323   333   335

     40 |   347   359   363   371   383   393   395   407   419   423

     50 |   431   443   453   455   467   479   483   491   503   513

     60 |   515   527   539   543   551   563   573   575   587   599

     70 |   603   611   623   633   635   647   659   663   671   683

     80 |   693   695   707   719   723   731   743   753   755   767

     90 |   779   783   791   803   813   815   827   839   843   851

    100 |   863   873   875   887   899   903   911   923   933   935

    110 |   947   959   963   971   983   993   995  1007  1019  1023

    120 |  1031  1043  1053  1055  1067  1079  1083  1091  1103  1113

    130 |  1115  1127  1139  1143  1151  1163  1173  1175  1187  1199
```

```
#include <stdio.h>
#include <stdlib.h>
/* #include <conio.h> */

/* -------------------------- types definitions ----------------------- */
typedef struct            /* period ( congruence class)                 */
{
```

```
short mod;               /* modulus of the period                         */
short ini;               /* starting point                                */
} periode;
typedef struct           /* intersection of several periods               */
{
short clnb;              /* number of terms in the intersection           */
periode *cl;             /* terms in the intersection                     */
periode clr;             /* resulting period                              */
unsigned long ptval;     /* current point value                           */
} inter;
/* ------------------------- function prototypes --------------------- */
periode ReducInter(short u);/* computation of the intersections          */
short Euclide(short a1,short a2);  /* computation of the LCD             */
short Meziriac(short c1,short c2); /* computation of "dzeta"             */
void  Decompos(periode pr); /* decomposition into prime factors          */

/* ------------------------- variables ------------------------------ */
inter  *fCrib;            /* sieve formula                                */
short  unb = 0;           /* number of unions in the formula              */

short  u0,u1,u = 0;       /* current union index                          */
short  i = 0;             /* current intersection index                   */
unsigned long lastval,n0,ptnb = 0;
periode CL_EMPTY = {0,0};  /* empty period                                */

#define NONEMPTY  1
short  flag     = 0;
short decomp    = 0;

/* ================================================================== */
int main(void)
{
printf("SIEVES: user's guide\n\n"
       "A. GENERATION OF POINTS ON A STRAIGHT LINE FROM \n"
       "  THE LOGICAL FORMULA OF THE SIEVE \n\n"
       "Example: \n\n"
       "----------------------\n"
       "DEFINITION OF A SIEVE:\n"
       " L =  [()*()*...*()]\n"
       "    + [()*()*...*()]\n"
       "    + ...\n"
       "    + [()*()*...*()]\n\n"
       "In each parenthesis are given in order: modulus, starting point \n"
       "                              (taken from the set of integers)\n"
       "[]+[] is a union\n"
```

```
        "()*() is an interseetion\n\n");
printf("--------------------------------\n"
    "Given the formula of a sieve made out of unions and intersections of\n"
    "moduli, the program reduces the number of intersections to one and\n"
    "keeps only the given unions. The abscissa of the final points of\n"
    "the sieve are computed from these unions and displayed.\n");
/* ------------------------- get the formula of the sieve ------------ */
while (unb == 0)
    {
    printf("NUMBER OF UNIONS? = ");
    scanf("%hd",&unb);
    }
fCrib = (inter *)(malloc (sizeof(inter) * unb));
if (fCrib == NULL)
    {
    printf("not enough memory\n");
    exit(1);
    }
printf("\n--------------------------------\n");
for (u = 0; u < unb; u++)
    {
    printf("union %d: number of modules ? = ",u + 1);
    scanf("%hd",&fCrib[u].clnb);
    fCrib[u].cl = (periode *)(malloc (sizeof(periode) * fCrib[u].clnb));
    if (fCrib[u].cl == NULL)
      {
      printf("not enough memory\n");
      exit(1);
      }
    for (i = 0;i < fCrib[u].clnb; i++)
      {
      printf("                           modulus %d ? = ",i + 1);
      scanf("%hd",&fCrib[u].cl[i].mod);
      printf("                           start?      = ");
      scanf("%hd",&fCrib[u].cl[i].ini);
      }
    printf("\n--------------------------------\n");
    }
/* ------------------------- reduction of the formula --------------- */
printf("\nFORMULA OF THE SIEVE:\n"
    " L = [ ");
for (u = 0;u < unb; u++)
    {
    if (u != 0)
      printf("   + [ ");
```

```
    for (i = 0; i < fCrib[u].clnb; i++)
      {
      if (i != 0)
        {
        if (i % 4 == 0)
          printf("\n     ");
        printf(" * ");
        }
      printf("(%d,%d)",fCrib[u].cl[i].mod,fCrib[u].cl[i].ini);
      }
    printf(" ]\n");
    }
printf("\n--------------------------------\n");
printf("REDUCTION OF THE INTERSECTIONS:\n");
for (u = 0; u < unb; u++)
    {
    printf("\nunion %d\n      [ ",u + 1);
    for (i = 0; i < fCrib[u].clnb; i++)
      {
      printf("(%d,%d)", fCrib[u].cl[i].mod, fCrib[u].cl[i].ini);
      if (i != fCrib[u].clnb - 1)
        printf(" * ");
      }
    fCrib[u].clr = ReducInter(u); /* reduction of an intersection */
    printf(" ] = (%d,%d)\n\n", fCrib[u].clr.mod,fCrib[u].clr.ini);
    printf("   decomposition into prime modules?\n"
           "   (press 'y' for yes, any other key for no):");
    while (getchar() != '\n');
    if (getchar() == 'y')
    /* if (getche() == 'y') */
      {
      printf("\n   (%d,%d)", fCrib[u].clr.mod,fCrib[u].clr.ini);
      Decompos(fCrib[u].clr);
      }
    else
      printf("\n");
    }
printf("\n---------------------------------\n\n");
/* ------------------------- display the simplified formula --------- */
printf("SIMPLIFIED FORMULA OF THE SIEVE:\n");
printf("   L = ");
for (u = 0; u < unb; u++)
    {
    if (u != 0)
      {
```

```
        if (u % 4 == 0)
          printf("\n     ");
        printf(" + ");
        }
      printf("(%d,%d)",fCrib[u].clr.mod,fCrib[u].clr.ini);
      }
printf("\n\n--------------------------------\n");
/* ------------------------- paints of the sieve -------------------- */
printf("POINTS OF THE SIEVE CALCULATED WITH THIS FORMULA:\n");
printf("rank of first displayed point? = ");
scanf("%lu",&n0);
n0 = n0 - n0 % 10;
printf("press <enter> to get a series of 10 points\n\n"
       "   Rank |\n");
for (u = 0; u < unb; u++)
    {
    if (fCrib[u].clr.mod != 0 || fCrib[u].clr.ini != 0)
      {
      fCrib[u].ptval = fCrib[u].clr.ini;
      flag = NONEMPTY;
      }
    else
      fCrib[u].ptval = 0xFFFFFFFF;
    }
if(flag != NONEMPTY)
    return 0;
u0 = u1 = 0;
lastval = 0xFFFFFFFF;
while (1)
    {
    for (u = (u0 + 1) % unb; u != u0; u = (u + 1) % unb)
      {
      if (fCrib[u].ptval < fCrib[u1].ptval)
        u1 = u;
      }
    if (fCrib[u1].ptval != lastval) /* new point */
      {
      lastval = fCrib[u1].ptval;
      if (ptnb >= n0)
        {
        if (ptnb % 10 == 0)
          {
          getchar(); /* get a character from the keyboard */
          /* getch(); */ /* get a character from the keyboard */
          printf("\n%7lu |", ptnb);
```

```
          }
        printf("%6lu", fCrib[u1].ptval);
        }
      ptnb++;
      }
    fCrib[u1].ptval += fCrib[u1].clr.mod;
    u0 = u1;
    }
}
/* ========= reduction of an intersection ======== */
periode ReducInter(short u)
    {
    periode cl,cl1,cl2,cl3;
    short pgcd,T,n;
    long c1,c2;

    cl3 = fCrib[u].cl[0];
    for (n = 1; n < fCrib[u].clnb; n ++)
      {
      cl1 = cl3;
      cl2 = fCrib[u].cl[n];
      if (cl1.mod < cl2.mod)
        {
        cl = cl1;
        cl1 = cl2;
        cl2 = cl;
        }
      if (cl1.mod != 0 && cl2.mod != 0)
        {
        cl1.ini %= cl1.mod;
        cl2.ini %= cl2.mod;
        }
      else
        return CL_EMPTY;
      /* module resulting from the intersection of 2 modules */
      pgcd = Euclide(cl1.mod, cl2.mod);
      c1 = cl1.mod / pgcd;
      c2 = cl2.mod / pgcd;
      if (pgcd != 1
        && ((cl1.ini - cl2.ini) % pgcd != 0))
        return CL_EMPTY;
      if (pgcd != 1
        && ((cl1.ini - cl2.ini) % pgcd == 0)
        && (cl1.ini != cl2.ini) && (c1 == c2))
        {
```

```
        cl3.mod = pgcd;
        cl3.ini = cl1.ini;
        continue;
        }
      T = Meziriac((short)c1,(short)c2);
      cl3.mod = (short)(c1 * c2 * pgcd);
      cl3.ini = (short)((cl1.ini
              + T * (cl2.ini - cl1.ini) * c1) % cl3.mod);
      while (cl3.ini < cl1.ini || cl3.ini < cl2.ini)
        cl3.ini += cl3.mod;
      }
    return cl3;
    }
/* ====== decomposition into an intersection ======== */
/*        of prime modules */
void Decompos (periode pr)
    {
    periode pf;
    short fct;

    if (pr.mod == 0)
      {
      printf(" = (%d,%d)\n", pr.mod, pr.ini);
      return;
      }
    printf(" = ");
    for (i = 0,fct = 2; pr.mod != 1; fct++)
      {
      pf.mod = 1;
      while (pr.mod % fct == 0 && pr.mod != 1)
        {
        pf.mod *= fct;
        pr.mod /= fct;
        }
      if (pf.mod != 1)
        {
        pf.ini = pr.ini % pf.mod;
        pr.ini %= pr.mod;
        if (i != 0)
          printf(" * ");
        printf("(%d,%d)", pf.mod,pf.ini);
        i++;
        }
      }
    printf("\n");
```

```
    }
/* ========== Euclide's algorithm ============ */
short Euclide(a1,a2)   /* a1 = a2 0 */
short a1;
short a2;
    {
    short tmp;

    while ((tmp = a1 % a2) != 0)
      {
      a1 = a2;
      a2 = tmp;
      }
    return a2;
    }
/* ========== De Meziriac's theorem =========== */
short Meziriac(c1,c2)   /* c1 = c2 */
short c1;
short c2;
    {
    short T = 0;

    if (c2 == 1)
      T = 1;
    else
      while(((++T*c1)%c2) != 1)
        ;
    return T;
    }
```

B の実行例[3]

```
B. GENERATION OF THE LOGICAL FORMULA OF THE SIEVE
FROM A SERIES OF POINTS ON A STRAIGHT LINE

Example:
-------------------
Given a series of points, find the starting points
with their moduli (periods).

NUMBER OF POINTS ? = 12
---------------------------------
abscissa of the points:

point 1 = 59
```

```
point 2 = 93
point 3 = 47
point 4 = 3

point 5 = 63
point 6 = 11
point 7 = 23
point 8 = 33

point 9 = 95
point 10 = 71
point 11 = 35
point 12 = 83

---------------------------------
POINTS OF THE SIEVE (ordered by their increasing abscissa):

   Rank |
      0 |    3    11    23    33    35    47    59    63    71    83
     10 |   93    95

---------------------------------
FORMULA OF THE SIEVE:
In each parenthesis are given in order:
(modulus, starting point, number of covered pomts)

   L = (30,3,4) + (12,11,8)

   period of the sieve: P = 60
```

```
#include <stdio.h>
#include <stdlib.h>
#include <string.h>

/* ------------------------- types definitions ------------------------ */
typedef struct            /* period ( congruence class)                   */
{
    short mod;            /* modulus of the period                        */
    short ini;            /* starting point                               */
    short couv;           /* number of covered points                     */
} periode;
/* ------------------------ function prototypes ---------------------- */
```

```
unsigned long Euclide(unsigned long m1,
    unsigned long m2);      /* computation of the LCD                    */
/* ------------------------ variables and constants ------------------- */
periode *perCrib;           /* periods of the sieve                      */
short perTotNb = 0;         /* number of periods in the formula          */
long *ptCrib;               /* points of the crible                      */
long *ptReste;              /* points outside the periods                */
short ptTotNb = 0;          /* number of points in the sieve             */
short p,ptnb;
long ptval;
unsigned long percrib;

periode per;

#define NON_REDUNDANT 0
#define REDUNDANT 1
#define COVERED -1L
short flag;

/* ================================================================== */
int main(void)
{
    printf("B. GENERATION OF THE LOGICAL FORMULA OF THE SIEVE\n"
           "FROM A SERIES OF POINTS ON A STRAIGHT LINE\n\n"
           "Example:\n"
           "-------------------\n"
           "Given a series of points, find the starting points\n"
           "with their moduli (periods).\n\n");
      /* ------- entry of the points of the sieve and their sorting ----*/
    while (ptTotNb == 0)
      {
      printf ("NUMBER OF POINTS ? = ");
      scanf("%d",&ptTotNb);
      }
    ptCrib = (long *)(malloc (ptTotNb * sizeof(long)));
    ptReste = (long *)(malloc (ptTotNb * sizeof(long)));
    perCrib = (periode *)(malloc (ptTotNb * sizeof(periode)));
    if (ptCrib == NULL || ptReste == NULL || perCrib == NULL)
      {
      printf("not enough memory\n");
      exit(1);
      }
    printf("---------------------------------\n"
           "abscissa of the points:\n");
    for (p = 0; p < ptTotNb; p++)
```

```
  {
  if (p % 4 == 0)
    printf("\n");
  printf("point %d = ", p + 1);
  scanf("%ld",&ptval);
  ptCrib[p] = ptval;                                     /* not original */
  for (ptnb = 0; ptnb < p; ptnb++)                       /* not original */
    {
    if (ptval < ptCrib[ptnb]) /* new point */
      {
      memmove(&ptCrib[ptnb + 1], &ptCrib[ptnb],
              sizeof(long) * (p - ptnb));
      ptCrib[ptnb] = ptval;                              /* not original */
      break;                                             /* not original */
      }
    else if (ptval == ptCrib[ptnb]) /* same point */ /* not original */
      {
      p--;
      ptTotNb--;
      break;                                             /* not original */
      }
    }
  }
printf("\n--------------------------------\n");
/* ------------------- points of the sieve ----------------------- */
printf("POINTS OF THE SIEVE (ordered by "
       "their increasing abscissa):\n\n"
       "   Rank |");
for (p = 0; p < ptTotNb; p++)
  {
  if (p % 10 == 0)
    printf("\n%7d |", p);
  printf("%6ld ", ptCrib[p]);
  }
printf("\n\n--------------------------------\n");
/* ---------------- compute the periods of the sieve ------------- */
memcpy(ptReste, ptCrib, ptTotNb * sizeof(long));

for (p = 0; p < ptTotNb; p++)
  {
  if ( ptReste[p] == COVERED)
    continue;
  /* -------- compute a period starting at current point --------- */
  per.mod = 0;
  do
```

```
    {
    per.mod++;
    per.ini = (short) (ptCrib[p] % (long)per.mod);
    per.couv = 0;
    for (ptnb = 0, ptval=per.ini; ptnb < ptTotNb;     /* not original */
      ptnb++)                                         /* not original */
      {
      if (ptval == ptCrib[ptnb])
        {
        per.couv++;
        ptval += per.mod;
        }
      }
    }
     while(ptval < ptCrib[ptTotNb - 1]);              /* not original */
    /* ---------- check the redundancy afthe period --------------- */
    for (ptnb = 0, ptval = per.ini, flag = REDUNDANT;
      ptnb < ptTotNb;
      ptnb++)
      {
      if (ptval == ptCrib[ptnb])
        {
        if(ptval == ptReste[ptnb])
          {
          ptReste[ptnb] = COVERED;
          flag = NON_REDUNDANT;
          }
        ptval += per.mod;
        }
      }
    if(flag == NON_REDUNDANT)
      perCrib[perTotNb++] = per;
  }
  /* --------------- compute the period of the sieve -------------- */
  percrib = perCrib[0].mod;
  for (p = 1; p < perTotNb; p++)
  {
  if((long) perCrib[p].mod <= percrib)
    percrib *= (long) perCrib[p].mod / Euclide((long)perCrib[p].mod,
              percrib);
  else
    percrib *= (long) perCrib[p].mod / Euclide(percrib,
              (long)perCrib[p].mod);
  }
/* --------------sidplay the formula of the sieve ----------------- */
```

```
    printf("FORMULA OF THE SIEVE:\n"
           "In each parenthesis are given in order:\n"
           "(modulus, starting point, number of covered pomts)\n\n");
    printf("   L = ");
    for (p = 0; p < perTotNb; p++)
      {
      if (p != 0)
        {
        if (p % 3 == 0)
          printf("\n    ");
        printf(" + ");
        }
      printf("(%d,%d,%d)", perCrib[p].mod, perCrib[p].ini,
                           perCrib[p].couv);
      }
    printf("\n\n   period of the sieve: P = %lu\n", percrib);
    return 0;
}
/* =================== Euclide's algorithm ========================== */
unsigned long Euclide (a1, a2) /* a1 = a2 0                           */
unsigned long a1;
unsigned long a2;
{
   unsigned long tmp;

   while ((tmp = a1 % a2) != 0)
     {
     a1 = a2;
     a2 = tmp;
     }
   return a2;
}
```

訳　注

〔1〕本来，開発者以外がデバッグを行うのは無理があるが，本章のコードは実行例があるので行った（第 5 章，第 14 章では行っていない）．なるべくオリジナルコードに沿って修正したが，書き直した行はソースに注釈行を付けた．またソースと実行例に矛盾がある場合は，実行例に合わせてソースを修正した．ただし，原著ソースコードのままでは改行が行われてしまう場合には，カーソル位置を動かす関数を用いて原著の実行例に合わせるような，無理な修正は行っていない．本ソースコードは icc（intel コンパイラ）と gcc（gnu コンパイラ）で同一の実行結果が得られることを確

認しており，実行例は画面出力をコピーしたものである．

〔2〕実行時に表示される英文を翻訳すると下記のとおり．
A.「ふるい」の論理式に基づく直線上での点の生成

例：

```
--------------------------------
ふるいの定義
    L =  [()*()*...*()]
       + [()*()*...*()]
       + ...
       + [()*()*...*()]
```

おのおのの括弧のなかには，順に法（整数の集合から取った）と起点とが表示される．
ただし，[]+[] は論理和で ()*() は論理積である．

```
--------------------------------
```

法の論理和と論理積からなる「ふるい」の式が与えられたとき，このプログラムによって論理積の数は最後には一つに減り，与えられた論理和だけが残る．さらにこれらの論理和からその「ふるい」で最後に残る点の横座標が計算されて表示される．

```
論理和の数?=2
--------------------------------
論理和 1：法の数?=2
         法 1?=3
         起点?=2
         法 2?=4
         起点?=7
--------------------------------
論理和 2：法の数?=2
         法 1?=6
         起点?=9
         法 2?=15
         起点?=18
--------------------------------
ふるいの公式
L=[(3,2)*(4,7)]+[(6,9)*(15,18)]
--------------------------------
法計算によって論理積を減らす
論理和 1
[(3,2)*(4,7)]=(12,11)
```

素な法への分解？
（イエスならyのキーを，ノーならほかのキーを押す）y
(12,11)=(4,3)*(3,2)
論理和2
[(6,9)*(15,18)]=(30,3)
素な法への分解？
（イエスならyのキーを，ノーならほかのキーを押す）y
(30,3)=(2,1)*(3,0)*(5,3)

単純化したふるいの式
L=(12,11)+(30,3)

この公式で計算されたふるいの点
最初に表示された点のランクは?=0
10点の列を得るにはエンターを押す.

〔実行例の翻訳はここまで．以下は訳注：原著のソースコードでは入力関数にgetche, getchが使われていたが，この書き方では意図したようには動かない．そこで，より一般的なgetchar関数を用いて書き直した．すると，コンパイラに依存するconio.hファイルをインクルードする必要もなくなる.〕

〔3〕実行時に表示される英文を翻訳すると下記のとおり.
B. 直線上の点列に基づく「ふるい」の論理式の生成

例：

与えられた点列から，起点と法（周期）を求める
点の数?=12

点の横座標
点1=59
点2=93
点3=47
点4=3

点5=63
点6=11
点7=23
点8=33

```
点 9=95
点 10=71
点 11=35
点 12=83
--------------------------------
ふるいの点（横座標の小さいほうから）
ランク|
    0|     3  11  23  33  35  47  59  63  71  83
   10|    93  95
--------------------------------
ふるいの公式
括弧のなかの値は
（法，起点，カバーされる点の数）
の順である．
L=(30,3,4)+(12,11,8)
ふるいの周期は，P=60
```

〔実行例の翻訳はここまで．以下は訳注：原著のソースコードの論理構造では実行例が再現できない箇所がふたつあり，監訳者の責任で書き直した．その箇所には `/* not original */`という注釈が付けてある．原著のソースコードよりも簡明な論理構造になった．〕

第 13 章

ダイナミックな推計学的合成

振幅と時間で構成された空間（大気圧 - 時間のグラフで表される空間）で，矩形波からホワイトノイズまでの，あり得るすべての波形を網羅して平面波を作るとしたら，どのようなやり方がいちばん楽なのか．情報科学の観点から見た矩形波はきわめて単純で，n 個の固定されたサンプリング上における振幅が $\pm a$ のたった二つしかない．さらに，ホワイトノイズもきわめて単純で，推計学的関数のサンプリングを継ぎ合わせたり繰り込んだり，あるいは何も加工したりせずに合成することによって，作ることができる．

では，歌曲や交響曲や自然の音を表す波の場合はどうなのか．

これらの音の性格の基礎になっているのは波としての時間的な周期性と曲線の対称性であって，だからこそ，人間はこれらの音をきちんと識別できるのだ．脳は，旋律，音色，ダイナミクス，対位法，さらにはこれらに複雑な変換を施して得られた曲線を，見事な精度で捉えることができるが，これに対して目は，このような素早く動く曲線の特徴を捉えることが難しい．

周期性や対称性を手がかりにして音楽の合成を試みる場合は，確率的な波形（ランダムウォークかブラウン運動）が出発点となる．ちなみに問題の波形は，振幅と時間からなる 2 次元空間 (a, t) で a に対称性を，t に周期性を加味したさまざまな分布で構成されており，対称性や周期性が弱かったり稀（まれ）だったりするとホワイトノイズに近くなり，対称性や周期性が多く複雑（豊か）になると単一の持続音に近くなる．これらの原則に従えば，過去および未来の音楽のすべての領域に迫ることができる．しかもそれだけでなく，これらの対称性や周期性のミクロ・レベルとマクロ・レベルの間の関係が，基本的な役割を果たしているのである．

以下に示すのは，そのような波を構築するための最初のアプローチである．

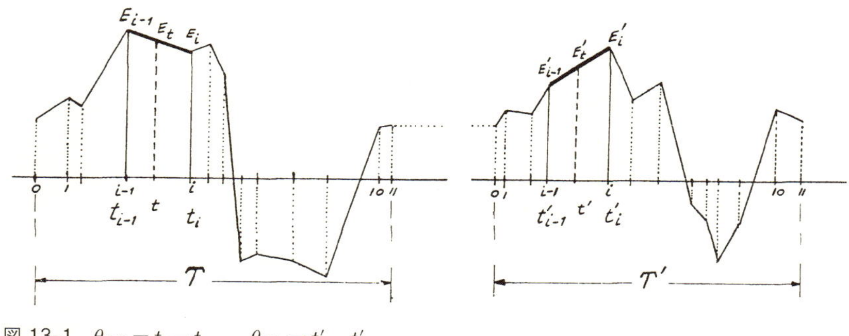

図 13-1　$\theta_{先行}=t_i-t_{i-1}$，$\theta_{現在}=t'_i-t'_{i-1}$

手　順

A1．時刻 t の横軸に沿って，ある長さ（周期）T から始める．ただし $T=1/f$ 秒で，f は任意の周波数とする．まず，この周期 T を n 等分する．たとえば $n=12$（これは，マクロなレベルである）とすると，T が繰り返されるたびに，各断片 t_i-t_{i-1}（$i=1, 2, 3, \cdots, 12$）は推計学的に入れ替わる．この交替によって各々の断片は，たとえば弾性障害物による制限のもとで，増えたり減ったりする．

B1．振幅の縦軸に沿って，先ほどの 12 本の断片の両端に一つずつ値を与えて，点を取っていく．これらの点を結んだものは，正弦波に内接していたり，外接していたり，階段状であったり，コーシーの関数などの推計学的関数が生み出す形——ときにはぺしゃんこにつぶれてすべての縦座標がゼロであるような図形——だったりする．これら n 個の頂点の座標 E_i は，十分弱い反復——さらには二つの適切な弾性障害物の制限下にある反復——のたびに，推計学的に入れ替わる．

C1．線分 T の両端に挟まれたサンプリングの座標 E を算出するには，E_{i-1} と E_i を一次補間すれば（すなわち，直線で結べば）よい．

A2．B1 で得られた点の集まりの横座標を以下の手順で求める．

「ロジスティック」分布から生まれる $\theta_{現在}$〔$\theta_{現在}=t'_i-t'_{i-1}$，図 13-1 参照〕の構成：

(1)

$$U(\zeta)=\frac{\alpha e^{-\alpha\zeta-\beta}}{(1+e^{-\alpha\zeta-\beta})^2}$$

およびその分布関数

$$F(\zeta)=\int_{-\infty}^{\zeta}U(\zeta)d\zeta=\frac{1}{1+e^{-\alpha\zeta-\beta}}$$

から，一様な分布 $0\leqq y\leqq 1$ に由来する y を用いて〔1〕，

$$\zeta=-\frac{\beta+\ln\dfrac{1-y}{y}}{\alpha}$$

を得る．

(2) $\zeta_{\text{現在}}=\zeta_{\text{先行}}+\zeta$ を取ってくる．

(3) この $\zeta_{\text{現在}}$ を $\beta/2$ から取った ±100 の局所弾性障害物に通して ζ' を得る〔2〕．

(4) 次に $\theta_{\text{現在}}=\theta_{\text{先行}}+\zeta'\cdot\mathrm{R_{dct}}$ を実行する．ただし，$\mathrm{R_{dct}}$ は縮小因子である．

(5) 最後に，$\theta_{\text{現在}}$ を以下のようにして得られた一般の弾性障害物 $\theta_{\min}$（最小の θ）と $\theta_{\max}$（最大の θ）に通す〔3〕．

(a) 最小周波数を，たとえば 3 Hz とする．そのとき最大周期は $T=1/3$ 秒で，12 の断片はいずれも平均の長さが $\theta_{\max}=1/(3\cdot 12)$ 秒になる．

(b) 最大周波数は SAMP/12 Hz になり得る．ただし SAMP はサンプリング・レート，すなわち 44100 Hz．よって 12 個ある断片の各周期は最低でも $T/12=1/\mathrm{SAMP}=\theta_{\min}$ という長さになり得る〔4〕．

(6) 以上の手順を，$n=12$ 個それぞれの各断片について行う．

B2．B1 で得られた点の集まりの縦座標を以下の手順で求める．

i 番目の現在の座標は，先行する $i-1$ 番目の座標に基づき，次のようにして得ることができる．

$E_{i\,\text{現在}}$（現在の E_i）の構築：

(1) 確率分布 $W(\sigma)$ を持ってくると，その分布関数は $Q(W)=\displaystyle\int_{-\infty}^{\sigma}W(\sigma)d\sigma$ になる．このとき $W(\sigma)$ を任意の分布，$Q(W)$ を $0\leqq y\leqq 1$（一様分布）とすると，$\sigma=V(W,y)$ が得られる．

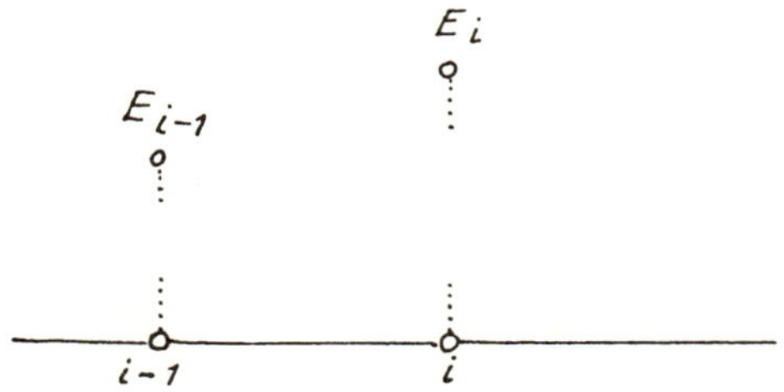

図 13-2

(2) σ を局所弾性障害物に通す（±0.2）.

(3) この σ を $E_{i\ 先行}$（先行する E_i）に加える.

$$E_{i\ 現在} = E_{i\ 先行} + \sigma$$

(4) $E_{i\ 現在}$ を限定的弾性障害物 8 バイト（$\pm 4^8/2 = \pm 32768$）に通すと，これが最終的な $E_{i\ 現在}$ になる.

(5) 時間領域の二つの境界点に挟まれた区間上の計 12 個の点のおのおので以上の操作を行う.

(6) 最後の境界上の点は，次の期間の最初の境界点上の頂点になる.

C2. 座標 E_{i-1} と E_i のあいだの，横座標 t が断片 $t_i - t_{i-1}$ に載っている点の縦座標 E_i を，一次補間法で求める.

$$E_t = \frac{(E_i - E_{i-1})(t - t_{i-1})}{t_i - t_{i-1}}$$

したがってこれはミクロな構築である.

一般的なコメント

分布関数 $U(\zeta)$ と $W(\sigma)$ は，たとえば正弦関数やコーシーの関数やロジスティック関数といった単純な関数かもしれないし，入れ子構造などによってさらに複雑になった関数かもしれない.

上に挙げたデータは，筆者が《エルの伝説》で用いた任意の自然な出発点である.

音響合成へのこのアプローチは，非線型の動的推計学的発展を表しており，フーリエ変換の等号の左側の $f(t)$ の部分に適用されるため，これまでよく使われてきた分析やフーリエ級数を用いた調和合成を避けることができる．このアプローチは，現在の力学系や決定論的カオスやフラクタルの研究に匹敵するものといえる．つまりここには，未来の探究の芽が宿っているのである．

訳　注

〔1〕$F(\zeta)=y$ として，ζ について解いた式．$F(-\infty)=0, F(+\infty)=1$ になっている．

〔2〕α, β の値が示されていないため意味が通らないが，$-\beta/2 \leqq \alpha\zeta' \leqq +\beta/2$ を満たすように $\zeta_{現在}$ の変域を $-100 \leqq \zeta' \leqq 100$ に制限したのが ζ' という意味と思われる．

〔3〕$\theta_{現在}$ の変域を $\theta_{\min} \leqq \theta \leqq \theta_{\max}$ に制限するという意味.

〔4〕むしろ，時間の最小単位を 1/SAMP に取るのがサンプリング・レートの定義である．

第 14 章

さらに徹底した推計学的音楽

はじめに

この章では，周期関数とはまるで逆の周期的でない非線型関数を用いた音の合成方法の一般化を考える．つまり，短期的にも長期的にも予測が不可能な生の音や音楽に似たものを生み出すことができて，しかも，たとえばその音色を純粋な「正弦波」の音からノイズまで変えられるような音空間を考えるのだ．

ここでは当然，できるだけ前提を少なくして，既存のものを借用したり既知の道筋にはまり込んだりすることなく，それでいて，今日の美学的感覚からいっても「興味深い」音楽を作り出すことが課題となる．

このテーマの裏に潜む形而上学的な着想そのものは，すでに33年ほど前に〔1〕《アホリプシス》に関する論文（第1章と第5章を参照）で明らかにした．今回のこの新たな展望は，それらの着想を背景として生み出されたものであって，さらにラディカルな実験〔2〕の成果をもたらすはずだ．

あの当時の「暗黒の宇宙」の「波」が，あいもかわらず楽器や人間の手によって作られていたとすれば，今やこれらの「波」は，主としてコンピュータと（いくつかの制限が加わって逆に魅力を増した）確率分布によって作られている．

こうしてわれわれは，「自動化された芸術」をできるかぎり客観的に作る，という試みに向き合うこととなる〔3〕．ちなみに，作曲家はこの自動化された芸術において，ちょうどプラトンの『ポリティコス』に登場する創造者〔デミウルゴスとも．『ポリティコス』270A 参照〕や旧約聖書のヤハウェやビッグバン理論の「無」のように，冒頭で初期刺激といくつかの前提を与えるだけで，後はいっさい手を出さない．

ミクロな構造

その際に用いられる基本的な素材作業は（《エルの伝説》とほぼ同じで〔4〕）

四つある.

(a) 所与の個数に分割された仮想的な時間の長さの両端に振幅を割り当てて, 推計学的な多角形波形 (Polygonal Wave Form＝PWF) を作る.

(b) 実際には, 累積的に変化する時間の長さと頂点の振幅の確率分布を援用して, この多角形を際限なく連続的に作る.

(c) 累積値が過剰〔5〕にならないように, 弾性障害物を課す.

(d) 頂点をつないで一次補間を行う.

ある種の条件下では, 決定論的でなくカオス的なこの手順によって, わりと安定した音を作ることができる.

推計学的な多角形波形の計算には, 振幅を支配する何か一つの推計学的法則と, 時間線分の持続時間を定めるそれとは別の推計学的法則を用いる. ユーザは, いくつかの異なる確率の法則 (ベルヌーイ分布, コーシー分布, ポアソン分布, 指数分布, ……) のなかからこの二つを選ぶ. さらに, 振幅や持続時間を制限するための弾性ミラー〔弾性障害物〕の大きさも, 選ぶことができる.

マクロな構造

(A) 今述べた手順で, ある長さの音を作る.

(B) このような音を同時にあるいは経時的に掛け合わせると, 一つのシーケンス (PARAG(psi%))〔6〕ができる. このシーケンスを構築する際のさまざまな決定も, 確率分布によって制御される.

(C) このようなシーケンスの任意の鎖から, 興味深い楽曲ができる可能性がある.

シーケンス PARAG(psi%) のデータ

dyn% 番目の経路の両端を特徴づける量は dynMIN% ≦ dynMAX% で与えられる (ここでは 16 の任意の経路がある). dyn% 番目の経路では, それぞれ以下のものが決まる.

(1) 多角形波形 (PWF) の断片の数 Imax%.

(2) dyn% 番目の経路の音の領域の数.

(3) この dyn% 番目の経路の音や沈黙の領域を推計学的に支配する指数分布の係数.

(4) ある領域が音の領域になる確率 (ベルヌーイ分布).

(5) さまざまなデジタル・フィルタ.

(6) 振幅（座標）と連続する多角形波形の頂点の間隔（継続時間）を支配する二つの推計学的法則（少なくとも，六つの異なる推計学的法則が導入される）.

(7) 必要があれば，今述べた各推計学的法則に対する二つの係数.

(8) a) 振幅（縦座標）に使う最初の二つの弾性ミラーの大きさ.
　b) 時間（横座標）に使う最初の二つの弾性ミラーの大きさ.
　c) 振幅（縦座標）に使う二番目の二つの弾性ミラーの大きさ.
　d) 時間（横座標）に使う二番目の二つの弾性ミラーの大きさ.

(9) サンプルごとのオーバーフロー（>16 ビット）を避けるためのミラーサイズの均衡の取れた修正.

(10) この PARAG(psi%) 列の dyn% 番目の経路すべてについて，音ないし沈黙の領域の推計学的計算が（指数分布を通して）行われる．すなわちその出発点と継続時間が決まるのである.

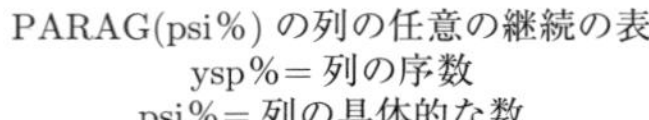

psi% ＝ Q(yspMin% ＋ j%)

PARAG(spi%) の列のデータ

与えられたいくつかの dyn%番目の経路の寄与から作られた同時ないし時間的に推計学的な重複による PARAG(psi%) の音の列の構築

dyn% ＝ dynMin%
DYNAS(dyn%)

dyn% ＝ dynMin% ＋ 1
サブルーチン DYNAS(dyn%)，つまり連続する多角形波形（PWF）の推計学的な構築による dyn%番目の経路の寄与

現在の頂点の振幅（縦座標）

1. PARAG(psi%) に従って確率分布 $f(y)$ を選ぶ.
2. 一様分布から $0 \leqq Z1 \leqq 1$ を取る. 次に分布関数
$$F(y) = \int_{-\infty}^{y_0} f(y)dy = Z1$$
からこの頂点での振幅（縦座標）の増分 y_0 を取ってくる.
3. この y_0 を一対の弾性ミラーに通す.
4. こうして得られた y' を先行する PWF の同じ頂点の振幅（縦座標）に加える.
5. （2d 対の弾性ミラーに通した後の）この新たな値 y が，実際の PWF の現在の頂点の振幅（縦座標）を与える.

現在の頂点の時間（横座標）

1. PARAG(psi%)に従って確率分布 $g(x)$ を選ぶ.
2. 一様分布から $0 \leqq Z2 \leqq 1$ を取る. 次に分布関数
$$F(x) = \int_{-\infty}^{x_0} g(x)dx = Z2$$
から，この現在の頂点をその前の頂点と隔てる区間（持続時間）の増分 x_0 を取ってくる.
3. この x_0 を一対の弾性ミラーに通す.
4. こうして得られた x' を先行する PWF の同じ頂点を隔てる区間（持続時間）に加える.
5. （2d 対の弾性ミラーを通した後の）この新しい値 x が，現在の頂点を実際の PWF の先行する頂点と隔てる区間（持続時間）を与える.

この x の区間（持続時間）によって隔てられている PWF の振幅（縦座標）を，サンプルごとに一次補間する（サンプリングレート：44100 サンプル/秒）.

振幅（縦座標）と／あるいは持続時間の任意のデジタル・フィルタリング

この列 PARAG(psi%) の dyn%番目の経路のすべての寄与を使い終わり，ただ一つのサンプルについて以上の計算が終わったらすぐに，(a) この PARAG(psi%) 列のサンプルが終わらない場合は，次のサンプルについて上の手順を繰り返すことで，新たに dyn%番目の経路の寄与を計算する. (b) この PARAG(psi%) 列のサンプルが終わった場合は，（PARAG(psi%) 列の表に従って）次の PARAG(psi%) 列のデータをメインのプログラムに導入し，先ほどの手順を繰り返す. (c) 表の最後の PARAG(psi%) 列が計算できていた場合は，作業および音楽は終了したことになる.

多チャンネルステレオ音楽について：(a) 同じメインのプログラムを最初からチャンネルの数だけ計算する，(b) 各チャンネルの振幅と／あるいは時間のために別々の乱数生成器を使う.

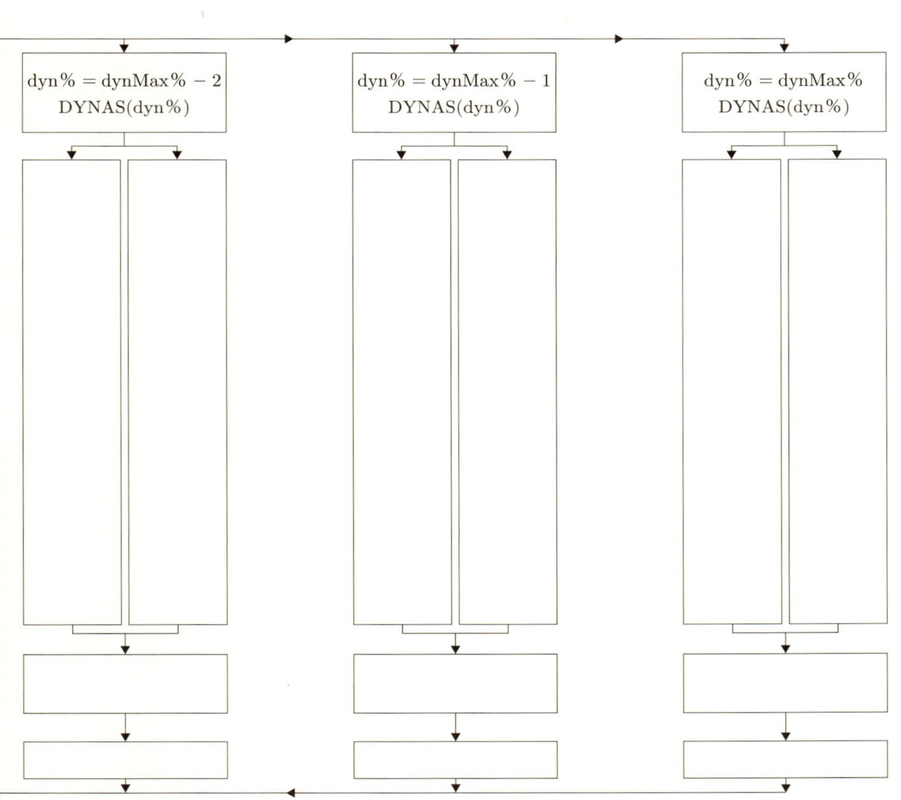

dyn% = dynMax% − 2
DYNAS(dyn%)
dyn% = dynMax% − 1
DYNAS(dyn%)
dyn% = dynMax%
DYNAS(dyn%)

```
                         ' PROGRAMME
                         'P A R A G 3.BAS
                         '---------------------

'AUTOMATED COMPUTATION of the SOUND-PATCHES for GENDY1.BAS
        '------------------------------------------------------------------------------
        '------------------------------------------------------------------------------
               'do          RANDOMIZE n                                 '
        '                   with -32768 < n < 32767                     '
        '      ex.          n = 4000                                    '
        '      then         RANDOMIZE n          ' Uniform distrib.
        '------------------------------------------------------------------------------'
                            n = 4300: RANDOMIZE n
                            '+++++++++++++++++++++++
                                 psi% = 3        'index of this data
                                                 'programme.
                                 '*********
R$ = LTRIM$(STR$(psi%))

prt$ = "prt" + R$: prt$ = prt$ + ".DAT"              'file for sound-patches

Q0$ = "ARAG00" + R$: Q0$ = Q0$ + ".DAT"              'file for general data
'
'
'
'
'
'data file for the 13th dyn%-field:
M0$ = "ARAG130" + R$: M0$ = M0$ + ".DAT"
M1$ = "ARAG131" + R$: M1$ = M1$ + ".DAT"
M2$ = "ARAG132" + R$: M2$ = M2$ + ".DAT"
'
'
'
'
'
'##############################################
dyn% = dynMin%: horiz% = 1: e% = 2: ecrvrt% = 3: convrt% = 4: mkr = 1.2

DIM DEBmax&(0 TO 20)      'last sound-patch of this dyn%-field
DIM D(0 TO 20)            'coefficient for the exponential distribution
DIM p(0 TO 20)            'probability for the Bernoulli distribution: 0 ≤ p ≤ 1
DIM ralon%(1 TO 20)       'extention of the time-interval (abscissa)
DIM U2&(0 TO 20)          'size of the upper second-elastic-mirror
```

```
DIM V2&(0 TO 20)                 'size of the lower second-elastic-mirror
DIM filter%(0 TO 20, 0 TO 10)    'there are ten possible filters per dyn%-field

OPEN Q0$ FOR OUTPUT AS #1  'general data for the sequence
vertec% = 1: vertcon% = 2        'indexes of the ampl.-ordinate for the screen
                                 'and the converter.
Nmax& = 10000000
dynMin% = 1
dynMax% = 16
flrt%(vertec%) = 0               'vert.screen-filter for GENDY1.BAS
flrt%(vertcon%) = 1              'vert.convert.-filter for GENDY1.BAS
WRITE #1, Nmax&, dynMin%, dynMax%, flrt%(vertec%), flrt%(vertcon%)
CLOSE #1
'
'
'
'
'
'*************************************************************************

OPEN M0$ FOR OUTPUT AS #1 'as an example,this is the 13th dyn%-field
dyn% = 13
        I13max% = 13             'number of divisions of the waveform
        DEBmax&(dyn%) = 25       'max.number of sound or silence sound-patches.
                                 'proportionality factor and coefficient for
                                 'the exponential distribution:
        D(dyn%) = mkr * .45 / (1.75 * 1.25)
        p(dyn%) = .35            'the BERNOULLI distribution.
        ralon%(dyn%) = 9         'minimal time interval extention
        filter%(dyn%, horiz%) = 1
        filter%(dyn%, e%) = 1
        filter%(dyn%, ecrvrt%) = 1
        filter%(dyn%, convrt%) = 1
WRITE #1, dyn%, I13max%, DEBmax&(dyn%), D(dyn%), p(dyn%),
ralon%(dyn%), filter%(dyn%, horiz%), filter%(dyn%, e%), filter%(dyn%, ecrvrt%),
filter%(dyn%, convrt%)
CLOSE #1
OPEN M1$ FOR OUTPUT AS #1
        A13 = .01: B13 = 5: U131& = 1: V131& = -1: U2&(dyn%) = 7:
        V2&(dyn%) = -7: Rdct13 = 1: distrPC13 = 1
WRITE #1, A13, B13, U131&, V131&, U2&(dyn%), V2&(dyn%), Rdct13, distrPC13
CLOSE #1
OPEN M2$ FOR OUTPUT AS #1
        Ad13 = 1: Bd13 = 6: Ud131& = 2: Vd131& = -2: Ud132& = 20:
        Vd132& = 0: Rdcd13 = 1: distrPD13 = 2
WRITE #1, Ad13, Bd13, Ud131&, Vd131&, Ud132&, Vd132&, Rdcd13, distrPD13
CLOSE #1
'*************************************************************************
```

```
'
'
'
'
'################################################################
DIM TH&(0 TO 20, 0 TO 100)      'starting point (sample) of a sound/silence patch
DIM DUR&(0 TO 20, 0 TO 100)     'duration of that patch
DIM THpr&(0 TO 20, 0 TO 100)    'present starting point
DIM BED&(0 TO 20, 0 TO 100)     'variable for the computation of the patches
DIM sTHend&(0 TO 20)            'last sample
'@@@@@@@@@@@@@@@@@@@@@@@@@@@@@@@@@@@@@@@@@@@@@@@@@@@@@@@@@@@@@@@@
OPEN prt$ FOR OUTPUT AS #1  'COMPUTING the sound or silence patches .
      FOR dyn% = dynMin% TO dynMax%
         'n = 4000 + 100 * psi% + 10 * dyn%: RANDOMIZE n
          DEB& = 0 :      IF p(dyn%) <= 0 THEN
                                                   'ignore this dyn%field
                                                   GOTO Gp2
                                    END IF
Gp1:
         DEB& = DEB& + 1: y1 = RND: y2 = RND
         DR = -(LOG(1 - y2)) / D(dyn%)             'patch-duration=EXPON.
                                                   'distrib/sec.
         DUR&(dyn%, DEB&) = DR * 44100             'same in samples.
         THpr&(dyn%, DEB&) = THpr&(dyn%, DEB& - 1) + DUR&(dyn%,
         DEB&)
         IF y1 < = p(dyn%) THEN                    'the sound is in this patch!
                        TH&(dyn%, DEB&) = THpr&(dyn%, DEB& - 1)
                        THDUR = THDUR + DR
                        BED&(dyn%, DEB&) = BED&(dyn%, DEB&) + 1
                        DBE& = DBE& + 1
         END IF
         IF DEB& < DEBmax&(dyn%) THEN
                                  GOTO Gp1
         ELSE
            FOR xi% = 1 TO DEBmax&(dyn%)
            THend& = TH&(dyn%, xi%) + DUR&(dyn%, xi%): TELOS& =
              TELOS& + DUR&(dyn%, xi%)
            WRITE #1, BED&(dyn%, xi%), TH&(dyn%, xi%), DUR&(dyn%, xi%),
              THend&, TH&(dyn%, xi%) / 44100, DUR&(dyn%, xi%) / 44100,
                        THend& / 44100
                                  'last sample of this dyn%-field
                                  '-------------------------------
                                  IF THend& >= sTHend&(dyn%) THEN
                                                   sTHend&(dyn%) = THend&
                                  END IF
            NEXT xi%
            WRITE #1, THDUR, THDUR / (TELOS& / 44100), sTHend&(dyn%)
            DURsec = (sTHend&(dyn%)) / 44100
```

```
        END IF
                                        'against the overflow
                                        '---------------------------
                                        sU2& = sU2& + U2&(dyn%)
                                        sV2& = sV2& + V2&(dyn%)
                                        THDUR = 0: TELOS& = 0: DBE& = 0
                                        sTHend&(dyn%) = 0
Gp2:
      NEXT dyn%
'Proportionality for less than 16 bits amplitudes (upper mirrors)
'++++++++++++++++++++++++++++++++++++++++++++++++
      FOR dyn% = dynMin% TO dynMax%
         IF p(dyn%) > 0 THEN
            IF dyn% = 1 THEN
OPEN A1$ FOR OUTPUT AS #1: U2&(dyn%) = (98 / sU2&) * U2&(dyn%)
WRITE #1, A1, B1, U11&, V11&, U2&(dyn%), V2&(dyn%), Rdct1, distrPC1
CLOSE #1
            ELSEIF dyn% = 2 THEN
'
'
'
'
'
            ELSEIF dyn% = 13 THEN
OPEN M1$ FOR OUTPUT AS #1: U2&(dyn%) = (98 / sU2&) * U2&(dyn%)
WRITE #1, A13, B13, U131&, V131&, U2&(dyn%), V2&(dyn%), Rdct13, distrPC13
CLOSE #1
            ELSEIF dyn% = 14 THEN
'
'
'
'
'
            END IF
         END IF
      NEXT dyn%
'Proportionality for less than 16 bits amplitudes(lower mirrors)
'++++++++++++++++++++++++++++++++++++++++++++++++
      FOR dyn% = dynMin% TO dynMax%
         IF p(dyn%) > 0 THEN
            IF dyn% = 1 THEN
OPEN A1$ FOR OUTPUT AS #1: V2&(dyn%) = (-98 / sV2&) * V2&(dyn%)
WRITE #1, A1, B1, U11&, V11&, U2&(dyn%), V2&(dyn%), Rdct1, distrPC1
CLOSE #1
            ELSEIF dyn% = 2 THEN
'
'
'
```

```
'
'
            ELSEIF dyn% = 13 THEN
OPEN M1$ FOR OUTPUT AS #1: V2&(dyn%) = (-98 / sV2&) * V2&(dyn%)
WRITE #1, A13, B13, U131&, V131&, U2&(dyn%), V2&(dyn%), Rdct13, distrPC13
CLOSE #1
            ELSEIF dyn% = 14 THEN
'
'
'
'
'

            END IF
        END IF
      NEXT dyn%
'((((((((((((((((((((((((((((((((((((((((((((((((((((((((((((((((((((((((((((((
END
```

'GENDY1.BAS

```
'= = = = = = = = = = = = = = = = = = = = = = = = = = =
      'This programme controls several stochastic-dynamic sound-fields.
      'A stochastic-dynamic sound-field is made out of a wave-length Tl
      'divided in Imax% segments (durations). Each one of these segments
      'is stochastically varied by a cumulated probability-distribution.
      'At the ends of each one of these segments are computed the amplitudes
      '(ordinates) that will form the waveform polygone. Are defined:
      'for the duration abscissa a probability distribution and 2 times 2
      'elastic mirrors; for the amplitude ordinates a probability distri-
      'bution and 2 times 2 elastic mirrors. In between the vertices a linear
      'interpolation of points completes the waveform polygone.
'@@@@@@@@@@@@@@@@@@@@@@@@@@@@@@@@@@@@@@@
  '1st field:
  'compute one sound-sample:
   DECLARE SUB DYNAS1 (I1max%, SMP&, C11&, C12&, t11&, t12&, I1%, N1&,
          fh&, hf&, hh&)
  'compute the amplitude-ordinate:
   DECLARE SUB PC1 (Tab11(), Tab12(), I1%, N1&)
  'compute the time-abscissa:
   DECLARE SUB PD1 (Tad11(), Tad12(), I1%, N1&)
  '2d field:
      '
      '
      '
      '
```

```
    '
'13th field
'compute one sound-sample:
 DECLARE SUB DYNAS13 (I13max%, SMP&, C131&, C132&, t131&, t132&,
          I13%, N13&, fh&, hf&, hh&)
'compute the amplitude-ordinate:
 DECLARE SUB PC13 (Tab131(), Tab132(), I13%, N13&)
'compute the time-abscissa:
 DECLARE SUB PD13 (Tad131(), Tad132(), I13%, N13&)
'14th field
    '
    '
    '
    '
    '
'@@@@@@@@@@@@@@@@@@@@@@@@@@@@@@@@@@@@@@@
 'Sample-file for output to the converter:
 OPEN "C:\SOUND\S351.DAT" FOR BINARY AS #3
 SON$ = "S351"                'sound number on disc
'&&&&&&&&&&&&&&&&&&&&&&&&&&&&&&&&&&&&&&&&&&&&&&&&&&&&&&&&&&&&&&&&

 rndj = 401                   'rndj initialises the random-number gene-
 RANDOMIZE rndj               'rator used through all this programme.
                              '-32768 < rndj < 32767
 'LEHMER'S random-number generators are also used.
'&&&&&&&&&&&&&&&&&&&&&&&&&&&&&&&&&&&&&&&&&&&&&&&&&&&&&&&&&&&&&&&&

 DIM psi%(0 TO 31)            'for 32 sequences psi%
 DIM chD&(0 TO 31)            'the greatest duration-length of a sequence.
'&&&&&&&&&&&&&&&&&&&&&&&&&&&&&&&&&&&&&&&&&&&&&&&&&&&&&&&&&&&&&&&&

 'psi% is the number of a given sequence.
 'ysp% is an ordinal number from yspMin% to yspMax% used as an index for psi%.
 'DEFINE HERE ypsMin% and ypsMax% and the order of a freely chosen
 'succession of sequences psi% given in the SUB ARCHSEQ1(yspMin%,yspMax%)!

 'For example:
 yspMin% = 1
 yspMax% = 7
 OPEN "SEQSON" FOR OUTPUT AS #1      'file to be used in the score
                                     routine.
 WRITE #1, SON$, yspMax%, yspMin%
 FOR yspMin% = 0 TO yspMax%
              CALL ARCHSEQ1(yspMin%, yspMax%)
              WRITE #1, psi%
 NEXT ysp%
 CLOSE #1
'dynMin% and dynMax% (= minimum and maximum values of the dyn%-fields)
```

```
 'are to be found in PARAG(psi%).
'!!!!!!!!!!!!!!!!!!!!!!!!!!!!!!!!!!!!!!!!!!!!!!!!!!!!!!!!!!!!!!!!!!!!!!!!!!!!!!!!!!!!!!!!!!!!!!!!
'=========== COMPUTATION'S BEGINING ===============
 ysp% = yspMin%
'**********************************************************************
lbg1:
                    CALL ARCHSEQ1(ysp%, yspMax%)
'!!!!!!!!!!!!!!!!!!!!!!!!!!!!!!!!!!!!!!!!!!!!!!!!!!!!!!!!!!!!!!!!!!!!!!!!!!!!!!!!!!!!!!!!!!!!!!!!!
'$$$$$$$$$$$$$$$$$$$$$$$$$$$$$$$$$$$$$$$$$$$$$$$$$$$$$$$$$$$$$$$$$$$$$
 'Free dimensioning of the tables
 '-------------------------------
 'Tables for the ordinate values of the I1% segment for cumulation.
  DIM Tab11(1 TO 2, 0 TO 90): DIM Tab12(1 TO 2, 0 TO 90)'K=1 or 2:IjMax%
          ' = 90
 'Tables for the abscissa values of the I1% segment for cumulation.
  DIM Tad11(1 TO 2, 0 TO 90): DIM Tad12(1 TO 2, 0 TO 90)

 'Tables for the ordinate values of the I2% segment for cumulation.
  DIM Tab21(1 TO 2, 0 TO 90): DIM Tab22(1 TO 2, 0 TO 90)
 '
 '
 '
 '
 '
 'Tables for the ordinate values of the I13% segment for cumulation.
  DIM Tab131(1 TO 2, 0 TO 90): DIM Tab132(1 TO 2, 0 TO 90)
  'Tables for the abscissa values of the I13% segment for cumulation.
  DIM Tad131(1 TO 2, 0 TO 90): DIM Tad132(1 TO 2, 0 TO 90)
 'Tables for the ordinate values of the I14% segment for cumulation.
  DIM Tab141(1 TO 2, 0 TO 90): DIM Tab142(1 TO 2, 0 TO 90)
 '
 '
 '
 '
 '
'**********************************************************************
 'dyn% = index of the stochastic subroutine DYNAS(dyn%);
 'DEB&(dyn%) = ordinal index of the sound-patches of this routine;
 'DEBmax&(dyn%) = last sound-patch of this routine;
 'DUR&(dyn%,DEB&(dyn%)) = sound-duration whose ordinal number is
 'DEB&(dyn%);
 'TH&(dyn%,DEB&(dyn%)) = the SMP& sample at which each sound-patch
 'commences;
 'SMP& = number of the running sample;
 'Ijmax% = number of subdivisions of a waveform time-length.

  DIM DEBmax&(0 TO 20)
```

```
                                  'max.patch numb.:dynMin%=0 TO
                                  'dynMax%=20
DIM DEB&(0 TO 90)                 'current patch numb.: 0 TO
                                  'DEBmax&(dyn%)=90
DIM D(0 TO 20)                    ''in expon.dens.;dynMin%=0 TO
                                  'dynMax%=20
DIM pp(0 TO 20)                   ''in Bernoulli dens.;dynMin%=0 TO
                                  'dynMax%=20
DIM TH&(0 TO 20, 0 TO 90)         'patch start:dyn%=0 TO '20,DEB&(dyn%)=0
                                  TO 90
DIM DUR&(0 TO 20, 0 TO 90)        'patch dur.:dyn%=0 TO '20,DEB&(dyn%)=0
                                  TO 90
DIM BED&(0 TO 20, 0 TO 90)        'patch param.:dyn%=0 TO
                                  '20,DEB&(dyn%)=0 TO 90
DIM U2&(0 TO 20)                  'upper mirror size: dynMin%=0 TO
                                  'dynMax%=20
DIM V2&(0 TO 20)                  'lower mirror size: dynMin%=0 TO
                                  'dynMax%=20
DIM sTHend&(0 TO 20)              'last sample of the considered dyn%.
DIM flrt%(0 TO 2)                 'final screen or converter filter.
DIM filter%(0 TO 20, 0 TO 10)     'ten available filters per field (dyn%).
DIM ralon%(1 TO 20)               'extention of abscissa.

'**************************************************************************
'readings of sequences' data from files written by PARAG(psi%).
'--------------------------------------------------------------------------
  R$ = LTRIM$(STR$(psi%))

  prt$ = "prt" + R$: prt$ = prt$ + ".DAT"              'sound-patches data-files.
  Q0$ = "ARAG00" + R$: Q0$ = Q0$ + ".DAT"              'general data-file for all
                                                       'sequences.
  A0$= "ARAG10" + R$: A0$ = A0$ + ".DAT"               'specific data for 1st
                                                       'dyn%-field.
  A1$ = "ARAG11" + R$: A1$ = A1$ + ".DAT"
  A2$ = "ARAG12" + R$: A2$ = A2$ + ".DAT"

  B0$"ARAG20" + R$: B0$ = B0$ + ".DAT"
  '
  '
  '
  '
  '
  M0$ = "ARAG130" + R$: M0$ = M0$ + ".DAT"             'specific data for 13th
                                                       'dyn%-field.
  M1$ = "ARAG131" + R$: M1$ = M1$ + ".DAT"
  M2$ = "ARAG132" + R$: M2$ = M2$ + ".DAT"

  N0$ = "ARAG140" + R$: N0$ = N0$ + ".DAT"
```

```
                                            'specific data for 14th
                                            'dyn%-field.
 '
 '
 '
 '
'@@@@@@@@@@@@@@@@@@@@@@@@@@@@@@@@@@@@@@
 horiz% = 1: e% = 2: ecrvrt% = 3: convrt% = 4      'filter indexes

 '^^^^^^^^^^^^^^^^^

 'general data-files for the dyn%-fields.
 '*********************************
 OPEN Q0$ FOR INPUT AS #1
 INPUT #1, Nmax&, dynMin%, dynMax%, flrt%(1), flrt%(2)
 CLOSE #1
'&&&&&&&&&&&&&&&&&&&&&&&&&&&&&&&&&&&&&&&&&&&&&&&&&&&&&&&&&&&&&&&
 'specific data-files for each dyn%-field.
 '---------------------------------------------------
'*********************************************************************
 OPEN A0$ FOR INPUT AS #1
 dyn% = 1
 INPUT #1, dyn%, I1max%, DEBmax&(dyn%), D(dyn%), pp(dyn%),
         ralon%(dyn%), filter%(dyn%, horiz%), filter%(dyn%, e%), filter%(dyn%,
         ecrvrt%), filter%(dyn%, convrt%)
 CLOSE #1
 OPEN A1$ FOR INPUT AS #1
 INPUT #1, A1, B1, U11&, V11&, U2&(dyn%), V2&(dyn%), Rdct1, distrPC1
 CLOSE #1
 OPEN A2$ FOR INPUT AS #1
 INPUT #1, Ad1, Bd1, Ud11&, Vd11&, Ud12&, Vd12&, Rdcd1, distrPD1
 CLOSE #1
'*********************************************************************
 B0$ FOR INPUT AS #1
 dyn% = 2
 INPUT #1, dyn%, I2max%, DEBmax&(dyn%), D(dyn%), pp(dyn%),
         ralon%(dyn%), filter%(dyn%, horiz%), filter%(dyn%, e%), filter%(dyn%,
         ecrvrt%), filter%(dyn%, convrt%)
 '
 '
 '
 '
 '
'*********************************************************************
 OPEN M0$ FOR INPUT AS #1
 dyn% = 13
 INPUT #1, dyn%, I13max%, DEBmax&(dyn%), D(dyn%), pp(dyn%),
         ralon%(dyn%), filter%(dyn%, horiz%), filter%(dyn%, e%), filter%(dyn%,
         ecrvrt%), filter%(dyn%, convrt%)
```

```
  CLOSE #1

  OPEN M1$ FOR INPUT AS #1
  INPUT #1, A13, B13, U131&, V131&, U2&(dyn%), V2&(dyn%), Rdct13,
          distrPC13
  CLOSE #1

  OPEN M2$ FOR INPUT AS #1
  INPUT #1, Ad13, Bd13, Ud131&, Vd131&, Ud132&, Vd132&, Rdcd13,
          distrPD13
  CLOSE #1
'*************************************************************************
  OPEN N0$ FOR INPUT AS #1
  dyn% = 14
  INPUT #1, dyn%, I14max%, DEBmax&(dyn%), D(dyn%), pp(dyn%),
          ralon%(dyn%), filter%(dyn%, horiz%), filter%(dyn%, e%), filter%(dyn%,
          ecrvrt%), filter%(dyn%, convrt%)
  '
  '
  '
  '


'*************************************************************************
'+++++++++++++++++++++++++++++++++++++++++++++++++

 'Reading of the starting sampling-points DEB&(dyn%) of
 'sound-patches in each dyn%-field.
'-----------------------------------------------------------------------
  OPEN prt$ FOR INPUT AS #1
  FOR dyn% = dynMin% TO dynMax%             'loop on the dyn%-fields
          IF pp(dyn%) < = 0 THEN             'for ignored dyn%-fields.
                        GOTO lbg10
          END IF
          FOR xi% = 1 TO DEBmax&(dyn%)       'loop on the sound/silent
                                             'patches.
          INPUT #1, BED&(dyn%, xi%), TH&(dyn%, xi%), DUR&(dyn%, xi%),
          THend&, THsec, DURsec, Thendsec
          TELOS = TELOS + DUR&(dyn%, xi%) / 44100
          NEXT xi%
          INPUT #1, THDUR, THDURpcent, sTHend&(dyn%)
          TELOS = 0
'+++++++++++++++++++++++++++++++++++++++++++++++++
 'the longest of the dyn%-field durations in this sequence {psi%} is:
 '--------------------------------------------------------------
          IF megDUR <= sTHend&(dyn%) THEN
                              megDUR = sTHend&(dyn%)
                              'megDUR is the longest dyn%-field
                              'duration.
          END IF
```

```
lbg10:
  NEXT dyn%
CLOSE #1
'++++++++++++++++++++++++++++++++++++++++++++++++++++
  chD&(psi%) = megDUR
  sDURech = sDURech + chD&(psi%)           'cumulation of the longest
                                           'sequence -durations.
  DURlept = INT(sDURech / (44100 * 60))    'duration in minutes.
  DURsec = (sDURech / 44100) MOD 60        'duration in seconds.
'=====================================================
  megDUR = 0
'$$$$$$$$$$$$$$$$$$$$$$$$$$$$$$$$$$$$$$$$$$$$$$$$$$$$$$$$$$$$$$$$$$$$$$$$
  FOR dyn% = dynMin% TO dynMax%
                  DEB&(dyn%) = 1
                                           'starting number of the
                                           'sound or
  NEXT dyn%                                'silence patch for each
                                           'dyn%-field.
'**********************************************************************
  CALL WINDO                               'screen window.
  SECN = SMP& / 44100                      'running sample.
  SPM& = SMP& MOD 44100                    'running seconds.
  PRINT SMP&: PRINT SECN: PRINT sampl&: PRINT sec
  dyn% = dynMin%
'**********************************************************************
  SMP& = 0                                 'sample number.
  ff% = 0                                  'screen amplitude of
                                           'a current sample.
  hf& = 0                                  'converter amplitude of
                                           'a current sample.
  Kdyn% = dynMax% + 1                      'check of the dyn%-fields
                                           'amount still availabble.
  TELEN% = 0                               'for testing the music-piece
                                           end.
'**********************************************************************
                    'M A I N   P R O G R A M M E
                    '
                    ______________________________
lbg2:
  'This part concerns the computation of the amplitude (ordinate) at
  'a given sample SMP& by adding up the sound contributions of all
  'dyn%-fields in a row from dynMin% to dynMax% with their
  'patches DEB&(dyn%),their starting samples TH&(dyn%,DEB&(dyn%)) and
  'their durations DUR&(dyn%,DEB&(dyn%)).This computation defines
  'concurrently the amplitude and time elements of the waveform polygones.

  IF DEB&(dyn%)  > DEBmax&(dyn%) THEN
                              IF Kdyn% = dynMin% THEN
                              TELEN% = 1: GOTO lbg5
```

```
                                        ELSE
                                        GOTO lbg0
                                        END IF
   ELSEIF SMP& < TH&(dyn%, DEB&(dyn%)) THEN
                                        GOTO lbg0
   ELSEIF SMP& = TH&(dyn%, DEB&(dyn%)) THEN
          IF DUR&(dyn%, DEB&(dyn%)) <> 0 AND BED&(dyn%,
            DEB&(dyn%)) = 1 THEN
                                        GOTO lbg3  'begining of DYNAS[dyn%]
          ELSE                          fh& = 0: hh& = 0
                                        GOTO lbg5 'no DYNAS[dyn%]
          END IF
   ELSEIF SMP& < = TH&(dyn%, DEB&(dyn%)) + DUR&(dyn%, DEB&(dyn%))
         AND BED&(dyn%, DEB&(dyn%)) = 1 THEN
                                        GOTO lbg4 'continuation of DYNAS[dyn%]
   ELSEIF DEB&(dyn%)  <= DEBmax&(dyn%) THEN
                                        IF DEB&(dyn%) = DEBmax&(dyn%) THEN
                                        Kdyn% = Kdyn% - 1
                                        END IF
                                        DEB&(dyn%) = DEB&(dyn%) + 1
                                        GOTO lbg2
   ELSEIF dyn% < dynMax% THEN           dyn% = dyn% + 1
                                        GOTO lbg2
   ELSE                                 GOTO lbg6
   END IF
lbg0:
                                        IF dyn% < dynMax% THEN
                                        dyn% = dyn% + 1
                                        GOTO lbg2
                                        ELSE
                                        fh& = 0: hh& = 0
                                        GOTO lbg5
                                        END IF
'========================================
lbg3:
  'contribution of a dyn%-field DYNAS[dyn%] at the start:
  '-------------------------------------------------------
                                  IF dyn% = 1 THEN
                                  ClePenetr% = 1
   CALL DYNAS1(I1max%, SMP&, C11&, C12&, t11&, t12&, I1%, N1&, fh&, hf&,
          hh&)
                                  GOTO lbg5
                                  ELSEIF dyn% = 2 THEN
   '
   '
   '
   '
   '
                                  GOTO lbg5
```

```
                              ELSEIF dyn% = 13 THEN
                              ClePenetr% = 1
  CALL DYNAS13(I13max%, SMP&, C131&, C132&, t131&, t132&, I13%, N13&,
        fh&, hf&, hh&)
                              GOTO lbg5
                              ELSEIF dyn% = 14 THEN
  '
  '
  '
  '
  '                           END IF
'--------------------------------------------------------------------------
lbg4:
  'Contribution of a dyn%-field DYNAS(dyn%) after DEB&(dyn%) = 1 is ended.
  'This is realized with ClePenetr% = 0.
'--------------------------------------------------------------------------
                              IF dyn% = 1 THEN
  CALL DYNAS1(I1max%, SMP&, C11&, C12&, t11&, t12&, I1%, N1&, fh&, hf&,
        hh&)
                              GOTO lbg5
                              ELSEIF dyn% = 2 THEN
  '
  '
  '
  '
  '
                              GOTO lbg5
                              ELSEIF dyn% = 13 THEN
  CALL DYNAS13(I13max%,  SMP&, C131&, C132&, t131&, t132&, I13%, N13&,
        fh&, hf&, hh&)
                              GOTO lbg5
                              ELSEIF dyn% = 14 THEN
  '
  '
  '
  '
  '                           END IF
'--------------------------------------------------------------------------
lbg5:
' cumulation of amplitudes (ordinates) at a current sample-point SAMP&.
'=========================================================
                          'end-test of the usic-piece:
                          '---------------------------------
                          IF TELEN% <> 0 THEN
                          SOUND 500, 500 / 200
                          SOUND 2000, 2000 / 100
                          GOTO lbg8
                          END IF
'=========================================================
```

```
        ff% = ff% + fh&                 'to screen.
        hf& = hf& + hh&                 'to converter.
        'incremen.of the dyn%-field.
        '--------------------------
        IF dyn% < dynMax% THEN
        dyn% = dyn% + 1
        GOTO lbg2
        END IF
'*************************************************************************
lbg6:
        'screen ordinate
        '______________________________
        U& = 99: V& = -99: Q = ff%
        CALL MIR0(U&, V&)               'mirrors: first pair.
        ff% = Q
        'vertical screen filter (flrt%(vertec%=1))
        '""""""""""""""""""""""""""""""""""""""""""""""""""""""""""""
        vertec% = 1
        IF flrt%(vertec) = 0 THEN
        GOTO sflt1
        END IF
''
        Q = (ffprec1% + ff%) / 2                    'filter
        Q = (ffprec1% + ffprec2% + ff%) / 3         'filter
        ffprec2% = ffprec1%                         'filter
        ffprec1% = ff%                              'filter
        ff% = Q
sflt1:
        ord2% = ff%
        ff% = 0
        'converter ordinate (for file)
        '______________________________
        U& = 32767: V& = -32768: Q = hf&
        CALL MIR0(U&, V&)
        hf& = Q
        'vertical converter filter (vertcon%=2)
        '""""""""""""""""""""""""""""""""""""""""""""""""""""""""""
        vertcon% = 2
        IF flrt%(vertcon%) = 0 THEN
        GOTO sflt2
        END IF
''
        Q= (hfprec1& + hf&) / 2                     'filter
        Q = (hfprec1& + hfprec2& + hf&) / 3         'filter
        hfprec2& = hfprec1&                         'filter
        hfprec1& = hf&                              'filter
sflt2:
        'final ordinate
        '-------------------
```

```
                         hf& = Q
'**************************************************************************

                         IF SMP& < 400000000 THEN
                         '(400000000 is an arbitrary number.)
                         'for the screen,if we wish to show the resultant:
                         LINE (abs1%, ord1%)-(abs2%, ord2%)
                         abs1% = abs2%
                         ord1% = ord2%
                         SMP& = SMP& + 1
                         sampl& = sampl& + 1              'global sampling
                                                          'point
                         END IF
'change of sequence.
'******************
IF SMP&  <= chD&(psi%) THEN
                          GOTO lbg9
ELSE
                    ysp% = ysp% + 1
               IF ysp%  < yspMax% THEN                    'yspMax% =
                                                          'maximum number
                              GOTO lbg1                   'of sequences.
               ELSE
                              GOTO lbg8
               END IF
END IF
lbg9:
                         abs2% = sampl& MOD 639           'global screen
                                                          'abscissa.
                         IF abs2% = 0 THEN
                                         abs1% = 0
                         END IF
'++++++++++++++++++++++++++++++++++++++++++++++++++++++++++++++++++
'every point is now written in the converter file.
'----------------------------------------------------------------
                         sample% = hf&
                         hf& = 0
                         PUT #3, , sample%                'in the converter
'++++++++++++++++++++++++++++++++++++++++++++++++++++++++++++++++++
'chronologies and beep signals.
'----------------------------------------
                         SECN = SMP& / 44100              'prints the seconds
                         secd = sampl& / 44100
                         SPM& = SMP& MOD 44100
                         IF SPM& > = 0 AND SPM&  2 THEN
                                                 SOUND 1000, 1000 / 500
                         END IF
                         IF abs2% = 0 THEN
                                                 SOUND 500, 500 / 200
```

```
                                        SOUND 2000, 2000 / 500
                        CALL WINDO: PRINT SMP&: PRINT SECN
                        PRINT sampl&: PRINT secnd
                        END IF
'&&&&&&&&&&&&&&&&&&&&&&&&&&&&&&&&&&&&&&&&&&&&&&&&&
lbg7:
                        dyn% = dynMin%
                        ff% = 0: hf& = 0
                        GOTO lbg2
lbg8:
                        CLOSE #3                    'the converter
                        END


SUB DYNAS13 (I13max%, SMP&, C131&, C132&, t131&, t132&, I13%, N13&,
fh&, hf&, hh&)

'This is the 13th dyn%-field subroutine of the main programme that commands
'the contribution of this dyn%-field to the amplitude-ordinate and the time-
'abscissa of the waveform polygone that are sent both to the screen and the
'digital-to-analog sound-converter into the main programme GENDY1.BAS.

SHARED ClePenetr%, Q13, Qd13, dyn%, DEB&(), Nmax&, dynMax%, TELEN%,
M1$, M2$
SHARED Tab131(), Tab132(), Tad131(), Tad132(), TH&(), DUR&(), DEBmax&(),
U2&(), V2&()
SHARED ralon%(), horiz%, e%, ecrvrt%, convrt%, filter%()
SHARED aampl, campl, mampl, xampl
SHARED aabsc, cabsc, mabsc, xabsc
STATIC e13&, p13&, t13&, f13prec1&, f13prec2&, h13prec1&, h13prec2&
STATIC A13, B13, U131&, V131&, Rdct13, distrPC13
STATIC Ad13, Bd13, Ud131&, Vd131&, Ud132&, Vd132&, Rdcd13, distrPD13

IF ClePenetr% = 1 THEN
        'Input of the stochastic-distribution coefficients,of the elastic-
        'mirror sizes,of a reduction factor and of the specific stochastic-
        'distribution used for computing the amplitude-ordinates of the
        'waveform polygone.

        OPEN M1$ FOR INPUT AS #1
        INPUT #1, A13, B13, U131&, V131&, U2&(dyn%), V2&(dyn%),
        Rdct13, distrPC13
        CLOSE #1
         'Same kind of input as above but now, for the time-intervals .
        OPEN M2$ FOR INPUT AS #1
        INPUT #1, Ad13, Bd13, Ud131&, Vd131&, Ud132&, Vd132&,
        Rdcd13, distrPD13
        CLOSE #1
```

```
ELSEIF ClePenetr% = 0 THEN
                              GOTO lbl139
ELSEIF DEB&(dyn%) 1 THEN
                              GOTO lbl137
END IF
'
```

```
lbl137:
                         N13& = 2: PSET (0, 0): C131& = SMP&
lbl131:
                         IF N13& MOD 2 = 0 THEN
'K% = alternating switch for cumulating in tables:preced. or present period.
                              K% = 2: GOTO lbl132
                         ELSE
                              K% = 1: GOTO lbl135
                         END IF
lbl132: '
  'first ordinate of the new period = last ordinate of the preceding one.
                         Tab131(K%, 0) = Tab131(K% - 1, I13max%)
                         Tab132(K%, 0) = Tab132(K% - 1, I13max%)
                         Tad131(K%, 1) = Tad131(K% - 1, I13max%)
                         Tad132(K%, 1) = Tad132(K% - 1, I13max%)
                         GOTO lbl136
lbl135:
                         Tab131(K%, 0) = Tab131(K% + 1, I13max%)
                         Tab132(K%, 0) = Tab132(K% + 1, I13max%)
                         Tad131(K%, 1) = Tad131(K% + 1, I13max%)
                         Tad132(K%, 1) = Tad132(K% + 1, I13max%)
lbl136:
            I13% = 1
lbl133:
            p13& = 0
                    'computing the Imax ordinates.
                    '-----------------------------------------
                       CALL PC13(Tab131(), Tab132(), I13%, N13&)
                    'computing the Imax abscissa-intervals.
                    '-------------------------------------------------
                       CALL PD13(Tad131(), Tad132(), I13%, N13&)
                       e13& = Qd13              ' horizontal abscissa filter
                                                '--------------------------------
                                                 IF filter%(dyn%, horiz%) = 0
                                                THEN
                                                           GOTO f13lr1
                                                 END IF
                       e13& = (PDprc131& + PDprc132& + Qd13) / 3'filter
                       PDprc132& = PDprc131&                    'filter
                       PDprc131& = Qd13                         'filter
f13lr1:
                    IF N13& MOD 2 = 0 THEN
                    K% = 2: GOTO lbl134
```

```
                    ELSE
                    K% = 1: GOTO lbl134
                    END IF
'==================================================
lbl134:
                    'Drawing the polygone of period Tl13
                    '----------------------------------------------
                    C132& = C131& + e13&
                    sc% = 639
                    t131& = Tab132(K%, I13% - 1): t132& = Tab132(K%, I13%)
                    t13& = t132& - t131&
'==================================================
                   'LINEAR INTERPOLATION OF ORDINATES
                   'in-between the abscissa C131& and C132&
                   '
                   ________________________________________________
lbl139:
                                          'extension of abscissa   (= ralon%)
                                          '-------------------------------------------

                                          IF filter%(dyn%, e%) = 1 THEN
                                          e13& = ralon%(dyn%)
                                          END IF
                    IF p13& > e13& THEN
                              GOTO lbl1310
                    ELSEIF p13& = e13& AND e13& <> 0 THEN
                              GOTO lbl1310
                    ELSEIF e13& = 0 AND filter%(dyn%, e%) = 0 THEN
                              e13& = 1
                    END IF
                    p13& = p13& + 1
                    fh& = p13& * t13& / e13& + t131&
     'Attack and decay of a sound-patch.
     '--------------------------------------------
     DIAFA& = SMP& - TH&(dyn%, DEB&(dyn%))
     IF DIAFA& = 0 AND DIAFA <= 500 THEN
                              fh& = fh& * DIAFA& / 500
     END IF
     DIAFDIM& = TH&(dyn%, DEB&(dyn%)) + DUR&(dyn%, DEB&(dyn%)) -
     SMP&
     IF DIAFDIM& <= 1000 THEN
                              fh& = fh& * DIAFDIM& / 1000
     END IF
   'Acoustic  Normalisation
   '--------------------------------        hh& = fh& * 32767 / 100
                                   'screen's vertical filter
                                   '----------------------------
                                          IF filter%(dyn%, ecrvrt%) = 0
                                          THEN
```

```
                                        GOTO f13lr3
                                END IF
"                       ffh& = (f13prec1& + fh&) / 2                    'filter
                        ffh& = (f13prec1& + fh&) / 2                    'filter
                        ffh& = (f13prec1& + f13prec2& + fh&) / 3        'filter
                        f13prec2& = f13prec1&                           'filter
                        f13prec1& = fh&                                 'filter
                        fh& = ffh&                                      'filter
                                '------------------------------
f13lr3:
                                'converter's vertical filter
                                '-----------------------------------
                                        IF filter%(dyn%, convrt%) = 0
                                        THEN
                                                GOTO f13lr4
                                        END IF
"
                        hhh& = (h13prec1& + hh&) / 2                    'filter
                        hhh& = (h13prec1& + h13prec2& + hh&) / 3        'filter
                        h13prec2& = h13prec1&                           'filter
                        h13prec1& = hh&                                 'filter
                        hh& = hhh&                                      'filter
f13lr4:
                        ClePenetr% = 0: EXIT SUB
'=============================================
lbl1310:
        C131& = C132&

        'next segment of the period T113 or next period.
        '
        IF I13% < I13max% THEN
                        I13% = I13% + 1: GOTO lbl133
        ELSEIF N13& < Nmax& THEN
                        N13& = N13& + 1: GOTO lbl131
        ELSE            TELEN% = 1: EXIT SUB
        END IF
END SUB

SUB PC13 (Tab131(), Tab132(), I13%, N13&)

'Subroutine of the 13th dyn%-field that computes the amplitude-
'ordinate of the vertices for the waveform polygone.

SHARED dyn%, Q, SMP&, fh&, hf&, ClePenetr%, M1$, prc131, prc132, U2&(),
V2&()
SHARED aampl, campl, mampl, xampl
STATIC A13, B13, U131&, V131&, Rdct13, distrPC13
```

```
IF ClePenetr% = 1 THEN

'Input of the stochastic-distribution coefficients,of the elastic-
'mirror sizes,of a reduction factor and of the specific stochastic-
'distribution used for computing the amplitude-ordinates of the
'waveform polygone.

        OPEN M1$ FOR INPUT AS #1
        INPUT #1, A13, B13, U131&, V131&, U2&(dyn%), V2&(dyn%), Rdct13,
        distrPC13
        CLOSE #1
END IF
          IF N13& MOD 2 = 0 THEN
                      K% = 1
          ELSE
                      K% = 2
          END IF
'LEHMER'S random-number generator:
             xampl = ((xampl * aampl + campl) / mampl - INT((xampl * aampl +
            campl) / mampl)) * mampl
             z = xampl / mampl
'Built-in random-number generator:

'                     z = RND
                      pi = 3.14159265359#: vang = 2 * pi / 44100
                      DO WHILE z = 0
                         z = RND
                      LOOP
                      IF distrPC13 = 1 THEN
''CAUCHY:
Cauchy = A13 * TAN((z - .5) * pi): Q13 = Tab131(K%, I13%) + Cauchy
                      ELSEIF distrPC13 = 2 THEN
''LOGIST.:
L = -(LOG((1 - z) / z) + B13) / A13: Q13 = Tab131(K%, I13%) + L
                      ELSEIF distrPC13 = 3 THEN
''HYPERBCOS.:
hypc = A13 * LOG(TAN(z * pi / 2)): Q13 = Tab131(K%, I13%) + hypc
                      ELSEIF distrPC13 = 4 THEN
''ARCSINE:
arcsin = A13 * (.5 - .5 * SIN((.5 - z) * pi)): Q13 = Tab131(K%, I13%) + arcsin
                      ELSEIF distrPC13 = 5 THEN
''EXPON.:
expon = -(LOG(1 - z)) / A13: Q13 = Tab131(K%, I13%) + expon
                      ELSEIF distrPC13 = 6 THEN
''SINUS:
sinu = A13 * SIN(SMP& * vang * B13): Q13 = sinu   'validate coresp.expression
                      END IF
        U& = U131&: V& = V131&: Q = Q13
        CALL MIR0(U&, V&)
                      Q13 = Q
```

```
        IF K% = 1 THEN
                Tab131(2, I13%) = Q13
        ELSE
                Tab131(1, I13%) = Q13
        END IF
                Q13 = Q13 * Rdct13
                ' Q13 = Q13
                Q13 = Tab132(K%, I13%) + Q13
      U& = U2&(dyn%): V& = V2&(dyn%): Q = Q13
      CALL MIR0(U&, V&)
'                 'valeur filtree                        'filter
'                     Q = (prc131 + Q) / 2               ' "
'                         'Q = (prc131 + prc132 + Q) / 3 ' "
'                         'prc132 = prc131               ' "
'                     prc131 = Q                         ' "
                Q13 = Q
        IF K% = 1 THEN
                Tab132(2, I13%) = Q13
        ELSE
                Tab132(1, I13%) = Q13
        END IF
END SUB


SUB PD13 (Tad131(), Tad132(), I13%, N13&)
'Subroutine of the 13th dyn%-field that computes the time-interval
'between two vertices of the waveform polygone.

SHARED Q, Qd13, I13max%, SMP&, fh&, hf&, ClePenetr%, M2$
SHARED aabsc, cabsc, mabsc, xabsc
STATIC Ad13, Bd13, Ud131&, Vd131&, Ud132&, Vd132&, Rdcd13, distrPD13

IF ClePenetr% = 1 THEN
'Input of the stochastic-distribution coefficients,of the elastic-
'mirror sizes,of a reduction factor and of the specific stochastic-
'distribution used for computing the time-interval in-between
'two verices of the waveform polygone.


         OPEN M2$ FOR INPUT AS #1
         INPUT #1, Ad13, Bd13, Ud131&, Vd131&, Ud132&, Vd132&,
         Rdcd13, distrPD13
         CLOSE #1
END IF
        IF N13& MOD 2 = 0 THEN
                K% = 1
        ELSE
                K% = 2
        END IF
```

```
'LEHMER'S random-number generator:
'xabsc=((xabsc*aabsc+cabsc)/mabsc-INT((xabsc*aabsc+cabsc)/mabsc))*mabsc
        z= xabsc / mabsc
'Built-in random-number generator:
          z = RND
          pi = 3.14159265359#: vang = 2 * pi / 44100
                    DO WHILE z = 0
                      z = RND
                    LOOP
                    IF distrPD13 = 1 THEN
''CAUCHY:
Cauchy = Ad13 * TAN((z - .5) * pi): Qd13 = Tad131(K%, I13%) + Cauchy
                    ELSEIF distrPD13 = 2 THEN
''LOGIST.:
L = -(LOG((1 - z) / z) + Bd13) / Ad13: Qd13 = Tad131(K%, I13%) + L
                    ELSEIF distrPD13 = 3 THEN
''HYPERBCOS.:
hypc = Ad13 * LOG(TAN(z * pi / 2)): Qd13 = Tad131(K%, I13%) + hypc
                    ELSEIF distrPD13 = 4 THEN
''ARCSINE:
'arcsin =Ad13 *(.5 - .5 * SIN((.5 - z) * pi)):Qd13 =Tad131(K%, I13%) + arcsin
                    ELSEIF distrPD13 = 5 THEN
''EXPON.:
expon = -(LOG(1 - z)) / Ad13: Qd13 = Tad131(K%, I13%) + expon
                    ELSEIF distrPD13 = 6 THEN
''SINUS:
sinu = Ad13 * SIN(SMP& * vang * Bd13): Qd13 = sinu 'validate coresp.expression

                    END IF
        U& = Ud131&: V& = Vd131&: Q = Qd13
        CALL MIR0(U&, V&)
                    Qd13 = Q
          IF K% = 1 THEN
                    Tad131(2, I13%) = Qd13
          ELSE
                    Tad131(1, I13%) = Qd13
          END IF
                    Qd13 = Qd13 * Rdcd13
                    ' Qd13 = Qd13

                    Qd13 = Tad132(K%, I13%) + Qd13
        U& = Ud132&: V& = Vd132&: Q = Qd13
        CALL MIR0(U&, V&)
                    Qd13 = Q
          IF K% = 1 THEN
                    Tad132(2, I13%) = Qd13
          ELSE
                    Tad132(1, I13%) = Qd13
          END IF
END SUB
```

SON=S352;ysp%= 7;psi%= 8;Pge= 3;dur.Min:Sec= 2:13; tot.Min : Sec = 2:13

120 130 140 150 160 170 180sec

1 2 3 4 5 6 7 8 9 10 11 12 13 14 15 16

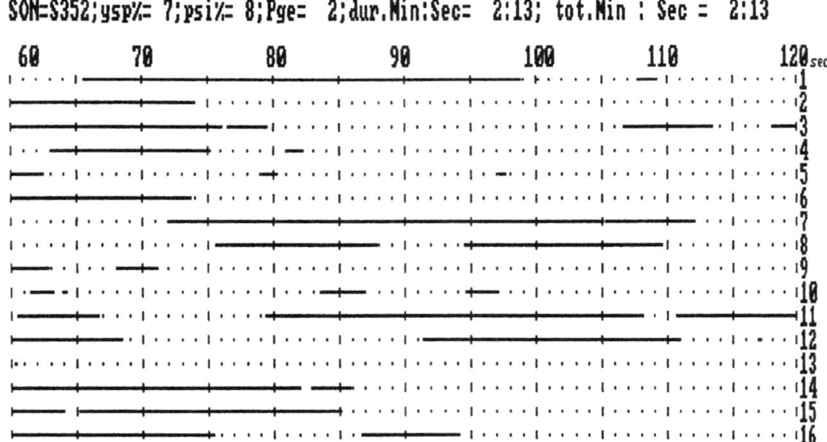

362〜383 ページのプログラムから得られた「スコア」

訳　注

〔1〕本章はクセナキスのコンピュータ音楽の最終段階にあたる，90 年代初頭に開発された GENDY システムの解説である.

〔2〕「前衛」という用語が風化した後の新しい試みを，「実験」と呼んでいる．米国実験音楽が終焉に向かっている時期にようやく使った.

〔3〕ただし，クセナキスの創作全体が年とともにこの方向に向かったわけではない.「監訳者解説」参照.

〔4〕ミクロ構造の部分には第 13 章と本質的な違いはない．GENDY システムの特徴は，シーケンスごとの手作業だったマクロ構造も自動生成できることである.

〔5〕音高や振幅が人間の可聴域を超えた状態を指す.

〔6〕これらの % が付いた記号は，以下の VISUAL BASIC 言語によるソースコードの変数名である.

補遺 I　連続確率の二つの法則 (1)

第一の法則 [1]

$$P(x) = ce^{-cx}$$

長さ l の線分 OA の上に点を n 個置くと，その線密度は $c=n/l$ になる．今，c を変えずに，l と n の二つを無限に大きくする．さらにこれらの点には A_1, $A_p, A_q, \cdots$ と番号が振られていて，原点 O を起点として左から右に並んでいるとしよう．このとき，

$$x_1 = A_1 A_p, \quad x_2 = A_p A_q, \quad x_3 = A_q A_r, \quad \cdots, \quad x_i = A_s A_t$$

とすると，i 番目の断片の長さが x と $x+dx$ の間の x_i である確率は，

$$P(x)dx = e^{-cx}cdx$$

になる．次に，断片 x の上に n 個の点が載っている確率 p_n は，

$$\frac{p_{n+1}}{p_n} = \frac{cx}{n+1}$$

という漸化式で与えられる．よって $p_1=(cx/1)p_0$ が成り立つ．ところが $p_0=e^{-cx}$ で，

$$e^{-cx} = 1 - \frac{cx}{1!} + \frac{(cx)^2}{2!} - \frac{(cx)^3}{3!} + \cdots$$

なので，x がきわめて小さいとして，それを dx で表すと，

$$p_0 = 1 - cdx + \frac{c^2(dx)^2}{2!} - \cdots$$

となる．dx の値はべきが大きくなるにつれていくらでも小さくなるから，$p_0=1-cdx$ で，$p_1=cdx \cdot p_0=cdx$ が成り立つ．このため確率 $P(x)dx$ は，断片 x の上に点が一つも載っていない確率 $p_0=e^{-cx}$ と dx の上に点が一つ載っている確率 $p_1=cdx$ の積になる．

同じ確率を近似計算する（手計算のために）[2]

長さ l の直線の上に d 個の点を並べると，長さは l なので，線密度は $c=d/l$ になる．そこで単位 v を使って長さを表すと，$l=av$（$a>0$）となり，単位長さ v には $cv=d/a$ 個の点が載る．

このとき $x_i=iv$（$i=0,1,2,3,\cdots$）で，断片 x_i の相対頻度の漸近極限値は，

$$P(x_i)\Delta x_i = e^{-civ}c\Delta x_i \tag{1}$$

となる．

そこで次に，Δx_i という量を定める．確率（1）は，x_i の上に一つも点が載っていない確率 $p_0=e^{-civ}$ と $(c\Delta x_i)^2$ が無視できるくらい小さいときに Δx_i の上に点が一つ載っている確率 $p_1=c\Delta x_i$ の積である．そこで，

$$0<(c\Delta x_i)^2<10^{-n}$$

（ただし n は十分大きな自然数）とすると，この式から，

$$0<\Delta x_i<c^{-1}\cdot 10^{-n/2}$$

となるから，ここからすべての x_i について，Δx_i を

$$z\leqq \Delta x_i<c^{-1}\cdot 10^{-n/2} \tag{2}$$

となるような定数 z で置き換えれば，方程式（1）を，

$$P(x_i)=e^{-civ}\cdot cz \tag{3}$$

と書くことができる．ただし，

$$\sum_{i=0}^{\infty} e^{-civ}\cdot cz=1$$

すなわち

$$z=\frac{1}{c\sum\limits_{i=0}^{\infty} e^{-civ}}$$

という条件が満たされなければならないが，$cv>0$，$e^{-cv}<1$ だから，

$$\sum_{i=0}^{\infty}(e^{-cv})^i=\frac{1}{1-e^{-cv}}$$

となって，結局，

$$z=\frac{1-e^{-cv}}{c}$$

となる．

今，（2）から，

$$\frac{1-e^{-cv}}{c} < \frac{10^{-n/2}}{c}$$

だから，

$$0 < 1-e^{-cv} < 10^{-n/2}$$

したがって

$$1-10^{-n/2} < e^{-cv} < 1$$

となる．よって，$cv>0$ なら $e^{-cv}<1$ で，$cv<-\log(1-10^{-n/2})$ なら $e^{-cv}>1-10^{-n/2}$ だといえる．さらに $0<10^{-n/2}<1$ なので，

$$-\log(1-10^{-n/2}) = 10^{-n/2} + \frac{10^{-(n/2)^2}}{2} + \frac{10^{-(n/3)^2}}{3} + \frac{10^{-(n/4)^2}}{4} + \cdots$$

となり，

$$10^{-n/2} < -\log(1-10^{-n/2})$$

が成り立つ．よって $e^{-cv}>1-10^{-n/2}$ であるためには，

$$cv \leqq 10^{-n/2} \tag{4}$$

であれば十分だ．そこで，

$$\Delta x_i = z = \frac{1-e^{-cv}}{c} \tag{5}$$

としてこの値を式（1）に代入し，そこから確率表を作ることができる．ここで一例を挙げると：

長さ $l=100$ cm の線分の上に平均 $d=10$ 個の点が散らばっているとする．このとき，$(c\Delta x_i)^2=10^{-4}$ は無視できるものと見なして，i の関数 $x_i, P(x_i)$ を決める必要がある．

（4）から，v のなかには $cv=10^{-4/2}=0.01$ 個の点がある．ところが今，$c=d/l=10/100$（点/cm）だから，$c=0.1$ 点/cm，$v=0.01/0.1=0.1$ cm で，$x_i=0.1i$ cm $=i$ mm となる．

（5）から，

$$\Delta x_i = \frac{1-e^{-0.01}}{0.1} = (1-0.99005)\cdot 10 = 0.0995 \fallingdotseq 0.1\ \text{cm}$$

となり，（1）より，

$$P(x_i)\Delta x_i = e^{-0.01i}\cdot 0.1\cdot 0.1 = 0.01\cdot(0.99005)^i$$

となる．機械を使った計算は第 5 章を参照されたい．

第二の法則[3]

$$f(j)dj = \frac{2}{a}\left(1 - \frac{j}{a}\right)dj$$

各変数（音の高さ，強さ，密度など）の現在の値とその前の値とはある間隔（距離）をなすが，これらの間隔は，変数軸上に取った線分 x と同一視することができる．さらに，この軸に変数の上限と下限に対応する 2 点 A, B があったとしよう．このとき，$0 \leqq j \leqq AB$ として，AB の上に長さが j 以上 $j+dj$ 以下の線分をランダムに取れるかどうかが問題になるが，実は線分の長さがこの間に収まる確率は，

$$P_j = f(j)dj = \frac{2}{a}\left(1 - \frac{j}{a}\right)dj \qquad (1)$$

となる（ただし，$a = AB$）．

この確率を近似的に定義する（手計算のために）[4]

dj を定数と見なし，j は不連続だとすると，$i = 0, 1, 2, 3, \cdots, m$ に対して $v = a/m$ で $dj = c$，$j = iv$ と置くことができる．すると（1）の式は，

$$P_j = \frac{2}{a}\left(1 - \frac{iv}{a}\right)c \qquad (2)$$

になるが，

$$\sum_{i=0}^{m} P_j = \frac{2c}{a}(m+1) - \frac{2cv}{a^2}\sum_{i=0}^{m} i = \frac{2c(m+1)}{a} - \frac{2cvm(m+1)}{2a^2} = 1$$

なので，

$$dj = c = \frac{a}{m+1}$$

となる[5]．

一方で，P_j を求める十進近似の関数と見なす必要があり，

$$P_j = \frac{2}{m+1}\left(1 - \frac{i}{m}\right) \leqq 10^{-n} \quad (n = 0, 1, 2, 3, \cdots)$$

となる．P_j は，$i = 0$ のときに最大なので，$m \geqq 2 \cdot 10^n - 1$ となる．したがって $m = 2 \cdot 10^n - 1$ に対して，$v = \dfrac{a}{2 \cdot 10^n - 1}$ で $dj = \dfrac{a}{2 \cdot 10^n}$ となって，（1）は，

$$P_j = P_i = \frac{1}{10^n}\left(1 - \frac{i}{2 \cdot 10^n - 1}\right)$$

となる.

同じ確率をコンピュータ計算のために定義する[6]

コンピュータには，$0 \leqq y_0 \leqq 1$ からランダムに（同じ確率で）y_0 という数を引くことしかできない．今，確率密度が $P_j = f(j)dj$ であるような確率の法則を使うと，ある区間 x_0 で，

$$\mathrm{prob}(0 \leqq j \leqq x_0) = \int_0^{x_0} f(j)dj = \frac{2x_0}{a} - \frac{x_0^2}{a^2} = F(x_0)$$

が成り立つ（ただし $F(x_0)$ は j の分布関数である）．ところが $F(x_0) = \mathrm{prob}(0 \leqq y \leqq y_0) = y_0$ だから，

$$\frac{2x_0}{a} - \frac{x_0^2}{a^2} = y_0 \text{ で，} x_0 = a(1 \pm \sqrt{1 - y_0})$$

となり，x_0 は a より小さくなければならないので正の根を省くと，すべての $0 \leqq x_0 \leqq a$ について，

$$x_0 = a(1 - \sqrt{1 - y_0})$$

が成り立つ.

補遺 II[2]

今，$r < \infty$ として，$E_1, E_2, E_3, \cdots, E_r$ という状態があるとする．さらに，各試行でこれらの出来事のうちのどれか一つが必ず起きるとしよう．前の試行で E_h が起きたときに，次に E_k が起きる確率を p_{hk} とすると，

$$\sum_k p_{hk} = 1 \quad (h = 1, 2, \cdots, r)$$

が成り立つ．今，$P_{hk}^{(n)}$ が n 回の試行で状態 E_h から状態 E_k に移る確率を表すとすると，

$$\sum_k P_{hk}^{(n)} = 1 \quad (h = 1, 2, \cdots, r)$$

が成り立つ.

かりに $n \to \infty$ のときにどれか一つの $P_{hk}^{(n)}$ が極限 P_{hk} に向かうとすると，その極限を，j を一つの中間状態 E_j（$1 \leqq j \leqq r$）の添字として，積 $P_{hj}p_{jk}$ の総和で表すことができる．つまり，

$$P_{hk} = P_{h1}p_{1k} + P_{h2}p_{2k} + \cdots + P_{hr}p_{rk}$$

が成り立つのである．ところが極限 P_{hk} の総和は1に等しいから，

$$P_{h1} + P_{h2} + P_{h3} + \cdots + P_{hr} = 1$$

となる．そこで，次のような表，すなわち行列 $D^{(n)}$ を作ることができる．

$$D^{(n)} = \begin{bmatrix} P_{11}^{(n)} & P_{21}^{(n)} & \cdots & P_{r1}^{(n)} \\ \vdots & & & \\ P_{1m}^{(n)} & P_{2m}^{(n)} & & P_{rm}^{(n)} \\ \vdots & & & \\ P_{1r}^{(n)} & P_{2r}^{(n)} & & P_{rr}^{(n)} \end{bmatrix}$$

正則の場合．今かりに少なくとも一つの行列 $D^{(n)}$ にすべての要素が正であるような行 m が少なくとも一本含まれていれば，$P_{hk}^{(n)}$ には P_{hk} という極限があって，P_{hk} のなかに少なくとも一つ，n, h とは無関係にゼロでない極限を持つような P_m が存在する．これが正則な場合である．

正の正則の場合．少なくとも一つの行列 $D^{(n)}$ の要素がすべて正であれば，すべての P_{hk} が，最初の添字 h とは無関係なゼロでない極限 P_k を持つ．これが正の正則の場合である．

確率 $P_k = X_k$ は一般に，次のような r 個の未知数を含む $r+1$ 本の方程式の解の系を構成している．

$$\begin{aligned} X_1 &= X_1p_{11} + X_2p_{21} + \cdots + X_rp_{r1} \\ X_2 &= X_1p_{12} + X_2p_{22} + \cdots + X_rp_{r2} \\ X_3 &= X_1p_{13} + X_2p_{23} + \cdots + X_rp_{r3} \\ &\cdots\cdots \\ X_m &= X_1p_{1m} + X_2p_{2m} + \cdots + X_rp_{rm} \\ &\cdots\cdots \\ X_r &= X_1p_{1r} + X_2p_{2r} + \cdots + X_rp_{rr} \\ 1 &= X_1 + X_2 + \cdots + X_r \end{aligned}$$

ところが最初の r 本の方程式の和が恒等式になるから，これらの方程式は独立でない．そこで最初の r 本の方程式のどれか一つを最後の方程式で置き換えると，未知数が r 個ある方程式 r 本の系になる．もしも正則なら，この

系に一つだけ解があり，$D^{(n)} = D^n$（D の n 乗）であることが示される．

補遺 III　新しい UPIC システム(3)

はじめに

UPIC（Unite Polyagogique Informatique du CEMAMu〔CEMAMu のポリアゴージック情報装置〕）(4) は，楽譜の双方向作成に特化した装置である．新たに作られた最終形のシステムは，リアルタイム合成ユニットにつながれた AT–386 パソコン〔7〕で走るようにできている．このソフトウェアは，マウスでコントロールする「ユーザー・フレンドリー」なウィンドウ形式のグラフィック・インタフェイスを提供しており，これを使うと，譜面の描画，編集，実行，「演奏」の録音をリアルタイムで行うことができる．

説　　明

UPIC は，同一のデータを共有するグラフィックな楽譜エディタと音声エディタと強力な「演奏」（ないし再生）システムを組み合わせた作曲システムである．したがって，音楽を演奏しながら描画および編集のあらゆる作業を行うことができる．コマンドはすべてマウスで操作する．メニューコマンドを使って，描画入力装置をマウスからデジタライザーへ，あるいはデジタライザーからマウスへ切り替えることができる．

UPIC の楽譜は「弧」と呼ばれるメモの集まりである．「弧」とは，音の高さ（周波数）対時間の曲線である．周波数の変動は連続的で，アンビトゥス〔音域〕全体をカバーすることができる．持続時間には 6 ms から楽譜全体の継続時間（最大で 1 時間）までの幅がある．

このシステムには周波数と持続時間の数値を得るためのツールがついていて，弧の記述は従来の音符による記述の拡張になっている．さらに，ひとつひとつの弧のある種の音としての属性を，再生しながらリアルタイムで変更することができる．

UPIC を用いて音声入力で編集する際には，波形やエンベロープや周波数を描き直したり再定義したり，振幅表，弧の割り振りの調整やオーディオチャンネルのパラメータ（ディナミークとエンベロープ）を修正したりする．これら

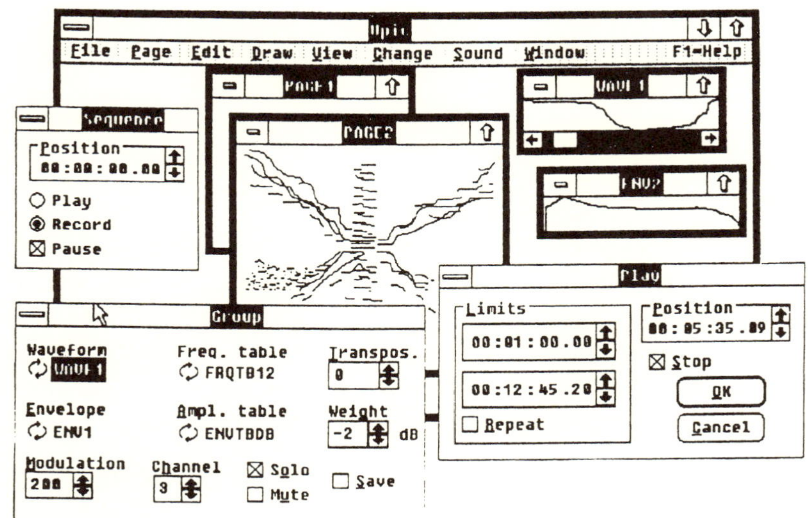

図 1　UPIC のサンプルスクリーン

すべての操作を再生しながら行うことができ，その結果をすぐに聞くことができる．

同じ図形楽譜を異なるさまざまな音で解釈し，それを弧のグループを使って試すことができる．グループには一つの弧やページ全体が含まれていて，音のパラメータをすぐに大がかりに変更（波形を変えたり置き換えたり）することができる．

作曲家はパフォーマンスのあいだにページを切り替え，マウスをページの上で動かしてテンポや演奏位置を制御することができる．こうして得られた生の解釈は編集可能な「シーケンス」に記録される．さらに，シーケンスの演奏中に，シーケンスのなかでの位置やテンポを制御することも可能である．

ページの作成と編集

大きさを変えられる可動ウィンドウのなかで，最大 4 ページを開くことができる．ディスクに保存されたページを開くと，それがリアルタイム・ユニットのメモリにローディングされる．したがって以下の作業は，すべてページを演奏しながら実行できる．

弧は，手描きや破線などの描画モードを用いて描くことができる．受け入れられた弧は，描画されるとすぐにページに挿入されるが，同時刻における限界である 64 振動子に達すると弧の追加は拒否される．デフォルトの属性（波形，エンベロープ，周波数表，振幅表，重み付け，弧の調節，オーディオチャンネル）の集合は，いつでも修正できる．1 ページに最大で 4000 の弧を収めることができる．

通常のカット，コピー，ペーストなどの編集コマンドを使うことができる．異なるタイプの選択（ブロック，リスト，基準）を用いて，各ページに任意の数の弧のグループを四つまで作ることができ，これらのグループに対称移動，回転，上下反転などの幾何学的操作を施すことができる．グループに属する弧の属性（波形，エンベロープ，周波数表，振幅表，重み付け，弧の調節，オーディオチャンネル）をその場で変更し，必要ならば一時的に適用し，保存することも可能である．さらに，グループを即座にミュートにしたり，“solo-ed”したり，さらに／あるいは，入れ替えることもできる．

音声編集

各弧にはオシレータがついていて，その形は，弧の属性（波形，エンベロープ，弧の調整，オーディオチャンネル）によって決まる．弧のグラフィック・データとエンベロープのグラフィック・データは，それぞれ周波数表と振幅表を使って変換され，オシレータに送られる．

サンプリングされた音から波形とエンベロープを描き出すこと，あるいは抽出することができて，それを新たな標準にすることができる．

変換表の内容は，手書きかメニューコマンドの入力によって決まり，書き直すことができる．

周波数表を定義するメニューコマンドを使って，（周波数直接指定か半音で）音域の境界と（チューニングの音とオクターブを何等分するかという数にあたる）音階のパラメータを設定することができる．周波数表を逆にすることも，連続にすることも，不連続にすることも可能である．不連続な場合は，オクターブの分割がそのステップになる．離散的な周波数表で演奏する場合，弧のなかの音高は表の周波数のステップに従って変化する．

演　奏

一度に演奏できるのは1ページだけである．ウィンドウに表示される最大で四つのページは，つながっていることもあれば，つながっていないこともある．ユーザーがそのページをクリックするだけで演奏を始めることができ，演奏の進行を止めたり再開したり，追加のループを作ることによって演奏のタイムリミットを決めることもできる．

テンポや演奏箇所を決めるには，ページの上でマウスを動かすか，それらの値を入力すればよい．ページのなかでは，あらゆるタイプの動き（前に進む，逆行する，ジャンプする，加速する，減速する）が許される．ユーザーが特に指定しない限り，ページは一定のテンポで演奏される．

各ページに，チャンネル・パラメータ（ディナミークとエンベロープ）の集合がひとつ割り当てられる．演奏中に16チャンネル音声出力のディナミークとエンベロープをリアルタイムで制御することができる．チャンネルのエンベロープが全ページに広がるので，与えられたチャンネルの一部に重み付けを施したり，弧を割り当てたりすることができる．

UPICのシーケンスは，（制御の如何に関わらず）演奏中のページのなかの連続するすべての位置を精度6 msで記録したものである．シーケンスは最大で12分の演奏に対応し，位置対時間曲線で表すことができる．また，シーケンスのすべての断片を，新たな記録で上書きしたり，描き直したりすることができる．シーケンスの演奏を，（ページそのものと同じように）マウスによる動きで制御し，実行することができる．四つのページがロードされた場合，ユーザーの手元には作業可能なシーケンスが二つあることになる．

蓄　積

ページや波形やエンベロープや変換表やシーケンスは，ディスクの別々のバンク（DOSファイル）に蓄積される．バンクはユーザーごとにプロテクトされている．蓄積された情報やバンクをコピーしたり，名前を付け替えたり，消したりすることができる．

ユーザーは，蓄積された情報を異なるバンクからロードすることができる．どのバンクでも情報の保存が可能である．

結　論

ここで紹介したのは，現在のUPICシステムの主な特徴の概略である．近々このアプリケーションに，付加的コマンド，特にサンプリング・ユーティリティ（記録，演奏，単純な編集機能）が統合される．演奏時の外部装置との同期や，UPICとMIDIデバイスとの通信については現在研究中である．今後，ほかのアプリケーションからUPICのバンクのデータへのアクセスを可能にするツールが提供されることになっている．

1991年頃までには，このシステムが工業化され，商品化されるはずである．

テクニカルな説明

A）ハードウェアの仕様書

ホスト・コンピュータ

最低でも3メガバイトのメモリーとハードディスク，マウス，MIDIボード，オプションでデジタル化タブレットのあるPC-AT386．すべてのSummagraphics互換性を持つデジタライザーがサポートされている（画面サイズはA0からA4まで）．

リアルタイム合成ユニット

FMで44.1kHzの64オシレータ（将来的には128まで拡張）

コンバーター・ボード

4オーディオ出力チャンネル

2オーディオ入力チャンネル

AES/EBUインタフェイス（4コンバーター・ボードまで拡張可能）

能　力

4000個の弧を収められるページが4枚

波形が64（4Kエントリー）

エンベロープが128（4Kエントリー）

周波数表が四つ（16Kエントリー）

振幅表が四つ（16Kエントリー）

シーケンスが二つ（各12分，精度は6ms）

B）ソフトウェアの主だった特徴

環境：マイクロソフトのWindows 3.xがついたDOS（プルダウンメニューとポップアップウィンドウがついたグラフィカルなマルチアプリケーション環境）.

蓄積：ページ，波形，エンベロープ，周波数表，振幅表とシーケンスは，ディスクの異なるバンクに蓄積される．バンクはユーザーごとにプロテクトされている．

描画：すべてのオブジェクトは，コマンドか手描きで初期設定されており，再描画できる．オブジェクトは大きさが可変でズーム可能な重なり合ったウィンドウに表示される．

編集：ブロック，リスト，基準などいくつかのタイプを選択することができ，一ページに弧のグループを四つまで作ることができる．各グループは，ミュートしたり，“solo-ed”したり，グラフィカルに変形したり，リアルタイムで制御したりすることが可能である．

音響：下記の「C）リアルタイムの制御」を見よ．

C）リアルタイムの制御

ページの制御

　テンポ

　演奏時間の間隔（ループがあるものとないもの）

　ページの切り替え

　ページのなかでの位置

　各オーディオチャンネルの，ディナミークやエンベロープ

シーケンスの制御

　テンポ

　位置

　シーケンスの切り替え

グループの制御

　ソロ

　ミュート

　置き換え

　強度

周波数変調
出力チャンネル
波形（計 64 個のなかから）
エンベロープ（計 128 個のなかから）
周波数表（計 4 個のなかから）
振幅表（計 4 個のなかから）

演奏中の描画

ページが演奏されているあいだに，利用者はその波形，エンベロープ，変換表を修正することができる．

描画が済み次第，新しい弧を聞くことができる．

既存の弧をその端点のあいだで改めて描き直し，同時にそれを聞くことができる．

原　注

(1) Borel (1947), Girault (1959).

(2) Fréchet (1952).

(3) この補遺は，ICMC（国際コンピュータ音楽会議）が 1990 年にグラスゴーで刊行した『紀要』（*Proceedings*）に掲載された CEMAMu のジェラール・マリーノ氏，ジャン＝ミシェル・ラクジンスキ氏，マリー・エレーヌ・セラ氏の論文に刺激を受けて，そこから自由に展開したものである．この三人の誠実な努力に感謝する．

(4) CEMAMu（数学と自動化された音楽の研究センター）は，1965 年にフランス文化賞の基金でヤニス・クセナキスによって創設された．〔原著編者による注〕

訳　注

〔1〕この箇所は原文通りに訳したが全く意味不明である（導こうとする式が導出の前提になっている）．以下，この法則の正しい導出の一例を示す．

線上に一定の密度 c で点が分布している時，長さ x の線分が生じる確率密度 $P(x)$ は，「座標 0 の点の次の点の座標は x で，その間には点がない確率」を指す．すると，無限小の長さ dx に対して $P(x)$ と $P(x+dx)$ の差は，「座標 0 の点の次の点の座標が x，その次の点の座標が $x+dx$ となるような場合は，$P(x)$ には含まれるが $P(x+dx)$ には含まれないこと」に由来する．いま，長さ dx の区間に密度 c で分布する点が 1 個含まれる確率は cdx なので，

$$P(x) = P(x+dx) + P(x)cdx$$

が成立する．他方，dx は無限小なので x のまわりでテイラー展開すると，

$$P(x+dx) = P(x) + \frac{dP(x)}{dx}dx$$

となる．両者を合わせると，

$$\frac{dP(x)}{dx} = -cP(x)$$

という微分方程式が得られ，この解は

$$P(x) = Ae^{-cx} \quad (A\text{ は任意の定数})$$

で与えられる．また $P(x)$ は確率密度なので，変数 x に対して 0 から ∞ まで積分すると 1 になるように規格化されている．これより A は

$$P(x) = ce^{-cx}$$

と定まり，第一の法則が得られた．

〔2〕この箇所も原文通りに訳したが，さらに意味不明である．$P(x)$ の解析的表式は既に与えられており，近似計算を行う意味はない．指数関数を手計算で求めるための近似だとしても，ここでの説明はあまりに迂遠である．

〔3〕この箇所では，法則の導出すら放棄されている．以下は導出の一例である．

長さ a の線分を取り，それとは独立な長さ j（$0 \leqq j \leqq a$）の線分の一方の端が長さ a の線分上に均一に分布している時，もう一方の端も長さ a の線分内に収まる確率密度 $f(j)$ を求める．明らかに $f(j)$ は $j=0$ の時最大，$j=a$ の時 0 になる j の 1 次関数であり，

$$f(j) = B\left(1-\frac{j}{a}\right) \quad (B\text{ は任意の定数})$$

で与えられる．また $f(j)$ は確率密度なので，変数 j に対して 0 から a まで積分すると 1 になるように規格化されている．これより B は

$$f(j) = \frac{2}{a}\left(1-\frac{j}{a}\right)$$

と定まり，第二の法則が得られた．

〔4〕この確率は四則演算のみで書かれており近似は不要．最後の「近似式」は全く意味不明．要するにこの補遺は，式の意味を理解せずに中途半端にコピペした結果であり，法則の式以外は読者を無駄に混乱させているだけである．

〔5〕長さ a を $(m+1)$ 等分したのだから，計算しなくても明らかである．

〔6〕ここまでの記述には深刻な問題が多々あったが，この箇所は正しい．

〔7〕Intel 社 80386 プロセッサを搭載した PC/AT 互換機を指す．80 年代後半から 90 年代初頭にかけての世界標準機だった．

参考文献

Appelman, D. Ralph (1967), *The Science of Vocal Pedagogy*, Bloomington: Indiana University Press.

Arom, Simha (1988), "Du pied à la main: Les fondements métriques des musiques traditionelles d'Afrique Centrale", *Analyse Musicale* **10**, 16-22.

Ashby, W. Ross (1956), *An Introduction to Cybernetics*, London: Chapman and Hall.

Beaufret, Jean (1955), *Le poème de Parmenide*, Paris: P. U. F.

Beranek, Leo L. (1954), *Acoustics*, New York: McGraw-Hill.

Bois, Mario (1967), *Iannis Xenakis: The Man and His Music*, New York: Boosey and Hawkes.

Borel, Émile (1947), *Principes et formules classiques du calcul des probabilités*, Paris: Gauthier-Villars.

——(1950), *Éléments de la théorie des probabilités*, Paris: Albin Michel.

Born, Max (1965) *Einstein's Theory of Relativity*, New York: Dover〔マックス・ボルン（林一訳）『アインシュタインの相対性理論』，東京図書，1968〕.

Burnet, John (1962), *Early Greek Philosophy*, New York: Meridian Books〔ジョン・バーネット（西川亮訳）『初期ギリシア哲学（新装版）』，以文社，2014〕.

Chailley, Jacques (1956), "Le mythe des modes grecs", *Acta Musicologica* 28, fasc. **4**, 137-163.

Coomaraswamy, Ananda K. (1943), *Hinduism and Buddhism*, New York: Philosophical Library.

Coveney, Peter V. (1988), "The second law of thermodynamics: entropy, irreversibility and dynamics", *Nature* **333**, 409-415.

Daniélou, Alain (1954), *Northern Indian Music*, Barnet, Hertfordshire: Halcyon Press.

Eddington, Arthur (1929), *The Nature of the Physical World*, New York: Macmillan.

Evthymiadis, Avraam (1948), Στοιχειώδη Μαθήματα Βυζαντινῆς Μουσικῆς, Thessaloniki: O. X. A., Apostoliki Diakonia.

Feller, William (1966), *An Introduction to Probability Theory and Its Applications*, 2 vols., New York: John Wiley and Sons〔ウィリアム・フェラー（河田龍夫ほか監訳）『確率論とその応用（全４冊）』，紀伊國屋書店，1960-1970〕

Fréchet, Maurice (1952), *Méthode des fonctions arbitraires: Théorie des événements en chaîne dans le cas d'un nombre fini d'états possibles*, Paris: Gauthier-Villars.

Gardner, Martin (1967), "Can time go backward?", *Scientific American*, January, 98-108.

Girault, Maurice (1959), *Initiation aux processus aléatoires*, Paris: Dunod.

Guilbaud, G. Th. (1963), *Mathématiques*, Tome I, Paris: P. U. F.

Hindemith, Paul (1942), *The Craft of Musical Composition*, 2 vols., New York: Associated Music Publishers.

Husserl, Edmund (1954) "Die Krisis der Europäischen Wissenschaften und die transzendentale Phänomenologie: Eine Einleitung in die phanomenologische Philosophie", *Husserliana* VI, Hague: Martinus Nijhoff〔E. フッサール（細谷恒夫，木田元訳）『ヨーロッパ諸学の危機と超越論的現象学』，中公文庫，1995〕.

Laloy, Louis (1904), *Aristoxène de Tarente*, Paris, Société française d'imprimerie et de librairie.

Le Corbusier (1955), *Modulor 2*, Boulogne-Seine, Architecture d'Aujourd'hui〔ル・コルビュジエ（吉阪隆正訳）『モデュロールII』，鹿島出版会，1976〕.

Lévy, Paul (1925), *Calcul des probabilités*, Paris: Gauthier-Villars et Cie.

Lucretius (1924), *De la Nature* (trans. A. Ernout), Paris, Les Belles Lettres〔ルクレーティウス（樋口勝彦訳）『物の本質について』，岩波文庫，1961〕.

Mather, Kenneth (1951), *Statistical Analysis in Biology*, London: Methuen.

Mathews, Max V. (1969), *The Technology of Computer Music*, Cambridge: M. I. T. Press.

Menge, Henricus (1916), *Phaenomena et Scripta Musica*, Leipzig: B. G. Teubner.

Messiaen, Olivier (1944), *Technique de mon langage musical*, Paris: Durand〔オリヴィエ・メシアン（平尾貴四男訳）『わが音楽語法』，教育出版，1954〕.

Meyer-Epler, Werner (1959), *Grundlagen und Anwendungen der Informations Theorie*, Berin: Springer-Verlag.

Moles, Abraham (1957), *La création scientifique*, Geneva: Kister.

——(1966), *Information Theory and Esthetic Perception*, Urbana: University of Illinois Press.

Morrison, Philip (1957), "The Oberthrow of Parity", *Scientific American*, April, 45-53.

Piaget, Jean (1946), *Le développement de la notion de temps chez l'enfant*, Paris: P. U. F.

——(1948), *La représentation de l'espace chez l'enfant*, Paris: P. U. F.

Prigogine, Ilya (1980), *Physique temps et devenir*, Paris: Masson〔イリヤ・プリゴジン（小出昭一郎・安孫子誠也訳）『存在から発展へ』，みすず書房，1984〕.

Rapports complémentaires du XIIe congrès international des études byzantines, Belgrade: Ochride, 1961.

Reichenbach, Hans (1958), *The Philosophy of Space and Time*, New York: Dover.

Restagno, Enzo ed. (1988), *Xenakis*, Torino: E. D. T.

Risset, Jean Claude (1969), "An introductory catalogue of computer synthesized sounds" (unpublished), Murray Hill, New Jersey: Bell Telephone Laboratories.

Russell, Bertrand (1961), *Introduction à la philosophie mathématique*, Paris: Payot〔バートランド・ラッセル（平野智治訳）『数理哲学序説』，岩波文庫，1954〕.

Quintilianus, Aristides (1963), *De Musica Libri Tres* (ed. R. P. Winnington-Ingram), Leipzig: Teubner.

Schaeffer, Pierre (1952), *À la recherche d'une musique concrète*, Paris: Éditions du Seuil.

——(1966), *Traité des objets musicaux: essai interdisciplines*, Paris: Éditions du Seuil.

Shannon, Claude and Weaver, Warren (1949), *The Mathematical Theory of Communication*, Urbana: University of Illinois Press〔クロード・シャノン，ワレン・ウィーバー（植松友彦訳）『通信の数学的理論』，ちくま学芸文庫，2009〕.

Stavroulakis, Nikias (1987), "Solitons et propagation d'actions suivant la relativité générale", *Annales de la Fondation de Broglie* **12**, 443-473.

Stevens, S. S., and Davis, H. (1948), *Hearing*, New York: John Wiley and Sons.

Tinctoris, Johannis (1951), *Terminorum Musicae Diffinitorum*, Paris: Richard-Masse〔ヨハンネス・ティンクトリス（中世ルネッサンス音楽史研究会訳）『音楽用語定義集』，シンフォニア，1979〕.

Vajda, Steven (1956), *Theory of Games and Linear Programming*, London: Methuen.

Vessereau, André (1948), *Méthodes statistiques en biologie et en agronomie*, Paris: J. B. Bailliere et Fils.

Von Foerster, Heinz and Beauchamp, James W., eds. (1969), *Music by Computers*, New York: John Wiley and Sons.

Wellesz, Egon (1961), *A History of Byzantine Music and Hymnography*, Oxford: Clarendon Press.

Westphal, Rudolf (1883), *Aristoxenos von Tarent, Musik und Rhythmik*, Leipzig: Verlag von Ambr. Abel.

Williams, J. D. (1954), *The Complete Strategist*, New York: McGraw-Hill.

Winckel, Fritz (1967), *Music, Sound and Sensation*, New York: Dover Publications.

Xenakis, Iannis (1955), "La crise de la musique sérielle", *Gravesaner Blätter* **1**, 2-4.

——(1956), "Wahrscheinlichkeitstheorie und Music", *Gravesaner Blätter* **6**, 28-34.

——(1957), "Auf der Suche einer stochastischen Musik / In search of a stochastic music", *Gravesaner Blätter* **11-12**, 98-122.

——(1958a), "Genèse de l'architecture du Pavillon", *Revue technique Philips* **20**, 1-11.

——(1958b), "Les trois paraboles" (in Swedish), *Nutida Musik* **4**.

——(1959), "Notes sur un geste électronique", *La Revue Musicale* **244**, 25-30.

——(1960-61), "Grundlagen einer stochastischen Musik / Elements of Stochastic Music", *Gravesaner Blätter* in four parts: 1) **18** (1960), 61-105; 2) **19-20** (1960), 128-150; 3) **21** (1961), 102-121; 4) **22** (1961), 131-145.

——(1965a), "Zu einer Philosophie der Musik / Toward a philosophy of Music", *Gravesaner Blätter* **29**, 23-52.

——(1965b), "La voie de la recherche et de la question", *Preuves* **177**, 33-36.

——(1967), "Vers une métamusique", *La Nef*, **29**.

——(1970), "Towards a metamusic", *Tempo*, New Ser., **93**, 2-19.

——(1968), "Vers une philosophie de la musique", *Revue d'esthétique* **21**, 173-210.

——(1990), "Sieves", *Perspectives of New Music* **28**, 58-78.

監訳者解説

本書は，Iannis Xenakis“Formalized Music”増補版（Pendragon Press, 1992）の全訳である．ギリシアに生まれフランスで活動したヤニス・クセナキス（1922–2001）は20世紀を代表する作曲家の一人であり，本書は彼自身による作曲技法の解説書だが，元々は独立な論文をほぼ執筆年代順に並べて一冊にまとめたものであり，刊行年代に応じて複数の版が存在する．

最初の版“Musiques formelles”（Éditions Richard-Masse, 1963）は現行版第1章～第6章及び補遺I・IIからなり，原論文と同じく仏語で出版された．ただしこの仏語版では，現行版第2章と第3章は分割されていない．現行版の「第1章から第6章までの結論と拡張」は仏語版のあとがきに相当する．

次に英語版“Formalized Music”初版（Indiana University Press, 1971）が出版された．仏語版の内容及び現行版第7章・第8章に相当する仏語原論文の英訳と，書き下ろしの第9章からなる．ただし英訳には訳者あとがきで説明されているような問題があり，個々の文章は極力仏語原文から翻訳する方針を取った．そのため，術語の原語表記は往々にして仏語になっている．

同年には仏語で“musique. architecture.”（Casterman, 1971）も出版された．『形式化された音楽』現行版第1章～第6章の要約（に相当する短い論文や講演原稿）及び第7章・第8章原文と若干の建築に関するメモ（現行版第1章に含まれるフィリップス・パビリオンのプランの説明など）からなり，英語版初版の仏語による簡易版と見なせる．刊行時点では『形式化された音楽』仏語版も現役だったので，内容が重複しないように配慮したのだろう．この書籍には高橋悠治による日本語訳『音楽と建築』（全音楽譜出版社，1975／河出書房新社，2017）が存在する．本書は，語句の統一等を図るために重複箇所も基本的には独立に翻訳したが，幾つかの箇所では参考にした．

いよいよ本書の内容の解説に入る前に，本書で説明されるような作曲技法に至る以前のクセナキスの歩みを，簡単にまとめておこう．彼はギリシア時代にアテネ工科大学で建築を学び，学士号を得ているが，彼の大学在籍時はギリシアがナチスドイツ（第二次世界大戦中）及び英国（大戦後）に占領されていた（正確には英国は傀儡政権を軍事支援）時期でもあり，彼は大半の時間を占領軍への抵抗運動に捧げた．第 1 章におけるデモの武力弾圧のリアルな描写は，彼の実体験に基づいている．また 1944 年末には英国軍の戦車砲の直撃で顔の左側を失う重傷を負った．左眼は義眼，両耳もほぼ聞こえない身体状況は，以後の作風にも影響を及ぼしている（特に，電子音楽の爆音指向）．

1947 年には学士号を取得したが，傀儡政権が抵抗運動経験者の一斉逮捕を始めたためパリに亡命した．コルビュジエのスタジオの建築技師として生計を立てる傍ら，終生のパートナーとなる小説家フランソワーズと結婚したが，仲間たちの多くは投獄された状況（彼自身も欠席裁判で死刑判決を受けた）への呵責から，創造行為で償うべく作曲も再開した．彼はギリシア時代に音楽の手ほどきは受けていたが専門的水準ではなく，レッスンを受けても基礎の欠如を嘲笑されるばかりだった．だが，メシアンは彼を聴講生として暖かく迎え，「君は数学を知っている，なぜそれを作曲に使わないのか？」とアドバイスした．ヨーロッパ戦後前衛第一世代を代表するブーレーズとシュトックハウゼンをはじめ，スペクトル楽派を代表するグリゼーとミュライユら数多くの作曲家を育てたメシアンは，クセナキスの基礎の欠如は伝統に囚われない独自の書法に向かえば長所にも成り得ることを見抜いていた．

彼は GRM に参加してミュジック・コンクレートを学び，ヴァレーズ《砂漠》（1950–54）のテープ音楽パート制作を手伝ったが，この縁で同曲の初演のためにパリを訪れた指揮者のシェルヘンに面会する機会を得た．シェーンベルク《月に憑かれたピエロ》の初演以来，シェルヘンは 20 世紀を代表する前衛音楽を発掘しながらキャリアを重ねてきた．その秘訣は，無名の作曲家でもまず会って譜面を見ようとする姿勢にある．もちろん，この発掘作業には空振りも多い．この時クセナキスが見せた《アナステナリア》三部作の最初の 2 曲も，ストラヴィンスキーやメシアンの劣化コピーの域を出ない代物だった．

浄書してブーランジェやメシアンにも見せていた自信作を突き返され，クセナキスは意気消沈して帰り支度を始めたが，製図用紙に書き溜めた第 3 曲のスケッチをシェルヘンが眺め始めると，空気が一変した．「なんだこのグリッサンドは！」「こんな音楽は聴いたことがない！」「そもそもこれは音楽なのか？」クセナキス自身は自信が持てなかったスケッチを，シェルヘンは興奮して読み進め，終わるや否や初演の機会を作ることを約束し，自身のスタジオで刊行する論文誌の創刊号に作曲技法の解説を依頼した．この曲こそが，長らくクセナキスの作品表の冒頭を飾ってきた《メタスタシス》（1953–54）であり，この論文こそが「セリー音楽の危機」に他ならない．翌1955年に《メタスタシス》は戦後前衛の表舞台だったドナウエッシンゲン現代音楽祭で初演され，当時の主流派とはあまりに異質な音世界は衝撃を与えた．ポーランドのペンデレツキ，オーストリアのツェルハ，ハンガリーから西側に亡命したリゲティら戦後前衛の中心からは外れていた作曲家たちが，この時の衝撃を思い思いの手法で再現したのが，50年代末以降のトーン・クラスター音楽である．

こうして本書の内容に繋がって行くわけだが，その前提になる彼の音楽で最も重要なポイントは，実は本書には明示的には書かれていない．本書第1章で解説される，推計学的手法を用いた音群生成が行われたのは《ピソプラクタ》（1955–56）が最初であり，シェルヘンを驚嘆させた《メタスタシス》ではこの技法は使われていない．「セリー音楽の危機」の内容も本書で引用されているセリー音楽批判であり，元々の依頼内容だった《メタスタシス》の作曲技法の解説ではない．本書の内容はあくまで「形式化された」側面に絞られており，彼の作曲技法のすべてが書かれているわけではない．

シェルヘンはまず，本書でも譜例が引用されているグリッサンドの曲線に驚いたわけだが，「これは音楽なのか？」とまで震撼させたのはそこではない．建築では，まず建物の全体像をスケッチし，本書で述べられているフィリップス・パビリオンの設計プロセスのように徐々に細部を詰めて行き，構造計算を行って建設可能であることを確認した上で，構造とは無関係な装飾的な部分をデザインする，という手順が取られる．だが西洋古典音楽の伝統的な作曲法はそうではない．まず主題（ないしそれをさらに細分化した動機）から出発し，それらを組み合わせた展開や変奏を通じて，煉瓦を積み上げるようにして大伽藍を築き上げて行く．もちろん，伝統的作曲においても全体像をスケッチする過程が存在しないわけではないが，あくまで出発点は最小単位である．

だが，クセナキスの作曲プロセスはむしろ建築の設計に近い．まず時間と周波数の二次元グラフとして全体像をスケッチし，徐々に細分化を進め，そのスケッチが演奏可能なのかを確認した上で（彼の場合，その詰めが往々にして甘いことが彼に批判的な批評家の標的にされてきたが，演奏常識に囚われない一見無茶な要求が，奏法の革新と緊張感のある音楽を生んできたことも，また事実である），最後に個々の音符をさまざまな手法で選ぶ．このような「外骨格の音楽」とでも呼ぶべき発想は西洋古典音楽にはなく（単旋聖歌に対旋律を付けたり，吟遊詩人の即興を書き留めて再構成するところから始まった歴史に，抽象的構造体に最後に音響をはめ込むという発想は存在しない)，シェルヘンはそこまで見通して「これは音楽なのか？」と問うたに違いない．

音楽を時間と周波数の二次元グラフと捉える姿勢は，《メタスタシス》以降の彼のあらゆる時期の作曲の基盤になっている．本書冒頭に掲げられた《類似B》(1959) のスケッチにもそれは明らかである．《メタスタシス》のグラフの次に現れる《ピソプラクタ》のグラフも，その概形をまず直観的に決め，推計学的な手法は各パートに細かいゆらぎを与えるために使われたことが見て取れる (素材を弦楽器のグリッサンドに限定し，その傾きを与えるパラメータを，各時刻の平均値がアーチ型の曲線をなぞるように選んでいる)．後述するように，70 年代半ば以降の彼はこのグラフを拡張した図形楽譜に基づく直観的な作曲法を広く用いるようになり，「形式化された」技法の比重は減ってゆく．

ここから，各章の内容をもう少し詳しく眺めてゆく．第 1 章の表題「拘束のない」とは，ある時刻の音響出来事と別な時刻の音響出来事の間に一切相関がないという意味であり，個々の音響出来事の確率密度分布は，補遺 I で説明されるふたつの式で与えられる．だが，補遺 I の式の導出は数学的には全く意味が通らない．これ以外にも，「推計学的音楽」を扱った章は総じて問題が多い．だがその内容は，個々の音符を選ぶ手段のひとつに過ぎず，だから本書は全くの出鱈目だ，と決めつけるのは早計だ．本書の体裁は専門家が既知事項を解説する教科書のようだが，実際には芸術家がイマジネーションを形にするために専門外の道具を使おうとした苦闘の記録であることに注意したい．

第 2 章・第 3 章では，音響出来事の時間発展がマルコフ連鎖という確率過程に従う場合を議論している．この確率過程は元々は時間が離散的な場合に定義されており，ある時刻の状態は直前の時刻の状態のみによって決まる．だが音楽的時間は連続なので，スクリーンという概念を導入して時間幅 Δt で離散化し (第 2 章の内容)，ある時刻の音響出来事を表すベクトルを遷移確率行列 (MTP) で一次変換して次の時刻の音響出来事を表すベクトルを得る操作を繰り返す (第 3 章の内容)．第 2 章では具体的な計算には必ずしも必要ではない情報エントロピーの概念を詳しく説明し，第 3 章では各時刻における計算値を逐一書き出しているために分量は多いが，内容自体はさほど複雑ではない．

2 種類の「推計学的音楽」の作曲法を説明した章を読む際に注意すべきは，例として選ばれたのは説明が簡単な曲で，必ずしも音楽的に優れた曲ではないことだ．《アホリプシス》(1956–57) が第 1 章で選ばれたのは，図 1–9 のような音響密度ブロックの並び替えのみで曲が構成され，二次元グラフを用いた直観的構成という「形式化」されていない側面を見せずに済むからである（その結果，この曲はクセナキスの音楽的個性を特徴付けるダイナミズムに乏しい）．同様に《類似 A・B》が第3章で選ばれたのは，各々弦楽合奏と正弦波発振音という音色が一様で単純な編成ないし素材に基づくため説明が簡単になるからである．だが，マルコフ連鎖を用いた作品で重要なのはむしろ，第2章冒頭に列挙された（論文執筆時点におけるリストであり，初期代表作《ボホール》（1962）や終生の代表作《ペルセポリス》（1971）もここに加わる）ミュジック・コンクレートである．具体音は一音が単独で強い個性を持つため加工する際は少しずつ変形する必要があるが，この技法を使えば情緒と切り離したシステマティックな操作が可能になり，強靭な音響が得られる．

第4章はゲーム理論を用いた作曲の解説だが，著者も次章の冒頭で「幕間の余興」と述べており，二人の指揮者がゲーム行列に基づいて音を選び，合計得点の高い方に褒賞を与えることと音楽の質に何の関係があるのか，と突っ込むのは野暮だろう．考えるべきは，彼がこのような試みをあえて行った理由である．第4章までで解説されている作曲技法は，ブーレーズら戦後前衛の主流派の作曲技法を踏まえて，自分の技法の方が高度な数学に基づいており高級だ，というアピールが目的であり，第1章の攻撃的な調子も含めて劣等生のコンプレックスの裏返しだ．ただし同時期のブーレーズの論文も劣らず攻撃的であり，イデオロギー対立が鮮明な時代の産物でもある．推計学的音楽は，全面的セリー技法の音楽の構造は複雑すぎ，聴取的にはランダムに選ばれた音群と変わらないという矛盾を止揚した対案という位置付けだが，「管理された偶然性」に関しては第1章終盤のやや的外れな批判だけで，対案は示されていなかった．第4章の手法は，演奏者の選択の余地を導入しながら数学的裏付けもある対案にあたる（「余興」なのは，相手がさらに低レベルだから）．

第5章は，第1章では手計算だった「拘束のない推計学的音楽」をコンピュータを用いて作曲した事例の報告である．理論的には第1章の直後に来るべき内容だが，あえて仏語版では「幕間の余興」の後のクライマックスに置いたのは，計算量の増加が音楽の質も変えたからである．すなわち，直前の音高からのゆらぎとして音高を決めれば，《ピソプラクタ》では弦楽器のグリッサンドだから可能だったやり方で，任意の楽器の任意の奏法による音高を決めることができる．だが，この計算は楽器群ごとに行う必要があるので計算量は飛躍的に増大し，コンピュータを用いなければ難しい．作曲の頻度を見ても，手計算時代の《ピソプラクタ》と《アホリプシス》は各々足掛け2年で1曲なのに対し，この章にFORTRAN言語コードが載っているSTプログラムが完成した1962年には，《モルシマ－アモルシマ》《アトレ》《ST/10》《ST/48》（弦楽四重奏版が《ST/4》）の4曲を一気に完成した．

第6章は仏語版の最終章であり，最初の独奏曲である《ヘルマ》（1960-61）のために考案された，音集合の代数的操作による構成を「記号論的音楽」と呼んで解説している．刊行時点での新規発想の暫定報告が最終章，その前がクライマックスという構成は，英語版初版でも踏襲されることになる．本章の内容の大半は集合論の公理の音楽要素へのほぼ自明な置き換えであり，《ヘルマ》の本質は図6-14と図6-15にまとめられた，ブール代数の恒等式を項ごとに時間軸に沿って並べた絵巻物という素朴な発想である．本章で重要なのは内容自体ではなく，戦後前衛の大きな分岐点になる1962年に向かって，戦後前衛の主流派の作曲技法へのアンチテーゼとしての提案から，自分らしい音楽を生み出すための独自技法の模索という，より建設的な方向に歩み始めたことである．この1962年には，ブーレーズは最後の代表作《プリ・スロン・プリ》を完成し，もうひとりの中心人物シュトックハウゼンは厳格な全面的セリー技法による最後の作品《モメンテ》を初演した．この翌年からブーレーズは活動の中心を指揮に移し，シュトックハウゼンは全面的な即興性の導入へと向かう大転回を始め，ノーノは電子音響と政治的メッセージを中心に据えたより表出的な方向に進み，ベリオは米国に拠点を移して大衆音楽や古典音楽を取り入れた様式混淆に向かい，戦後前衛の風景は大きく変わる．

第6章の根底にあるのは，時間構造をいかに生成するかという問題意識である．12等分平均律に基づいたセリー音楽では，セリーの構成音を順次並べ，セリーの変換に応じて時間構造もおのずと生成されるが，その構造は聴取不可能でランダムに音を選ぶのと変わらないから，確率密度分布関数を用いてランダムに音を並べる方が分布関数のパラメータで制御できる分合理的だ（第1章），具体音のような個性豊かな音はランダムに並べても無意味だから，マルコフ連鎖を構成しMTPを順次作用して徐々に変形するのが良い（第2章・第3章）というのが暫定的回答だったが，これらは大量の音群を操作する大編成作品や電子音楽にのみ有効な手法であり，ピアノ独奏曲の委嘱を受けて悩んだ中間報告がこの章の内容である．集合論を用いる着想と，音楽は時間外

／時間内／一時的という3つのカテゴリーから構成され，各々は拡張された音階（時間とは無関係な基本構造）／旋法や和声（「音楽的時間」の構成要素）／音響出来事＝個々の音楽作品に相当するという見立てが得られたことが重要であり，この音楽思考は第7章・第8章でさらに深められることになる．

第5章と第6章は，大編成作品は専らシェルヘンの手配で演奏機会が得られ，論文はシェルヘンが運営するスタジオの論文誌に発表されるという，シェルヘンの威光に頼りきった音楽活動の，最初の変化の記録でもある．第5章で《ST/10》の初演の様子が詳細に描写されるのは，これがシェルヘンに頼らずに自分の手で最初に摑んだ演奏機会だったからであり，第6章で《ヘルマ》の初演者として高橋悠治の名前が特筆されるのは，これがクセナキスが初めて得た委嘱だったからである．高橋はピアノと5金管楽器のための《エオンタ》（1963）初演も担当したが，作曲家としてはクセナキスに師事してその作曲法を学び，やがて師弟というよりは戦友のような間柄になる．その高橋が『音楽と建築』を日本語訳したのは必然だった．

第7章と第8章の原論文は1967年と1968年に書かれたが，彼のキャリアの決定的転機はその直前の1966年，《テルレテクトール》（1965–66）の初演だった．大オーケストラを客席に分散する大胆な発想と，それに釣り合った鮮烈な音響は批評家からも聴衆からも絶賛され，転換期以降の戦後前衛を代表する作曲家のひとりにようやく数えられるようになった．この指揮を担当したのもシェルヘンであり，《ピソプラクタ》以来10年にわたって辛抱強く続けた紹介が遂に実を結んだ．2カ月後に世を去る前の人生最後の大仕事だった．

第7章と第8章は，集合論に基づいた音楽のアーキテクチャの新しい理解．第7章と第8章の関係は第2章と第3章の関係，すなわち第7章が基礎，第8章が応用に相当する．第7章では，時間外／時間内／一時的の3つのカテゴリーが西洋古典音楽では見えにくかったのは，時間外のアーキテクチャが12等分平均律の長短音階まで退化したためで，その挙句時間内のアーキテクチャを迂回して一時的なアーキテクチャを直接生成する，セリー音楽のような貧しい方法論が生まれたと主張する．そこでまず，古代音楽とビザンチン音楽の豊かな時間外のアーキテクチャを詳しく眺め（音楽の形式化は，伝統的な音楽の新しい見方にも繋がるというのが本書の主張である），その豊かさに匹敵する時間外のアーキテクチャを生み出す方法論として「ふるいの理論」を提唱する．それに対応する時間内のアーキテクチャとしては，ふるいの剰余類から導かれる運動図式が例示されている.

第8章では，第7章で提唱された方法論に基づいた一時的なアーキテクチャの構成の実例として，《ノモス・アルファ》(1966) と《ノモス・ガンマ》(1967-68) が分析される．チェロ独奏と客席に分散された大オーケストラという対照的な編成が，基本的に同じ手続きで扱えるということは，彼の方法論が完成されたことを意味する．英語版初版のクライマックスである．《ノモス・アルファ》の基本になるのは，密度・強度・持続時間の3要素のふたつの選択方法からなる $2^3 = 8$ 個の点が形作る立方体群 (図8-6) であり，その対称操作から得られる運動図式 (図8-9，図8-11) から時間内のアーキテクチャが得られる．これは，第3章では周波数・強度・密度の3要素のふたつの選択方法からなる 8×8 成分のMTPを考えたことに対応している．ただし，《ノモス・ガンマ》の分析で言えば，なぜ第16小節と第22小節が音楽の切れ目になるのか，なぜ曲の冒頭はオーボエとクラリネットで始まるのかは，この方法論は教えてくれない．それらは二次元グラフを用いて直観的に決める段階であり，方法論が担うのはそれ以降の段階である．また，「音のタペストリー」の4層構造は，第7章で説明された古代音楽やビザンチン音楽の4層構造に対応している.

時間構造をいかに生成するか，という第6章の問題提起への最終的な回答は第8章で与えられた．作曲家として評価を確立した時期に，二次元グラフによるスケッチ以降の全段階をシステマティックに統御する方法論も確立し，彼は60年代半ばから70年代初頭にかけて，代表作が林立する「傑作の森」の時期を迎える．他方第9章では，時間軸上のランダムウォークで波形を直接生成する，フーリエ合成＝周期関数の重ね合わせを超えた新規音響合成手法を提案している．これは米国のインディアナ大学とコレージュ・ド・フランスが共同でCEMAMuを設立して始まった，執筆時点ではまだ音楽作品には結びついていない成果の暫定報告であり，インディアナ大学出版局から本書の英語版初版が出版される際に，巻末論文として直接英語で書かれた.

本書の底本である英語版増補版で加えられた第10章以降は，基本的に以前の章の記述を発展させてコンピュータ化したものである．第11章・第12章は，第7章で提唱された「ふるいの理論」を，任意の周期を持つ音階を生成し，与えられた構成音から音階を推定する目的に特化したツール「ふるい」としてまとめたもので，第11章で数学的説明，第12章でC言語ソースコードと実行例が与えられる．第13章は第9章の提案を発展させ，《エルの伝説》(1977) の制作に使用した際のアルゴリズムの覚え書き（ソースコードは与えられておらず，パラメータの説明も不完全），第14章は前章のアルゴリズムをさらに発展させ，大域構造まで自動生成できるようにしたGENDYプログラムのVISUAL BASIC言語ソースコードと説明書である．第9章までの論文に見られたギリシア哲学を引用した詩情豊かな序も，（やや我田引水な）歴史の総括もなく，スタッフの下書きを彼がチェックした技術文書を思わせる．

これに対して第10章は，音楽への具体的言及を殆ど含まない，（通俗的な意味での）「ポエム」に終始する．現代物理学のさまざまなトピックが扱われているが，論理的にも時系列的にも一貫性はなく，キーワードに依拠した連想ゲームの趣である．本来ならばエッセイや演奏会のプログラムノートにふさわしい文章が論文誌に掲載されたわけだが，当時は後に『「知」の欺瞞』で批判された，科学用語を感覚的に散りばめた論文が人文科学の論文誌を賑わせていた時代でもあり，音楽学の論文誌における実例という位置付けになるのかもしれない．そのような時代背景を持つ，作曲家による自然科学の詩的理解の貴重なサンプルとして，第1章のような無粋な訳注は一切付けていない．

以上が本文の内容の解説だが，序文でもその他の「形式化された音楽」の実例が挙げられている．《ネシマ》(1975) で使われたランダムウォークやブラウン運動の方程式に基づく手法とは，第9章で説明されている手法の，器楽作品の線的構造への応用である．《ホロス》(1986) や《アタ》(1987) で使われたセルラー・オートマトンに基づく手法とは，マルコフ連鎖の簡略版とも言うべき離散時空における時間発展ルールであり，コンピュータによる計算に向いた手法である．時間発展を生成する手法は，第8章の手法を確立した後もさまざまな探求が試みられていた．むしろ，第8章の手法は手間がかかり（コンピュータの進歩とともに計算負荷は軽くなっても，DTMソフトウェアによる音響合成とは違い，計算結果を音符に変換するまでが大変だ），「傑作の森」の時期以降の彼は，いかにその手間を省くかを考えるようになった．

その意味で分岐点になったのが《エヴリアリ》(1973)，2曲目のピアノ独奏曲である．彼はこの曲から，樹形図 (arborescences) と呼ばれる図形楽譜に基づいた直観的な作曲法を広く用いるようになる．従来の時間と周波数の二次元グラフとの違いは，グラフで描けるのは「外骨格」のみで，内部構造は別な手法で決める必要があったのに対し，樹形図は枝分かれしながら分岐する曲線であり，ひとつの枝を一声部と見なせば細部まで決められる．それが一枚の図形楽譜で可能なのはピアノ独奏曲だからに見えるが，図形楽譜を拡大し，コピーを切り抜いたり回転して貼り込む操作も含むので，大編成作品にも適用できる．すなわち彼がこの手法を広く用いるようになった背景には，70 年代後半に PPC 複写機が価格競争で安価に使えるようになったことと，マンデルブロがフラクタル幾何学を発展させ，自己相似曲線を用いることに積極的な意味が与えられたことがある（序文にもジュリア集合やマンデルブロ集合というキーワードがさりげなく登場している）．また，補遺 III で解説されている UPIC システムは，樹形図を用いた作曲のソフトウェア化に他ならない．

樹形図が方法論の中心になってからも，《サンドレ》（1973）や《ジョンシェ》（1977）のような優れた作品は生まれたが，音楽は感覚的に把握しやすいものになり，「傑作の森」の時期と比べて質のばらつきが大きくなったことは否めない．複雑なシステムを用いた創作が体に染み付いたと感じると，同じことを直観的にも実現できると考えるのは作曲家の性だが，第 8 章の複雑な方法論はやはり有意義だった．しかし，「ふるいの理論」を非オクターブ周期音階を生成する道具だと割り切った（実際，後に「ふるい」としてツール化）70 年代末からは質が安定し，《パリンプセスト》（1979），《コンボイ》（1981），《テトラス》（1983）などを続々と生み出す，「傑作の森」の時期に次ぐ第 2 のピークを迎えた．ただし，特に優れているのが小編成作品なのは，方法論の違いの帰結として無視できない．セルラー・オートマトンを用いた作曲を管弦楽曲で試みたのは，この点は彼も自覚していたのだろう．

最後に，クセナキスの音楽の後継世代への影響について触れておく．彼が公に弟子と認めているのはパスカル・デュサパン（1955-）だけである（高橋悠治は「かつて作曲技法を共有した同志」であり，このカテゴリーには属さない）．デュサパンはソルボンヌ大学でクセナキスに学び，「ふるいの理論」で生成した微分音音階を長周期のセリーで制御する独自技法を編み出し，80 年代に主に小編成作品で大きな成果を挙げた．だが，フランス革命二百周年記念オペラ《ロメオとジュリエット》（1985-88）が評判になり，オペラや管弦楽曲の多数の委嘱に手際良く応えるうちに，90 年代の数年間で急速に保守化した．

スペクトル楽派は，晩年のメシアンに師事したベビーブーム世代の優等生たちがメディチ荘留学制度でローマに滞在し，瞑想状態で一音の倍音構造に聴き入る独自のアプローチを持つシェルシの音楽に感化されて始まった潮流で，

80年代にIRCAMの研究プログラムに選ばれると次世代の作曲家たちが世界各地から参加し，同じくベビーブーム世代の英国の作曲家たちを中心に始まった「新しい複雑性」と並ぶ，ポスト戦後前衛の中心的な潮流になった．彼らは時間発展を制御する理論を持たなかったため，リゲティやシュトックハウゼンとともにクセナキスの書法を参照した．IRCAM創設者でもあるブーレーズとの美学的対立から，フランス国内からの委嘱は皆無だった状況とは隔世の感があるが，この楽派でも90年代に入ると多くの作曲家たちは保守化した．

ミクロに眺めると保守化の要因は人それぞれだが，もう少しマクロに眺めると，戦後前衛世代の作曲家たちの多くが70年代の「新ロマン主義」の流行とともに保守化したのと同じことが，世代も時代も20年シフトして繰り返されたにすぎない．新しい技法の賞味期限は高々20年で（さらに細かく言うと，10年の賞味期限が切れたのが戦後前衛の転換期，一度アップデートしてもう10年保たせた），それが切れると地金が出る．クセナキスの出発点は古代音楽やビザンチン音楽だったので，数年の模索の後に第2のピークを迎えることができたが，それが西洋古典音楽の場合はおのずと伝統回帰に終わる．

その意味で，民俗音楽の記憶を現代の語法で蘇らせることを出発点にしたメキシコのフリオ・エストラーダ（1943-，UPICシステムの開発者でもある）やスペインのフランシスコ・ゲレーロ・マリン（1951-97）の方が後継者にふさわしい．特にゲレーロは，1-4弦楽器のための《ザイン》シリーズ（1983-97）のような元々強靭な作風が，80年代末にフラクタル理論を作曲に導入したことでさらに強化された．クセナキスが「樹形図」で直観的に導入した発想を「傑作の森」の時期に匹敵する精緻な方法論で再構築すると，外骨格の巨大昆虫が脊椎動物に進化し，圧倒的な破壊力を持った．クセナキスの作風は80年代末に発症したアルツハイマー症で一変し，抑揚に乏しい持続で塗り潰された音楽になっていたことも，世代交代を鮮明に印象付けた．だが，時間経過の記憶が失われる，時間芸術の創造者には致命的な状況下でも，彼は樹形図の代わりに自作スコアを切り貼りする非常手段で作曲を続けた．亡命の贖罪としての創造行為は，その目的すら忘れるまでは止められなかった．彼が最後の曲を書いた1997年にゲレーロは急逝し，エストラーダにはゲレーロのような抜本的変化は訪れなかった．この世代交代は未完に終わった．

訳者あとがきで提起された疑問「かつては尊敬の念を持って語られていたクセナキスが，なぜ近年は軽く扱われているのか」への監訳者なりの回答は，

「時代が進歩してクセナキスが時代遅れになったのではなく，時代が退行してクセナキスの真価が見えなくなった」というものにならざるを得ない．ただし話を日本の状況に限れば，彼が国際的評価を確立する前から親交を結んできた武満徹と秋山邦晴が世を去り，語り部が減ったことが大きい．

だが，いわゆる「現代音楽」の世界に話を限らなければ，再び風景は変わる．彼の電子音楽の爆音指向はこの業界では専ら疑いの眼で見られてきたが，かつてはノイズ音楽，近年はノイズ・エレクトロニカと総称される実験的ポピュラー音楽のジャンルでは，彼は今日でも深くリスペクトされている．このジャンルは欧米では，ポストパンクのダダ的指向から出発したグループが多かったが，日本ではドイツの実験的ロックの音響指向（人脈的には，即興的なライヴエレクトロニクスに傾倒していた時期のシュトックハウゼンの弟子筋）に影響されたグループが多かった．特にメルツバウ（秋田昌美（1956-）を中心とするユニット，90年代半ばからは彼のソロ）は，金属オブジェのフィードバック音を積み重ねて多声構造を即興的にコントロールする，クセナキスの電子音楽に極めて近い音楽性を持ち，《ペルセポリス》や《ボホール》は秋田がリスペクトする音楽のリストの上位に並んでいる．日本のこのシーンは海外からも注目され，ポーランドの現代音楽畑出身のズビグニエフ・カルコフスキー（1958-2013）は東京に拠点を移して活動した．彼もメルツバウの音楽性に共鳴したが，指向はむしろコンピュータ音楽移行後のクセナキスに近かった．

「表」スペクトル楽派は，自然倍音列の比較的低次に留まってフランスの伝統的アカデミズムとの距離がそもそも近かったが，「裏スペクトル楽派」と呼ぶべきルーマニアのホラチウ・ラドゥレスク（1942-2008）とイアンク・ドミトレスク（1944-）は，自然倍音列のはるか高次にあたる，不均等調律された微分音が蠢めく異様な音楽に辿り着いた．特にドミトレスクは，現代音楽業界に早々に見切りをつけて独自路線を邁進する．彼の慧眼はCDを自主制作し，実験的ポピュラー音楽のネットワークに乗せて頒布したことだ．彼の音楽は根強く支持され，その全貌は20枚を超えるCDで俯瞰できる．彼の音楽はむしろシェルシに近く，クセナキスの後継者とは言い難い面もあるが，現在クセナキスの音楽をリスペクトする層が，彼の音楽も支えている．シェルヘンの開かれた耳と献身的な貢献がなければ，クセナキスの音楽も似たような状況で聴き継がれることになっていたのかもしれないが，独創的で強靭な音楽は新たな聴衆を獲得する力を持っている．本書もその一助になれば幸いである．

＊

最後に，この場を借りて，特にお世話になりましたお二人への感謝を伝えたいと思います．まず，翻訳を担当された冨永星さん．私はクセナキス作品に魅せられて以来，『形式化された音楽』のこの版の翻訳を何度か試みていましたが，読みにくい英文と訳のわからない数式（数学に馴染みのない方の比喩表現ではなく，文字通りの意味の）に阻まれて挫折していました．英仏両言語に堪能で，数式にも慣れておられる冨永さんの二年余りの粘り強い作業で最初の翻訳が完了し，作業のスタートラインに立つことができました．ところが，通常ならば専門用語に関わる修正と数式の誤植の修正程度で済むはずの監訳作業は，原著には単なる計算ミスではなく概念の理解の次元で問題がある箇所も少なくないことが判明し，難航を極めました．その過程で訳文にも（心ない？）注文を多々付けることになり，時には快く（不承不承？）提案を受け入れ，時には毅然と反論を頂いたことで，内容への理解をさらに深めることができました．

そして，編集を担当された海老原勇さん．そもそも，翻訳と監訳の作業を分離する態勢を作られたのも海老原さんで，「メタ音楽」を論じた書にふさわしく，テキストの表層に留まらないメタレベルの訳注と解説を付ける余裕が生まれたのはその賜物です．結局，監訳作業の開始から終了までには，最初の翻訳と同程度の期間を要しました．遅々として進まない作業を寛大に見守り，時には資料収集にもご協力頂き，しかし時には厳しく期限を切る差配により，ここまで辿り着くことができました．その最終段階で，このような長さの解説を書くことをご快諾頂いたことにも感謝しております．実のところ，この解説を書きたいがために監訳を引き受けた面が多分にあります．

なお，普段音楽関係の文章を書く際には，直接関係のない学歴や職歴の情報は載せないのですが，本書の作業では物理学史（哲学史・数学史は冨永さんにお任せしました）から計算コードのデバッグまで，その方面での知識と経験も総動員しており，例外的に載せることにしました．

2017 年 7 月

野々村 禎彦

訳者あとがき

音楽の専門家でもない訳者がこの論文集の訳を手がけることになったのは，ヨーロッパの文化における数学の扱いに関心があったからだ．数学の歴史を辿る際には，決まって音楽と数学のつながりが語られるが，それとても，ピタゴラスによる音と数との関係の発見や平均律の話といった程度でしかない．ところがクセナキスは，数学を積極的に音楽に使っていたという．そんなことができるのか？ と不思議に思い，改めてクセナキスの作品を聴いてみると，現代音楽のことをほとんど知らない人間にも，ちゃんと作品としてのまとまりが感じられる．そこで今度は作者に関する情報を集めようと，日本語の音楽史などの参考図書を調べてみたところ，コンピュータ音楽の先駆者としてごく短く触れられているだけで，クセナキスの名前が尊敬の念を持って語られていた頃のおぼろげな記憶がある人間からすると，ひどく軽い扱いのように思われた．

さらに，監修者の野々村氏の紹介になる参考文献“Xenakis”（by Nouritza Matossian）に目を通したところで，ようやくクセナキスが音楽に数学を活用しようと試みた理由の一端が見えてきた．クセナキスはこの文献の著者に向かって，自分はしばしば嵐の海に手こぎのボートで乗り出すといったことをしてきた，と語っている．そうやって，己の内面と外界との釣り合いを取ろうとしたのだろう．こういった発言と本人自身が論文集で述べていることを重ね合わせると，クセナキスは人間の手垢がついていない音響体験，西洋音楽の歴史の刻印が押されていない音楽を聴き手に届けようとしていたと思われる．自然現象をはじめとする人間の意図とは無縁な音響現象から自分が受け取ってきた「原初の何か」を，演奏家や聴き手と分かち合おうとしたのだ．

西洋では，古代ギリシャの時代から数学が世界観と密接に結びつき，この世界の大本には数理の原理があると考えられてきた．ガリレオは「自然は数学の言語で書かれている」と述べ，素粒子論でノーベル賞を受賞した物理学者ユージン・ウィグナーは，1960 年の「自然科学における数学の不合理なまでの有効性」という論文で，「300 年後の今ほど，この〔ガリレオの〕言葉が正しい時はない」と述べている．この言葉に共感する人は多く，宇宙全体のメカニズムを支える枠組みとしての数学という感覚は，西洋の知識人にとってかなり身近なものなのである．したがって，作曲家の意図に操られた音楽とは異なる音楽，自然や社会現象がもたらす音響体験に通じる音楽を作るために数学を拠り所にする，という発想は決して突飛ではなく，自然をはじめとするさまざまな現象の本質を把握するために大原理である数学に遡ることも，ある意味自然な流れなのだ．ちょうどこの頃に確率の分野で新たな展開があったことも，クセナキスには幸いしたはずだ．

この論文集は，決して読みやすくない．それは，一つにはクセナキスが音楽を作る人であって，語る人ではなかったからだ．クセナキスにとって，己を表現する手段は音楽であって，言語ではなかった．そのためこれらの論文を読んでみても，自分の中にたぎっているものがどんどんあふれ出すのを，なんとか言葉に定着しようとしているような印象が強く，時には筆が滑り，時には言葉が足りなかったりする．音楽という手段で直接他者と交流することができる人物にとって，言葉というまったく別の手段を駆使して相手にわかってもらおうとすることは，きわめてまだるっこしい作業だったはずだ．だいいち，未だかつて誰も成してこなかったことに挑むパイオニアには，自分の行為をきちんと言語化するゆとりなど無くて当然．それでも，音楽の人であるクセナキスのために，その考えを言葉で伝える場を確保した人物がおり，それをフランス語から英語に訳して出版した人々がいた．それもひとえに，フランス語がわからない人，英語しかわからない人にも，クセナキスの考えていること，行っていることを理解してほしい，という熱意に突き動かされてのことだったのだろう．

なぜ彼らはそこまでクセナキスに入れ込んだのか？ という謎は，野々村氏の紹介になる参考文献“Performing Xenakis”（ed. by Sharon Kanach）を読んで氷解した．クセナキスの作品を演奏したことがある演奏家，クセナキスに作品を作ってもらった演奏家たちが，それらの作品を演奏する際の心構えなどについてまとめた多数の論文．そこからは，演奏家たちがクセナキスとその作品に絶大な信頼を置いていたことが，ひしひしと伝わってくる．演奏家は皆，自分が演奏している楽器を愛しているものだが，どうやらクセナキスは，彼らが愛する楽器の未だかつて見たことのない姿，力を見せてくれたようなのだ．演奏家たる自分たちを信頼し，本質的に新しい挑戦しがいのある課題を投げかけてくるクセナキス．そのような人物に惚れ込んだ人々が，そのエッセンスを広く伝えようと，慣れない翻訳まで手がけて英語版を出したのだろう．訳者は寡聞にして，数学と音楽という振れ幅の広さを受け止めてこの方向をさらに展開した人物がいたかどうかを知らないが，少なくともこの論文集には，「きみは〔ヨーロッパの文化の源流である〕ギリシャの人であり，建築家であり，数学の素養があるのだから，今更音楽学校に行かなくても大丈夫」というメシアンの言葉を受けて，懸命に独自の道を模索したパイオニアの息づかいが詰まっている．その意味でも，ひじょうに興味深い資料なのである．

ところで，この訳書は本来，英語版からの訳になるはずだった．しかし結果としては，フランス語の原論文があるものは，そのフランス語から訳出することになった．理由は，英語版が極めて読みにくかったからなのだが，英語版が出た経緯を慮れば，それもやむを得ないことなのだろう．というよりも，英語版が出たからこそ，こうして日本語版へとバトンをつなぐことができたのだ．

日本人の目から見ると，日本語と諸外国語の違いと比べて，英語とフランス語はほぼ同じアルファベットで表記されることもあり，基本的な文法の大枠にしても――場合によっては単語も含めて――かなり共通点が多いように感じられる．そのため翻訳するにしても，単語をちょこちょこいじればそれですみ，たいした苦労はなさそうに思われるが，じつはそんなに簡単な話ではない．たとえば，フランス語は名詞や代名詞に男性女性の性別があるため，どの形容詞がどの名詞を形容するのか，どの代名詞がどの名詞を受けているのかがかなり細かいところまでわかるのだが，そこから性別を抜いたとたんに，曖昧さが生じる．もともとが職業的なライターの文でないものに，そのような曖昧さが加わると，場合によってはひどく意味が取りづらくなる．そういったこともあって，いささか曖昧な英語版からの重訳ではなく，クセナキス自身のフランス語（クセナキスはギリシャ出身だが，ずっとフランスで過ごしていたので，むろんフランス語には堪能だった）から直接訳すこととなった．といっても，フランス語の原論文が無いものもあるので，それらは英語から訳出した．また，かなり前に高橋悠治氏がクセナキスの別の著書やいくつかの論文の翻訳を発表されているので，それらも参考にさせていただいた．

この論文の日本語訳が日本におけるクセナキス理解の一助になるならば，訳出作業の一端を担った者として，これに勝る喜びはない．

2017 年 6 月

冨永 星

索　引

I. 人　名

ア　行

アインシュタイン Albert Einstein x, 310, 319
アナクサゴラス Anaxagoras 246
アナクシマンドロス Anaximandros 243
アナクシメネス Anaximenes 243
アリストクセノス Aristoxenos 217-225, 240, 244, 325
アリストテレス Aristoteles 214, 248, 313
アリピオス Alypios 221
アルキタス Archytas 240
アングレール François Englert 315
アンリ Pierre Henry 295
ヴァレーズ Edgard Varèse 8, 241, 295
ウィトゲンシュタイン Ludwig Wittgenstein 246
ヴィレンキン Alexander Vilenkin 314
ヴェーベルン Anton Webern 229, 231
エディントン Arthur Eddington 309
エピクロス Epikouros 32, 248-250

カ　行

カナッハ Sharon Kanach xi
ガボール Denis Gabor x, 94
ギュンジク Édgard Gunzig 315
ギルボー Georges-Théodule Guilbaud vii
グース Alan Guth 314
クライン Felix Kelin 197
クラテュロス Kratylos 313
ケスラー Robert Kessler xi
コインティリアノス Aristeides Kointilianos 219, 220, 240
コヴニー Peter Coveney 315
コンバリュー Jules Combarieu 217

サ　行

シェフェール Pierre Schaeffer 295
シェルヘン Hermann Scherchen vii, 21, 316
シェーンベルク Arnold Shönberg 251, 253, 294
シャイエ Jacques Chailley 217
シャノン Claude Shannon 309
スタインハート Paul Steinhardt 314
ストラヴィンスキー Igor Stravinsky 8, 229
スピンデル Philippe Spindel 315
セラ Marie-Hélène Serra 400

タ　行

高橋悠治 204
タレス Thales 243
ツァルリーノ Zarlino 240, 244
ディデュモス Didymos 221, 240
ティンクトリス Johannes Tinctoris 217
デカルト René Descartes 66, 319
ドビュッシー Claude Debussy 8, 231, 252, 253
トライオン Edward Tryon 314

ハ　行

ハイゼンベルク Werner Heisenberg 250
パスカル Blaise Pascal 249
バッハ Johann Sebastian Bach 213, 251
パルメニデス Parmenides 244, 247, 314, 318, 319, 323
ピアジェ Jean Piaget 7
ピアソン Karl Pearson 18
ピタゴラス Pythagoras 5, 220, 243-245, 293

ヒンデミット Paul Hindemith 294
ファインマン Richard Feynman 311
フィリポ Michel Philippot 47-51
フェルマー Pierre de Fermat 249
フクバルド Hucbald 217, 244
フッサール Edmund Husserl 289
プトレマイオス Klaudios Ptolemaios 219, 221, 224, 240
フライエル Recha Freier xi
ブラウト Robert Brout 315
プラトン Platon 5, 211, 244, 311, 359
プリゴジン Ilya Prigogine 309
ブール George Boole 254
フレシェ Maurice René Fréchet 97
フレッチャー Harvey Fletcher 59, 294
ペアノ Giuseppe Peano 209, 232, 233, 321
ベートーヴェン Ludwig van Beethoven 5, 197, 251
ヘラクレイトス Herakleitos 231, 289, 313, 317, 323
ベルヌーイ Jacques Bernoulli 249
ベルヌーイ Daniel Bernoulli 249
ポアンカレ Henri Poincaré 250
ボルツマン Ludwig Boltzmann 21, 61, 76, 309
ボレル Émile Borel 249

マ　行

マイヤー＝エプラー Werner Meyer-Epler 295
マクスウェル James Clerk Maxwell 21, 61, 68
マリーノ Gérard Marino 336, 400
マンソン Wilden Munson 59
ムソルグスキー Modest Mussorgsky 252
メシアン Olivier Messiaen vii, 8, 229, 252-254, 289, 325
メジリアック Bachet de Méziriac 329
メリッソス Melissos 245
モンテヴェルディ Claudio Monteverdi 252

ラ　行

ライヘンバッハ Hans Reichenbach 311
ラヴェル Maurice Ravel 92
ラクジンスキ Jean-Michel Raczinski 400
ラッセル Bertrand Russell 233, 289, 321
ラモー Jean-Philippe Rameau 244
リンデ Andrei Linde 314
ルクレティウス Titus Lucretius 249
ル・コルビュジエ Le Corbusier 11
レヴィ Paul Lévy 21, 31
レウキッポス Leukippos 246

Ⅱ．楽曲名（人名無記載のものはクセナキスの作品）

記　号

ST/4-1, 030762 →「モルシマ－アモルシマ」を見よ
ST/10-1, 080262 160, 164, 165, 170, 182
ST/10-3, 060962 →「アトレ」を見よ
ST/48-1, 240162 170

ア・カ行

アクラタ 241
アタ ix
アトレ 162, 163, 170
類似(アナロジーク)A 97, 118-125
類似(アナロジーク)B 2, 3, 97, 124-129
アホリプシス 32, 34-46, 156, 159-161, 359
エルの伝説 x, 357
東洋(オリエント)－西洋(オクシデント) 55
交響曲第７番（ベートーヴェン） 5
コンクレ P-H 55

サ・タ行

シルモス 98

ディアモルフォーズ　55
決闘(デユエル)　134-151
テルレクトール　263, 282

ナ・ハ・マ行

ネシマ　xi
ノモス・アルファ　241, 252, 253, 264-282
ノモス・ガンマ　263, 282-288
ピアノソナタ第23番「熱情」(ベートーヴェン)　193
ピソプラクタ　21, 239
ヒビキ・ハナ・マ　291
二つのオーケストラのための曲（フィリポ）　48
ヘルマ　204, 208, 258
ボレロ（ラヴェル）　92
ホロス　ix
メタスタシス　11, 239
モルシマ－アモルシマ　170

III. 事　項

記　号

BASIC　336
CEMAMu　x, xi, 395
CMAM　302
C 言語　336-349
Fortran IV　168, 173-181
IBM-7090　145, 156, 160
MTP　→「遷移確率行列」を見よ
UPIC　ix, xi, 395-401
VISUAL BASIC　360-386

ア　行

アークサイン分布　298
アタクシア　→「無秩序度」を見よ
アリストクセノスのセグメント　218, 233, 235
移調の限られた旋法　254, 289, 325
一様分布　298
因果律　6-8, 32
ウィーナー－レヴィ過程　31, 299
ウィルソン霧箱　62
エントロピー　28, 76-81, 91-94, 105, 309
音
　――の複素数表現　197, 209
　――のベクトル表現　19, 30, 189-198, 256
　――の粒子　55, 59, 63-83, 212
　――の量子　x, 55
音響出来事　10, 184-189, 200-202

カ　行

ガウス分布　→「正規分布」を見よ
カオス，デニス　x
ガボール信号　67, 73
偶然性の音楽　213
グリッサンド　19, 20, 258
　音粒子の――　68
形式化　215
決定論　247
　セリー音楽の――　6
ゲーム理論　134-154
コーシー分布　298
古代ギリシャの音楽　217-221
コンピュータ（計算機）　29, 67, 156-171, 294-296

サ　行

時間
　――の非可換性　7, 318
時間（時間外／時間内／一時的）の構造（アーキテクチャ，代数）　29, 194-197, 200, 216, 228-232, 252, 260-277, 284-288, 320, 323
時間の構造の公理化　320
4 元群　197
指数分布　298
ジュリア集合　x
情報理論　76, 94, 213

自律的な音楽　132
新ウィーン楽派　8, 231
シンメトリー →「対称性」を見よ
推計学的音楽　6-11, 216, 231
ストア派　248
ストコス（目標，推計）　6, 112, 114
正規分布　21, 41, 94, 298
精神生理学　59
セリー音楽　6, 8, 215, 309
セルラー・オートマトン　ix
遷移確率行列　89, 90, 99, 101
線的思考　214-216
相対性理論　310

タ　行

対称性　ix, x, 157, 250, 325, 326, 354
　偶然と——　32
大数の法則　6, 9, 28, 39, 249, 250
他律的な音楽　134
ディデュモスのコンマ　233, 236
電子音楽　295
同質性の仮定　20, 166
等ラウドネス曲線　59, 294

ナ　行

ノイズ　8
〜の前　185, 201, 318

ハ　行

微細音響　iii, iv, 62, 293-302
ビザンチン音楽　221-226
ビッグバン理論　314
プラトン主義者　248
フーリエ級数　iii, 293, 322, 357
ふるい　ix, 232-238, 321, 325-353
　——の公理系　209, 232, 290
ブール代数　200-208
ベルヌーイ分布　300
ポアソン分布　19, 31, 67, 81, 298, 300
ポリフォニー　228, 230
　線的——　135, 215, 216

マ　行

マルコフ過程・連鎖　31, 89, 301
　——の定常状態・分布　91, 103, 107-109
マンデルブロ集合　x
ミュジック・コンクレート　8, 59
無秩序（度）　6, 74-83, 91, 92, 256
メガラ派　248
メタボラ　219, 227, 237, 254, 276, 333, 334

ヤ・ラ行

有限と無限　297
ランダムウォーク　298-300
量子力学　310-312
ロジスティック分布　298

著者略歴

ヤニス・クセナキス（Iannis Xenakis）

1922–2001年．ルーマニア生まれのギリシア系作曲家．アテネ工科大学で建築と数学を学ぶかたわら，ナチスドイツ（第二次世界大戦中）と英国（戦後）の占領軍へのレジスタンス活動を行う．捕縛の危機が及ぶと1947年にパリへ亡命．ル・コルビュジエの建築スタジオに雇われ，ブリュッセル万国博覧会（1958）のフィリップス館の建設などに関わる．一方，メシアンの助言で数学を用いた作曲を始め，代表作として《テルレテクトール》（1965–66），《ペルセポリス》（1971），《テトラス》（1983）など．人文科学博士（ソルボンヌ大学，1976）．受賞歴は，マノス・ハジダキス賞（アテネ，1963），ベートーヴェン賞（ボン，1977），レジオン・ドヌール勲章（1982, 1991），フランス学士院会員（1983），アテネ名誉市民（1985），京都賞（1997）など多数．

監訳者略歴

野々村禎彦（ののむら・よしひこ）

東京生まれ．東京大学大学院理学系研究科物理学専攻博士課程修了．博士（理学）．現在は国立研究開発法人物質・材料研究機構主幹研究員．一方，第1回柴田南雄音楽評論賞奨励賞を受賞し，音楽批評活動を続ける．川崎弘二編著『日本の電子音楽 増補改訂版』（愛育社），ユリイカ誌『特集：大友良英』（青土社）などに寄稿．

訳者略歴

冨永 星（とみなが・ほし）

京都生まれ．京都大学理学部数理科学系卒業．自由の森学園の教員などを経て，現在は翻訳業．マーカス・デュ・ソートイ『素数の音楽』『シンメトリーの地図帳』『数字の国のミステリー』（いずれも新潮文庫），イアン・スチュアート『若き数学者への手紙』（ちくま学芸文庫）など訳書多数．

形式化された音楽

2017年9月25日　初版第1刷発行

著　者　ヤニス・クセナキス

監訳者　野々村禎彦（ののむら・よしひこ）

訳　者　冨永 星（とみなが・ほし）

発行者　山野浩一

発行所　株式会社筑摩書房

〒111-8755　東京都台東区蔵前2-5-3

振替 00160-8-4123

印　刷　大日本法令印刷株式会社

製　本　牧製本印刷株式会社

装　丁　工藤強勝＋勝田亜加里

ISBN 978-4-480-87393-4　C0073